信用风险管理
模型、度量、工具及应用

周月刚 ◎ 编著

北京大学出版社

图书在版编目(CIP)数据

信用风险管理:模型、度量、工具及应用/周月刚编著. —北京:北京大学出版社,2017.7
ISBN 978-7-301-28387-5

Ⅰ.①信⋯ Ⅱ.①周⋯ Ⅲ.①信用—风险管理 Ⅳ.①F830.5

中国版本图书馆 CIP 数据核字(2017)第 121398 号

书　　　名	信用风险管理:模型、度量、工具及应用 XINYONG FENGXIAN GUANLI
著作责任者	周月刚　编著
责 任 编 辑	贾米娜　李鸣岳
标 准 书 号	ISBN 978-7-301-28387-5
出 版 发 行	北京大学出版社
地　　　址	北京市海淀区成府路 205 号　100871
网　　　址	http://www.pup.cn
微信公众号	北京大学经管书苑(pupembook)
电 子 邮 箱	编辑部 em@pup.cn　总编室 zpup@pup.cn
电　　　话	邮购部 62752015　发行部 62750672　编辑部 62752926
印 刷 者	天津和萱印刷有限公司
经 销 者	新华书店 787 毫米×1092 毫米　16 开本　20 印张　450 千字 2017 年 7 月第 1 版　2025 年 7 月第 3 次印刷
定　　　价	48.00 元

未经许可,不得以任何方式复制或抄袭本书之部分或全部内容。
版权所有,侵权必究
举报电话: 010-62752024　电子邮箱: fd@pup.cn
图书如有印装质量问题,请与出版部联系,电话: 010-62756370

前　言

"越多人能够读懂的书越是好书",我们一直秉承这个原则来编写我们的金融书籍,尤其考虑到金融活动渗透到我们日常工作和生活的方方面面,需要金融知识的群体已从专业人士扩展到大众百姓,拆除阻挡我们理解专业金融知识的藩篱就显得更加重要。我们在这条路上持续不断地进行突破,以求让更多的人有机会理解、掌握和运用系统性的专业金融知识。本书也遵照此一以贯之的原则。

《信用风险管理:从理论到实务》是 FUTO 信用风险研究院"CFL™金融专业教育和等级认证"项目之"风险管理"专业和"FCR?信用风险分析师"认证项目的学习和考试指定参考书籍。本书也适合作为各高等院校"信用管理""金融风险管理"等本科或大专专业教材,以及高等院校"信用风险管理"本科专业教材。编著者力求遵循知识在认知中自然演进的逻辑来叙述知识,尽量不采用在学术上追根溯源的方式,因而政府部门、金融机构、工商企业等相关从业人员和其他对信用风险管理感兴趣的非专业人士也会发现本书易于理解。

风险是经济活动的基本特征,经济主体不可避免地需要考虑风险问题,风险和收益之间的匹配关系是经济决策的依据。依照风险性质,金融风险表现为市场风险、信用风险、流动性风险和操作风险,其中,信用风险的产生往往意味着经济主体发生了极端的损失。通俗地说,信用风险就是别人欠你的资金无法偿还的可能性。但是别人为何会欠你资金呢?这是件与"信用"有关的事情,你认为对方有你值得依赖的"信用"。本书将从最基本的信用开始,展开全面的信用风险管理知识和实务的阐释。

作为金融风险的一种重要形式,信用风险一直受到风险管理者的关注,但自 2007 年次贷危机及此后的欧债危机以来,信用风险成为对经济主体造成冲击最大的风险类型。信用风险管理变得比以往任何时候都重要,并将在未来很长时间内作为风险管理的主要内容。金融市场全球化、国际金融监管的革新和复杂金融创新产品的迅速涌现,使信用风险管理在经济活动中变得比以往任何时候都重要。信用风险管理的重要性、复杂性和紧迫性已经显露无遗。在我国,不管是政府、金融机构、企业,还是个人,都面临严重的信用风险威胁,对信用风险爆发的预期以及由此产生的不安气氛充斥在社会的各个角落。

即便如此,我国现阶段许多金融机构的信用风险管理依然停留在粗放型经验管理阶段,既缺乏管理机制、组织结构、操作规程,也缺乏管理的工具和技术。另外,非金融企业普遍连经验式的信用风险管理也没有,甚至对信用风险完全没有认识,暴露于信用风险之下而不自知,因此,各机构组织加强信用风险管理的工作势在必行。要建立信用风险管理机制,提高信用风险管理能力,必须配置大量懂得专业知识和技术的人才,这决定了信用风险管理人才的巨大需求。我们测算,2016—2025 年间,我国信用风险管理人才需求每年的增长率高达26%—33%。无论是专业型、战略型,还是复合型信用风险管理岗位,在未来10年都存在巨大的供给缺口。如按企业员工总数的3%—8%配置信用风险管理人员,这将是一支数百万大军的队伍!

信用风险管理人才需求巨大,人才培养却一直跟不上步伐,原因是多方面的,但关键是缺乏符合我国信用风险特点的专业书籍,更缺乏理论和实务紧密结合的知识体系。这导致高校里没有条件广泛开设相关课程,有志于相关工作的人员得不到学习的机会。

本书根据国内外相关理论研究和业界实践,并考虑我国的实际应用编撰而成。本书与另一本书《信用风险管理:模型、度量、工具及应用》相辅相成。这两本书从整体上基本包括信用风险管理的主要环节和内容,难度较低,比较适合入门级的学习。我们还将编写其他信用风险管理专业书籍,会分别从机构部门、信用风险管理环节等角度编写具有更强针对性、专业性和实用性的独立书籍,例如《信用风险管理:信用评估和征信》《信用风险管理:管理系统》《信用风险管理:信用工具及投资》等。

本书配有教辅资料,有需要者请联系编辑部(010-62767312)索取。

由于编著者的能力有限、编写任务较重,难免出现疏漏之处,敬请广大读者批评指正,并随时通过我们的交流平台与我们沟通,我们将在重印或再版时予以更正。

愿本书能将读者带入信用风险管理的知识世界,在我国步入信用经济社会的过程中,能更少地经受信用损失,使我国的经济实现持续、快速、健康发展!

周月刚
2017年3月

目　　录

第 1 部分　风险管理的发展

第 1 章　金融创新和风险管理 ……………………………………………… (3)
　1.1　现代风险管理概述 ………………………………………………… (4)
　1.2　金融创新和风险管理 ……………………………………………… (6)
　1.3　金融创新管理风险 ………………………………………………… (9)
　1.4　新的风险管理架构 ………………………………………………… (10)

第 2 章　信用风险管理的发展 ……………………………………………… (13)
　2.1　金融危机后的信用风险管理 ……………………………………… (13)
　2.2　信用风险模型的发展 ……………………………………………… (17)
　2.3　信用风险管理工具的应用 ………………………………………… (20)
　2.4　信用衍生品带来的挑战 …………………………………………… (26)

第 2 部分　信用风险模型

第 3 章　建模理论基础 ……………………………………………………… (33)
　3.1　损失分布 …………………………………………………………… (33)
　3.2　风险中性概率 ……………………………………………………… (38)
　3.3　相关违约 …………………………………………………………… (41)
　3.4　信用级别变化 ……………………………………………………… (44)

第 4 章　结构模型 …………………………………………………………… (49)
　4.1　信用风险定价引论 ………………………………………………… (49)
　4.2　Merton 债券定价模型 ……………………………………………… (51)
　4.3　Merton 模型的发展和扩展 ………………………………………… (58)
　4.4　结构模型的评价 …………………………………………………… (59)

第 5 章　简化模型 …………………………………………………………… (62)
　5.1　风险函数和条件违约概率 ………………………………………… (63)
　5.2　简化模型中的信息 ………………………………………………… (64)
　5.3　Cox 过程模型 ……………………………………………………… (65)

5.4　基础简化模型 ………………………………………………………… (67)
　　5.5　Duffie-Singleton 模型 ………………………………………………… (70)
　　5.6　回收率 ………………………………………………………………… (71)
　　5.7　违约相关性 …………………………………………………………… (73)
　　5.8　对简化模型的评价 …………………………………………………… (77)

第 6 章　信用风险管理模型 ……………………………………………………… (78)
　　6.1　信用风险管理模型概论 ……………………………………………… (78)
　　6.2　单项资产的信用风险管理模型 ……………………………………… (79)

第 3 部分　信用工具及其风险

第 7 章　债券信用风险 …………………………………………………………… (89)
　　7.1　债券 …………………………………………………………………… (89)
　　7.2　债券的风险概述 ……………………………………………………… (92)
　　7.3　债券信用评级 ………………………………………………………… (95)
　　7.4　债券的信用风险管理 ………………………………………………… (99)

第 8 章　贷款信用风险 …………………………………………………………… (105)
　　8.1　贷款及贷款信用风险概述 …………………………………………… (105)
　　8.2　贷款信用风险评估 …………………………………………………… (108)
　　8.3　贷款信用风险管理 …………………………………………………… (116)
　　8.4　贷款组合信用风险管理 ……………………………………………… (122)

第 9 章　应收账款信用风险 ……………………………………………………… (125)
　　9.1　应收账款概述 ………………………………………………………… (125)
　　9.2　应收账款的决策 ……………………………………………………… (127)
　　9.3　应收账款信用风险管理 ……………………………………………… (136)

第 4 部分　信用风险管理工具

第 10 章　信用风险缓释 ………………………………………………………… (151)
　　10.1　抵押 …………………………………………………………………… (152)
　　10.2　净额结算 ……………………………………………………………… (157)
　　10.3　信用担保 ……………………………………………………………… (164)

第 11 章　信用资产组合 ………………………………………………………… (171)
　　11.1　信用组合管理发展 …………………………………………………… (171)
　　11.2　信用资产组合管理的目的 …………………………………………… (172)

11.3　组合信用风险建模 ……………………………………………………………… (173)

第12章　资产组合的信用风险管理模型 ……………………………………………… (184)
12.1　组合的信用风险模型简介 ……………………………………………………… (184)
12.2　RAROC ……………………………………………………………………… (185)
12.3　KMV 模型 ……………………………………………………………………… (187)
12.4　CreditMetrics 模型 ……………………………………………………………… (191)
12.5　CreditRisk＋模型 ……………………………………………………………… (193)
12.6　Credit Portfolio View 模型 ……………………………………………………… (195)
12.7　现代信用风险度量模型的比较 ………………………………………………… (197)

第13章　信用衍生品 …………………………………………………………………… (199)
13.1　信用衍生品概述 ………………………………………………………………… (199)
13.2　信用衍生品的发展历程 ………………………………………………………… (201)
13.3　信用衍生品分类及其避险原理 ………………………………………………… (205)
13.4　信用衍生品的作用及其弊端 …………………………………………………… (209)

第14章　交易对手信用风险 …………………………………………………………… (214)
14.1　交易对手信用风险的产生 ……………………………………………………… (214)
14.2　衍生品的清算 …………………………………………………………………… (217)
14.3　度量和管理 ……………………………………………………………………… (218)

第15章　信用资产证券化 ……………………………………………………………… (225)
15.1　资产证券化及其市场 …………………………………………………………… (225)
15.2　资产证券化的动机 ……………………………………………………………… (226)
15.3　资产证券化过程 ………………………………………………………………… (229)
15.4　结构化信用衍生品 ……………………………………………………………… (233)

第16章　资产证券化风险管理 ………………………………………………………… (238)
16.1　识别证券化风险 ………………………………………………………………… (238)
16.2　风险测度 ………………………………………………………………………… (244)
16.3　外部评级 ………………………………………………………………………… (248)
16.4　风险管理 ………………………………………………………………………… (252)

第5部分　案例应用

第17章　次贷危机 ……………………………………………………………………… (261)
17.1　次贷危机的产生过程 …………………………………………………………… (261)
17.2　次贷危机的原因 ………………………………………………………………… (262)
17.3　次贷危机对信用风险管理的借鉴意义 ………………………………………… (272)

第 18 章　欧债危机中的主权信用 ……………………………………………………(275)
　　18.1　欧债危机简述 ………………………………………………………………(275)
　　18.2　欧债危机爆发的原因 ………………………………………………………(276)
　　18.3　欧债危机的应对措施 ………………………………………………………(280)
　　18.4　欧债危机的影响和启示 ……………………………………………………(284)
　　18.5　欧债危机引发的主权信用问题 ……………………………………………(289)

第 19 章　雷曼兄弟破产案例分析 ……………………………………………………(293)
　　19.1　雷曼兄弟概况及事件背景 …………………………………………………(293)
　　19.2　雷曼兄弟破产的过程及影响 ………………………………………………(296)
　　19.3　雷曼兄弟破产的原因 ………………………………………………………(300)
　　19.4　雷曼兄弟破产的启示 ………………………………………………………(304)

参考文献 ………………………………………………………………………………(309)

第1部分

风险管理的发展

第1章 金融创新和风险管理

信用风险管理的目标是维持信用风险暴露在可接受的标准内,同时最大化风险调整收益。信用风险管理不仅仅是有效地应对存在于信用资产组合中的信用风险,还要考虑信用风险与其他风险的关系。对信用风险进行充分的管理是全面风险管理的关键组成部分,是企业保持安全和稳健的基础。每个金融机构都应该利用合适的政策、过程和系统来高效地识别、测度、跟踪和控制风险。

管理信用风险的传统方法主要是优化销售标准的应用和风险分散。以银行贷款为例,审批人决定是否发放一笔贷款,在对可能的借款人的财务报表进行检查时,审批人应该考虑哪些重要的因素,比如收入、利润边界、现有债务和贷款状况等。如果借款人的还款前景良好,审批人还需考虑借款人的行业状况,检验其竞争压力、产品周期和未来成长前景等。如果这些评估结果仍然良好,审批人还需控制贷款条款来管理暴露于该贷款人的风险。他还应为单笔贷款设定贷款额上限,做好还款安排,还可能应更高风险的贷款要求提供额外的抵押物。其他投资于企业债券的金融机构,例如互惠基金,也常实施相似的传统信用分析过程。

通过多样化借款人来分散风险是另一种传统的信用风险管理方法。分散化运用的是风险相互抵消的原理。例如银行在考虑它的贷款组合时,尽量将其资产分配给不同的借款人,并且期望贷款人的违约概率呈负相关关系,这样可以使银行收益的波动率降低。贷款人希望从一批借款人那里得到的收益至少可以弥补因别的借款人违约而遭受的损失。虽然风险分散化和销售标准是管理信用风险必不可少的步骤,但是其降低风险的效果是非常有限的,特别是现实中,可以用于风险分散的选择并不多。

金融创新为信用风险管理提供了新的方法,其中最为普遍的是信用衍生产品和资产证券化。我们可以通过了解这些工具的发展过程来理解它们降低风险的机理,也可以认识到它们本身存在的问题和可能引发的风险。

人们可以从事件的角度对风险进行多种分类,但在金融领域大体都可以归于四类风险,即信用风险(credit risk)、市场风险(market risk)、操作风险(operational risk)和流动性风险(liquidity risk)。调查显示,对于银行来说,面临的风险构成比例大约为:信用风险70%—80%、市场风险4%—6%、操作风险10%—15%,剩下的为流动性风险。金融对冲产品的开发也针对这四类风险而进行。信用风险是金融风险中的一种,它在经济活动中的发展与金融风险紧密相关,我们先从现代金融创新及管理风险的发展过程了解金融工具产生的原因、基本原理及其相关研究和结论。

1.1 现代风险管理概述

如今风险管理作为机构经营投资和个人财富管理必不可少的组成部分，已经为人们所广为接受。在企业和行业两个层面上，企业风险管理的必要性在于确定并管理经营中的各种风险，行业风险管理则是洞悉和防范系统性风险。

在 20 世纪 50 年代，有专家提出"风险管理者"的概念，并倡议保险公司建立专门的风险管理部门负责风险规避工作；随后，便有人建议大型保险公司雇用专职的风险管理师。之后，无论是在实务还是在理论研究上，风险管理在很长一段时间内都是与保险管理相关的，当时专家所开发的风险管理技术也很少涉及保险外的其他行业。后来，精算学作为一个新的技术体系出现，极大地支持了保险业风险管理知识的一般化。

与此同时，风险成为经济学和金融学领域的重要研究内容。在不确定性下的均衡模型得到进一步发展，可以描述各种状态下的风险及其导致的结果，而且提出了如何对冲这些风险的手段。资产组合理论在这时也取得极大的发展，人们能够分析众多金融证券的最佳配置，并知道金融资产组合的风险是可以分散化的。分散化和对冲的概念已经成为现代风险管理的支柱。例如，Black 和 Scholes 在 1973 年就使用对冲的概念来对金融资产进行定价，他们的定价理论对后来开发和对各种金融产品进行定价产生了重大影响，这些产品包括权益、利率、货币和商品衍生品等，现在它们已经成为对金融机构进行风险管理所必须掌握的内容。同样，Markowitz 的资产组合理论开始了资产组合管理和资产定价的新纪元。Sharpe 在 1964 年证明资产折价是如何与资产包含的不可分散风险相关联的，考虑债券的回收，求债券的当前价值，并以此开发出第一个资产定价模型（CAPM）。随后，Ross 于 1976 年对 Sharpe 的 CAPM 进行了扩展并强调了风险本身在无套利定价理论中的关键角色。这些基础金融研究成果在现代金融实务和学术发展中是支撑资产管理、金融市场和投资银行等进步的基础。

在实务方面，自 20 世纪 50 年代之后，现代风险管理运用便与理论发展共同成长起来，到 20 世纪 70 年代，现代风险管理架构基本形成，此时，风险管理已经不再限于保险行业。当时，金融风险管理成为许多公司，包括银行、保险和非金融机构等的优先工作内容，金融领域的风险管理有了革新性的变化。这些机构都曾遭受价格波动带来的影响，这些因价格变化产生的风险包括利率风险、股票市场风险、汇率风险以及原材料和商品价格风险。同时，固定货币阵营也消失了，商品价格变得更加不稳定。为了保护自身免受金融风险的损害，企业开始为风险准备流动性储备。为了增加风险管理的灵活性，减少传统对冲活动的成本，金融衍生品开始被机构广泛运用。衍生品开始被认为是保护个人和企业免受重大风险影响的主要方式。然而，各种投机性投资充斥各个金融市场，造成其他的更难以控制和管理的风险。另外，衍生品的快速繁衍使得人们很难评估一个机构承受的整体风险，例如，很难加总和确定价格与回报分布的函数形式。随着风险管理的概念变得更加一般化，风险管理决策成了金融决策的主要内容之一，人们评价风险管理的基础为对企业的影响或资产组合的价值，而不仅仅局限于对特定风险的管理。

紧随而至的是银行和评级机构开始使用新的统计工具来选择风险要素并管理信用风险。这些工具方便了违约风险和信用风险的评估以及对该风险的定价。1988年的《巴塞尔协议》推行了新的风险监管理念，同时，市场波动高企促发美国大型投资银行设立信用风险管理部门。J.P.摩根分别在1994年和1997年开发了两个知名的内部风险管理模型：针对市场风险的RiskMetrics和针对信用风险的CreditMetrics。这两个模型突出了从资产组合的角度来测度风险并考虑到它们之间的相互依赖关系，使用在险值(value at risk, VaR)来量化整个组合的风险。RiskMetrics模型的发布促进了VaR的广泛传播，同时成为学术界风险测度研究的主要内容。VaR是在一定可信度时，一个资产组合或一家企业在一定时期内可能面临的最大损失；VaR也让人们在保护企业或资产组合免受预期和不可预期的损失时可以测度及决定最佳的资本金。这些新的风险度量方法是《巴塞尔协议Ⅱ》和《巴塞尔协议Ⅲ》计算银行监管资本的重要工具。这些工具也用于计算1994—1995年间因滥用衍生品而导致的损失，以及分析随后的信用危机：亚洲金融危机、俄罗斯金融危机和长期资本管理(long term capital management, LTCM)。LTCM对冲基金多次暴露于多重风险中，当亚洲和俄罗斯持续地发生债务违约的时候，它开始卖空流动资产以偿还债务，其亏空迅速变为它自己的违约风险。

风险管理成为20世纪90年代后期企业的常规事务。当时在很多机构，企业风险管理的主要指导性决策由董事会做出，审查委员会监控这些决策的执行，而有些大型金融机构已经建立了独立的风险管理委员会，企业风险管理官(corporate risk officer, CRO)出现了。20世纪90年代的违约事件和安然破产(2001年)后，充足的资本储备成为人们关心的主要内容。《巴塞尔协议Ⅱ》为操作风险引入了严格的规定。然而，立法者对各种管理基金、对冲基金以及养老基金管理风险的讨论少之又少。在此期间，魁北克储蓄和投资基金(Caisse de dépôt et placement du Québec)因商业票据管理糟糕而导致100亿美元资产注销，包括错误地使用AAA信用级别的结构化产品。当时，监管机构对衍生品的优缺点的判断也自相矛盾，对市场是否能够有效地吸收风险也模棱两可，因而缺乏监管措施。在没有规范地识别和验证交易对手的风险的情况下，场外交易产品大量扩散，这潜藏着系统性风险。

直到近年来风险管理才被整合到商业和零售银行业务中。虽然20世纪50年代就有了信用评分模型，但那时主要是用在消费借贷，特别是信用卡授信上。当时，银行将信用评估运用于各种贷款和信用发放时，对这些模型做了很多简化，使其在决策中起到的作用非常小，因为银行认为它们对客户的了解超过了统计模型。但事实却非如此，当人们考察的收益指标不仅仅是资本收益，而更关注收益后面承受多大的风险时，风险的准确测度就变得更为关键；而且随着金融市场的竞争更加激烈，不熟悉或者低信用的客户增加，科学的风险管理成为业务中的标准配置。20世纪70年代，有机构提出风险调整资本收益(risk-adjusted return on capital, RAROC)的概念，现在，它已经成为金融机构衡量收益的标准指标。RAROC衡量的是经济资本的期望收益，它已经成为将绩效管理和风险管理结合起来的标准模型。当然，RAROC被广泛应用于资产配置，也作为信用评分工具使用。另一个重要的里程碑是 Vasicek 在 1984 年使用 Merton 的结构违约风险模型来建立贷款组合损失分布。

1.2 金融创新和风险管理

金融市场的发展有很长的历史,现代金融创新不断推动金融市场的多样化和复杂化。芝加哥交易所(Chicago Board of Trade,CBOT)于 1864 年挂牌了第一个商品期货合约。金融市场最重要的突破来自 20 世纪 70 年代的两个金融创新。1972 年,芝加哥商品交易所(Chicago Mercantile Exchange,CME)在美国宣布放弃布雷顿森林体系下的固定汇率制度后,上市了第一个货币期货。1973 年的石油危机和对冲货币风险的需求极大地促进了这个市场的发展。在商品和货币期货之后,1977—1998 年世界各地相继推出了许多指数期货,例如以美国国债、标准普尔 500、德国国债和欧洲斯托克 50 等为基础资产的期货,其中,德国国债期货在世界范围内的交易量名列前茅。

20 世纪 70 年代,另外一个重要的创新为期权合约(option contract)。芝加哥交易所在 1973 年创立芝加哥期权交易所(Chicago Board of Option,CBOE),这是第一家专门为上市公司提供看涨期权的交易所。CBOE 标准化期权协议,发展二级市场,增加了流动资产,提高了市场效率。同年,Black 和 Scholes 发表了著名的欧式期权定价公式,这标志着金融衍生品和或有索取权的定价研究爆炸式增长的开始。虽然其他许多学者都发现过相似的公式,但 Black 和 Scholes 引入了创造性的对冲资产组合的概念,他们推导出动态交易策略来对冲期权风险,并建立期权价格等于对冲策略成本的关系。他们的定价方法对金融衍生品市场和更多非标准期权市场的发展有非常重要的影响。

虽然期权的主要目的在于对冲风险,但它也被广泛地作为投资标的。1976 年,Leland 和 Rubinstein 开发出组合保险的概念,该概念考虑了风险资产的投资,同时引入了投资资本。1980 年,他们又向金融机构推出结构化投资产品。结构化投资产品得以快速发展,直到 1987 年的股票市场暴跌才稍有减缓。这段时间标志着金融工程应用于结构化产品和后来流行的交易策略的开始。

期权之后,下一个风险管理工具的重要创新是互换(swap)。在互换协议中,两个交易对手交易一个金融工具的现金流以获得另一个金融工具的现金流。例如在利率互换中,经常是用一个工具的固定利率现金流去换取另一个金融工具的浮动利率现金流,或者是两个不同的浮动利率现金流的交换。互换已经成为管理资产负债表的一个重要手段,特别是管理利率和货币风险。最初仅为现金流互换的机制已经被扩展到其他的金融工具和基础资产,例如通货膨胀联动债券、股票、权益指数、大宗商品,等等。但其中最重要的创新是 20 世纪 90 年代发明的信用违约互换(credit default swap,CDS)。最简单的 CDS 是现金流依赖于一个贷款、债券或企业的违约状态。依赖于一个违约条件的 CDS,我们称之为单名工具(single-name instrument)。如果 CDS 依赖于一个信用资产组合的违约损失或者违约时间,我们称之为多名工具(multi-name instrument)。

信用衍生产品提供了大量管理信用风险的工具,其中最具有代表性和创新性的是证券化(securitization)。证券化过程是将多个资产放入一个资产组合,购买者获得这个组合产生的利率收入。由房屋抵押贷款支持的证券化产品叫抵押贷款支撑证券,由其他资产支持的证券化产品叫资产支持证券。

衍生品可以在交易所内或场外交易。在交易所内交易,衍生品协议是标准化的,交易安排由清算中心进行,清算中心负责清算和结算。反之,在场外进行的交易协议是定制化的,交易在市场参与方之间直接进行。可见,场外交易是暴露于交易参与方的违约风险之下的。在不同的国家,交易场所可能由交易的产品决定,比如在美国,期货和期权往往是在交易所进行的,而远期和互换则在场外交易。表 1-1 列示了在交易所交易的期货和期权的名义价值规模,该数据来自国际清算银行(Bank for International Settlement, 2015)。从表中可见,在场内交易的期货和期权的总额在 2004 年年底为 46.3 万亿美元,到 2007 年年底时达到 78.9 万亿美元,几乎翻倍,但之后出现了下降,到 2014 年年底时为 64.9 万亿美元。从期货与期权的对比中可知,期权的比例较大,但 2014 年时有所下降。在所有期权和期货中,主要的交易品种为利率衍生产品,其次是权益指数,货币衍生品的比例大约维持在 0.7% 到 0.3% 之间。

表 1-1 交易所交易的衍生品占比及余额

	2004 年 12 月	2007 年 12 月	2010 年 12 月	2014 年 12 月
期货	40.8%	35.6%	32.8%	41.9%
利率	96.1%	95.4%	94.2%	93.3%
货币	0.6%	0.6%	0.8%	0.9%
权益指数	3.3%	4.0%	5.1%	5.8%
期权	59.2%	64.4%	67.2%	58.1%
利率	89.8%	87.2%	89.6%	84.6%
货币	0.2%	0.3%	0.3%	0.4%
权益指数	10.0%	12.6%	10.0%	15.0%
合计(万亿美元)	46.3	78.9	68.0	64.9

资料来源:国际清算银行(Bank for International Settlement, 2015)。

表 1-2 展示了通过场外交易的衍生品市场规模。平均来看,场外衍生品市场规模是场内衍生品的 10 倍左右。2004 年年底场外衍生品的名义价值达 258.6 万亿美元,并持续增长到 2014 年年底的 630.1 万亿美元;虽然在 2007 年以后的增长率有所下降,但与场内交易的衍生品相比,没有因 2008 年的次贷危机而减少。根据衍生品的种类,互换始终占据着最大份额,2004 年占比为 63.9%,并上升至 2014 年的 66.9%;其次是远期和期权,大约占 10%—20%。按衍生品的基础资产分类,利率衍生品的占比处于绝对地位,2004 年为 73.7%,2014 年为 80.2%;其次为货币。特别注意到的是,信用衍生品由 2004 年的 2.5% 快速上升到 2007 年年底的 9.9%,但之后持续下降,直到 2014 年年底下降到 2.6%,这反映了 2008 年次贷危机的影响。

表 1-2　场外交易的衍生品名义值

		2004年12月	2007年12月	2010年12月	2014年12月
按产品类型分类	远期	11.4%	10.9%	14.0%	19.3%
	互换	63.9%	65.2%	68.8%	66.9%
	期权	14.4%	13.4%	10.6%	10.2%
	其他	10.3%	10.5%	6.6%	3.6%
按基础资产分类	货币	11.3%	9.6%	9.6%	12.0%
	利率	73.7%	67.1%	77.4%	80.2%
	权益	1.7%	1.4%	0.9%	1.3%
	商品	0.6%	1.4%	0.5%	0.3%
	信用	2.5%	9.9%	5.0%	2.6%
	其他	10.3%	10.5%	6.6%	3.6%
合计(万亿美元)		258.6	585.9	601.0	630.1

资料来源:国际清算银行(Bank for International Settlement,2015)。

为了对金融市场的发展历程有更清晰的了解,表 1-3 展示了主要金融产品的产生时间。虽然商品期货在 1864 年就已经出现,但是房屋抵押贷款支持证券直到 1970 年才被创造出来,中间间隔了近 100 年的时间。从此之后,金融工具创新不断出现,几乎每年都有新的工具在市场上进行交易。创新不断出现,新的金融产品也变得愈加复杂,在发挥作用的同时也增加了理解的难度。

表 1-3　金融创新发展历程

年份	中文名称	英文名称
1864	商品期货	commodity future
1970	房屋抵押贷款支持证券	mortgage-backed securities
1970	货币互换	currency swaps
1971	权益资产指数基金	equity index funds
1972	外币期货	foreign currency futures
1973	股票期权	stock options
1977	看跌期权	put options
1979	柜台货币期权	over-the-counter currency options
1980	货币互换	currency swaps
1981	利率互换	interest rate swaps
1982	权益指数期货	equity index futures
1983	权益指数期权	equity index options
	利率上限/下限期权	interest rate caps/floors
	抵押贷款担保债券	collateralized mortgage obligations
1985	互换期权	swaptions
	资产支持证券	asset-backed securities
1987	路径依赖债券	path-dependent options (asian, lookback, etc)
	债务抵押凭证	collateralized debt obligations
1992	大灾保险期货和期权	catastrophe insurance futures and options

(续表)

年份	中文名称	英文名称
1993	上限期权/下限期权 交易所交易基金	captions/floortions exchange-traded funds(ETF)
1994	信用违约互换 大灾债券	credit default swaps catastrophe bonds
1997	天气衍生产品	weather derivatives
2002	基金抵押债务凭证	collateralized fund obligations(CFO)
2004	波动率指数期货	volatility index futures
2006	杠杆和反向 ETFs	leveraged and inverse ETFs

表中罗列的为全球主要金融工具，它们产生的背景与需求各有不同，但主要的初衷还是为了规避或对冲某种风险，只是这些创新工具往往又成为投资人的投资标的。

1.3 金融创新管理风险

过去 20 年，越来越多的金融机构使用衍生品以管理其债务风险。国际互换和衍生品协会(International Swaps and Derivatives Association, ISDA)2009 年对根据收入排名的世界前 500 大公司进行调查，发现超过 94% 的公司使用金融衍生工具来有效地管理和对冲风险。一项最新的研究统计了相关上市公司使用金融衍生品管理金融风险的情况，结果显示，其样本内 2010 年有 82.6% 的公司使用了衍生品，其中，58.7% 的公司使用互换来对冲利率风险，54.3% 的公司使用远期来对冲外汇风险。另外，69.6% 的公司报告说其能够实现对因外汇而产生的交易风险进行管理的目标，63% 的公司认为其减少了借贷成本。可见，通过金融衍生品来管理金融风险是许多企业的一个重要选择。在选择衍生品管理风险的原因上，研究发现，企业使用衍生品最重要的原因是管理现金流的波动，第二重要的原因是企业市值管理。在利用外币债务和外汇衍生品来管理外汇风险的选择上，有几乎一半的企业认为这二者同等重要。对于投资人来说，如果是投资固定收益产品，他们一定会关心利率风险，而国际投资者显然关心外汇风险。

衍生品可以帮助承担风险的机构对风险进行重新分配，并寻求的投资人来共同承担。例如，不同国家的企业之间的经济活动需要相应的货币兑换，然而汇率往往是波动的且非常不稳定，这使得交易双方都面临外汇(货币)风险。为了对冲外汇风险以避免损失，企业可以使用外汇衍生品。2011 年，Bartram 等学者对分布于全球 47 个国家的 6 888 家非金融企业的数据进行分析，发现金融衍生品的使用既可以降低企业面临的整体风险，也可以降低系统性风险。尽管公众对衍生品的使用存在顾虑，担心会增加企业风险，但数据显示，在使用衍生品来对冲风险的同时并没有增加企业暴露于其他不可承受风险之下的可能性。

使用衍生品对冲风险时，具体选择什么工具取决于风险暴露的类型。不同的工具对冲的风险特性往往是不同的。例如,短期风险需要短期工具,而长期风险则需要长期工具。短期工具有货币远期或货币期权,可以对冲因出口业务导致的短期汇率风险,而外汇债务和外币对外币互换常用于对冲因资产在国外而存在的风险。要想有效地对冲风险,必须选择正确的金融衍生产品。有研究表明,使用衍生产品比无衍生品时面临的信息不对称要少。不仅使用衍生品可以减少信息不对称,而且使用的程度越高,信息不对称的程度越低。使用外汇衍生品的企业,分析师对其收入预期的准确度越高,不同分析师的预期差异越小。这一现象似乎证明对冲可以减少信息中的干扰因素。

实证发现,企业规模越大,其越可能利用衍生工具来对冲汇率风险暴露。企业对冲汇率风险的主要目的是最小化企业现金流的变化,其次是对冲应收或应付项目的价值波动。美国企业使用的外汇衍生品主要集中于场外货币远期,有超过50%的企业在使用,其次为场外期权,大约占20%,场外互换大约占10%。学者发现,企业规模与外汇对冲决策之间存在正相关关系,这表明越大的企业越喜欢对冲风险。这一发现显然是与信息和交易成本相关的,对冲的规模经济效应会阻碍小企业使用衍生品。信用衍生品的使用会随着企业产品线的增加而增加,也会随着其海外分支机构的增加而增加。

企业选择使用衍生品的目的还在于减少收入的波动。有调查发现,企业最常使用的衍生品包括外汇衍生品、利率衍生品和商品衍生品,通过使用这些衍生品,公司股票的波动率、利率风险暴露和外汇风险暴露分别下降了5%、22%和11%。

在使用衍生品来管理风险的实践活动中,不同地区的企业表现出不同的特点,这或许与不同地区的会计制度差异相关。与美国的企业相比,德国的企业更喜欢使用衍生品,一项调查中,78%的德国企业使用衍生品,而仅有57%的美国企业也在使用。

在信用风险管理方面,学者发现衍生品并不能提高债券发行人的信用级别,也不会减少发行人的债券发行成本。商业银行可以使用信用衍生品来管理其贷款风险,不过因信用衍生品产生的交易对手风险也是银行需要管理的风险。同时,因为信用衍生品往往依赖于复杂的模型,所以有可能导致模型风险。虽然信用评级机构可以向投资人或其他模型使用者解释模型的复杂性,但是给出的信用评级经常让人难以理解,这可能会导致代理风险。信用衍生品协议的清算依赖于违约事件的发生,但除了违约的不确定性外,清算本身也是一个复杂的过程,这也会导致清算风险。

主要影响衍生品使用的因素包括对衍生品的滥用、风险水平、对现代金融的认识、衍生品对冲的风险与企业价值的相关关系、企业业绩和商业周期效应,以及企业业务特征和金融风险的相关关系。

1.4 新的风险管理架构

传统的风险管理以回报为测量基础,而现代又产生了新的以头寸信息为测量基础的风险管理。传统方法较为容易应用,也可以说明资产组合的动态交易,但是以回报为基础的风险测度存在许多缺点:首先,它们不能为新的金融工具、市场和管理者等提供数据;其次,它们不能及时捕捉投资人的风格转变;最后,它们常常无法揭示隐藏的风险。另外,以回报为基础的 VaR 会误导风险管理者,也不能使其洞悉资产组合的风险驱动。而这些缺点却是以头寸为基础的风险测度所没有的。新的风险管理系统使用最近的头寸信息,这些信息揭示了市场参与者的风格转变和隐藏的风险。以头寸为基础的风险测度比以回报为基础的方法包含了更多的信息。

以头寸为基础的风险测度可以应用于新的金融工具、市场和管理者。如图 1-1 所示,新的风险管理系统有以下几个组件:① 根据市场数据,建立风险因子分布;② 收集资产组合的各个资产头寸,将其映射到风险因子上;③ 使用风险驱动来构建资产组合收益分布以及在一定期间的损失,这可以通过 VaR 来综合体现。

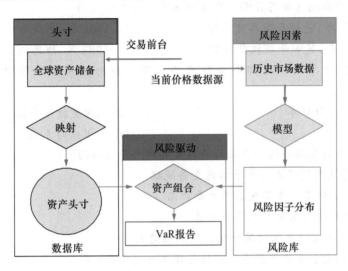

图 1-1　风险管理组件

但以头寸为基础的风险管理系统也有其自身的一些缺点:第一,它们要求更多的资源,在运用时需付出更多的成本。例如,大型银行往往有数百万计的风险头寸,从整体上进行综合管理在技术上也是一个挑战。第二,以头寸为基础的风险测度假设资产组合是不变的,忽略了动态交易的现实。当然,在一定程度上,我们可以通过频繁的风险度量来缓解这个问题的影响。第三,以头寸为基础的风险管理系统容易受错误数据和模型风险的影响。它们要求对所有头寸进行自下而上的建模,根据风险因子的变动对金融资产进行反复定价。另外,在某些情况下,基于固定历史时间窗口的方法并不适宜;在另一些情况下,金融工具的建模非常复杂,会产生模型风险。

现在,几乎所有的现代风险管理架构都使用头寸层面的信息,但是传统的以回报为基础的风险管理技术并不是无价值的,有时它可以与以头寸为基础的方法结合起来,产生更符合实际且更有效的风险度量和管理手段。

练习题

一、选择题

1. 现代风险管理最早的产生机构是哪个？（　　）
   A. 商业银行　　　　B. 投资公司　　　　C. 中央银行　　　　D. 保险公司

2. 现代风险管理的支柱是哪个？（　　）
   A. 资产定价利率和无套利定价理论　　　　B. 衍生产品和证券化
   C. 风险分散化和对冲理论　　　　　　　　D. 评级理论和技术

3. 第一个商品期货合约在哪个交易所正式交易？（　　）
   A. 1972年，芝加哥商品交易所　　　　B. 1864年，芝加哥交易所
   C. 1973年，芝加哥期权交易所　　　　D. 1988年，纽约证券交易所

4. 20世纪90年代下列哪个金融产品出现并成为信用风险管理的重要工具？（　　）
   A. 资产支持证券　　　　B. 抵押贷款支持证券
   C. 期权　　　　　　　　D. 信用违约互换

5. 下面关于衍生品的场外交易与场内交易哪个是错误的？（　　）
   A. 场外交易规模远远大于场内交易规模
   B. 互换始终是衍生品交易的主要产品
   C. 期权和期货主要在交易所交易
   D. 2008年次贷危机对场外交易的影响更大

6. 现代国际大企业使用最多的风险管理工具是哪个？（　　）
   A. 金融衍生品　　　B. 资产组合工具　　　C. 限额管理　　　D. 信用审核

二、简答题

1. 简述现代风险管理发展历程中的标志性事件，并说明其作用。
2. 主要影响衍生品使用的因素有哪些？
3. 以回报为测量基础的风险测度存在哪些缺点？
4. 以头寸为基础的风险管理系统具有哪些组件？以头寸为基础的风险管理系统有哪些缺点？

第 2 章 信用风险管理的发展

金融机构面临的风险有很多,包括市场风险、信用风险、操作风险和流动性风险。虽然信用风险是金融机构关心的主要风险,但是在 2007 年开始的金融危机之后,信用风险变得更重要了。这次危机将现有的风险管理体系的缺点暴露无遗,欧美发达国家有多家金融机构因交易对手无法履行承诺而遭受了巨大损失,甚至有些企业因而倒闭。信用风险逐渐被认为是当下最受关切的风险。

人们已经开发了许多管理信用风险的方法。其中,传统方法集中于完善贷款承销标准和风险分散,而过去 20—30 年的发展则在于通过"销售"信用风险资产来管理信用风险。例如,银行可以直接卖出它们的贷款,也可以通过证券化或者将信用资产放入资产池并将部分资产卖给外面的投资者。这些方法都可以通过将风险转移给新的所有者而减少原所有者的信用风险,但是即便如此,我们仍需明白,它们都不足以完全有效地管理金融机构所面临的信用风险。

2.1 金融危机后的信用风险管理

信用风险一直是金融服务机构关注的主要内容,但是人们离有效地管理信用风险还有很长的路要走。2007 年开始的金融危机使当时金融服务机构脆弱的风险管理体系暴露于世界眼前,纵观当时的金融行业,各个地区和各种规模的机构在管理信用风险的方法上都存在缺陷。特别是复杂的金融创新产品体现得尤为明显,例如,按揭贷款支持证券(mortgage-backed securitie)和债务担保证券(collaterallized debt obligation)成为信用风险爆发的主要阵地。因为许多机构在没有理解这些产品的结构及其内在的风险时就大量地购买,当这些信用衍生品的价值缩水时,投资人就遭受了巨额损失。而且,由于存在交易对手风险而导致连锁反应,甚至像雷曼兄弟这样的大型金融机构都以破产而告终,许多机构也一度陷入破产的边缘。

在场外交易的金融工具一般有较长时间的到期期限,这使得交易对手长期地暴露于风险之中。在此次危机之后,国际和美国国内的监管机构开始限制金融机构的场外金融资产,并要求经纪商提供更多的抵押物来防止违约的发生。图 2-1 展示了场外衍生品的市场规模,在 2008 年年底 G10 国家有 320 亿美元市场规模的场外衍生品,而 2008 年后逐渐减少。之后金融机构开始监控它们的信用风险状况,紧密跟踪其暴露于各个交易对手的资产。

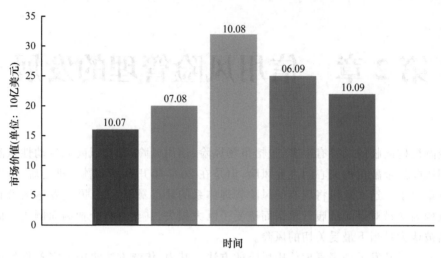

图 2-1　G10 国场外衍生品规模，2007 年 6 月至 2009 年 12 月
资料来源：国际清算银行（Bank for International Settlements）。

次贷危机之后伴随着全球经济放缓、发展不稳定、失业率上升、消费者信心不振，金融机构管理层面临更大的压力。在大量经验教训的基础上，风险治理已经成为大多数企业经营活动考虑的首要内容。当时所做的一项全球性调查显示，金融机构高级管理人员对信用风险的关注要超过任何其他金融风险。虽然受调查者会花许多时间在其他风险上，例如，操作风险（44%）、流动性风险（38%）和市场风险（33%），但是有 67% 的受调查者表示信用风险是他们最关心的风险。

为了更紧密地监控信用风险，国际上许多机构开始对交易对手和信用产品实行严密的分析，同时组成专门的团队来解决剩余的结构化信用资产以及监控这些资产的信用质量，而且这些机构特别关注结构化产品的尾部风险，尽量掌握那些看上去发生概率较小却可能导致巨额损失的风险的特征。随着技术的进步，许多国际机构提高了预测能力，开发出更好的方法来计算在承压的市场环境下的风险水平。

另外，监管部门也极力鼓励金融机构对信用风险进行监控。美国的金融改革法案致力于防止未来发生金融危机，使美国的金融系统更加透明，因而引入了大量对金融衍生品的监管法规，以帮助机构更好地管理它们的信用风险。巴塞尔委员会也在《巴塞尔协议Ⅲ》中颁发了建议性文件，目的是加强银行的资本水平，当然也是为了金融机构更好地控制信用风险。该文件包含了对各种信用风险暴露的资本金要求，例如，当交易衍生品、建立回购协议和实施证券化融资活动时产生的交易对手信用风险暴露需配置相应的资本金。

2.1.1　管理信用风险

金融危机之后，银行、保险和资本市场中的金融机构认识到，传统的信用风险管理方法虽然还是很重要的,但是已经显得不够有效。在传统方式外,人们开始寻找和开发更具适应能力和创新性的信用风险管理手段。另外,大家更注重理解信用风险和其他风险的相互影响,寻求在企业层面整合的风险管理系统。下面是一些当下较为流行的信用风险管理方式。

1. 信用组合模型

大多数金融机构都有它们自己的内部信用风险模型,其中,信用组合模型已经被许多机构采用。信用组合模型根据不同的参数来分解信用风险,这些参数包括行业、地区、信用级别等;并使用数字仿真技术来模拟大量场景,尽量刻画经济的各种状态以及各种情形对信用资产组合价值的影响。通过这种分析,资产组合管理者能够对理想的资产组合构成是怎样的做出决策,做到满足机构的风险偏好和业绩目标等各种要求。

2. 内部信用评级

信用评级是对一个实体的信用资质的评估,通常是对实体偿还债务能力的反映。除了有第三方信用评级机构提供的标准评级之外,机构往往也有自己的内部评级之外。每个机构计算内部评级的方法可能都是独特的,而且,它们的评级系统可能针对不同的实体和各种复杂的金融产品,而独立的评级机构可能并没有为这些主体和工具提供相关的评级。

3. 风险暴露上限

为了控制暴露于单个实体的风险,机构会实时监控它们在大量实体和风险类型上的风险暴露量,比如交易对手、债券发行人、发行类别、产品类别,等等。金融机构为每个实体预先确定一定的信用上限,一旦达到上限,任何与该实体相关的或该类别的信用都将停止增加,一直到该风险暴露下降为止。这样做的目的是确保风险分散,机构不至于在某个实体上有过多的风险暴露,一旦发生负面的市场事件,遭受的损失是可控的。在某些市场上,这些限制是由监管法规确定的,例如,一定类型的金融机构或一定类型的风险,监管机构要求它们定期或在风险达到一定规模时做出报告,并要求机构采取必要的措施。

4. 压力测试

压力测试可用于克服风险模型过度依赖历史数据的缺点,对某些决定模型的重要参数的影响进行测试。信用风险模型一般建立在有限的输入变量上,因而可能并不能完全反映风险的真实状况。压力测试通常对不同的场景组合,包括突发事件,进行测试,而且为了掌握不同业务线上的完整风险状态,往往是在企业层面实施的。压力测试在许多国家已经变成风险管理的常规要求,因为它可以帮助机构确定并维持充足的资本水平。

2.1.2 信用风险缓释和资本要求

除了测度和控制信用风险,机构也可以使用具体的工具来缓释信用风险。现在应用比较广泛的方法有以下几种:

基于风险的定价 基于风险的定价建立在违约概率或贷款的风险之上,机构使用这些工具来计算贷款或债务的利率水平。根据风险水平来要求承担风险的足够补偿是金融的基本规律,高风险的交易必须要求更高的利息。但是正如信贷配额理论所述,更高的利息有可能会导致逆向选择。

协议条款 机构可以在它们的交易协议中引入严格的条款,要求债务人满足一定的条件,以维持要求的资本水平,或者禁止债务人进行某些活动。

信用保险 信用保险是为了弥补未偿付的债务或应收款项而购买的,有些信用保险还可以补偿债务人破产或延迟支付而导致的损失。

信用衍生品 信用衍生品虽然在次贷危机期间成为广泛批评的对象,但仍然是信用保护的有效工具。

净额结算 净额结算(netting)是根据净额结算协议将两个或多个交易对手间的多个相关交易(或债务)合并成一个交易(或债务),每个交易对手只是支付或接受与其有关的交易(或债务)的净值。

抵押 在信用交易中,承担信用风险的一方可以向交易对手要求抵押物,这可以适当地降低风险。抵押是所有信用缓释工具中最受授信机构喜爱的,因为在违约发生之后,抵押物最容易实现对损失的补偿。

本书将对主要的信用风险缓释工具的原理、作用和效果等进行详细的介绍。在此,我们先讨论这些工具与资本要求的关系。对于授信机构来说,为风险暴露准备风险资本金是应对风险的最后一环。信用机构利用标准法或者内部评级法来计算它们的资本要求时,可以考虑信用风险缓释工具的影响,重新计算其风险资产的风险暴露和违约损失率(loss given default,LGD)等。用于提供信用保护的技术以及授信机构采取信用保护的行动、步骤、过程和政策等要保证信用保护在所有相关司法体系或行政地区的法律上是有效的且是强制性的。另外,信用保护也会带来风险,例如抵押物的价值波动风险、担保人的信用风险等,所以需要对信用缓释工具最终降低的风险进行严格的分析计算,风险准备金的减少要以分析结果为依据。

对于资金型信用保护,要降低风险准备金,要求资产具有充分的流动性,价格稳定,信用保护达到目标,所用于计算调整风险暴露的方法是有效的。当债务人发生违约、无偿付能力、破产或其他交易文件中明确的事件时,信用机构有权及时变卖或保留作为信用保护的资产。

担保和信用衍生品等属于非资金型信用保护。对于非资金型信用保护,提供保证的参与方必须是充分可靠的。可以降低风险准备金的可靠担保人在不同国家的要求各有不同,但类别都不是很多,主要包括政府和金融担保机构。如果信用品质足够高,母公司担保、子公司或关联实体担保也可能被接受。非资金型信用保护存在双重违约的可能性,即债务人和担保人同时违约,但双重违约的概率一般远比无担保的违约概率要小。

信用衍生品作为信用保护也需满足一定的条件才能降低风险准备金。合格的信用衍生品包括信用违约互换、总收益互换和一定程度现金支持的信用联系票据。另外,各种以这些信用衍生品为基础的组合工具也常被认为是合格的信用保护,可以降低风险准备金。

2.2 信用风险模型的发展

过去数十年来,信用风险模型得到了极大的发展,各种需求和驱动促使人们开发更为准确的测度方法。这些驱动有世界范围内破产事件结构性的增加、信用质量较高的借款人去中介化的趋势、内含着违约风险的表外工具大量增加,等等。学术界和业界应对这些需求,开发出更新、更复杂的信用评分和早期预警系统,从单单分析个体信用风险到开发信用集中度风险的度量指标,例如固定收益证券组合风险的度量技术,也开发出新的模型来对信用风险进行定价,甚至专门开发模型来更好地测度表外工具的信用风险,等等。本部分回顾主要的发展阶段和当时的典型创新。

1. 20 世纪 80 年代及之前:信用市场初期阶段

此时重要的信用产品投资模式为购买并持有。机构投资者和零售债券基金的主要投资对象为投资级别的企业债券组合、企业和个人消费贷款的投资级组合等。交易的主要风险来自利率风险。

20 世纪 80 年代晚期,高收益债券蓬勃发展,此时产生了早期的担保债务债券(collaterallized debt obligation,CDO),这是第一个信用衍生产品。

这段时期,卖空和对冲信用风险的手段不多,金融机构只能进行有限的贷款销售,主要是贷给高评级公司的一些大额联合贷款。

在分析和建模方面,主要是对单个债务人进行基础和定性的评价,贷款给了解的对象。主要采用固定资金成本。集中度风险高,银行组合的资产利用效率较低。债券市场流动性差,没有充分的市场数据来检验和校准模型。由于 Merton 的结构模型建立在权益市场的基础上,因此在计算违约概率和债券定价方面并没有表现出实际应用价值。

2. 20 世纪 90 年代:信用市场膨胀阶段

这是一个信用衍生产品(credit derivatives)开始发展的年代,债券总收益互换、信用违约互换、债券抵押凭证、以银行贷款组合为基础资产的合成 CDO 等都在此时陆续被开发出来。这时机构可以有效地卖空、对冲和证券化信用风险,并建立定制化配置信用风险资产的机制。

此时,企业倾向于更高的杠杆、更低的信用质量、更少的高级别债券发行人。由于信用衍生品具有评级高、收益高的特点,许多投资者被吸引到这些证券化债务上来。另外,消费贷款证券化产品(住房抵押贷款、汽车贷款、信用卡、学生贷款等)也得到快速增长。

"积极的信用资产组合管理"的概念也在这段时期形成,信用风险 VaR、风险调整资本配置、投资决策边际资本、集中风险测度和分散化收益等技术与手段被发明并逐渐推广应用。同时,银行开始使用经济资本的概念来进行风险管理。

3. 20 世纪 90 年代:信用违约模型的兴盛

信用违约模型的开发和大量使用标志着信用风险管理发展到一个新的阶段。Merton 模型类的结构模型被用于违约概率的估算,并被证明是有效的,以 KMV 模型的商业应用为标志,表明结构模型的商业可用性。这提供了一个更加动态的、以权益资产市场为基础来认识信用质量的基本分析视角。

为了克服结构化模型的缺点,人们引入简化模型,以违约密度建模为出发点,对债券和期权进行定价。简化模型对信用资产价值的趋势特征更加有效,可以运用于广泛的信用风险资产,产生各种形状的资产价格曲线或利差曲线,实际数据的拟合性好。

在大量的研究中,人们对企业的财务比率和宏观经济变量进行回归分析,并证实以此获得违约概率的方法是行之有效的,特别是对于有大量违约数据的私有企业,回归分析的违约概率能够反映真实的违约情况。

除了企业财务数据和宏观数据外,此时人们逐渐发现基于个人和家庭的数据也可以有效地预测违约概率。例如,建立在消费者的特征变量和贷款属性等变量基础上的模型在预测提前偿还房屋抵押贷款概率和损失程度上较为有效。

4. 20 世纪 90 年代:信用资产组合模型的兴起

这个时期的标志性信用风险管理工具是 KMV 和 RiskMetrics 等以结构模型框架开发的信用资产组合管理工具的出现。这些模型使用期权价格公式,根据权益市场中权益资产的相关性导出企业违约的相关性。KMV 模型之所以能够刻画资产组合内的违约关系,是因为其建模于信用资产组合价值在信用质量迁移和违约两种情况下的变化。自 KMV 模型发布以来,其已成为许多大银行确定经济基本状况的一个基准。

同时,另一系列的信用资产组合模型也同样得到快速发展,那就是 Copula 违约模型。最初的 Copula 模型基于联合正态分布,然后根据实际的信用资产组合分布的特点逐渐加入其他分布。Copula 模型被认为是最有效的信用风险管理工具之一,已经被广泛采纳并用于组合信用衍生产品定价。

这一时期也是国际金融监管标准发展历史上的重要时间段,因为《巴塞尔协议》在国际上被广泛接受并采用,统一了国际银行业资本测度的标准。同时,巴塞尔委员会也开始了《巴塞尔协议Ⅱ》的开发。

5. 2000—2007 年:活跃的信用市场快速成长

结构化金融产品和市场在这几年里出现爆发式的发展,各种证券化产品在数年的时间内无论在品种上还是在名义价值上都大量增加,尤其是房屋按揭贷款以及各种新的按揭抵押贷款(次级)证券化都快速膨胀。

抵押贷款证券(collateralized loan obligations,CLO)市场因快速增长的杠杆化贷款和私有权益而加速增长。CDS 市场呈爆炸式增长,在交易面值上超过基础资产市场规模。CDS 指数开始使用,创造了流动性的指数市场,也创造了对各种份额的流动性指数的证券化。各种信用衍生产品被创造出来,信用衍生产品家族快速成长,包括 ABS、CDOs、SIVs、CDPCs、CPDOs,等等。

信用证券化产品和衍生产品快速发展的原因是,到 2005 年左右,信用利差极度缩小,投资人转而寻求有更大利差的产品。金融机构因应市场需求和自身的资产状况,为达到提高资产流动性和风险缓释的目的,开发了大量的信用产品。

6. 2007—2010 年：信用危机危及金融系统

2007 年，美国房地产泡沫破裂，房地产价格极速下降，按揭贷款违约概率上升，RMBS 债券和由 RMBS 支持的 CDO 信用质量急剧恶化，导致更多违约和损失。

随着房地产市场的恶化，次贷危机蔓延，到 2008 年，美国持有大量按揭贷款的金融机构或遭受强制接管（如 Merrill Lynch、WAMU、Wachovia）、失败破产（如 Lehman、Bear Stearns、Countrywide），或获得大额政府支持（如 AIG、房地美、房利美）。

由于违约事件不断发生，信用市场在此期间的部分时间内停滞，仅有极少量借贷发生，而且这些借贷的信用利差极大。私人按揭贷款证券化市场逐渐消失。

7. 21 世纪：量化信用模型的广泛应用

信用违约模型在这段时间得到快速发展，应用范围不断扩大，特别是 KMV 的 EDFs（expected default frequencies）被各类金融机构广泛采纳，成为业界预测违约概率的主要工具（KMV 在 2002 年由穆迪收购）。其他企业也在此期间发布其信用违约模型，例如标准普尔开发的 Capital IQ、Kamakura 开发的 KRM（kamakura risk manager），等等。

同样，信用组合模型（credit portfolio models）越来越多地被用于积极的资产组合管理，掌握信用资产组合，配置空方和多方信用资产头寸，最优化组合的收益/风险关系，在此过程中使用大量的量化信用模型。

积极的信用资产管理进一步强化了 Copula 方法的使用，随着基本相关性的引入，关于违约时间的高斯 Copula 模型成为业界定价和对冲合成抵押债务债权及信用指数型债务债权的行业标准工具。另外，半解析式数字分析法（semi-analytic numerical methods）促进了指数型债务债券的计算。此外，为了处理高斯 Copula 的校正问题，开始应用自上而下的组合模型与指数型债务债权的定价技术。

由于信用定价模型建立在违约概率和信用风险市场价值估算的基础上，在数据充分的市场上得到了较为广泛的检验和使用，人们将其应用到对非流动债务和债券的定价上来。最后，消费者资产信用模型也在此期间被开发出来。

8. 现今：信用建模

信用风险模型仍然在持续不断地发展之中，更多的方法被应用到研究违约概率和信用转移的模型中，例如，有研究者应用信息衰变理论来研究更长时间段的违约概率。根据在实务中的效果，人们在为更多的信用资产开发更新的模型，包括住宅按揭贷款、商业房屋按揭贷款、市政债券、SMEs 或私有企业、消费资产等。随着可利用数据的积累，人们将信用市场的价格数据集成到模型之中，例如 CDS spreads' bond OAS、房屋价格增长指数，等等。

为了更全面地了解信用风险的作用和影响，将信用风险模型的研究扩展到与其他风险以及不同风险之间价格构成的关系上，了解信用价值和市场价格的异同，例如市场价格往往包含了流动性风险、交易对手的风险和供给需求关系等，而信用风险的一个重要类型即为交易对手风险。

我们正在见证信用资产组合模型扩展到覆盖更多的资产类别，这将有助于金融机构为违约相关性建造更好的模型。当今的信用模型考虑了信用周期效应、回收率相关性、信用迁移导致的价格变化等更多因素。人们也更加关注提高交易对手的风险测度、系统性风险测度和风险传染测度等重要事项。

2.3 信用风险管理工具的应用

有两类信用风险管理工具已经快速增长起来,这使得金融机构可以更好地应对其所面对的信用风险。一类是信用衍生品,另一类是资产证券化。总体上来说,它们都有助于金融机构对信用价值链进行分离。在这两类工具中,信用违约互换和合成证券化市场得到极快的发展,在发达国家已经达到庞大的规模。通过这些工具来管理信用风险时,信用风险的主要流向是从银行板块到保险和基金投资板块。

信用衍生工具是信用风险管理的金融创新产品,已经被广泛的市场参与者使用。衍生品的参与者主要有银行、证券公司、保险公司、对冲基金、养老基金、特别目的机构(special purpose vehicles,SPV)等。通过对国内外信用市场及有关数据的统计,许多机构既是信用衍生品的提供者,也是购买者,有些机构还购买自己的衍生产品。对冲基金是信用衍生品的积极交易者,但持有的期限都不是很长,它们的年均交易量远远大于其持仓量,对冲基金所占的份额越来越大。保险公司主要作为信用衍生品的净卖出者,为其他机构提供保护。担保机构往往也是衍生品的净卖出者。数据显示,保险公司和金融担保机构是信用保护的净卖出者,它们主要卖出组合信用衍生品,包括合成CDO、信用违约互换指数和信用指数分档(credit index tranches)。银行总体上是使用信用衍生品来降低信用风险,购买信用衍生品来管理信用风险银行的风险暴露要比没有使用的要小很多,其中,大型银行使用信用衍生品的比例更高。但有些德国银行也是信用保护的净提供者,这可能是因为这些银行更多地使用证券化产品而不是衍生品来降低信用风险。

显然,市场参与者认识到信用衍生品是支持其快速发展且又有利于风险管理的有效工具。本部分的目的在于较为详细地介绍三类市场参与者是如何利用衍生品来管理信用风险的。

2.3.1 商业银行中的应用

商业银行在改变它们管理信用风险的技术和方法,其动力来自其改变了它们对企业信用风险的态度。商业银行传统的方法是静态地持有企业伙伴的信用风险组合,现在则越来越多地转向动态的方法,将信用组合看作一个近似有效的分散化投资池。不同的金融机构一般具有发起、资金注入和承担信用风险三个明显不同的功能,它们可以选择具体的功能而不必考虑所有方面,也可以将信用价值链当作这三者的功能集合体。

商业银行常用信用衍生品来控制其信用风险暴露。银行使用信用衍生品和证券化产品来转移信用风险,一般是为了降低信用组合的风险,例如大企业贷款、小企业贷款、

OTC衍生品交易对手风险等。银行业使用单项CDS(single-name CDS)来降低大债务人的信用风险暴露,通过证券化产品交易,例如贷款低押债券(collateralized loan obligations,CLO),将信用风险暴露转移给投资者。一项研究显示,大型商业银行使用大量的衍生品来管理小额的投资级企业客户导致的信用风险。

银行使用信用衍生品来对冲信用风险的活动正在增加,对冲的也不仅仅是投资级别的企业贷款。例如,欧洲的许多银行在2000年后进行了大量的对冲交易。表2-1报告了几个欧洲大银行在2005—2007年进行的对冲交易。8家大型国际银行在此期间对冲了880亿美元的名义信用风险暴露。与20世纪90年代不同,大多数交易中,发行银行卖清了先损权益信用风险分档(first-loss equity tranche of credit risk)。此类信用风险分散不仅包括大企业的贷款,还包括小企业和中型企业的贷款,甚至包括对新兴市场的贷款、衍生品的交易对手暴露等。表2-1中的大多数都是合成衍生品,用以将风险从资产平衡表中转移出去。

表2-1 欧洲大银行对冲交易(部分)

日期	银行	信用产品名	抵押物	额度
2005年6月	荷兰银行	Armstel 2005	企业贷款	100亿欧元
2005年12月	荷兰银行	Smile 2005	荷兰中小企业贷款	67.5亿欧元
2006年11月	荷兰银行	Armstel 2006	企业贷款	100亿欧元
2006年12月	荷兰银行	Amstel SCO	衍生品的交易对手暴露	70亿欧元
2007年2月	荷兰银行	Smile证券化2007	荷兰中小企业贷款	49亿欧元
2005年12月	巴克莱银行	Cracechurch公司债	英国中型企业贷款	50亿英镑
2007年1月	巴克莱银行	Gracechurch公司债	英国中小企业贷款	35亿英镑
2007年2月	瑞士信贷	Clock Finance	瑞士中小企业贷款	48亿瑞士法郎
2005年7月	德意志银行	Gate SME CLO	中小企业贷款	15亿欧元
2006年6月/2007年2月	德意志银行	Craft EM CLO	新兴市场贷款、债券和交易对手暴露	5亿美元/10亿美元
2007年2月	德国汇丰银行	HEAT 3	中小企业贷款	3.14亿欧元
2005年11月	汇丰银行	Metrix Funding	企业贷款	20亿英镑
2006年11月	汇丰银行	Metrix证券	企业贷款	20亿英镑
2006年11月	瑞穗银行		非日本大企业贷款	5 000亿日元
2006年10月	法国兴业银行	Atlas Ⅲ	企业贷款	28亿欧元
2006年11月	瑞士银行		高收益企业贷款	6亿美元

资料来源:国际清算银行。

表2-2列举了美国的三大商业银行和一个欧洲商业银行在其2006年年报中的CDS对冲数量。美国的花旗银行2006年对冲风险暴露的名义值为930亿美元,占其风险暴露的15%,而其他两家美国银行对冲的比例并不高,摩根大通银行对冲了8%,而美洲银行仅仅对冲了1%。相比较而言,法国兴业银行对冲信用风险暴露的比例高达25%。

表 2-2 用信用违约互换对冲(部分)

时间	银行	对冲前信用暴露(亿美元)	对冲数量(亿美元)	对冲比例(%)
2006 年年底	美洲银行	6 180	80	1
2006 年年底	花旗银行	6 330	930	15
2006 年年底	摩根大通银行	6 310	510	8
2006 年一季度	法国兴业银行	600	150	25

资料来源:国际清算银行。

有几个原因可以解释为什么商业银行在2006—2007年比2004年对冲了更多的信用风险:首先,信用利差处于较低水平,降低了对冲的成本。其次,欧洲的会计准则发生了变化,使得银行可以以面值处理贷款,这缓解了信用衍生品的会计处理与使用衍生品来管理风险之间的冲突。最后,《巴塞尔协议Ⅱ》的资本协定使资本变化与实际信用风险更加一致,允许更多的对冲操作。

2.3.2 投资银行

投资银行帮助企业和政府等机构通过资本市场融资,例如,一家企业想发行债券,投资银行可以为其寻求并匹配投资者。投资银行也为发行人承销股票和债券,即它们保证以预先确定的价格为发行人筹集购买资金。投资银行交易大量不同类型的金融工具,包括股票、政府和企业债券、外汇和大宗商品(如石油和贵金属)以及其相关衍生工具。大多数时候,投资银行为自己的客户实施交易,客户希望投资银行帮助其进行风险管理。投资银行的交易活动可以促进金融市场有效实现其功能,同时又满足了经济中最终投资者的需求。表2-3显示了世界上15家最大的投资银行在2013年的业务额。因为世界上的大型商业银行许多也经营投资银行业务,所以下面的大多数机构也出现在上一部分的商业银行中。表2-3统计的交易量包括证券、商品和衍生品等。

表 2-3 世界最大投资银行交易统计(2013 年 12 月)

投资银行名称	交易量(10 亿英镑)
摩根大通	895
高盛	683
美洲银行美林	665
花旗银行	625
德意志银行	595
摩根士丹利	564
瑞士信贷	511
巴克莱	481
巴黎银行	386
法国兴业银行	369

(续表)

投资银行名称	交易量（10亿英镑）
汇丰银行	351
苏格兰皇家银行	347
瑞士银行	256
法国农业信贷银行	163
三菱日联银行	144

资料来源：国际清算银行。

当承销证券时，投资银行可以使用信用衍生品来管理业务中的风险。在承销初期到将风险转移到市场这个时间段，承销商承担了信用风险。利用越来越多的信用衍生品，承销商就可以比较容易地对冲部分信用风险。

例如在美国，2007年次贷危机前投资银行承销的无代理住宅按揭支持债券（non-agency residential mortgage backed securities）越来越多。在2006年有5 740亿美元的证券承销，而2000年该数据仅为1 000亿美元。随着发行额的增加，这自然就给投资银行带来了递增的信用风险，因为它们需要包销住宅按揭贷款，在它们寻找到足够的资金来购买证券之前，这些贷款存在于它们自己的账簿上。承销商必须想办法来应对业务带来的信用风险的增加。如果采取传统的方式，很难应对如此大量的风险。投资银行可以通过对冲来实现信用风险的管理。

对于承销商在对冲库存中的大量住宅按揭贷款，信用衍生品是有效的信用风险对冲工具。2004年，经纪商开始交易资产支持证券信用违约互换（asset-backed securities，ABS CDS）。到2006年，行业估计ABS CDS的市场名义规模超过1 250亿美元，增长相当迅速。承销商的RMBS与贷款具有相似的特征，它们也可以购买ABS CDS来保护信用。ABS CDS的保护效果基本可以抵消库存贷款的风险。

ABS CDS市场为信用风险提供了一个良好的供需平衡，这使其成为一个典型的成功产品。除了承销商寻求对冲库存贷款的风险，对房地产持负面观点的资产管理者也购买该衍生品来获得RMBS的信用保护。ABS CDS被证明是比RMBS更具流动性的市场。随着RMBS市场的增加，经纪商利用ABS CDS创立了一个包含20个RMBS的信用风险指数，叫ABX. HE。当然，当房地产市场变得比预期要弱时，信用保护协议的提供者会变得稀缺。次贷危机期间，ABS CDS和ABX. HE市场都出现流动性枯竭的现象，承销商失去了有效管理信用风险的手段。

2.3.3 投资者

投资者也在改变他们进行信用风险管理的手段。传统的信用要素主要是对货币和久期的事后考量，并且限于企业债券的多少，他们决策的依据是看是否符合其对货币和久期的要求。随着绝对收益率的降低和信用利差的扩大，由信用风险增加而导致的收益在总收益中的比例增加。投资者越来越将信用风险资产看作一类具有显著特点的资产，与传统的固定收益市场有所不同。投资者在追求他们的预期收益时,开始更多地参与信用市场。

个人投资者能够用信用衍生品来使他们的信用风险暴露与其期望的信用风险偏好相匹配。与现金证券相比,信用衍生品更灵活,也更便宜。虽然承保人是信用衍生品的重要投资者,然而其他固定收益资产经理,例如对冲基金经理,也参与到信用衍生品的交易之中。现在,个人投资者对信用衍生品的需求是该市场成长的最有力的推进者。

投资者群体是差异化的,他们以不同的方式参与到市场交易之中。人们有可能是"购买并持有"的投资者——寻求从较为宽泛的固定收益资产的发行人中获得收益,或者是"活跃的投资者"——与其他的市场参与者相比,他们寻求通过预期短期价格波动而获得收益。信用衍生品作为风险管理的一个工具,对两类不同的投资者的意义是不同的。

以往,保险公司和养老基金被认为是购买并持有的投资者,对冲基金被认为是活跃的投资者。可是这种在不同投资者之间的差异正在变得模糊。一个投资者有可能购买并持有一些资产,而对其他部分资产则只是短期交易。

1. 购买并持有的投资者

如果一个购买并持有的投资者对某只债券持负面看法,则在使用和不使用衍生品的情况下的操作会有何不同,结果会有何差异呢?先考虑投资者不使用衍生品的情况。他仅仅可以通过卖出他持有的该债券来调整其投资组合。如果该债券的二级市场因某些原因而使得流动性较差,那么他卖出该债券的交易成本就会很高。如果他想买入另一只流动性较高的债券,却有可能因为在他需要的时间点上市场上并没有相应的债券,而使得他的调整策略并不能实现。再考虑投资者使用信用衍生品的情况。投资者可以通过信用违约互换来买入他不看好的债券的信用保护。而信用违约互换的买卖价差比债券的买卖价差要低很多,而且这个价差的差异会因债券市场的波动变得更加明显。为了降低该债券的风险暴露,他可以销售另一只债券的信用保护,或者仅仅销售信用违约互换指数来实现其目标。

2. 活跃的投资者

现在考虑一个活跃的投资者,他认为在未来三个月,债券发行人 Z 的信用水平将会提高,其信用价值将会收缩。在此判断下的一个明显的策略是买入 Z 发行的债券,或者使用单名信用违约互换卖出 Z 发行的债券的信用保护。然而购买债券和卖出信用违约互换使得投资者都将暴露于 Z 违约的信用风险之下,这或许并不是投资者愿意接受的。

如上所说,信用衍生品的好处是使一个投资者可以用其来实现对某一特定信用风险的定制化的风险暴露,比如定制化利差风险、违约风险、回收风险或者相关性风险。在本例中,投资者希望暴露于 Z 的是利差风险,而不是违约风险。

为了达到该目的,假设投资者卖出发行人 Z 名义价值为 1 000 万元的信用保护,期限为 10 年;同时买入发行人 Z 名义价值为 1 000 万元的信用保护,期限为 5 年。这两个头寸都有 1 000 万元的违约风险的暴露,但是更长的到期期限的投资对信用利差的敏感性更强,有更长的信用久期。

表 2-4 列示了几个不同情形下投资者面对的结果。如果 Z 发生违约,投资者将会收到 Z 发行的 1 000 万元面值的 5 年期债券,支付面值为 1 000 万元、期限为 10 年的债券。

显然,该策略中,Z 在未来 5 年发生违约的风险是被对冲掉了。如果 Z 的各期债券的信用利差曲线平行地下降或上升,给投资者带来的结果就会有所不同。如果利差下降 10 个基点,投资人可以获得 32 510 元的净收益,而如果利差上升 10 个基点,则投资人损失 32 510 元。

表 2-4　活跃交易者面对的不同情形

情形	市场价值的变化		
	卖出 1 000 万元,10 年期	买入 1 000 万元,5 年期	净额(元)
Z 违约	支付债券	收到债券	0
Z 的所有债权的信用利差下降 10 个基点	+76 347	-43 837	+32 510
Z 的所有债权的信用利差都上升 10 个基点	-76 347	+43 837	-32 510

如果没有信用衍生产品,那么投资者能够进行上述交易的条件是,他必须同时拥有 Z 发行的 5 年期和 10 年期相关份额的债券,以及他可以从其他人那里借一定的债券而获得空头头寸。这样的条件并不总是存在,所以一个具有良好流动性的信用衍生品市场为投资者提供了更多定制其风险暴露的机会。

3. 投资于信用指数分块

信用指数分块(credit index tranches)也是一种衍生产品,它可以实现各种风险-收益关系。信用指数分块体现信用指数的风险并根据优先级分成不同的块。例如,北美的 CDX 和欧洲的 iTraxx 都是具有流动性的指数产品市场,为投资者提供了广泛的信用衍生品分档。因为信用指数分块是标准化的,所以与其他的分块信用产品相比,更具流动性,而且通常以每次交易定制。表 2-5 显示的是 iTraxx 欧洲指数的信用利差,分别为 2007 年 1 月到期期限为 5 年和 10 年的分块利差。这些利差显示了信用保护的购买者需要支付的成本。

表 2-5　iTraxx 分块利差(2007 年 1 月)

分块	5 年期(年化基点)	10 年期(年化基点)
0—3%	500+9.98%	500+40.85%
3%—6%	46	334
6%—9%	13	88
9%—12%	6	39
12%—22%	2	13
指数	23	43

资料来源:www.creditfixings.com。

完全掌握信用指数分块的相对风险是困难的,但是对于决定其投资组合的风险-回报关系的投资者来说非常重要。信用指数分块的信用利差包含利差市场变化的部分,也包含违约风险的部分。

虽然信用指数分块市场为投资者提供了各种风险-收益选择，但是它们也使投资者在面临这些产品时难以明白其承担的各种维度的风险及其暴露。

2.4 信用衍生品带来的挑战

虽然信用衍生品为商业银行、投资银行和投资者提供了管理信用风险的工具，但是它们并不是完美的，其自身也存在一定的缺陷，在现实应用中仍然会产生一些问题，给信用风险管理带来了新的挑战。

2.4.1 管理信用风险

一个基本的现实是信用衍生品并不能消除信用风险，它们只是将信用风险转移给别的投资者。其结果是，当遇到信用周期，违约概率普遍上升时，仍然有人会遭受信用风险损失。图 2-2 为被穆迪评为投机级的全球所有信用衍生品的违约比率。显然，当信用周期到的时候，投机级的违约概率达到 10% 也并不会令人感到惊讶，如图中 1990—1991 年和 2001 年的数据。

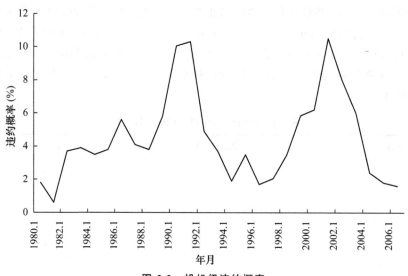

图 2-2 投机级违约概率

资料来源：穆迪。

虽然信用衍生品并不能消除信用风险，但是它可以转移信用风险，只是它转移的方式并不容易被了解。对于单名信用违约互换来说，理解这一点还不是一个问题，暴露几乎与一只企业债券的特征一致；对于信用违约互换指数来说，也不是一个问题，此时风险暴露类似于一个企业债券组合的特征。但是复杂的信用衍生品,例如 CDO 分块,那就真成了风险管理问题了。

市场参与者在交易复杂的信用衍生品时,是否真的了解他们的信用风险暴露是一个问题。即便信用衍生品市场的参与非常积极并且人数众多,仍然不能确定地回答这个问题。然而,从图 2-2 显示的数据可知,在 2001 年的信用周期中,市场参与者并不完全了解他们的信用风险暴露。美国运通公司(American Express)2001 年在投资债务抵押债券(CDO)时损失数亿美元,它的首席执行官说,他们根本不知道其持有的 CDO 的风险是什么。据报道,英国阿比国民银行(Abbey National)在其高收益资产组合方面(包括 CDO),遭受了惨重的损失,结果 2003 年它变卖了批发信贷资产组合,包括卖掉 80 亿美元的 CDO 分块。这些案例中,银行都持有它们承销的 CDO 的先损分块(first-loss tranches),这些分块往往有最大的信用风险。

尽管发达国家信用衍生品市场增长快速,但大多数结构复杂的都没能在信用周期中真正通过检验。在 2007 年以前,有一类信用衍生品表现得较为优秀,那就是 CDO,其在承压的信用周期依然有较小的违约概率,被认为是成熟的信用衍生品。但是在 2007 年的次贷危机中,一个相对较新的 CDO——其抵押物是资产支持证券而不是债券,当时占据了 CDO 市场的 60%。其中主要的是 RMBS,随着 2007 年美国住宅价格的下降,按揭贷款违约大面积发生,因衍生品的扩散作用而引发了全球的金融危机。

2.4.2 交易对手风险

信用衍生品协议的交易者也可能违约,不遵照协议的内容进行支付,这种风险被称为交易对手风险。与其他的场外衍生品一样,信用衍生品的交易对手风险是需要管理的。随着对冲基金在信用衍生品市场中变得越来越重要,交易对手风险就变得更需要关注了,因为对冲基金属于风险性更高的交易对手。在许多交易中,经纪商使用抵押物来降低交易对手的信用风险。根据 2006 年 ISDA 的调查数据,63% 的因信用衍生品产生的交易对手风险暴露有大型经纪商的担保,在对冲基金交易对手方面,更大部分是由抵押物来降低风险的,因为这往往是经纪商要求其这样做的。

尽管广泛使用了抵押和保证金,信用衍生品交易对手的信用风险还是会给风险管理带来挑战。其中最主要的一个是如何测度如此复杂的衍生品的风险暴露。测度交易对手风险暴露的关键是潜在的在未来的暴露。潜在的在未来的暴露需要考虑信用利差和未来违约的可能变化。市场参与者认识到测度复杂的信用衍生品的潜在未来风险暴露的必要性,但也认识到测度的困难程度。用于估计交易对手风险暴露的模型往往难以开发,并且难以校准。有人认为可以把交易对手违约时可能遭受的期望损失作为交易对手风险。

2.4.3 模型风险

复杂的信用衍生品需要复杂的模型来估值和对冲。然而除了像信用指数分块等少数在流动性较强的市场中交易的信用衍生品具有一定价格的透明度之外,绝大多数复杂的信用衍生品都难以做到准确估值和对冲。没有在流动性强的市场中交易的产品被称为盯住模型(mark-to-model),因而因为模型错误而导致损失的风险被定义为模型风险(model risk)。

信用产品市场的模型风险在2005年的分块信用衍生品市场中暴露无遗。随着通用汽车被降级为低于投资级后,一些信用指数分块的市场价格发生了极端的变化,而这样的价格根据此时所用的信用风险管理和估值的模型来评估是非常极端的,应该是很不可能发生的。例如,在2005年5月的第一周,CDX.NA.IG指数的信用利差扩大,意味着更高的信用风险,但是3%~7%夹层分块的信用利差收窄,表示更低的信用风险。市场评论员将此归结为此夹层分块市场的流动性不平衡。但其实主要是模型问题,使用的模型对对冲战略的有效性给出了错误的信心。

模型风险的例子有很多,此例并不令人太感惊讶,早在2005年以前,模型建立者就说明标准的分块信用产品模型——高斯Copula模型存在缺陷。当然,任何模型都是对现实的一种近似,模型的改善是一个持续的过程,随着分块信用衍生品的发展,相关模型也会更加完善。2005年以后,有许多研究者在寻找高斯Copula模型的替代模型。虽然我们预期他们会为复杂的衍生品开发出更好的模型来,但是这可能还需等待较长的时间。在可预见的未来,任何交易这些信用衍生品的投资者都需时刻思考如何测度和管理他们的模型风险暴露。

2.4.4 评级机构风险

评级机构在信用衍生品市场中扮演着重要的角色。据全球金融系统委员会(Committee on the Global Financial System)2005年的调查,结构化金融市场和信用衍生品市场极大地依赖信用评级。由于信用衍生品的复杂性,许多投资者使用评级机构的评级来评估他们感兴趣的产品的信用风险。然而,据调查,大型机构投资者并不完全靠信用评级来进行投资决策。

信用评级机构在信用市场中的作用到底如何,对此的争论一直存在,特别是在对复杂的信用衍生品的评级方面更是莫衷一是。一方面,有人认为评级机构用于评估合成CDO的评级方法是透明的,它们向公众发布详细的评级标准和报告,甚至有的评级机构还允许下载它们的评级模型。这些评级机构的本意是让大众意识到它们用于结构化产品的评级方法与企业债券的评级方法是不同的,例如它们会分别发布一些关于结构化产品和企业债券违约及级别迁移的统计结果,而不用将相同级别的结构化产品和企业债券放在一起统计。这会使投资者认为相同信用级别的结构化产品和企业债券所包含的信用水平是不一样的,使投资者对信用评级产生疑虑。

另一方面,传统信用评级的一维特征使得人们难以对比企业债券和结构化产品,这两种产品使用同一评级度量也容易让人误解。理论上,BBB 级的企业债券与 BBB 级的合成 CDO 分块的期望损失率和违约概率是一样的,但是在其他方面它们在本质上有很大的差异。例如,合成 CDO 分块对信用周期或者商业周期更加敏感,实证研究证明,在萧条时期,一个标准化的合成夹层 CDO 分块以名义价值度量的期望损失是相同级别企业债券的 8 倍。对 iTraxx 指数分块的研究也证明了评级机构风险的存在。

2.4.5 清算风险

当一个发行人违约时,任何以其债务为参考资产的信用衍生品都应该进行清算。传统做法是,在 CDS 市场,参考发行人债务(reference issuer debts)的保护购买者从保护提供者那里获得债务面值的资金,而将债务转移给保护提供者,这是实物交付(physical delivery)。实物清算是使用 CDS 来对冲债券持有人承担的信用风险的一个自然而然的方法。而现金清算(cash settlement)是 CDS 销售者向 CDS 购买者支付债券面值和违约后债券价值的差价,这时债券的市场价值很难判断,不同的人有不同的估值,这显然降低了对冲的效率。

随着信用衍生品市场的发展,市场上以某个债务人为参考的 CDS 的名义规模会大于债务人发行的债券规模。2005 年 10 月,德尔菲公司(Delphi Corporation)对其 20 亿美元的交割债券(deliverable bonds)违约,这时有大约 280 亿美元的信用衍生品。因为清算必须在违约发生后的一定时间内完成,所以一只债券在 CDS 的清算中被使用了许多次。这时,因为违约人的债券有限,又因为 CDS 的清算需求,使得该发行人的债券价格走高。在更坏的情况下,如果保护购买人无法在清算期前获得债券,保护的价值就将变为零。这种现象显然有可能对违约之前的 CDS 价格产生影响,用 CDS 来对冲风险就变得没有意义,扭曲了 CDS 传递给市场的信息。

随着信用衍生品市场的成长,只要实物清算仍然是 CDS 的标准清算方法,清算风险就会一直存在。人们已经意识到问题的重要性,并在寻找解决办法。在德尔菲公司违约事件之后,经纪商就开始迅速组织现金清算竞卖,当时超过 750 个交易对手参与竞买。虽然所有的信用衍生品市场的参与者都希望市场良好运转,但他们在清算时的兴趣点经常不同,因为他们有的是信用保护的购买者,有的是信用保护的销售者,有的可能就倾向于实物交付,有的可能就倾向于现金清算。在整个竞卖市场要想达成一个统一的竞价机制是不容易的,特别是在违约发生之后才开始竞卖更难达成协议。2005 年 11 月德尔菲拍卖所采用的拍卖机制也在那之后做了调整,以减少赌博性竞拍,鼓励更多的参与者。直到拍卖清算机制被列入标准 CDS 文件中,并且在实际违约事件中进行测试,甚至在不太良好的市场中进行测试,清算风险才能有所降低。

练习题

一、选择题

1. 证券化信用产品成为 2007 年次贷危机爆发的根源,其原因不是下面哪个?(　　)
   A. 人们没有利用其他信用管理工具来管理信用风险
   B. 证券化信用产品太过复杂,人们并不了解衍生品的风险水平
   C. 投机性交易占的比例太高
   D. 信用评级机构错误地给予证券化产品过高的信用评级

2. 下列哪个信用风险缓释工具可以降低整个社会的信用风险?(　　)
   A. 信用保险　　　B. 资产证券化　　　C. 信用违约互换　　　D. 净额结算

3. 下面哪个信用衍生品发展阶段是积极资产组合管理的快速发展阶段?(　　)
   A. 高收益债券蓬勃发展阶段　　　　　B. 量化信用模型广泛应用阶段
   C. 信用违约模型兴起阶段　　　　　　D. 信用资产组合模型兴起阶段

4. 商业银行使用信用衍生品的目的是管理其信用风险,可以实现的是下面哪个?(　　)
   A. 通过互换来降低债务人的违约概率
   B. 通过信用违约互换来降低风险暴露
   C. 通过证券化来减少风险资产
   D. 通过证券化来分散风险

5. 下面说法错误的是哪个?(　　)
   A. 投资银行往往是信用衍生工具的净买入者
   B. 投资者参与信用衍生品交易的动机是满足其风险偏好和投资收益目标
   C. 信用衍生品可以为投资者带来灵活的资产配置
   D. 投资银行购买信用衍生工具的主要目的是获得风险收益

二、简答题

1. 机构能够使用具体的工具来缓释信用风险,现在应用比较广泛的方法有哪些?
2. 资金型信用保护和非资金型信用保护的特点是什么?请举例说明。二者在降低风险准备金方面有什么差异?
3. 什么是信用衍生品的模型风险?什么是信用衍生品的清算风险?

第2部分

信用风险模型

第2部分

国内区域地理

第 3 章 建模理论基础

在信用风险管理环节,模型为风险分析师提供了分析信用风险的框架,并可以保障信用风险分析工作始终在正确的方向上进行;具体来说,模型能够帮助风险管理者识别风险来源,确定风险要素及其影响程度。科学的理论模型之所以能够发挥如此基础的功能,是因为它可以揭示信用风险的一般规律。实务应用可以围绕理论模型进行各种扩展,以更加符合实际信用风险管理的需要。

正如前文所述,信用风险的直接特征变量是信用风险暴露、违约概率、违约损失率(或回收率)和授信期限。这四个特征变量的数值越大,债权人面临的潜在损失越大,也即信用风险可能造成的损害越严重。信用风险理论模型往往是针对这几个特征变量展开和构建的,其中尤其关注的是违约概率和损失率。学术界对信用风险建模主要有两大类分析思路:一是基于对企业资产结构的分析,利用期权定价理论来对信用风险进行定价,并获得信用风险溢价和违约概率,这类模型被称为结构模型;二是直接用数学工具刻画违约概率,在对回收率等做一定假设的基础上来确定债券类资产的价格,这类模型被称为简化模型。了解这两类模型的基本原理和发展过程对于从事信用风险管理的专业人员来说非常有必要。虽然这两类模型的起点不同,但近年来两者在相互融合,这也是未来信用风险模型发展的方向,例如,简化模型引入经济变量来确定违约密度的外在动力,而结构模型的研究者用纯粹的数学过程来直接刻画结构模型的某些变量。

除了信用风险的四个基本特征变量外,本章还将引入几个在进行信用风险建模时需要考虑的关键概念。

3.1 损失分布

3.1.1 损失分布概述

信用风险损失分布反映因信用风险导致的损失额及其相应发生概率的关系。例如,有一笔 100 万元的贷款,借款人有可能因丧失偿债能力而不能如约偿付本金和利息。如表 3-1 所示,这笔贷款如期偿还本金和利息的概率为 98%,而违约的可能性只有 2%。在发生违约的情况下,不同损失的概率如表中第一行"条件违约概率"所示。该贷款发生违约后有 10% 的概率损失 20 万元,30% 的概率损失 40 万元,20% 的概率损失 60 万元,全部损失的概率为9%。但损失的绝对概率如表中"概率"一行所示。将损失概率作为纵坐标、损失额作为横坐标,我们可以得到信用风险的损失分布。

表 3-1 离散损失分布

	不违约	违约					
条件违约概率(%)		10	30	20	17	14	9
概率(%)	98	0.2	0.6	0.4	0.34	0.28	0.18
损失(万元)	0	20	40	60	90	95	100

从上例可知,损失额的多少并不是确定的,违约损失(loss given default, LGD)也可能是一个未知变量。决定 LGD 的是资产回收的多少。影响违约后回收资产价值的因素有很多,比如资产拍卖时的市场价格等。一般地,我们可以将信用风险损失用以下公式表示:

$$L = \text{EAD} \times \text{LGD} \times 1_{\{\text{default}\}} \tag{3-1}$$

其中,L 表示信用风险发生后的损失额度;EAD 表示暴露于信用风险的资产数量;LGD 为违约后资产损失的比例;而 $1_{\{\text{default}\}}$ 是标示信用违约是否发生的变量,当信用风险发生时,$1_{\{\text{default}\}}=1$,否则 $1_{\{\text{default}\}}=0$。以表 3-1 为例,违约发生的概率 $P(1_{\{\text{default}\}}=1)=2\%$。违约后损失额的不同是因为 LGD 的不同,在公式(3-1)中,LGD 与 $1_{\{\text{default}\}}$ 都是变量而不是常数,给定违约已经发生,即 $1_{\{\text{default}\}}=1$,LGD 的分布由"条件违约概率"和"损失"两行的数据决定。

在学术研究和实务调查中,经常使用信用资产组合来分析损失分布,此时,LGD 曲线的形态是由组合内不同的信用资产违约概率和违约损失的不同而形成的,而此时,人们常常假设每个资产的 LGD 是常数。

如果只考虑违约后的损失,并且假设违约后的损失可以是连续变量(事实上也往往如此),那么我们可能得到类似于图 3-1 所示的损失分布图。当然,这个损失分布可以表示一个信用资产违约后的 LGD 是一个连续变量,也可以表示一个信用资产组合在存在相关违约(correlated default)情况下的损失情况,对于资产组合,每个资产的 LGD 可以是常数,也可以是连续变量。

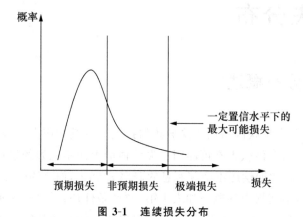

图 3-1 连续损失分布

我们希望最终能够得到损失概率与其损失额的关系,即:
$$LP = f(L) \tag{3-2}$$
其中,LP 表示各种损失额的概率,L 为损失额。信用风险分析师也关心决定此关系的因素,例如宏观经济状况、行业竞争、企业管理,等等,其中,宏观经济的恶化有可能导致一定损失(L)的概率(LP)增大,这实际上改变了损失额与其概率的函数关系 f。

在许多传统的风险理论中,人们常采用正态分布来描述资产收益率的分布特征,但是经过大量实证分析发现,真实的金融资产收益率分布并不服从正态分布,而是具有尖峰厚尾的形态,而且这种发生在尾部的极端损失比正态分布所描述的要大很多。极端损失虽然发生的概率小,但是不可以忽略不计,测度和防范它是学术界与实务界迫切需要解决的问题。对于信用风险,这种厚尾特征更为明显。实证发现,信用风险导致的损失分布形状类似于图 3-1 所示的连续损失分布,损失集中于一个区域,但不是对称分布,随着损失的增加,损失发生的概率却并不是快速地趋近于零,而是慢慢地下降。

对信用风险最完整的描述是损失分布,但获得准确的损失分布非常困难。通过对其特征进行一定的了解有助于我们在为信用风险建模时做出合理的假设。信用风险分析师的任务是分析并确定信用风险损失与每个信用资产的风险暴露、违约概率、违约后的损失率,以及资产之间的违约相关性。信用风险模型的建立正是从某些角度来刻画信用风险的这些基本要素。

1. 期望损失

与测度其他分布一样,我们可以通过了解信用风险损失分布的均值、方差等特征变量来了解信用资产的风险状况。当投资者面对信用风险时,信用风险分析师需帮助他回答以下问题:① 我的资产平均损失额是多少?② 我的资产在 95% 的可能性下损失的最大额会是多少?③ 损失超过资产总额 80% 的可能性有多大?本节以下部分将以回答这些问题的方式展开。

期望损失(expected loss)是已知信用资产在未来一段时间的违约概率、风险暴露和损失率后,风险资产损失额的平均估算。这是对可违约资产承担的信用风险程度的一种简单评价,期望损失越大,该资产对所有人的潜在损害自然越大。这一风险测量指标的用途是可以用来计算不良资产准备金,对于金融机构,例如银行,期望损失是风险管理参考的重要指标。期望损失分别与违约概率、风险暴露和损失率呈单调正相关关系,任何一项增加都会导致信用风险的升高。下面我们用简单的数学语言来加以说明。

与之前的表述相似,我们用 $1_i(T)$ 表示信用资产 i(例如债券)在未来某个时间 T 时是否处于违约的状态:不违约,则 $1_i(T)=0$;违约,则 $1_i(T)=1$。$1_i(T)$ 由 0 变为 1 即表示违约事件发生。违约概率 $PD_i(t,T)$ 指债务 i 在时间 t 与时间 T 之间的某个时点发生违约的概率。违约是否发生(表示为($1_i(T)$))与违约概率(表示为 $PD(0,T)$)之间的关系如式(3-3)所示:
$$PD_i(0,T) = E[1_i(T)] \tag{3-3}$$
该公式表示在时间段$[0,T]$里,违约发生的概率为违约事件变量 $1_i(T)$ 的期望值。

我们在确定违约损失率 LGD_i 和违约敞口 EAD_i 后,就可得到债务的期望损失与违约概率之间的关系。可违约信用资产只存在违约或者不违约两种状态,造成的已有损失只有两种可能:债务人未发生违约,即 $1_i(T)=0$;债务人发生违约,即 $1_i(T)=1$。由此引起的债权人实际损失:

$$\mathrm{DL}_i(T) = 1_i(T) \times \mathrm{EAD}_i(T_i) \times \mathrm{LGD}_i(T_i) \tag{3-4}$$

根据资产的构成,可将期望损失分为单一资产期望损失(expected individual loss)和资产组合期望损失(expected portfolio loss)。

单一期望损失指单一信用资产在时间 T 之前违约对债权人可能造成的损失。单一期望损失可表示为:

$$\begin{aligned}\mathrm{EL} &= E[\mathrm{DL}_i(T)] = E[1_i(T) \times \mathrm{EAD}_i \times \mathrm{LGD}_i] \\ &= \mathrm{PD}_i(0,T) \times \mathrm{EAD}_i \times \mathrm{LGD}_i \end{aligned} \tag{3-5}$$

其中,变量 $\mathrm{DL}_i(T)$ 表示在时间 $[0,T]$ 的信用风险损失。公式中第二行等号成立的内含假设为 EAD 和 LGD 都是常数而不是变量。公式中唯一的不确定性来自违约事件发生变量 $1_i(T)$。如果风险暴露和违约损失率也是变量,那么公式将变得稍微复杂一些。这里的简化是为了理解和讲解的便利,但实际信用风险模型的研究开发往往更关心这些变量的不确定性及其相关关系。

我们以下例来说明公式(3-5)的含义。某一债务的违约概率 $\mathrm{PD}_i(0,T)=0.02\%$,债权人的违约敞口为 $\mathrm{EAD}_i=10\,000$ 元,违约损失率 $\mathrm{LGD}_i=0.9$。根据单一债务的期望损失定义,我们可以得出其期望损失值:

$$\mathrm{EL} = E[\mathrm{DL}_i(T)] = 0.0002 \times 10\,000 \times 0.9 = 1.8(元)$$

在此例中,债务人未发生违约,其产生的违约损失 $\mathrm{DL}_i(T)=0$;或者该债务人发生违约,其产生的违约损失为 $D_i(T)=10\,000\times0.9=9\,000$。对比实际违约状态和期望损失的差值可发现,该债务人不违约的可能性很大,相对地,该债务人违约的可能性很小,几乎不可能违约。因此,对于单个债务人的期望损失的理解,可以对其进行更接近实际的分析。

一个债权人往往存在多种信用资产,形成一个信用资产组合。对其组合的违约损失值加以分析和管理也是债权人处理信用风险的重要课题。对于有 I 个信用资产的组合,债权人面对的违约损失如下式所示:

$$\mathrm{DL}(T) = \sum_{i=1}^{I}\mathrm{DL}_i(T) = \sum_{i=1}^{I} 1_i(T) \times \mathrm{EAD}_i(T_i) \times \mathrm{LGD}_i(T_i) \tag{3-6}$$

根据组合违约损失,我们可以推导出组合期望损失[①]:

$$E[\mathrm{DL}(T)] = \sum_{i=1}^{I} E[\mathrm{DL}_i(T)] \tag{3-7}$$

例如,某银行发放一贷款组合,假设违约损失率为 60%(见表3-2)。

[①] 这里我们假设这 I 个债务人发生违约的事件是不会相互影响的,也即:债务人 i 违约后,债务人 j 的违约概率不会发生变化;反之亦然。

表 3-2 贷款组合的信用风险示例

	风险敞口（EAD，单位：元）	违约概率（PD）
贷款 A	10 000	0.2
贷款 B	20 000	0.3

则该贷款组合的期望损失为：

$$0.2 \times 10\,000 \times 0.6 + 0.3 \times 20\,000 \times 0.6 = 4\,800(元)$$

该贷款的期望损失为 4 800 元。贷款组合的收益需要能够补偿该贷款组合可能带来的期望损失才会对投资者产生吸引力，也即信用资产的期望损失往往是被定价的。

2. 非预期损失

当我们在使用期望损失时，会产生一些担心，那就是当违约发生时，损失会不会远远高于我们期望的水平。在如图 3-2 所示的例子中，某债务人有过 9 次贷款违约记录，为了简便，假设这 9 次债务风险暴露都是 100 元，我们用历史违约概率来估算预期损失。在图中的 9 次违约事件中，平均损失为 21.67 元（如图中下方的横线所示），标准差为 52.23 元，损失等于期望损失加一个标准差的数量，为 73.90 元（如图中上方横线所示），按理，损失大于 73.90 元的概率是很小的，但在该图显示的 9 次借债中，有 2 次借债的损失超过或等于 73.90 元，因此这个债务人的信用风险非常大。这个例子说明，仅仅用期望损失来考虑信用风险是非常不充分的，我们还需要关注极端损失的情况，而非预期损失正是用来刻画这些极端损失的指标。非预期损失（unexpected loss，UL）指的是在一定概率下，超过预期损失一定范围之外的损失。

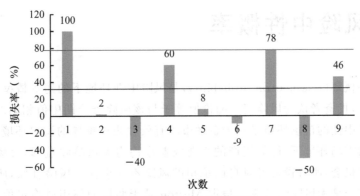

图 3-2 预期损失和非预期损失

在信用市场和理论模型中，我们可以对期望损失定价，也就是可以通过降低债券的价格来体现；然而，对于非预期损失，它的风险补偿却不是很容易确定的。非预期损失产生的原因可能是行业经济状况发生了变化，或是某些原因导致某一企业群体的经营受到影响。无论是什么原因，如果我们在事前未认识到其存在，而它们又会导致最终的损失与预期的损失发生很大的偏离，那么仅仅考察预期损失而忽视非预期损失就可能导致重大的损失。

非预期损失也既适用于单个信用资产，也适用于信用资产组合，下面我们以组合为例进行说明。对于一个100万元的信用资产组合,如果投资人认为在99%的可能范围内,最大损失不超过80万元,则可认为债权人有99%的信心,非预期损失为80万元;如果在80%的可能性下,最大损失不超过60万元,则表示债权人有80%的信心,非预期损失仅为60万元。显然,这个非预期损失是和债权人的信心相关的。用数学化的一般语言来描述,用 D_α 代表在 α 置信区间内风险资产的最大违约损失值,即我们有 α 的信心确信风险损失不超过 D_α,假设置信区间为99%,则可表示为 $P(DL(T) \leq D_{99\%}) \geq 0.99$。可一般化地,将非预期损失 UL 表述为:

$$UL = \min\{DL(T): P(DL(T) \geq D_\alpha) \geq 1-\alpha\} \quad (3\text{-}8)$$

公式(3-8)表示非预期损失 UL 是所有尾部损失区间的概率大于或等于 $(1-\alpha)$ 中最小的违约损失。

非预期损失也可以用预期损失的标准差来测量:

$$UL = \sqrt{E[DL(T) - EL]^2}$$
$$UL = \sqrt{E[1(T) \times EAD \times LGD - PD \times EAD \times LGD]^2} \quad (3\text{-}9)$$

如果我们假设风险暴露 EAD 和损失率 LGD 为常数,则非预期损失可以简化为:

$$UL = EAD \times LGD \times \sigma \quad (3\text{-}10)$$

公式(3-10)中,σ 为违约事件变量 $1_{\{default\}}(T)$ 的方差。但现实中 EAD 和 LGD 很可能都是变量,这时,非期望损失还包括这两者的标准差;另外,当考虑信用资产组合时,还要把各个信用资产非预期损失可能的相关性都考虑进来。

3.2 风险中性概率

风险中性概率(risk neutral probability)是风险中性环境下的违约概率,在风险中性的市场环境下,投资者认为风险资产的价值等于与该风险资产期望值相同的无风险资产的价值。风险中性的市场环境是基于金融市场有效性假设推导的概率环境基础之上的。在风险中性的市场环境下,任何资产的必要收益率均为无风险收益率,市场上不存在任何无风险套利机会,所有投资者对自己承担的风险不要求任何风险补偿,所有证券的预期收益率都应当是无风险收益率。根据 Merton 基于期权的信用风险定价思想,企业是否违约取决于企业资产的市场价值,如果贷款到期时企业的市场价值高于债务,企业会选择还款,否则,企业会选择违约,因而债务违约选择权的价值则可以看作以企业市场价值为标的、以债务值为执行价格的看跌期权。风险中性概率是由债券价格推导出来的违约概率,并非未来上行和下行现状下的真实概率。实际概率是真实存在的违约概率,一般以由历史数据计算得出的违约概率作为未来实际违约概率的替代,但是由于众多影响因素发生了变化,历史违约概率有时并不能为未来的信用状况提供良好的指引。与利率风险一样,实际概率和风险中性违约概率反映了风险参与者因违约而被要求承担的风险溢价。通常情况下,违约风险溢价反映了对违约时间风险和违约事件损失风险严重性的厌恶程度。

下面以一个简单的看涨期权为例来说明风险中性概率。

考虑一个股票欧式看涨期权（European call option），如图 3-3 所示，在一个一期模型中，在期初 $T=0$，股票价格为 $S_0=10$ 元，假设股票价格上涨的实际概率为 $P_u=2/3$，价格上涨 10%，即 $u=1.1$，下跌的概率为 $P_d=1/3$，下跌 10%，即 $d=0.9$。现以此股票为基础的欧式看涨期权赋予购买者在期末 $T=1$ 时以价格 $k=9$ 元购买该股票的权利，无风险利率 $r=5\%$。

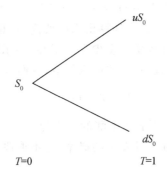

图 3-3 二叉树看涨期权

如果以实际概率计算期权的价格 C_0：

$$C_0 = \frac{1}{1+r}[P_u \times \max(uS_0-k,0) + P_d \times \max(dS_0-k,0)]$$

$$= \frac{1}{1+r}\left[\frac{2}{3} \times \max(11-9,0) + \frac{1}{3} \times \max(9-9,0)\right]$$

$$= \frac{4}{3} \times \frac{1}{1+r} = 1.27$$

但是在此价格下，投资者可以建一个 0 成本的投资组合而获得无风险正收益，也就是如果该期权以此价格销售，投资者可以实现套利。如果一个投资者在时间 $T=0$ 时卖空 1 单位股票获得 10 元现金，并且用 1.27 元购买 1 单位的该期权，将余下的 8.73 元存入银行，此时他以 0 成本建立了一个资产组合 $[-1,1,8.73]$，第一项表示卖空 1 单位的股票，第二项表示持有 1 单位的期权，第三项表示在银行里有 8.73 元的现金存款；在 $T=1$ 时，如果股票价格为 11 元，则该资产组合的价值为：

$$-11 + 2 + 8.73 \times 1.05 = 0.1665(元)$$

因为执行期权可以获得 2 元的收益。如果股票的价格为 9 元，则该组合的价值为：

$$-9 + 0 + 8.73 \times 1.05 = 0.1665(元)$$

此时不行使期权。可见，无论出现何种情况，该 0 成本的资产组合在时间 $T=1$ 时都会产生 0.1665 元的无风险正收益，如果在无套利机会的完全市场情况下，这样的结果是不该发生的。因而用实际概率来对期权进行定价不是一个公允的方法，不存在套利机会的风险中性概率才是对期权进行定价的基础。

在风险中性概率下，我们可以建立一个资产组合，该组合在 $T=1$ 时，无论出现何种情况，其价值都与期权的价值一样，那么在 $T=0$ 时，该资产组合的价格也应该与期权的价格一样。用前面的例子,我们建立资产组合(Δ, m),表示持有 Δ 份股票和 m 份现金,我们让该组合与期权的价格始终相等,在 $T=1$ 时的两种情况下:

$$\begin{cases} \Delta u S_0 + m(1+r) = \max\{uS_0 - k, 0\} \\ \Delta d S_0 + m(1+r) = \max\{dS_0 - k, 0\} \end{cases}$$

或

$$\begin{cases} 11\Delta + 1.05m = 2 \\ 9\Delta + 1.05m = 0 \end{cases}$$

解得 $\Delta=1, m=-8.57$;则期权在时间 $T=0$ 时的价格为:

$$C_0 = \Delta S_0 + m = 10 - 8.57 = 1.43(\text{元})$$

这个价格显然比上面用真实概率计算出来的要高,这也是产生套利机会的原因。那么,获得此期权价格的风险中性概率是多少呢?用 Q_u 表示股票上涨的风险中性概率,则下跌的概率为 $Q_d=1-Q_u$,根据已获得的期权价格,我们有:

$$C_0 = \frac{1}{1+r}(Q_u \times 2 + Q_d \times 0) = 1.43(\text{元})$$

解得 $Q_u=0.75$。风险中性概率下股票上涨的概率为 75%。这个概率之所以成为风险中性概率,是因为它不依赖于实际事件发生的概率,也不取决于投资者的风险偏好,而是由市场决定的。

对上例进行一般化扩展,如果股票价格上升,一个包括 Δ 单位的股票和卖空一个期权的无风险投资组合 $[\Delta, -1]$ 在期末的价值为:

$$uS_0\Delta - C_u$$

当股票价格下跌时,该投资组合在期末的价值为:

$$dS_0\Delta - C_d$$

因为该投资组合为无风险的,因而无论股票是上涨还是下跌,其价值都相等,则:

$$uS_0\Delta - C_u = dS_0\Delta - C_d$$

解之可得资产组合中股票的份数 Δ:

$$\Delta = \frac{C_u - C_d}{uS_0 - dS_0} \tag{3-11}$$

如果无风险利率为 r,则该无风险投资组合在期初的价值为:

$$\frac{1}{1+r}(dS_0\Delta - C_d)$$

而该组合在期初的构建成本为 $\Delta S_0 - C_0$,它一定与上式相等,这样我们就可以得到期权的期初价格 C_0:

$$C_0 = S_0\Delta - \frac{1}{1+r}(dS_0\Delta - C_d)$$

由公式(3-11)可知,$S_0\Delta = \frac{C_u - C_d}{u-d}$,因此

$$C_0 = \frac{C_u - C_d}{u-d} - \frac{1}{1+r}\left(d\frac{C_u - C_d}{u-d} - C_d\right)$$

通过整理可得:

$$C_0 = \frac{1}{1+r}\left(C_u \frac{1+r-d}{u-d} + C_d \frac{u-(1+r)}{u-d}\right)$$

建立概率

$$Q_u = \frac{1+r-d}{u-d}$$

则 $Q_d = 1 - Q_u = \frac{u-(1+r)}{u-d}$，$Q_u$ 和 Q_d 正是风险中性概率,而期权在期初的价格也正是其在未来不同状态下的价值的风险中性期望折现值 $C_0 = \frac{1}{1+r}(C_u Q_u + C_d Q_d)$。在一般化过程中,我们既求得期权的价格,又得到风险中性概率,但我们并没有使用任何实际股票价格上涨或下跌的概率,也即:风险中性概率与实际概率无关,因为实际概率的影响在投资活动中是可以被规避掉的,而不能体现在资产价格中。

风险中性概率可以用于所有基于该资产的衍生产品定价,这也是我们要介绍风险中性概率的原因。在信用风险模型的建立过程中,我们要能够对目标信用资产定价,基于无套利机会的风险中性定价可以极大地简化定价过程,同时又能体现信用资产的风险特征。

在信用市场上,实际违约概率和风险中性概率之间的差异往往很大。根据对历史数据的分析,由债券价格推算的风险中性概率有时是实际违约概率的10倍以上。二者存在较大差异的主要原因在于,债券交易者在进行债券定价时所考虑的并不仅仅是同类债券的历史违约概率,还包括债券持有人因承担风险而要求的溢价收益。实际违约概率一般比风险中性违约概率要小,这就意味着债券交易者持有企业债的收益要比无风险利率高很多。风险中性概率常常用于信用工具的定价,实际违约概率常常用于情景分析和银行资本计算。

3.3 相关违约

在实践中,一个债务人的违约概率往往和其他债务人的违约概率相关,这种债务人之间违约的相互关系被称作违约相关性。违约相关性有可能为正也可能为负,正的违约相关性主要体现在利益共同体中,比如,企业 A 持有企业 B 的债务,如果企业 B 违约,并且违约损失很大,那么很可能导致企业 A 破产。而在具有竞争关系的实体之间则往往存在负的违约相关性,比如,如果企业 A 和企业 B 互为竞争关系,则企业 B 破产将使市场竞争程度减弱,企业 A 的偿债能力很可能得以提高,违约概率下降。在本部分中我们讨论的主要是正的违约相关性。如果两个企业之间是相互独立的,违约与否互不影响,那么违约相关性的值为0;如果一个企业违约必然会导致另一个企业违约,那么违约相关性的值为1;违约相关性值的区间为[0,1]。

3.3.1 相关违约的原因和表现

无论考虑单个资产还是资产组合,违约相关都影响着信用资产的违约概率和违约损失。如果违约事件是相互独立的,那么违约事件在时间上的分布上不会出现明显的集中现象,但是,现实中,在某些时间段,违约事件会连续且较密集地发生。集中发生的违约事件之间可能存在一定的关系,一个企业的违约可能与其他企业的违约存在共同的促发因素,或者一个企业的违约会导致其他企业违约概率的上升。产生违约相关性的原因包括以下几个方面:

(1) 宏观因素,如 GDP 增长率、汇率水平、宏观经济政策、利率等,宏观经济环境对所有债务人都存在影响,当宏观经济进入衰退时,社会总需求不足,导致较多企业同时出现销售收入大幅下降,无法及时偿还债务;

(2) 行业或区域因素,如区域经济形式、行业周期、原材料的价格波动、技术革新等,这些因素同时影响同一行业或地区所有债务人违约的可能性;

(3) 资产相关性因素,如债权债务关系、财务担保、商业供应链关系等,这些因素会导致债权人在经营政策、财务结构等方面具有依赖关系,一个债务人发生违约在一定程度上可能影响另一个债务人的违约概率。

几个企业之间的信用风险是相互关联的,可以表现为一个企业违约后别的企业也发生违约事件,但也可以表现为一个企业的信用级别降低而别的企业的信用级别也降低。无论是何种原因导致多个企业的信用风险具有相关性,这种相关性都可以表现为以下两种方式:

(1) 违约概率的相关性。这种相关性是指一个企业的违约概率变化会影响别的企业的违约概率,或者影响一个企业的违约概率变化的因素将会引起别的企业的违约概率发生变化。

(2) 回收率的相关性。一个企业发生违约事件,不仅可能影响另一个企业的违约概率,也可能改变另一个企业资产的价值,当其也发生违约后,资产拍卖的价格发生变化,从而使债权人能够回收的资金额与预期中的不同。

由于引起信用风险相关的原因不同,建模时所采用的技术手段也有所不同,对于直接相关的企业之间,可以采取条件概率分布的方式使一个企业的违约概率或回收率成为另一个企业的违约概率或回收率的函数;对于共同受第三方因素的影响而具有的相关性,可以通过一个企业的违约事件推测第三方因素的发生情况,再由此分析另一个企业的违约概率和回收率。

信用风险的相关性分析对于信用风险管理工作来说是实在的挑战,所需的技术水平较高,为了说明的简便,我们主要通过违约概率的相关性来介绍其中的基础知识。

3.3.2 违约相关性的计量

假设在时间 t 内两个信贷债务人的违约事件分别为 A 和 B,违约概率分别表示为 $P(A)$ 和 $P(B)$,如果两个债务人是否违约是相互独立的,其联合违约概率为:

$$P(AB) = P(A) \cdot P(B)$$

当两个债务人是否违约存在相关性时,二者的相关系数为:

$$\rho_{AB} = \frac{E(AB) - E(A) \cdot E(B)}{\sqrt{\text{VaR}(A) \cdot \text{VaR}(B)}}$$

当变量间的关系是非线性时，用 Pearson 相关系数来度量违约相关性是不可靠的，可以采用 Copula 函数来避免这个问题。由于 $E(A) = P(A)$，$E(B) = P(B)$，并且
$$\text{VaR}(A) = P(A)[1 - P(A)], \quad \text{VaR}(B) = P(B)[1 - P(B)],$$
则 A、B 同时违约的联合概率为：
$$P(AB) = \rho_{AB} \sqrt{P(A)[1 - P(A)]P(B)[1 - P(B)]}$$

同样，条件违约概率
$$P(A \mid B) = P(A) + \rho \sqrt{\frac{P(A)}{P(B)}[1 - P(A)][1 - P(B)]}$$

显然，不同信贷个体同时违约的概率及条件违约概率与违约相关性皆显著相关，都随着违约相关程度的变化而变化。

关于信用违约相关性的计量在传统上有两种方法：第一种是用历史违约数据来计算债务人之间的违约相关关系，第二种是已知债务人的资产值、方差和协方差矩阵，运用 Merton 模型得到企业违约相关性的分析解。由于历史信息获取的困难以及计算的复杂程度较高，这两种方法估计的违约相关性的精确度仍然较低。

3.3.3　Copula 方法分析

Copula 理论是由 Sklar 于 1959 年提出的，该理论指出，N 维联合累积分布函数可以分解成 N 个边际累积分布和一个 Copula 函数。可以看出，Copula 函数是将所有变量的累积分布与各变量的边际累积分布连接起来的函数，描述的是变量之间的相关关系。引入 Copula 函数之后，可以更加准确地度量各债务人之间的违约相关性。下面具体介绍用 Copula 函数度量违约相关性的步骤。

1. 构建单一债务的信用曲线

令 τ 为违约事件发生的时间，$F(t)$ 为死亡函数（hazard function，也叫风险函数），表示债务在 t 时刻及之前违约的概率，$S(t)$ 为生存函数，表示债务在 t 时刻未违约的概率，可见
$$F(t) = P(\tau \leqslant t), \quad S(t) = 1 - F(t) = P(t < \tau)$$
假定在时刻 $t(0 < t < T)$ 债务还未违约，那么在接下来的 Δt 时间内违约的概率为：
$$P(t + \Delta t > \tau \mid t < \tau) = \frac{F(t + \Delta t) - F(t)}{1 - F(t)} \approx \frac{f(t)\Delta t}{1 - F(t)} = h(t)\Delta t$$
其中，$h(t) = \frac{f(t)}{1 - F(t)}$ 表示条件违约概率密度，且 $h(t) = \frac{s'(t)}{s(t)}$，从而可以得出生存函数的表达式 $S(t) = \mathrm{e}^{-\int_0^t h(t)\mathrm{d}t}$。违约概率密度为 $f(t) = h(t)\mathrm{e}^{-\int_0^t h(t)\mathrm{d}t}$。

2. 选择合适的 Copula 函数

在金融领域一般采用正态 Copula 函数和 t-Copula 函数两种方式来描述变量之间的

相关结构。但信用违约事件往往不是正态分布，而是非对称的厚尾分布。

Sklar 定理：令 F 为一个 n 维变量的联合累积分布函数，其中，各变量的边际累积分布函数为 F_i，那么存在一个 n 维 Copula 函数 C，使得：

$$F(x_1, x_2, \cdots, x_n) = C[F_1(x_1), F_2(x_2), \cdots, F_n(x_n)] \tag{3-12}$$

若边际累积分布函数 F_i 是连续的，则 Copula 函数 C 是唯一的。不然，Copula 函数只在各边缘累积分布函数域内是唯一确定的。

3.4 信用级别变化

信用等级迁移技术在现代信用风险管理科学的发展中起着承前启后的重要作用，是现代信用风险管理的基石之一，也是进行信用风险管理的关键技术和工具之一。早在 20 世纪 80 年代，Altman 和 Kishore 即开始进行信用等级迁移概率矩阵开拓性的研究，他们的研究体现了盯市价格（marked to market）应用于债券类资产价格研究的思想，完成了由古典信用分析向现代信用风险管理思想上的飞跃，这一研究实际上成为迄今为止最为重要的信用组合管理模型——J. P. 摩根的 CreditMetrics 模型的理论基础。

3.4.1 马尔可夫链

信用等级迁移矩阵的基本思想源于马尔可夫链（Markov chain）。假设 $\{X_n, n = 0, 1, \cdots\}$ 为随机过程，下标 n 代表时间，X_n 取值的状态空间为有限集或可列集。状态空间中的元素可以记为非负整数 $0, 1, 2, \cdots$，它们被称作随机过程所处的状态，比如，当 $X_n = i$ 时就称过程在时间 n 处于状态 i。

如果对任何一列状态 $i_0, i_1, \cdots, i_{n-1}, i, j$，任何随机过程 $\{X_n, n \geqslant 0\}$ 都满足马尔可夫性质：

$$P(X_{n+1} = j \mid X_0 = i_0, \cdots, X_{n-1} = i_{n-1}, X_n = i) = P(X_{n+1} = j \mid X_n = i)$$

则称 X_n 为离散时间马尔可夫链。马尔可夫链最主要的特性是所有历史信息都包含在最近的历史信息里面，而无须再考虑之前的状况。

设 X_n 为一离散时间马尔可夫链。给定 X_n 在状态 i 时，X_{n+1} 处于状态 j 的条件概率 $P\{X_{n+1} = j \mid X_n = i\}$，称作马尔可夫链的一步转移概率，记作 $P_{ij}^{n,n+1}$。当这一概率与时间 n 无关时称该马尔可夫链有平稳转移概率，并记之为 P_{ij}。

带平稳转移概率的马尔可夫链也称作时间齐性马尔可夫链或简称为时齐马尔可夫链。由于概率是非负的，并且过程总要转移到某一状态中去，所以很自然地有：对任何 i，$j \geqslant 0, P_{ij} \geqslant 0$ 且 $\sum_{j=0}^{\infty} P_{ij} = 1$。

当然，在此我们把过程留在原地也看作一种"转移"，即从 i 转移到 i。通常把 P_{ij} 排成一个无穷维的方阵，记作 P：

$$P = \begin{bmatrix} P_{00} & P_{01} & P_{02} & \cdots \\ P_{10} & P_{11} & P_{12} & \cdots \\ & & \vdots & \\ P_{i0} & P_{i1} & P_{i2} & \cdots \\ & & \vdots & \end{bmatrix}$$

$P = (P_{ij})$ 称为马尔可夫链的转移概率矩阵。

矩阵的第 $(i+1)$ 行就是给定 $X_n = i$ 时 X_{n+1} 的条件概率分布。如果马尔可夫链的状态总数是有限的，则 P 就是有限阶的方阵，其阶数正好是状态空间中状态的总数。

一个马尔可夫链可由它的初始状态 X_0，或初始状态的概率分布以及转移概率矩阵确定，记 $P\{X_0 = i\} = P_i$，则：

$$P\{X_0 = i_0, X_1 = i_1, \cdots, X_n = i_n\}$$
$$= P\{X_0 = i_0, X_1 = i_1, \cdots, X_{n-1} = i_{n-1}\} \cdot$$
$$P\{X_n = i_n \mid X_0 = i_0, X_1 = i_1, \cdots, X_{n-1} = i_{n-1}\}$$

由归纳法可知：

$$P\{X_0 = i_0, X_1 = i_1, \cdots, X_{n-1} = i_{n-1}, X_n = i_n\}$$
$$= P_{i_0} P_{i_0, i_1} P_{i_1, i_2} \cdots P_{i_{n-2}, i_{n-1}} P_{i_{n-1}, i_n}$$

于是，我们就可以掌握随机过程 $\{X_n, n \geq 0\}$ 在各个不同时刻的运行规律。在马尔可夫链的分析中，人们主要关心过程在未来各种实现可能的概率有多大。在其计算中，n 步转移概率 $P_{ij}^{(n)} = P\{X_{m+n} = j \mid X_m = i\}$ 是一个关键的量，它表示给定时刻 m 时过程处于状态 i，间隔 r_i 步之后，过程在时刻 $(m+n)$ 时转移到了状态 j 的条件概率，以 $P_{ij}^{(n)}$ 为第 i、j 元的矩阵，$(P_{ij}^{(n)})$ 记作 $P^{(n)}$，$P^{(n)}$ 就是马尔可夫链的 n 步转移概率矩阵。$P^{(n)}$ 可以通过转移概率矩阵 P 求出。确切地讲，如果一步转移概率不随时间而变化，则 $P^{(n)} = P \times P \times \cdots \times P = P^n$，也即 $P^{(n)}$ 可由一步转移概率矩阵 P 自乘 n 次得到。

3.4.2 信用等级迁移矩阵

信用等级迁移矩阵描述在一段时间内，债务人信用品质发生变化而使其信用等级由原始等级转变为更好或更差等级的概率。

信用迁移矩阵的常见形式如表 3-3 所示。

表 3-3 信用迁移矩阵的常见形式

		1	2	3	4	5	$\cdots$	$n-1$	n
		AAA	AA$^+$	AA	AA$^-$	A	$\cdots$	C	D
1	AAA	$m_{1,1}$	$m_{1,2}$	$m_{1,3}$	$m_{1,4}$	$m_{1,5}$	$\cdots$	$m_{1,n-1}$	$m_{1,n}$
2	AA$^+$	$m_{2,1}$	$m_{2,2}$	$m_{2,3}$	$m_{2,4}$	$m_{2,5}$	$\cdots$	$m_{2,n-1}$	$m_{2,n}$

(续表)

		1	2	3	4	5	...	$n-1$	n
		AAA	AA$^+$	AA	AA$^-$	A	...	C	D
3	AA	$m_{3,1}$	$m_{3,2}$	$m_{3,3}$	$m_{3,4}$	$m_{3,5}$	...	$m_{3,n-1}$	$m_{3,n}$
4	AA$^-$	$m_{4,1}$	$m_{4,2}$	$m_{4,3}$	$m_{4,4}$	$m_{4,5}$	...	$m_{4,n-1}$	$m_{4,n}$
...	...	...	...	...	...	...	...	...	...
$n-1$	C	$m_{n-1,1}$	$m_{n-1,2}$	$m_{n-1,3}$	$m_{n-1,4}$	$m_{n-1,5}$	...	$m_{n-1,n-1}$	$m_{n-1,n}$
n	D	$m_{n,1}$	$m_{n,2}$	$m_{n,3}$	$m_{n,4}$	$m_{n,5}$	...	$m_{n,n-1}$	$m_{n,n}$

其中,信用等级 r_i 为违约等级,$i=1,2,\cdots,n-1$ 为非违约等级;$m_{i,j}$ 为考察期期初信用等级为 i 的发行人迁移到考察期期末信用等级为 j 的比率。一般而言,发行人可以从非违约等级迁移到违约等级;但是发行人一旦违约,就永远处于违约等级,不可能迁移到非违约等级。因此,信用等级迁移矩阵具有吸附性,即 $m_{n,1}=m_{n,2}=\cdots=m_{n,n-1}=0$,$m_{n,n}=100\%$。读者不难发现,$m_{i,i},i=1,2,\cdots,n-1$,表示考察期内企业信用等级不变的概率。

目前,比较流行的信用等级迁移计算方法有两种,分别是 Cohort 方法和 JLT 方法。

1. Cohort 方法

Cohort 方法的基本思路为:

(1) 构建受评企业的静态池。静态池是指在考察期内企业是固定不变的,即在考察期内无企业进入静态池,也无企业离开静态池,静态池内的所有企业都具备从考察期期初到考察期期末的信用等级迁移轨迹。

(2) 统计池内企业从考察期期初的信用等级转移至考察期期末的信用等级的比例。Cohort 信用等级迁移矩阵的计算公式为:

$$m_{i,j} = \frac{n_{i,j}}{N_i}$$

其中,$n_{i,j}$ 为考察期期初信用等级为 i 而考察期期末信用等级为 j 的企业个数,N_i 为考察期期初信用等级为 i 的个数。

Cohort 方法比较简单,易于操作,且容易被投资者理解并接受,因此只要具备足够的数据积累,信用评级机构都会采用该方法计算年度(或者其他考察期)的信用等级迁移矩阵。

Cohort 方法的缺陷是很明显的。该方法只能反映考察期期初到考察期期末的信用等级变化,无法反映考察期内任意时间段内债务发行人的信用等级迁移轨迹。例如,设定考察期为年初至年末,某企业在年初的信用等级为 AA$^+$,3 月底被评级机构调升为 AAA,9 月底又被调降为 AA$^+$,11 月底被调降为 A$^+$,直至年底保持 A$^+$ 不变,那么采用 Cohort 方法计算的信用等级迁移矩阵只包含了该企业从 AA$^+$ 迁移至 A$^+$ 的信息,没有包含从 AA$^+$ 迁移至 AAA、从 AAA 迁移至 AA$^+$ 以及从 AA$^+$ 迁移至 A$^+$ 的信息。

2. JLT 方法

JLT 方法是目前广为接受的信用等级迁移矩阵的计算方法。计算过程可以分为三步:

(1) 统计每个发行企业在考察期期初的信用级别,以及考察期内每个发行企业的信用等级调整时间、调整前等级和调整后等级。

（2）计算 λ 矩阵。

$$\lambda_{ij} = \frac{n_{ij}}{\int_0^T y_i(s)\,\mathrm{d}s}, \quad i \neq j$$

$$\lambda_{ij} = -\sum_{j \neq i} \lambda_{ij}, \quad i = j$$

其中，$y_i(s)$ 为 s 时刻信用等级为 i 的企业数目；n_j 为时间段 $[0,T]$ 内，信用等级从 i 迁移到 j 的企业数目。在实际计算过程中采用如下公式计算更为方便：

$$\lambda_{ij} = \frac{\sum_{k=1}^n z_{ij}^k}{\sum_{k=1}^n t_i^k}$$

其中，n 表示统计样本的个数，t_i^k 是企业 k 保持信用等级 i 的时间，Z_{ij}^k 是特征函数，当企业 k 在考察期内信用等级从 i 调整到 j 时，其值为 1，从 j 调整到 i 时，其值为 0。

（3）计算信用等级迁移矩阵。JLT 方法下信用等级迁移矩阵的计算公式为：

$$P = \sum_{k=0}^{\infty} \frac{\lambda^k}{k!}$$

其中，λ^k 是矩阵 λ 的 k 次幂函数。

JLT 方法可以刻画考察期内任何时间段内企业的信用等级迁移轨迹。

练习题

一、选择题

1. 对风险最准确的描述是哪项？（　　）
   A. 损失分布　　B. 期望损失　　C. 收益波动率　　D. 在险值（VaR）
2. 下列哪个不是违约相关的表现形式？（　　）
   A. 违约概率相关　B. 损失率相关　　C. 违约时间相关　D. 违约暴露相关

二、简答题

1. 学术界对信用风险建模主要有哪几类分析思路？
2. 违约相关性产生的原因是什么？

三、计算题

1. 假设一个企业有一年期债务 100 万元，它按时全额还债的概率为 90%，如果不能全额还款，其有 40% 的概率只能归还 50%，35% 的概率只能归还 20%，25% 的概率只能归还 10%，求该债务的债权人的期望信用风险损失。请用一种方法计算其非预期损失。

2. 某银行存在一笔 70 万元的贷款，借款人有可能因丧失偿债能力而不能如约偿付本金和利息，其损失分布如下表所示：

	不违约	违约						
概率(%)	95	0.25	0.75	1.5	1	0.7	0.45	0.35
损失(万元)	0	10	20	30	40	50	60	70

这笔贷款的违约损失率(LGD)是多少?

3. 已知某项债务的期望损失值 EL=100 元,债权人的违约敞口为 EAD_i=250 000 元,违约损失率 LGD_i=0.8。那么其违约概率是多少?

4. 如果股票市场中某股票的价格在三个月后的价格仅有两种情况:一种是上涨 15%,其概率为 60%;一种是下跌 10%,其概率为 40%。三个月的定期存款利率为 0.9%,求该股票市场的风险中性概率。

第4章 结构模型

结构模型(structural model)和简化模型(reduced-form model)是当今信用风险定价的两种主要方法。结构模型定价方法的目标是解出违约风险和资产结构的直接关系,而简化模型定价方法则把违约作为外在事件驱动的结果,外在事件可以另外刻画为一个随机过程。本章主要通过结构模型来帮助读者逐渐认识信用风险定价的理论。

4.1 信用风险定价引论

无论资产里包含着何种风险,在其价格中都应该被体现出来,这是风险和资产价格之间的基本关系,也是在理论和实务中都在发挥作用的基本金融规律。这一规律对于信用风险的定价也同样成立。假设有两种资产,它们在其他方面的属性相同,如果一种资产含有某个风险而另一种资产不包含,则第一种资产的价格应该比第二种要低,这就叫作资产的风险折价。信用风险资产的价格也需包括信用风险折价,而这个折价的多少,由信用风险的具体情况决定。

本章介绍在完美市场假设下的企业债券的定价理论,这是我们从理论上了解信用风险的出发点。我们可以将债务看作投资人对债务人企业的或有索取权(contingent claim),为此,需假设企业资产的市场价格是可观察到的。结构定价模型由 Black 和 Scholes(1973)以及 Merton(1974)分别发展而形成,他们将期权定价理论运用到企业债券定价中。自那以后,期权定价理论用于信用风险定价成为现代信用风险管理的经济学支柱。

具体来讲,考虑一项贷款,其金额为 1 元,期限为 T。如果发行人的违约概率为 0,那么该债券的价格就可以用一个无违约结构模型进行计算。我们假设该模型中的利率为 r,在风险为中性的条件下,我们可以对其动态过程进行充分的描述。利用风险中性概率,证券的市场价值等于以风险中性概率为复合贴现利率折现现金流的期望现值。例如,如果短期利率的变化是间隔为 1 的离散时间变量,无违约零息债券[①]的期限为 T,那么允诺在到期时间 T 时偿还 1 元的债券在 t 时刻的价格由以下公式得到:

[①] 无违约零息债券没有违约的风险,且在到期日之前没有利息偿付,投资于该类债券的收益来自购买价格低于面值。该类债券没有信用风险,其风险主要是利率风险。

$$\delta(t,T) = E_t^Q[e^{-r(t)} e^{-r(t+1)} \cdots e^{-r(T-1)}]$$
$$= E_t^Q[e^{-[r(t)+r(t+1)+\cdots+r(T-1)]}] \qquad (4-1)$$

其中，E_t^Q 表示已知截止到 t 时期信息条件下的风险中性期望。由于 $-r(t)$ 为负数，所以 $\delta(t,T)$ 是一个小于 1 的数，表示未来时间 T 时的 1 元在当前时间 t 时的价值低于 1 元，这是未来收入的时间折现，折现率为无风险利率 $r(t)$。该公式在连续时间情况下具有很大的计算优势，此时公式变为：

$$\delta(t,T) = E_t^Q[e^{-\int_t^T r(u)du}] \qquad (4-2)$$

虽然我们在使用上述公式时，风险中性概率是假设的，但有研究发现，现实中在极弱的无套利情况下，风险中性概率是存在的。我们在介绍无违约证券的定价时，假定风险中性概率的目的是便于计算。但当市场不完美时①，实际上可能有许多可供选择的风险中性概率，这些概率和风险交易证券的定价一致。然而，无论是在完美的市场还是不完美的市场，对风险中性概率的了解对评价一个模型是否适用于历史数据通常都是不够的，因为观测到的价格随着时间变化的行为反映了事件实际发生的概率。因此，当既要对证券进行定价同时也要评价某个定价模型的含义时，需要权衡实际概率和风险中性概率孰好孰坏。本章中，除非我们的目的是讨论风险中性概率和实际概率的区别，否则就用假设的风险中性概率来进行定价。

对于可能发生违约的债券，发行人可能在到期日 T 之前失去偿还能力，除了利率 r 变化的风险，对投资者来说偿还的数额和时间都是不确定的（如果不能在 T 时间偿还，那么除了 r 之外，偿还的数额和时间都与按时偿还时不一样）。这时，我们可以把零息债券看作两个债券的组合：一个债券在 T 时支付 1 元，且发行人直至到期日 T 之前都未违约；另外一个债券是假设违约在到期日 T 之前发生，该债券在违约中回收了 W。在到期日前的任何一个时间点 t，有违约可能的债券在这两个假设债券间的资产比例为该债券在时间段 t 到 T 的违约概率。下面来看违约时间 τ 不同的各种模型。我们使用一个特殊的集合函数 $1_{\{A\}}$ 来表示违约事件，$1_{\{\tau>t\}}=1$ 表示在 t 之前违约没有发生，$1_{\{\tau>t\}}=0$ 表示违约在时间 t 时已经发生。该违约零息债券的价格用 d 表示：

$$d(t,T) = E_t^Q[e^{-\int_t^T r_1 ds}1_{\{\tau>T\}}] + E_t^Q[e^{-\int_t^\tau r_1 dt}W 1_{\{\tau\leqslant T\}}] \qquad (4-3)$$

为了简化运算，我们假设 $W=0$，即回收率为 0，表示一旦发生违约，债权人什么也拿不回来。在此假设下，公式（4-3）的第二项为 0，价格就只由该公式左边的第一项决定：

$$d(t,T) = E_t^Q[e^{-\int_t^T r_i dt}]1_{\{\tau>T\}} \qquad (4-4)$$

因为 $1_{\{\tau>T\}}$ 的存在，且它小于或等于 1，$d(t,T) \leqslant \delta(t,T)$（参看公式（4-2）），而且由于违约概率总是大于 0 的，即有违约风险的债券比无违约风险的债券的价格要低，因此，这个较低的价格里包含着对投资者的违约风险补偿。

虽然上面从无违约债券到可违约债券的价格推导过程非常简单，而得到的公式（4-4）与公式（4-2）的简单区别就深刻地揭示了信用风险与资产价格之间的关系，深刻理解上面的过程有助于我们洞悉一个信用风险模型是如何具体获得信用风险价格的。

---

① 完美的市场是指不存在任何障碍阻碍投资者瞬时发现套利机会的存在，从而即刻交易，并使套利机会消失。

如果我们逐一放弃求得公式(4-4)所做的假设,信用资产的价格就会发生变化,公式(4-4)的表达形式也会很不同,但其反映的信用风险与价格的本质关系依然不变。例如,如果债务人违约时,债务人可以收回一部分资产,则如公式(4-3)所示,债券的价格比公式(4-4)所示要高一些,而且回收率越高,债券价格越高,这说明相同面值的债券,债务人的剩余资产价值能扮演增信的角色,剩余价值越大,信用资质越高,信用风险越低。

理论界和业界在对信用风险进行定价时有两种思路来获得债券价格的表达式,呈现出公式(4-4)的具体形式,这两类思路获得的定价模型即为简化模型和结构模型。结构模型的产生源于人们认识到,一个企业的债务价值依赖于企业资产的当前价值和未来价值。企业资产价值在结构模型中起着核心作用,资产价值是否足以偿付债务是结构模型为信用风险定价的基本依据。结构模型的一个基本假设是我们可以观察到企业资产价值是如何变化的。我们通过实施不同的随机过程来刻画资产价值的变化,可以获得信用风险价格的各种表达式,分别与某些现实情况一致。但是,企业资产(assets)的价值其实并不是那么容易观察到的,因为企业资产的组成比较复杂,很多部分很难确定价值。在具体使用结构模型时,人们采取间接的方式,即用权益资产(equity)来推导企业总资产,假设权益资产是企业总资产的未定权益(contingent claim),而权益资产可以观察到(特别是上市企业),通过倒推可以获得企业总资产的价值,然后利用结构模型可以计算出企业在未来一定期间的违约概率。

简化模型的出发点却不是分析资产关系,而是直接将违约看作一个过程,通过假设违约服从不同的随机过程来计算违约概率和企业资产及其衍生产品等证券的价格。与结构模型相比,简化模型具有更多的优势,而且简化模型通常使用债券市场数据或信用衍生品市场数据来估算模型中的各种参数。

这两类理解信用风险的思路各有其优缺点,本章及下一章将帮助读者理解这两类模型的具体发展以及在信用风险定价方式和思路等方面的不同。

4.2　Merton 债券定价模型

对于许多企业来说,企业信用违约是因其失去债务偿还能力,不能如约履行债务协议的极端情况,往往导致企业破产和拍卖清算。如果不考虑主观的赖账行为,企业信用违约的本质原因可以理解为其资产的价值不足以覆盖其所欠的债务。虽然现实的信用违约事件产生的原因非常多,但是这一理解作为一个出发点,是从根本上准确认识信用违约事件的基础。

4.2.1　期权原理定价债券

当企业不能或决定不去偿还债务的时候就发生了违约,那么违约的内在机制是什么呢?第一个违约风险债务定价模型是由 Merton 在 1974 年利用 Black-Scholes 期权定价原理建立的。模型假设企业资产价值 V 的变动决定企业违约事件,违约与企业的资本结构内生相关,因此被称为结构模型。在 Merton 模型中,资产价格服从一个随机过程,当资产价格在债券到期时间 T 低于一定的水平(理论负债量)时,违约发生(见图 4-1)。模型的核心原理是把企业的负债看作一种期权,从而可以利用期权定价公式对债券进行定价。

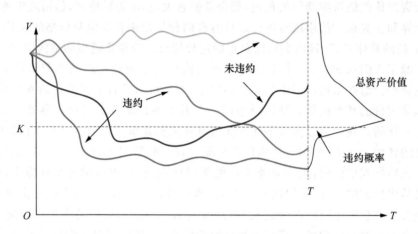

图 4-1 违约风险债务模型

Merton 模型需要满足以下几个假设:

(1) 资本市场是无摩擦的,不存在任何交易费用。资产的交易数量可被无限细分,投资者可根据其财力在资本市场上按照市场价格购买任何数量的任一种资产。

(2) 允许投资者进行无限制的无风险贷出。投资者能以某个特定的相同利率借入或贷出任何数额的资金。

(3) 允许资产在时间上连续交易和卖空。

(4) MM 定理成立,即企业价值由预期息税前利润(EBIT)按其风险等级所对应的贴现率贴现后决定,企业 T 时刻的价值 A_T 只与负债价值 D 和股东权益价值 E 有关,与其资本结构无关。

我们假设企业的资产价值是一个随机变量,当资产价值小于企业的负债时,企业就会违约。在时间 t,一个发行债券的企业的资产为 A_t,资产由两部分组成:一部分为股东权益 E,另一部分是零息债券 D,其面值为 K,到期日为 $T(T>t)$。因为该债券为零息债券,故其债券价格应该低于其面值($D_t<K$)。该企业的资产结构可表示为:$A_t = E_t + D_t$。

事实上,通过选择到期日 T,我们可以将有息债券转化为零息债券。在到期日,当 $A_T > K$ 时,该企业的股东资产的价值为 $(A_T - K)$。当 $A_T < K$ 时,该企业资不抵债,陷入破产,此时,债券所有人拥有对剩余资产 A_T 的优先索取权,股东资产价值为 0,如表 4-1 所示。

表 4-1 不同情况下的资产价值

	资产	债权	股权
违约	$A_T < K$	A_T	0
未违约	$A_T \geq K$	K	$A_T - K$

所以,在到期日 T 的股东权益为:$E_T = \max(A_T - K, 0)$。这正是基础资产为企业资产 A_T、行权价格为 K、到期日为 T 的欧式看涨期权(European call option)的价格。如果资产价格随机过程符合 Black-Scholes 模型的假设,我们可以推导出股东权益的价格公式。对于债权人来说,他可以得到的资产价值为:

$$\begin{cases} K, \text{如果 } A_T \geqslant K \\ A_T, \text{如果 } A_T < K \end{cases} \tag{4-5}$$

用简单的数学语言表示,债权人在时间 T 时可得 $\min\{A_T, K\}$,这又可以表示为:

$$K - \max\{K - A_T, 0\} \tag{4-6}$$

而这个公式表达的是债权人的资产可以看作两个资产的组合:① 一个无风险的债券,到期日为 T,面值为 K;② 卖空一个以企业资产为基础的欧式看跌期权,行权价为 K,到期日为 T。也就是债权人的债券就等价于持有面值 K 的无风险资产,但是股东有权在资产价值低的时候行使看跌期权,将企业给债权人而不偿还债务。

我们假设资产价值按几何布朗运动(geometric Brownian motion, GBM)发展,其变化的过程在实际概率下为:

$$\frac{dA_t}{A_t} = \mu dt + \sigma_t dW_t \tag{4-7}$$

我们对金融衍生产品进行定价时,以风险中性概率定价,假设无风险利率为 r,则其风险中性随机微分方程为:

$$\frac{dA_t}{A_t} = r dt + \sigma_t dW_t \tag{4-8}$$

其中,W_t 在风险中性概率下是标准布朗运动,r 为连续复利计算的无风险利率,σ_t 是资产回报的波动率。在风险中性概率下,如企业债券可以连续交易,则资产价值平均以风险中性利率的增长率增长,因而在公式(4-8)中漂移项为 r。无风险资产 K 在 t 时的价值为:

$$e^{-r(T-t)} K \tag{4-9}$$

根据 Black-Scholes 公式,欧式看跌期权在 t 时的价值为:

$$P_t = e^{r(T-t)} K N(-d_2) - V_t N(-d_1) \tag{4-10}$$

其中,

$$d_1 = \frac{1}{\sigma \sqrt{T-t}} \left[\ln\left(\frac{A_t}{K}\right) + \left(r + \frac{1}{2}\sigma^2\right)(T-t) \right] \tag{4-11}$$

$$d_2 = d_1 - \sigma \sqrt{T-t} \tag{4-12}$$

$N(\cdot)$ 表示累积标准正态分布函数。则债券的价格由公式(4-6)和公式(4-10)可得:

$$\begin{aligned} D_t &= e^{-r(T-t)} K - P_t = e^{-r(T-t)} K [1 - N(-d_2)] + V_t N(-d_1) \\ &= e^{-r(T-t)} K N(d_2) + V_t N(-d_1) \\ &= e^{-r(T-t)} K N(d_1 - \sigma \sqrt{T-t}) + V_t N(-d_1) \end{aligned} \tag{4-13}$$

Merton 模型的结构信用风险定价最吸引人的地方在于其将信用风险和基础资产结构变量连接起来。该方法为读者提供了信用风险的直观经济学解释,揭示了信用违约的内在动因,引入了期权定价领域的方法。所以,结构模型不仅帮助我们对信用风险进行定价,而且有助于我们对企业资产结构进行决策。

在 Merton 模型之前,关于信用风险对债权价格影响的研究很少。基于期权理论的 Merton 模型推导出信用风险债券价格的显性解和信用利差的表达式,对于信用风险度量和信用风险定价具有开拓性的意义。这成为后续结构模型研究的基础。结构模型在分析交易对手信用风险、投资组合和资本结构监控等方面的优势比较明显。

结构模型的主要劣势在于应用方面的困难。例如,资产价值的连续可交易性假设实际上是不太实际的,用公共数据来计算资产的随机过程常常比想象中的要困难得多。而且,虽然人们已经开发了很多优化的结构模型,并且解决了早期模型的局限,但是优化后的模型在数理分析方面非常复杂,计算的强度也很大。

由于研究的需要,Merton 模型做了许多强假设,对违约规则、利率、资本结构、税收等方面的假设偏离了现实,这使数据分析的结果和模型预测的结果有较大的差距。在违约规则方面,Merton 模型将违约时间定在债券到期日,然而在现实中,企业陷入财务危机时,受债务合同保护性条款或者企业内部决策的影响,债券违约在到期日之前的任何时候都可能发生。在资本结构上,Merton 模型使用了零息债券,但实际债券要比这复杂,而且利息未准时偿付也是信用风险的一个表现。在利率环境方面,Merton 模型假设了一个扁平的利率期限结构,这与现实利率不符,而且利率风险与信用风险经常是相关的。

实证研究证明,对于投资级债券,Merton 模型在预测违约概率上的表现还不如不考虑信用风险的模型,但对于投机级债券来说,Merton 模型的表现要好一些。实证研究也证明,Merton 模型高估了债券的价格,即低估了信用利差。虽然 Merton 模型的预测能力不强,但它在预测债券价格和信用利差的长期趋势、通过比较静态分析揭示基本信用规律方面具有很大的作用。

4.2.2 违约概率和信用风险溢价

Merton 模型可以用来计算违约的风险中性概率,即 $A_T < K$ 时的风险中性概率。

风险中性违约概率　信用违约在 T 时发生的条件是企业资产低于债券面值,$Q(A_T < K) = N(-d_2)$。

其中,d_2 由公式(4-12)定义。风险中性违约概率完整的表达为:

$$Q(A_T < K) = N\left(\frac{1}{\sigma\sqrt{T-t}}\left[\ln\left(\frac{K}{A_t}\right) - \left(r - \frac{1}{2}\sigma^2\right)(T-t)\right]\right) \quad (4-14)$$

资产的总价值大约等于股票市场价值和债务账面价值之和。从"现在"往前,由资产价值在到期日 T 的概率分布就可以得出违约概率。

例 4-1　考虑一个一年期债券,其面值为 60 元,企业现在资产的价值为 100 元,资产波动率为 0.3,无风险利率为 10%,则该债券的风险中性违约概率为多少?

$$Q(A_1 < 60) = N\left(\frac{1}{0.3 \times \sqrt{1}}\left[\ln\left(\frac{60}{100}\right) - \left(0.10 - \frac{1}{2} \times (0.3)^2\right) \times 1\right]\right) = 0.0296$$

该债券的风险中性违约概率为 2.96%。

如果我们使用资产在实际概率下的变化公式(4-7),则可以得到实际违约概率。由于无风险利率 r 和资产实际期望增长率 μ 往往并不相同,因此实际违约概率与风险中性违约概率也常不相等。假如 $\mu>r$,企业资产的实际增长率比风险中性下的增长率要低,所以实际违约概率比风险中性违约概率要低。相反,如果 $\mu<r$,则实际违约概率比风险中性违约概率要高。与上文使用风险中性概率下的债券价格推导过程和风险中性违约概率推导过程相似,我们很容易求得实际违约概率的公式:

$$P(A_t<K) = N\left(\frac{1}{\sigma\sqrt{T-t}}\left[\ln\left(\frac{K}{A_t}\right) - \left(\mu - \frac{1}{2}\sigma^2\right)(T-t)\right]\right) \quad (4-15)$$

例 4-2 如例 4-1,假设企业资产实际期望增长率 $\mu=0.2$,其他条件不变,则实际违约概率为:

$$P(A_t<60) = N\left(\frac{1}{0.3\times\sqrt{1}}\left[\ln\left(\frac{60}{100}\right) - \left(0.2 - \frac{1}{2}\times(0.3)^2\right)\times 1\right]\right) = 0.0132$$

实际违约概率为 1.32%,要比风险中性违约概率 2.96% 低。

更高的风险中性违约概率在经济学上是对实际违约概率和其他不确定性的补偿,这些不确定性可能来自违约时间和损失程度的不确定性。在实证分析中,我们往往发现风险中性违约概率较大,也即,资产实际收益率要比无风险收益率高。

违约损失率 在 Merton 模型中,违约损失率是 $\mathrm{LGD}=\frac{K-A_T}{K}=1-\frac{A_T}{K}$,因为违约只发生在企业资产价值小于债务的情况下($A_T<K$),所以 LGD 大于 0。违约回收率 $\mathrm{RR}=\frac{A_T}{K}$。

利用 Merton 模型,我们还可以获得风险中性下违约损失率的表达式。首先,我们求回收率。在到期日 T,如果企业资产 A_T 小于债务 K,企业发生违约,债务人将接管并清算企业,如果没有任何清算费用和交易成本,那么债务人可以获得的回收资金为:

$$E_t[A_T \mid A_T<K]$$

在时间 t,如果用函数 $f(\cdot)$ 表示企业资产 V_T 的分布密度函数,那么上式可写为:

$$E_t[A_T \mid A_T<K] = \frac{\int_0^K xf(x)\mathrm{d}x}{\int_0^K f(x)\mathrm{d}x} \quad (4-16)$$

分母为在风险中性概率下企业资产不足以支付债务($A_T<K$)的概率,其值如公式(4-14)所示;而分子可以表示为:

$$\int_0^K xf(x)\mathrm{d}x = \int_0^\infty xf(x)\mathrm{d}x - \int_K^\infty xf(x)\mathrm{d}x \quad (4-17)$$

公式(4-17)等号右边的第一项为在风险中性概率下,企业资产 A_T 在 t 时的期望值,等于 $e^{r(T-t)}A_t$;在计算欧式看涨期权的价格时,我们知道:

$$e^{-r(T-t)}\int_K^\infty xf(x)\mathrm{d}x = A_t N(d_1)$$

因此,公式(4-17)等号右边的第二项为:

$$\int_K^\infty x f(x) \mathrm{d}x = \mathrm{e}^{r(T-t)} A_t N(d_1)$$

所以,风险中性下的违约回收率为:

$$\mathrm{RR} = \frac{1}{K} E_t[A_T \mid A_T < K] = \mathrm{e}^{r(T-t)} \left(\frac{A_t}{K}\right)\left(\frac{N(-d_1)}{N(-d_1 + \sigma\sqrt{T-t})}\right) \quad (4\text{-}18)$$

最后,Merton 模型下的违约损失率(LGD)为 1 减回收率:

$$\mathrm{LGD} = 1 - \mathrm{RR}$$

违约风险暴露 违约风险暴露是违约发生时债权人可能损失的资产价值,Merton 模型下为无风险债券价值,即债券的面值的折现:

$$\mathrm{EAD} = K \mathrm{e}^{-\int_t^T r_s \mathrm{d}s} \quad (4\text{-}19)$$

确定了三个基本变量后,我们可以计算企业债权人的预期损失 EL(expected loss),即:

$$\mathrm{EL} = \mathrm{PD} \times \mathrm{LGD} \times \mathrm{EAD} \quad (4\text{-}20)$$

在实际中,违约的情况比该式所示的要复杂得多。我们必须收集关于企业权益、固定负债以及到期时间的所有信息。违约也可能发生在任何中间时刻,比这个一期的模型要复杂。所以,我们可以将违约概率看作一个函数,它的自变量是距代表债务的移动"板面"的距离,而不是认为违约只在到期日时发生。该方法是 KMV 模型(企业)主要采用的方法。

信用风险溢价 风险利差是指风险资产的利差与无风险收益率的差异,信用风险溢价即为信用风险资产与无信用风险资产之间的利差。如果用 R 表示债券的收益率,则债券的价格即为债券面值 K 按收益率的折现:

$$D_t = \mathrm{e}^{-R(T-t)} K \quad (4\text{-}21)$$

也即,债券收益率可以表示为:

$$R = -\frac{1}{T-t}\ln\left(\frac{D_t}{K}\right) \quad (4\text{-}22)$$

信用利差 s 即为债券收益率 R 与无风险收益率 r 之差:

$$s = R - r = -\left(\frac{1}{T-t}\right)\ln\left[N(d_1 - \sigma\sqrt{T-t}) + \frac{K}{A_t}N(-d_1)\right] \quad (4\text{-}23)$$

一旦已知资产和收益波动率(A_t 和 σ)以及 t、T、K 和 r 等常数,便可利用此公式计算信用利差。

信用风险利差的期限结构 信用风险利差的期限结构是指信用利差 s 和债券到期时间($T-t$)之间的关系。利用公式(4-23),我们可以将这两者的关系用曲线表示出来,即得到 Merton 模型包含的信用利差期限结构曲线。这个期限结构的具体形状取决于:① 公式资产的波动率 σ;② 无风险收益率 r;③ 债券的面值;④ 企业的当前价值。

如何得到 A_t 和 σ 是一个难题,人们通常假设股东权益 E_t 也服从几何布朗运动,并利用 Ito 定理证明下面的公式:

$$A_t \sigma_A \frac{\partial E_t}{\partial A_t} = E_t \sigma_E \quad (4\text{-}24)$$

从股权价格公式求导可得 $\frac{\partial E_t}{\partial A_t} = N(d_1)$，所以上式变为：

$$A_t \sigma N(d_1) = E_t \sigma_E \qquad (4-25)$$

该公式和股东权益公式结合可求解出 A_t 和 σ_A，然后可利用利差公式计算利差。

信用风险利差是对信用风险的补偿，在 Merton 模型下，信用风险与结构变量相关，比如资产、债务，等等。Merton 模型下的一个最值得备选的风险指标是杠杆率（例如债务资产比例），从上面的利差公式可知，利差是资产债务比例的增函数。

图 4-2 是 Merton 模型信用利差在不同资产负债率下的期限结构。如图中所示，Merton 模型信用利差的期限结构能够在一定程度上揭示现实情况，概括起来，有以下几点：

（1）低杠杆企业的信用利差期限结构较为平坦，在到期日很短时，利差接近于 0，这是因为企业资产足够偿付短期债务。但到期日越长，信用利差会逐渐增加，然后又慢慢减少。

（2）中等杠杆企业的信用利差的期限结构为驼峰型。最短期的信用利差很小，这也是因为企业资产在短期往往可以满足债务偿付。但随后随着到期日的增加，由于资产价值的波动，信用利差会快速增加，然后又慢慢减少。

（3）对于高杠杆的企业，信用利差始终随着到期日的增加而减少。高杠杆的企业在短期有较高的信用风险，但随着时间的推移，企业有足够的时间来使资产增加以满足债务偿付的需求。

（4）实证研究证明，Merton 模型会低估信用风险利差，尤其是对于资产负债率低（低杠杆）的企业的短期利差。这一缺点激发了学者们对 Merton 模型进行扩展，使得模型可以更加准确地反映现实情况。

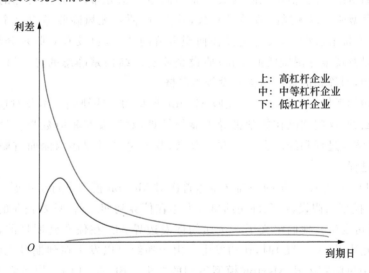

图 4-2　不同债务水平下的信用利差期限结构

4.3 Merton 模型的发展和扩展

Merton 模型利用欧式期权定价原理推导出简洁的债券价格公式,并可以求得信用风险的基本特征:风险暴露、违约概率、利差期限结构等,非常明晰地展现了资产结构和信用风险的关系。但是 Merton 模型之所以能够得到这些显性结果,是因为它建立在很多很强的假设之上。例如企业的资产结构往往比较复杂,有长、中、短期债务,而不仅仅是一类债务,而且债务有可能有不同的优先级,在企业破产后的索取权也不尽相同,当把这些更为具体和现实的情况添加进来时,信用风险的几个基本要素就很难获得了。与现实相比,Merton 模型在以下方面与实际的违约事件并不一致:

(1) Merton 模型假设违约发生的时间只在债务的到期日,而债务协议往往有特别的约定,企业违反协定时即可促发违约事件的发生,而发生时间可以在债务到期日之前。

(2) Merton 模型假设债权人拥有绝对的资产索取优先权,剩余资产全部都属于债权人,而股东却一无所得,但在现实的违约事件中,股东也会在企业破产之后获得一部分资产。

(3) Merton 模型假设在违约时债务人与债权人之间没有重组协商的可能,而在现实中无论是破产还是债务违约都会有协商过程。

(4) Merton 模型假设资产拍卖是没有成本的,也即剩余资产没有流动性的问题,而且破产程序也不会产生成本,这显然也不现实。

在技术上,因为 Merton 直接借鉴了期权定价公式,假设资产收益分布为正态的,而正如我们上面所讲述的,信用风险损失分布不满足正态分布,它是不对称的且有厚尾特征;Merton 模型还假设无风险收益是常数,其实,即便是无风险收益也是个动态随机过程;在企业资产价值假设上,没有定义任何现金流的产生,也没有对股东分红、债权支付等现金支出以及现金存留做任何安排;假设企业资产结构是静态的,这可以看作企业的目标资产结构,但静态的资产结构假设较为严格。

许多金融学者做了大量尝试以克服 Merton 模型的这些缺陷。本节对这方面的文献进行简单的回顾,这些文献在数学推导上显得较难,对于没有相应数学背景的读者有些障碍,但其经济学过程和经济含义却并不复杂,我们尽量只叙述内涵而省略这些文献里的数学推导过程。

Black 和 Cox 在 1976 年的一篇文章里首次对 Merton 模型进行了扩展。他们保持了许多 Merton 模型的假设,但允许违约事件发生在债券到期之前,只要企业的资产价值足够低,违约就可发生。他们定义了一个违约促发边界 M_t,在债券到期日前,当资产价值第一次低于此边界($A_t < M_t$)时,违约发生。由于违约可以发生在到期日之前,所以该模型产生的信用风险利差比 Merton 模型得到的要大。Black 和 Cox 模型将 Merton 模型扩展到违约事件可随时发生的情况,显然更符合实际一些。

随后,Longstaff 和 Schwartz(1995)进一步允许无风险利率是动态随机过程,这考虑了债券价格可能受到更多不确定性的影响,同时他们的模型考虑企业资产价值 A_t 的动态过程与无风险利率过程的相关性。

Leland(1994)以及Leland和Toft(1996)认为,企业的违约可能不仅仅是由资产价值和外在的债务水平的关系决定的,也可能来自企业经营的决策,也就是企业管理者可以选择最优的违约决策,用数学的语言来说就是违约是"内生的"。他们认为企业经营者通过选择最优的违约促发边界来最大化预期股东资产价值,从而决策出最优的资产机构(债务和股东权益的比例)。

Anderson和Sundaresan(1996)以及其他金融学家建立的模型允许企业破产清算时引起交易成本。他们认为这些交易成本的存在使得股东有动机进行战略性的债务活动,例如,如果债权人否定了可能的进一步的融资或清算方式,那么债务人可以就债务重组与债权人进行再协商。这些金融学家在他们的模型中引入债务人,而且能够在最后的债券价格中体现出债务人行为的影响,会导致债务信用利差的增加。

Anderson和Sundaresan(1996)的模型认为,内在现金流决定企业资产价值的变化,但该模型的现金流是作为债务偿付或债息而周期性支付的。Acharya、Huang、Subrahmanyam和Sundaram(2006)构建的经济学模型扩展了Anderson和Sundaresan(1996)的结构,允许现金留存和最优债务偿付(或债息)。结果显示,虽然现金留存的目的是提高股东的资产价值,但是对债务人也有好处,因而现金留存可以减少债券的信用利差。而且,因债务偿付策略可能影响现金留存政策,战略性的债务偿付并不总是会增加信用利差,也可能在某些情况下会减少利差。

大多数模型都假设企业资产价值的随机过程是连续的,Zhou(1997)对此进行了扩展。在他的模型中,企业总资产价值是一个有跳跃的随机过程,信用损失的厚尾特征也被考虑了进来。因为企业总资产的价值可以突然向下跳跃,因而企业在违约后的资产价值是严格低于债券面值 K 的,这样违约后的回收率也是随机的。资产价值的跳跃是影响信用利差的一个重要因素。

结构化模型的发展还在快速推进,金融学者和业界的研究人员还在探索既符合实证观察结果,又符合经济学规律的模型。但随着发展的深入,所遇到的技术问题也成为一大挑战,借助于计算机强大的运算能力和数学算法的提高,结构模型能够既刻画出信用风险的经济本质,又为信用风险管理者提供准确的风险度量。

4.4　结构模型的评价

从经济学角度出发,我们有很多理由使用结构模型。首先,结构模型不仅具有易于理解的经济学解释,还揭示了信用风险产生的原因,这些关键的经济学变量可以被观察到,为信用风险管理者的分析提供了方便。结构模型得到的回收率与违约概率保持着一致性。其次,在使用结构模型时,我们可以利用金融市场的数据信息,特别是来自资本市场的数据信息,这些市场比信用市场的流动性更强,包含的信息更加充分。另外,结构模型是前瞻性的模型,在实务中,各种结构模型可以很好地运用于预测违约的发生和信用级别的变化。所有这一切都体现出结构模型的优势。

但是结构模型也有明显的弱点。第一,结构模型在应用时,除了最简单的模型外,大多数都存在计算上的困难,特别是对那些有不同优先级债券或不同层级债券的企业,为了计算一篮子债券的价值,不得不同时对所有比这一篮子债券的存续期都要久的债券进行定价。实际上,结构模型很少应用于对一篮子债券进行定价,而是主要用于预测或测量企业是否陷入了衰退期,信用风险是否在明显集聚。结构模型主要应用于单一企业债务定价,不能广泛应用于一般化信用风险,也不能应用于交易对手信用风险。在对发展中国家的主权债务进行定价,或者是对新兴市场上的信用衍生品进行定价上,都显得无能为力。即便是对企业信用风险进行定价,结构模型也因为缺乏资产交易数据而发挥不了太大的作用。

虽然有学者认为结构模型可以用于对信用衍生品进行定价,但它们却没有提高人们对信用衍生品进行定价的效率。最主要的是,大多数结构模型依赖于许多程式化的严格假设,这些假设在实践中很难存在,这都阻碍了它们的应用。即便是近年来,学者们已经开发了很多看上去能够刻画一般化现实的结构模型,但其实际应用能力还是非常有限。

那么,在实务中,结构模型的表现到底如何呢?实证结果是有好有坏。有研究发现,Merton模型往往会低估信用利差。在研究决定信用利差变化的因素时,研究者发现,结构模型所使用的关键因素只能解释非常少的信用利差的变化,即使是考虑了广泛的金融和宏观经济变量后也是如此。

有人用一套债券价格的数据检验了五个结构模型,发现Merton模型虽然低估了信用利差,但也有一些模型严重高估了信用利差,更为严重的是,即便有些模型高估了高风险债券的信用风险,却同时又严重低估了低风险债券的信用风险。还有学者使用违约数据来估算几个广为人知的结构模型的参数,他们发现在使用这些参数来估算信用利差时,这些模型得到的结果并没有太大的差异,而且估算的利差都比实际观察到的利差要小,对于短期和高质量的债券,产生的误差尤其大。

总之,研究结果表明,结构模型解释信用利差的能力有限,但是通过结构模型引出了一个很有用的概念——"违约距离",这一概念在实务运用中却表现出非常高的价值。

练习题

计算题

1. 如果某公司的信息如下表所示:

变量	值
公司当前价值	200万元
零息债券的面值	75万元
到期期限	2年
公司价值波动率	0.4
无风险年利率	0.1

(1) 求该债券的当前价格。
(2) 求该公司的风险中性违约概率。
(3) 求该债券的利差。

2. 有一家公司当前的市场价值为 50 万元，其现有债务为 80 万元，还有 5 年即将到期，公司资产价值在未来每年的波动率分别为 0.2、0.3、0.4、0.5、0.5，无风险年利率为常数 3%。

(1) 求债权人的风险暴露。
(2) 求债务的当前价格。
(3) 如果违约后债权人可以回收面值的 10%，求债券的当前价值。

第5章 简化模型

在以期权定价为基础的结构模型中，违约事件是根据债务人总资产的动态过程定义的，当资产下跌到某个水平时，违约即发生。在本章，我们讲述一类不同的信用风险模型，该模型以刻画违约的强度为出发点，建模于影响违约事件的因素，但并不管到底是什么原因引起违约的发生。这类模型可以概括为简化模型（reduced form models）或密度模型（intensity models）。随着信用衍生品市场的发展，人们意识到开发简单且动态的定价模型的必要性，并且模型应该能够很好地与市场数据，特别是可违约债券和信用违约互换市场的数据拟合，这促进了新的信用风险模型的产生和发展，简化模型应运而生。

简化模型中，违约事件是不直接与企业总资产价值相关的外生的随机变量。违约时间往往被定义为一个符合泊松过程的连续的"停止时间"（stopping time），泊松过程的参数可以根据市场数据来测算。具体来说，违约时间为泊松过程的第一次跳跃时间，泊松过程的密度过程 $\lambda_t(\lambda_t > 0)$ 可以取决于企业或市场数据，包括债务率、信用评级、债券的信用利差，甚至行业状况等。

简化模型最早由 Jarrow 和 Turnbull 于 1995 年提出，他们将密度为常数的泊松过程的第一次跳跃时间作为违约时间，违约后债权人可以获得预先确定的回收资产额。这种债券价格的计算公式与无风险债券价格的计算公式相似，只是折现利率与无风险利率有些差异，其值等于无风险利率 r 与违约密度 λ 之和。当然，如果我们用真实的信用利差数据来检验，会发现违约密度 λ 不是常数，而是随着时间而变化的。

通过分析违约密度函数来为信用风险建立模型有两个方面的好处。首先，违约密度模型是将违约预期模型与违约风险定价联系起来的一个比较有效的方法。如果我们不仅要将企业资产价值而且还要将其他相关的预测变量都用于对信用风险进行定价，密度模型可以很容易地将违约概率、信用产品价格和各种因素连接起来，并使用计量经济学技术来获得明确的关系。其次，与密度模型相关的数学工具提供了大量的分析无风险利率期限结构的手段。这意味着分析利率期限结构的计量经济学分析框架和诀窍可以直接用于可违约金融产品。

在为普通的期限结构建模时，我们忽略了到底是什么引起利率的变化，但这些原因是隐藏于我们称之为"外生的"（exogenous）短期利率的动态结构中的。简化模型将外在设定的思想引入违约风险场景，大多数简化模型都对违约密度进行外生设定。这样的期限结构模型的数学架构非常易于允许违约风险依赖于多维的状态变量，甚至允许其依赖于可观察的状态变量过程。当然，也正是状态变量决定信用风险的具体关系的复杂性迫使我们使用外生关系来对它们进行建模。

虽然信用风险简化模型与普通的期限结构模型有很多相似之处，但它们之间也有许多差异值得我们了解。其中,两个最重要的差异在于风险溢价的设定和回收率的假定。违约债券定价和无违约债券定价的相同之处在于期望折现的计算,但是,因为违约密度与跳跃过程相关,而利率过程却并不强调跳跃,所以信用风险的风险溢价的构成就显得要复杂得多,单单设定信用风险的风险溢价显然是不够的,我们还要关注违约事件本身。另外,信用风险简化模型要考虑回收率的问题,因为回收率是直接决定可违约债券价格的重要因子。本章会介绍不同回收率设定对可违约债券价格的影响。

简化模型将信用违约和债务回收当作外生事件影响的结果。这既是简化模型的优点,也是其弱点:弱点在于这些模型缺乏经济学理论来解释信用事件,优点在于其在应用上有很高的灵活性。灵活性的极大提高使数量分析更加容易,运算上越来越快捷。然而,简化模型依赖于历史数据,在数据内的拟合性好,在数据外的预测有很大的局限。在使用过程中,简化模型并不需要估计与企业价值相关的一些参数。结构模型和简化模型的根本区别在于对违约预测的程度,事实上,由于简化模型更容易包含各种突然发生的违约状态,因此它要比结构模型更具一般性。

人们会想,简化模型放弃了为违约事件的经济学原理建模,目的只是得到便于分析的信用定价公式,这样的代价是否太高了?其实,简化模型是结构模型自然而然的发展结果。如果我们考虑信用风险的现实情况,即企业资产的总价值与债务水平的大小关系往往无法被准确观察,那么用风险函数(hazard function)来刻画资产价值低于债务水平的时间似乎也不无道理。另外,违约密度可以与各种变量相联系,包括企业总资产,这也是简化模型的优势所在。

5.1 风险函数和条件违约概率

为了了解为什么可以用简化模型为信用风险建模,我们先了解一下风险率(hazard rate)和条件违约概率的关系。

我们可以用 τ 来表示违约发生的时间,它是个非负随机变量。它的分布可以用风险函数(hazard function)h 来表示,用 $S(t):=P(\tau>t)$ 表示企业在时间 t 之前都没有发生违约事件的概率,或者说企业可以存活到时间 t 的概率。用 $\phi(t)$ 表示违约时间 τ 的分布函数,则:

$$\phi(t):=P(\tau<t)$$

如果函数 $\phi(t)$ 是可微分的,其密度函数为 $f(t)$,则:

$$\phi(t)=\int_{-\infty}^{t}f(u)\mathrm{d}u$$

显然,生存函数和违约函数之间的关系为 $S(t)=1-\phi(t)$。

那么,企业在存活到时间 t 后的一个微小的时间段 $(t,t+\Delta t]$ 内发生违约的条件概率可表示为 $P(\tau\leqslant t+\Delta t|\tau>t)$。风险函数可定义为:

$$h(t):=\lim_{\Delta t\to 0}\frac{1}{\Delta t}P(\tau\leqslant t+\Delta t\mid\tau>t) \tag{5-1}$$

而后者可根据贝叶斯条件概率公式进行简化：

$$\lim_{\Delta t \to 0} \frac{1}{\Delta t} P(\tau \leqslant t + \Delta t \mid \tau > t) = \lim_{\Delta t \to 0} \frac{P(t + \Delta t > \tau > t)}{\Delta t P(\tau > t)}$$

$$= \lim_{\Delta t \to 0} \frac{P(\tau < t + \Delta t) - P(\tau < t)}{\Delta t P(\tau > t)}$$

$$= \frac{\phi'(t)}{S(t)} = -\frac{S'(t)}{S(t)}$$

所以风险函数又可表示为：

$$h(t) = -\frac{S'(t)}{S(t)}$$

通过微积分，我们可知：

$$S(t) = P(\tau > t) = e^{-\int_0^t h(t) dt} \tag{5-2}$$

另外，风险函数的定义也告诉我们下面的结论：

$$P(\tau \leqslant t + \Delta t \mid \tau > t) \approx h(t) \Delta t \tag{5-3}$$

企业在 t 之后微小的时间段内的条件违约概率取决于风险函数 h，因而 h 也是时间 t 时企业发生违约的强度。

在现实中，除了违约与否本身对未来违约有影响之外，许多其他的信息也会决定未来发生违约的概率，我们借用数学符号 $\mathcal{F}_t$ 表示到时间 t 及以前所有已知的信息。我们可以将条件违约概率更加一般化地表示为：

$$P(\tau \leqslant t + \Delta t \mid \mathcal{F}_t) \approx 1_{\{\tau > t\}} \lambda(t) \Delta t$$

上式中，$\lambda(t)$ 是一个依赖于信息集合 $\mathcal{F}_t$ 的函数，也即，一旦信息集合 $\mathcal{F}_t$ 已知，则 $\lambda(t)$ 的表达式便明确了。$\lambda(t)$ 是如上所述的风险函数，与 $h(t)$ 不同的是，它必须建立在已有信息的基础上。

5.2 简化模型中的信息

上一小节中已经提到信息集合 $\mathcal{F}_t$，它的构成是所有可能影响债券价格的直接和间接信息，自然也包含结构模型中使用的企业的各类资产信息。在简化模型中，最重要的是对信息关系的假设。因为不同的假设，会对模型的推导过程产生重要的影响。在简化模型的理论发展过程中，因为所关注的细节的不同或者是为了推导的方便，学者们会对信息关系做特殊的假设。本小节将主要以我们最常遇到的几个重要的简化模型的信息为基础，来解释影响简化模型的信息构成。但我们一定要注意，在充分理解模型假设的基础上，还要能回到现实世界中来，因为现实世界的信息结构有可能比我们假设的要复杂得多。既能通过模型来理解世界，又能通过世界来检验模型，这是我们学习的基本思路。

信用风险理论学家通常会假设决定信用风险简化模型的关键因子的状态变量(state variables)，这些变量有可能是可观察的，也有可能是潜在的(latent variables)。模型的复

杂程度往往是由信息的复杂程度决定的。作为一个比较的基础,我们以下面的信息结构为起点来解释:

推动违约密度 λ 的状态变量 X 产生的信息,X 可能是一元变量,也可能是多元变量,实际上为多元变量的情况更多,比如宏观经济、行业状况、财政政策等都会影响企业违约的强度,这时 λ 是一个多对一的非负函数,$\lambda:R^n \to R$,X 是 n 维变量。由 $X_s(s \leqslant t)$ 产生的信息可以用 $\mathcal{G}_t$ 来表示。因为随着时间的不同,$\mathcal{G}_t$ 也在变化,所以我们又用 $(\mathcal{G}_t)_{t \geqslant 0}$ 来表示状态变量 X 的过滤信息流,显然,随着 t 的增加,该信息流是增加的,即任意两个时间点:$s \leqslant t$,两个信息集合的关系为 $\mathcal{G}_s \subseteq \mathcal{G}_t$。

虽然违约密度决定违约事件在某段时间内违约的概率,但是违约过程也是一个随机过程,简化模型中我们可以用符号 H_t 来表示:

$$H_t = 1_{\{\tau \leqslant t\}} = \begin{cases} 1, & \text{如果 } \tau \leqslant t \\ 0, & \text{其他} \end{cases} \tag{5-4}$$

而违约过程本身也会产生信息,这是违约自身的信息,我们将违约信息流表示为 $(\mathcal{H}_t)_{t \geqslant 0}$。显然,该信息流也是累积增长的。

第三个是有关回收率的信息。回收率 δ 可能为另外一些状态变量的函数,用 Y 表示决定回收率的变量,$\delta(Y)$ 是一个多对一的非负函数,$\delta:R^m \to R$,Y 是 m 维变量。由 Y 产生的信息流标记为 $(\mathcal{B}_t)_{t \geqslant 0}$。

另外一个很重要的信息流是驱动无风险利率 r 变化的状态变量。我们可以用变量 Z 来表示,其产生的信息流为 $(\mathcal{M}_t)_{t \geqslant 0}$。

以驱动各种关键信用风险基本因子的状态变量为基础,简化模型在刻画各种变量之间的相互关系时变得更为简便,例如,在 Cox 过程模型或称双随机泊松过程模型中,假设驱动违约密度的信息流 $\mathcal{G}_t$ 和无风险利率信息流 $\mathcal{M}_t$ 是相互独立的,这个假设对获得可违约债券的价格公式很有帮助,因为在求期望时,违约概率和无风险利率是相互独立的,所以可以分别计算,这简化了我们的计算过程。同时,如果我们想了解无风险利率与违约概率存在的相关性,我们可以假设有共同的状态变量,这时信息流 $\mathcal{G}_t$ 和无风险利率信息流 $\mathcal{M}_t$ 就不是相互独立的。

5.3 Cox 过程模型

Cox 过程(Cox process)模型也叫双随机泊松过程(doubly stochastic Poisson process)模型,这是因为在此模型中,有两个方面的随机过程:① 违约事件的发生是随机的;② 违约事件发生的强度是随机的。实际上,无论常数违约密度还是时间确定函数违约密度,违约事件的发生都是随机的,只是违约密度却并不是随机的。本节中三种情况的违约事件都属于泊松过程(Poisson process),下面先介绍一般化的基础知识。

我们一般使用一个随机过程来刻画违约事件的产生,如公式(5-4)所示,我们对简化模型中运用较多的随机过程进行稍微详细的讲解。随机过程 H_t 在其信息流 $(\mathcal{H}_t)_{t \geqslant 0}$ 下是一个非递减的过程,也可以称为下鞅(submartingale),如果我们做适当的可微分假设,会存在一个正函数 $h(t)$,使下面违约事件随机过程的函数所产生的过程是一个鞅(martingale):

$$H_t - \int_0^t h(s)(1-H_s)\mathrm{d}s$$

所谓鞅,就是在任何时间点,未来任何时间点的期望都与当前值相等。如果考虑前面所说的市场信息流 $(\mathcal{G}_t)_{t\geqslant 0}$,我们可以找到一个函数 λ_t,其发展只依赖于信息流 $(\mathcal{G}_t)_{t\geqslant 0}$,也即,一旦 $\mathcal{G}_t$ 已知,λ_t 的表达式便已知,并且 λ 不依赖于信息流 $(\mathcal{H}_t)_{t\geqslant 0}$。函数 λ_t 可使下面的函数在全信息 $\mathcal{F}_t$ 下也是一个鞅:

$$H_t - \int_0^t \lambda_s(1-H_s)\mathrm{d}s$$

而全信息 $\mathcal{F}_t := \mathcal{H}_t \vee \mathcal{G}_t$,包含所有的违约过程信息和市场信息。简化模型对信息流 $\mathcal{H}_t$ 和 $\mathcal{G}_t$ 做了简化假设,认为在任意时间 t,是否违约对时间 t 后的市场信息 $\mathcal{G}_t$ 的变化没有任何影响。因为我们只关心"首次"违约(假设违约后企业即被清算,所以不会再次违约),故该过程的鞅的特性意味着:

$$P(t < \tau < t+\mathrm{d}t \mid \mathcal{F}_t) = \lambda_t(1-H_t)\mathrm{d}t + o(\mathrm{d}t)$$

违约发生在时间 t 后微小的时间段的概率约等于 $\lambda_t(1-H_t)\mathrm{d}t$,式中,$o(\mathrm{d}t)$ 表示相对于 $\mathrm{d}t$ 来说,该值小得微不足道,可以忽略不计。上式也表明,简化模型认为,对于微小的时间段 $\mathrm{d}t$,违约都是不可预见的、完全的"突发事件"。这一理念与结构模型是不一样的,结构模型中的信息流关系是 $\mathcal{F}_t = \mathcal{G}_t$,市场信息完全决定违约风险。

因为我们假设违约事件不会影响市场信息,所以我们可以定义 $H_t = N_{t \wedge \tau}$,其中,N_t 是计数过程,是非递减的,且 $N_0 = 0$。则违约事件即可定义为:

$$\tau = \inf\{t \mid N_t > 0\}$$

违约事件是计数过程由 0 变为 1 的时间。我们关心的是什么时候存在一个密度函数 λ_t,使得过程:

$$\Lambda_t^N = \int_0^t \lambda_s \mathrm{d}s$$

且在信息 $\mathcal{F}_t$ 下 $N_t - \Lambda_t^N$ 是一个鞅。对于任何时间 $s < t$,

$$E[N_t - \Lambda_t \mid \mathcal{F}_s] = E[E[N_t - \Lambda_t \mid \mathcal{F}_s \vee \mathcal{G}_t] \mid \mathcal{F}_s] = N_s - \Lambda_s$$

泊松过程 N_t 是 Cox 过程的条件为:在信息流 $\mathcal{G}_t$ 的基础上,N_t 是非同质性泊松过程,其密度 $\lambda(s) = \lambda_s$ 随时间而变化,也即,对于时间 s 和 $t(0 \leqslant s \leqslant t)$,

$$P(N_t - N_s = k \mid \mathcal{F}_s \vee \mathcal{G}_t) = \frac{(\Lambda_t - \Lambda_s)^k}{k!} e^{-(\Lambda_t - \Lambda_s)}$$

Cox 过程的绝对跳跃概率为:

$$P(N_t - N_s = k) = E\left[\frac{1}{k!}\left(\int_s^t \lambda_u \mathrm{d}u\right)^k e^{-\int_s^t \lambda_u \mathrm{d}u}\right]$$

以第一次跳跃时间为违约事件,那么企业的存活概率为:

$$P(\tau > t) = E[e^{-\int_0^t \lambda_s \mathrm{d}s}]$$

此时,$N_t - N_s = k = 0$。

5.4 基础简化模型

上文介绍的信息结构可以帮助我们理解和掌握各种形态的简化模型,本部分从最简单的结构模型开始。所有的简化模型至少要包括两个过程变量:一个是表示无风险利率的过程,另一个是违约概率过程。违约过程是由一个违约密度过程决定的。除了违约的风险,信用风险的大小还受违约后的回收率的影响。在上文关于回收率信息流的介绍中,回收率有可能是由外生的状态变量决定的,但作为了解结构模型的起点,我们先考虑违约后回收率是常数的情况,也可以认为我们先忽略影响回收率变化的状态变量。

违约密度是简化模型的基本变量,我们用 λ_t 表示密度过程,它描述了在任何给定的时间段内,企业违约的可能性,违约密度越大,企业在固定时间区间发生违约的可能性越大,当然,给定违约密度,时间区间越长,企业违约的概率也越大。

根据违约密度过程的不同,本部分讨论三种不同的情况:① 违约密度为常数;② 违约密度随时间而变化,但不是随机过程;③ 违约密度为随机过程。

5.4.1 违约密度为常数

违约密度是常数的情况很少见,但却是最简单的,它表示违约密度在任何时间都是一样的。在未发生违约的前提下,未来任何相同时间段内,企业发生违约的概率都相等。数学表示为:对于任何时间 t,$\lambda_t = \lambda$,且 $\lambda > 0$。由公式(5-3)可知,如果在时间 s 时企业未违约,那么在接下来的 Δt 时间段内也不违约的概率为 $1 - \lambda \Delta t$,则根据微积分,在时间段 $[0, t)$ 都不违约的概率为:

$$Q(\tau > t) = \lim_{n \to \infty} \left(1 - \frac{t}{n}\right)^n = e^{-\lambda t} \tag{5-5}$$

上式中 $\Delta t = \frac{t}{n}$。那么在时间 t 前违约的概率为:

$$Q(\tau < t) = 1 - e^{-\lambda t} \tag{5-6}$$

从上面两个公式可知,违约密度 λ 越大,企业能存活到 t 的概率越小(参见公式(5-5)),而在 t 之前违约的概率就越大(参见公式(5-6))。图 5-1 为不同违约密度下的违约概率与时间的关系。

现在,我们计算违约密度为常数的债券价格。在无套利定价机制下,任何证券的价格都可以表示为未来收益的折现,此时所使用的折现因子为无风险利率,而期望是用风险中性概率计算的。假设一个债券,其利息为 0,债券到期日为 t;如果该债券不发生违约,债权人可以得到 1 元;如果发生违约,债权人将什么也得不到,即回收率为 0。我们用 $\phi(t) = Q(\tau < t)$ 表示该债券在 t 之前违约的风险中性概率。如果我们假设无风险利率也

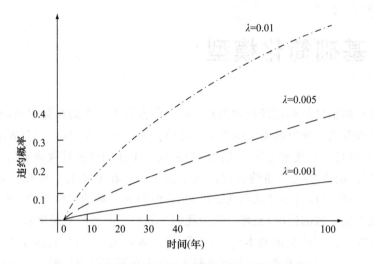

图 5-1 不同违约密度下的违约概率与时间的关系

是常数,表示为 r,则该债券在时间 0 的价格为:

$$B^* = e^{-rt}[1-\phi(t)] \tag{5-7}$$

由于违约概率 $\phi(t)=1-e^{-\lambda t}$,则该债券的价格又可以表示为:

$$B^* = e^{-rt} \times e^{-\lambda t} = e^{-(r+\lambda)t} \tag{5-8}$$

我们一般用 y 表示债券在一定期间的收益率,相似地,到期日为 t 的债券的收益率与债券价格之间的关系为:

$$B^* = e^{-yt}$$

由公式(5-8),上述零息且违约回收率为 0 的债券的收益率为:

$$y = r + \lambda$$

因为债券的利差是债券收益率与无风险利率的差,用 s 表示本例中的债券利差,则有:

$$s = y - r = \lambda \tag{5-9}$$

所以,对于无利息的、违约回收率为 0 的债券,其利差为该债券的违约密度,与债券的到期期限和无风险利率等因素都没有关系。虽然这个例子非常特殊,但可以让我们了解到,违约密度是决定信用风险的最关键的因素。

这种违约密度是常数的假设是非常不符合实际的,因为我们可以观察到很多信用利差曲线并不是一条水平线。为了反映利差的丰富性,我们有必要对此模型做出修改。

5.4.2 违约密度为时间的函数

假定违约密度 λ 在整个时期内为常数,但这通常是令人难以置信的。对基本泊松模型的一个简单改进就是允许强度随时间而变化。例如,假设第一年的违约密度是不变的:$\lambda(1)$,生存过第一年的条件下,在第二年的违约密度与第一年可能不同,但在该年内

也是不变的:λ(2)。那么,根据贝叶斯法则,生存两年的概率为:
$$Q(2) = Q(1)Q(2\mid 1) = e^{-\lambda(1)}e^{-\lambda(2)} = e^{-[\lambda(1)+\lambda(2)]} \tag{5-10}$$

如果我们对 T 年进行计算,不断递归,则生存 T 年的概率为:
$$Q(T) = e^{-[\lambda(1)+\lambda(2)+\cdots+\lambda(T)]}$$

一般而言,一个简化模型是把到达强度看作给定所有当前信息的一个随机过程。例如,假设强度会在每年年初随着新信息而更新,而且在这一年内保持不变。已知生存到时间 $(T-1)$,并给定其他所有在时间 $(T-1)$ 已有的信息,那么生存到时间 T 的概率就是 $Q(T-1,T) = e^{-\lambda(T)}$。我们要强调,在时间 $(T-1)$ 以前,$Q(T-1,T)$ 可能是未知的,因为第 T 年的违约密度 $\lambda(T)$ 要以时间 $(T-1)$ 公布的信息为基础。

除违约密度为常数外,最简单的模型是违约密度是时间的函数,此时,在时间 t 之前的违约概率为:
$$\phi(t) = 1 - e^{-\int_0^t \lambda_1 dt} \tag{5-11}$$

上例中的 $\lambda_s = \lambda$,是本例的特殊情况。给定一个零息债券,到期日为 T,面值为 1 元,违约后的回收率为 0,则该债券的价格为:
$$B_T^* = e^{-rT}[1-\phi(T)] + 0 \times \phi(T) \tag{5-12}$$

用表达式(5-11)替换上式中的 $\phi(T)$,可得:
$$B_T^* = e^{-rT-\int_0^T \lambda_1 dt} \tag{5-13}$$

该 T 期债券的收益率为:
$$y_T = \frac{1}{T}\left(rT + \int_0^T \lambda_t dt\right) = r + \frac{1}{T}\int_0^T \lambda_t dt \tag{5-14}$$

因而,该债券的信用利差为:
$$s_T = \frac{1}{T}\int_0^T \lambda_t dt \tag{5-15}$$

下面我们用两个具体的违约密度为时间的函数来加深理解。我们假设密度函数是时间的线性函数,$\lambda_t = a + bt$,其中,a、b 都是常数,那么此 T 期债券的信用风险利差为:
$$s_T = \frac{1}{T}\int_0^T (a+bt)dt = a + \frac{1}{2}bT \tag{5-16}$$

此时,信用利差是债券到期日的线性函数,如果 b 为正数,则到期日越长,信用利差越大;如果 b 为负数,则到期日越长,信用利差越小。

如果违约密度是时间的二次函数,例如,$\lambda_t = a + bT + cT^2$,则信用利差为:
$$s_T = a + \frac{1}{2}bT + \frac{1}{3}cT^2 \tag{5-17}$$

此时,信用利差为到期期限的二次函数。由这两个例子可见,通过选择不同的违约密度,我们可以得到各种形状的信用利差。如果我们假设违约密度是到期的高次函数,我们就可以利用实际数据来估算这些参数,从而确定密度函数的具体表达式,并因此可以获得债券的违约概率等数值。

5.5 Duffie-Singleton 模型

以上的密度函数都是确定的,而事实上违约密度是不确定的变量,即便在时间 t,我们也无法确切地知道违约密度的具体表达式,更一般而且也是更具实用性的形式是,违约密度函数是随机的。也就是说,未来任意一个时间点的违约密度是一个变量,只能在一定概率下确定具体数值。在简化模型的发展过程中,一个被广泛引用的模型是 Cox 过程模型,Duffie 和 Singleton(1999)导出了此模型下可违约债券的定价公式。其结果显示,可违约债券的价格公式与风险中性下的定价公式很像,只是折现因子有所不同,另外,价格公式有良好的数学表达式,与其他期限结构模型的计算难度相似。

Duffie 和 Singleton(1999)是在风险中性条件下进行分析的,输入模型的变量包括无风险利率 r_t、违约风险率 λ_t,以及违约后的回收率 δ_t。回收率有多种假设,Duffie-Singleton 模型是按照市场价值比例回收。在此模型下,债券面值为 Z 元的可违约债券,到期日为 T,在无套利机会下,在时间 t 时的价值为:

$$V_t = E_t^Q [Z e^{-\int_t^T R_t dt}] \tag{5-18}$$

其中,债券的收益率为:

$$R_t = r_t + \lambda_t (1 - \delta_t) \tag{5-19}$$

该债券价格公式为无违约风险债券价格的一般化。无违约债券的折现率为 r_t,如果我们假设"违约"后的回收率为 1(实际上就没有违约),则我们从公式(5-19)可知,收益率即为无违约风险的债券收益率。债券价格公式(5-18)的获得是建立在市场价值回收率的基础上的,如果用其他的假设,结果会有所差异,这会在后面较详细地介绍。相应地,该债券的信用利差为:

$$s_t = R_t - r_t = \lambda_t (1 - \delta_t) \tag{5-20}$$

为了更加了解该信用利差的含义,我们可以考虑一个一期可违约债券的情况,假设该债券的面值为 1,一期无风险利率为 r,s 为债券利差,该债券的期初价格为:

$$B = \frac{1}{1 + r + s}$$

用 λ 表示风险中性违约概率的密度,δ 为违约后的回收率,那么该债券的价格也可以表示为:

$$B = \frac{1}{1+r}(1 - \lambda + \lambda \delta)$$

因为这两个公式表示的是同一个债券的价格,所以两等式的右边必然相等:

$$\frac{1+r}{1+r+s} = 1 - \lambda + \lambda \delta$$

可以获得下面的约等式:

$$\frac{1+r}{1+r+s} \approx 1 - s$$

因此，我们有信用利差公式 $s=\lambda(1-\delta)$。在连续时间的情况下，我们可以证明利差公式(5-20)仍然成立。

运用信用利差，Duffie-Singelton 的债券价格公式可以表示为：

$$V_t = E_t^Q [e^{-\int_t^\tau (r_\tau + \lambda_t) d\tau} Z] \tag{5-21}$$

如此，在风险中性的条件下，任何可违约债券的价格都可以表示为短期利率和信用利差的函数。这意味着，在风险中性概率下，可违约债券和无风险债券价格的收益率期限结构具有相似之处。

5.6 回收率

上文讨论债券定价时，为了减少其他因素的影响，尽量反映违约风险与债券价格的关系，我们在大多数情况下都假设违约后回收率为 0，这在数学运算上也降低了难度，但是几乎所有的企业债券违约后都会得到不可忽略的剩余资产。本节中，我们对简化模型进行进一步的扩展，允许可违约资产在违约时间收回一部分资金。我们考虑 Cox 过程模型，同时假设回收过程 δ_t 由市场信息流 $\mathcal{G}_t$ 决定。如果 $\tau>0$，则到期日为 T 的可违约零息债券的期初价格为：

$$\begin{aligned} P_0^\delta(T) &= E^Q [e^{-\int_0^t r_s ds} \delta_\tau 1_{\{\tau \leq T\}} + e^{-\int_0^T r_s ds} 1_{\{\tau > T\}}] \\ &= E^Q \left[\int_0^T e^{-\int_0^u (r_s + \lambda_s) ds} \delta_u \lambda_u du \right] + E^Q [e^{-\int_0^T (r_s + \lambda_u) ds}] \\ &= \int_0^T E^Q [\delta_u \lambda_u e^{-\int_0^u (r_s + \lambda_s) ds}] du + E^Q [e^{-\int_0^T (r_s + \lambda_u) ds}] \end{aligned} \tag{5-22}$$

这时，该 T 期零息债券的价格是回收率项与前面所讲的零回收率可违约债券的价格之和。下文中，我们将考虑各种回收率假设情况下的债券价格。

现在我们将债券利息也考虑进来，为了分析的简单，我们只考虑债息是常数的情形，即 $c>0$，债券连续偿付利息，这个连续利息的假设仅仅是为了计算的便利。此时，包含着利息和回收率的 T 期债券的价格为：

$$\begin{aligned} P_0(T) &= E^Q [e^{-\int_0^t r_s ds} \delta_\tau 1_{\{\tau \leq T\}} + \int_0^T c e^{-\int_0^u r_s ds} 1_{\{\tau > 0\}} du + e^{-\int_0^T r_s ds} 1_{\{\tau > T\}}] \\ &= \left[\int_0^T E^Q [(\delta_u \lambda_u + c) e^{-\int_0^u (r_s + \lambda_s) ds}] du \right] + E^Q [e^{-\int_0^T (r_s + \lambda_u) ds}] \end{aligned} \tag{5-23}$$

5.6.1 决定回收率的因素

企业违约或破产后一般伴随着资产的清算和拍卖程序，将剩余资产变现以偿还债权人，但几乎没有债权人可以全额拿回本金和利息。决定债权人能够获得多少剩余资产的

因素较多,下面我们做一些简单的介绍:

(1) 债务条款、债务级别和欠债时间。不同的债务条款对债务的偿还方式都有规定,可能某些资产变卖后将直接用于偿付某些特定债权人;债务的优先级也可能使相应债权人在安排偿还顺序时可以排在前面,不过即便如此,优先偿还的债权人通常也不会全额索取,排在后面的债权人往往也会得到一部分;欠债时间也是一个因素,有的债务存续时间较长,有可能获得排位较前的偿还顺序。

(2) 破产法等法律条款。经济法律条款较为完备的经济体都会有与违约或破产相关的法律条款,规定着触发破产保护的机制,以及违约后的诉讼、重组、协商、资产变卖和偿还的各个过程。违约后往往有法院和代理人参与到整个进程中,以保障债权人的利益得到充分的保护。

(3) 宏观经济状态。许多研究已经证实,经济周期与违约后的回收率有显著的相关性。在经济衰退时期,回收率要比其他时期低很多。这可能是因为在经济萧条时期,资产的需求降低,而投资资金也相对匮乏,使得资产的价格降低。

(4) 行业或企业资产形态。轻资产行业的企业在破产后的回收率要比重资产行业的企业低。例如软件开发公司,它们基本没有机器、房产等固定资产,一旦破产,债权人能收回的资产额会很少。不同行业的企业破产之后的回收率有明显的不同。

5.6.2 按债券面值比例的回收率

前文较多的例子所使用的回收率都是假设破产后债权人获得的剩余资产是债券面值(recovery of par)的一定比例。我们以付息债券为例,假设企业违约,债权人在违约时获得面值 $\delta(0<\delta<1)$ 比例的剩余资产,δ 是一个常数。根据有息债券的价格公式(5-23),按债券面值比例回收的债券价格为:

$$P_0^{RP}(T) = \left[\int_0^T E^Q[(\delta\lambda_u + c)e^{-\int_0^u (r_s + \lambda_s)ds}]du\right] + P_0(T) \tag{5-24}$$

其中,$P_0(T)$ 为回收率为 0 的可违约债券的价格。

本假设显得很不公平。在违约时,一个到期日更长的债券的价格应该比一个到期日更短的债券低,但是按债券面值比例回收的分配方式却认为它们回收的比例是一样的,这显然不合理。但对于有息债券,由于到期日越长,由公式(5-24)可知,债券的价格越高,因此,这是对按债券面值的一定比例确定债券价格模型的一些修正。

5.6.3 按无风险债券比例的回收率

按无风险债券比例回收(recovery of treasury)的假设考虑到影响整个债券市场的其他因素,该方法假设债券在违约后能回收的资产是与其具有同等期限和面值的无风险债券(经常使用的是国债)价值的固定比例,也即回收率为:

$$\delta_t = \delta P_t(T) \tag{5-25}$$

本例中，我们考虑零息企业债券的价格。这种回收假设纠正了按企业债券面值的固定比例回收的一些问题，特别是纠正了因时间不同而引起的不一致的问题。但是这个假设也无法区分具有高风险和高收益的"垃圾债券"(junk bond)与风险较低的债券之间的差异，因而实际上高估了垃圾债券的价值。此方法对高风险债券的适用性较低，而对优质债券的估值较为合理。

此机制下的零息债券的价格，根据公式(5-22)，可以得到：

$$\begin{aligned}
P_0^{RT}(T) &= \delta \int_0^T E^Q[P_u(T)\lambda_u e^{-\int_0^u (r_s+\lambda_s)ds}]du + P_0(T) \\
&= \delta E^Q\left[e^{-\int_0^T r_s ds}\int_0^T \lambda_u e^{-\int_0^u \lambda_s ds}du\right] + P_0(T) \\
&= \delta E^Q[e^{-\int_0^T r_s ds}(1-e^{-\int_0^u \lambda_s ds})] + P_0(T) \\
&= \delta B_0(T) + (1-\delta)P_0(T)
\end{aligned} \tag{5-26}$$

可见，此方法下，可违约债券的价格是一个资产组合的价值，该资产组合包含 δ 单位的无违约债券和 $(1-\delta)$ 单位的回收率为 0 的零息可违约债券。

5.6.4 按市场价值比例的回收率

按市场价值比例(recovery of market value)回收的模型假设，在违约发生时，每一个违约债券的债权人获得该债券违约前市场价值一定比例的资产。这种回收假设的表达式为：

$$\delta_t = \delta P_{t-}^{RMV}(T) \tag{5-27}$$

其中，

$$P_{t-}^{RMV}(T) = \lim_{s \to t} P_s^{RMV}(T)$$

该值表示 T 期债券在发生违约前的瞬间企业资产的市场价值。

获得该模型的债券价格的推导过程较为复杂，我们只给出结果：

$$P_0^{RMV}(T) = E^Q[e^{-\int_0^T [r_s+(1-\delta)\lambda_s]ds}] \tag{5-28}$$

5.7 违约相关性

简化模型的一个优点是比较容易刻画多个信用资产的情况。本部分我们使用简化模型为多个资产建模，分别考察条件独立违约、违约密度联合跳跃和违约风险传染三种情形。

5.7.1 条件独立违约

我们考虑有 I 个不同的企业,其中第 $i(i=1,\cdots\cdots,I)$ 个企业在时间 t 的违约密度为 $\lambda_{i,t}$,违约时间为 τ_i。条件独立违约(conditionally independent default)是指在观察到状态变量 X_t 时,各企业的违约密度 $\lambda_{i,t}$ 是相互独立的。但这些企业的违约密度并不是完全独立的,它们具有违约的相关性是因为违约密度都依赖于共同的状态变量 X_t。假设企业的违约密度包含两个部分,一个是独立部分 $\lambda_{i,t}^*$,另一个是相关部分:

$$\lambda_{i,t} = a_{0,\lambda_i} + a_{1,\lambda_i}X_{1,t} + \cdots + a_{J,\lambda_i}X_{J,t} + \lambda_{i,t}^* \tag{5-29}$$

其中,a_{j,λ_i} 是确定的系数。因为违约时间是连续分布的,所以该模型意味着两个或两个以上的企业同时违约的概率为 0。

我们介绍 Duffee(1999)所用的该模型的简单版本。在他的模型中,无风险利率为:

$$r_t = a_{r,0} + X_{1,t} + X_{2,t} \tag{5-30}$$

其中,$a_{r,0}$ 是常数;$X_{1,t}$ 和 $X_{2,t}$ 为两个潜在变量,反映无违约风险利率的变化。通过无风险债券来估算这两个潜在变量,然后使用潜在变量的数据来建立违约密度过程。

$$\lambda_{i,t} = a_{0,\lambda_i} + a_{1,\lambda_i}(X_{1,t} - \hat{X}_1) + a_{2,\lambda_i}(X_{2,t} - \hat{X}_2) \tag{5-31}$$

$$d\lambda_{i,t}^* = \kappa_i(\theta_i - \lambda_{i,t}^*)dt + \sigma_i\sqrt{\lambda_{i,t}^*}dW_{i,t} \tag{5-32}$$

其中,$W_{1,t},\cdots,W_{I,t}$ 为相互独立的布朗过程;a_{0,λ_i}、a_{1,λ_i} 和 a_{2,λ_i} 为常数;$\hat{X}_1$ 和 $\hat{X}_2$ 为样本 $X_{1,t}$ 和 $X_{2,t}$ 的均值。企业 i 的违约密度依赖于两个共同的潜在变量 $X_{1,t}$ 和 $X_{2,t}$,也各自取决于自己的特征变量 $\lambda_{i,t}^*$,特征变量之间是相互独立的。上述两个公式中,不同公式的常数是不同的。$\lambda_{i,t}^*$ 反映了违约密度的随机动态特性,a_{0,λ_i}、a_{1,λ_i} 和 a_{2,λ_i} 反映了违约密度以及它们与利率之间相关的原因。

5.7.2 违约密度联合跳跃

刻画违约相关性的模型产生的相关程度最初大多低于实际情况,后来学者们提出了两种提高其相关性的方式:一种是违约密度的量在跳跃上的相关,另一种是提高违约事件引起的相关违约程度。

首先,我们介绍企业的违约密度经历跳跃的相关性。假设每个企业的违约密度都有如下的表达式:

$$d\lambda_{i,t} = \kappa_i(\theta_i - \lambda_{i,t})dt + dq_{i,t} \tag{5-33}$$

该过程包括一个确定的均值趋向过程和一个跳跃过程 $q_{i,t}$。违约密度是一个泊松过程,其参数为 γ_i,其跳跃的规模服从指数分布,均值为 μ,并假设所有企业的 μ 都相等。我们还可以引入跳跃的两个组成:特质性跳跃和相关性跳跃。相关性跳跃过程的泊松违约密度为 γ_c,它是所有企业违约密度的共同跳跃,也即满足上述均值为 μ 的指数分布。企

业 i 的违约密度发生相关跳跃的概率为 p_i，该企业发生联合跳跃的泊松密度即为 $p_i\gamma_i$。为了保证企业违约密度的跳跃程度为 γ_i，跳跃规模为 μ，企业特有的跳跃可以设定为强度为 μ、密度为 h_i 的指数分布，以满足：

$$\gamma_i = p_i\gamma_i + h_i \tag{5-34}$$

当 $p_i=0$ 时，违约密度的跳跃就只包含企业特有的违约密度跳跃，不同企业违约密度的跳跃是相互独立的。如果 $p_i=1$，且 $h_i=0$，则所有企业违约密度的跳跃强度是相同的，但这并不是说它们的违约密度跳跃是完全相关的，因为各个企业违约密度跳跃的规模是相互独立的。

我们再来看企业同时违约的概率，即因有共同的触发事件而引起的情况。假设有 $m=1,\cdots,M$ 个共同信用风险事件，每一个都是泊松过程，密度分别为 $\lambda^c_{m,t}$。给定信用风险事件 m 在时间 t 时发生，企业 i 违约的概率为 $p_{i,m,t}$。与违约密度跳跃的相关建模相似，我们也可以在共同信用事件外为单个企业设置信用风险事件，这些信用风险事件是相互独立的，其满足泊松分布，发生的密度分别为 $\lambda^*_{i,t}$。这样，在我们的模型中，企业 i 的总违约密度可以表示为：

$$\lambda_{i,t} = \lambda^*_{i,t} + \sum_{m=1}^{M} p_{i,m,t}\lambda^c_{m,t} \tag{5-35}$$

下面以一个仅有两个企业的简单情况为例。假设两个企业的特质性违约密度分别为 λ^*_1 和 λ^*_2，共同信用事件发生的密度为常数 λ^c。如果 $p_{i,m,t}=1$，则在此情况下，企业 i 的存活概率为：

$$s_i(t,T) = e^{-(\lambda^*_i+\lambda^c)(T-t)} \tag{5-36}$$

用 $s(t;T_1,T_2)$ 表示到时间 t 时仍然没有企业违约的概率，这两个企业的联合存活概率，也即企业 1 存活到 T_1、企业 2 存活到 T_2 的概率，可以表示为：

$$\begin{aligned}s(t;T_1,T_2) &= e^{-\lambda^*_1(T_1-t)-\lambda^*_2(T_2-t)-\lambda^c\max\{T_1-t,T_2-t\}}\\ &= e^{-(\lambda^*_1+\lambda^c)(T_1-t)-(\lambda^*_2+\lambda^c)(T_2-t)+\lambda^c\min\{T_1-t,T_2-t\}}\\ &= s_1(t,T)s_2(t,T)\min\{e^{\lambda^c(T_1-t)},e^{\lambda^c(T_2-t)}\}\end{aligned} \tag{5-37}$$

这个联合存活概率表达式包括个体的存活概率和它们之间的相关关系。而现在流行的 Copula 模型也是利用了这个表达式所反映的相关违约的结构。

联合存活率和联合违约概率的关系为：

$$s(t;T_1,T_2) = 1 - p_1(t,T_1) - p_2(t,T_2) + p(t;T_1,T_2) \tag{5-38}$$

其中，$p(t;T_1,T_2)$ 表示在时间 t 时还未发生违约的前提下，企业 1 在时间 T_1 前、企业 2 在时间 T_2 之前发生违约的联合概率。

对于更多企业的情况，联合违约概率的公式变得异常复杂，因为对每一个可以引起共同违约的事件都要确定违约密度。

这种方法所假设的相关违约关系仍然离现实状况有一定的距离。现实中，很少有企业真的完全同时发生违约行为，另外，即便是在发生信用风险事件后，有些未发生违约的企业的违约密度也可能并不发生变化。虽然本部分所介绍的方法比较容易理解，但是，这种方法在使用过程中需要进行大量的计算，因而很少有研究者验证其实际效果。

5.7.3 违约风险传染

条件独立违约和上一部分所讲的违约密度联合跳跃都是假设有别的因素共同导致企业违约的相关性,但企业之间往往在生产经营活动中有上下游关系,一个企业发生违约可能直接导致别的企业的违约概率加大,类似于直接相关的违约风险关系是导致违约风险传染的原因。本部分介绍违约传染的两个建模理论:传染违约(infectious default)和倾向模型(propensity model)。

1. 传染违约

在传染违约中,I 个企业中的每一个都有一个原始违约密度 $\lambda_{i,t}(i=1,\cdots,I)$,它们可以是常数,但显然这是一个条件独立违约模型。如果没有信用风险传染,那么我们可以分别算出各企业的违约概率。这里我们可以引入一种传染方式,当一个企业违约时,所有其他企业的违约密度都按一定比例增加,取 $\alpha>1$,则违约密度变为 $\alpha\lambda_{i,t}$。这个效应可能持续一段时间后消失,消失后则 $\alpha=1$。如果能够假定该效应持续的时间,我们即可计算出其他企业在一定时间前发生违约的概率。

2. 倾向模型

为了说明在特定时间内违约密集发生的情况,可以将条件独立违约模型进行扩展以说明交易对手风险(counterparty risk)。交易对手风险是因为一个企业的违约导致与其有商业往来或财务关系的企业的违约概率增加的风险。这种扩展可以使我们在条件独立违约模型中引入额外的违约相关性。

我们可以假设一个企业的违约密度依赖于其他企业是否违约的状况,即系统性依赖(symmetric dependence)。但是这种系统性依赖会导致环状的依赖关系,例如 A 违约的情况依赖于 B 和 C,B 违约的情况依赖于 A 和 C,那么就会导出 A 违约的情况依赖于 A,这使得在求解联合违约分布时会面临一些问题。

为了克服这种环状依赖关系,我们可以将企业分成两大类,一类叫主要企业($1,\cdots,K$),另一类叫次要企业($K+1,\cdots,I$)。为主要企业建立条件独立违约模型,它们的违约密度为 $\lambda_{1,t},\cdots,\lambda_{K,t}$,它们中的每一个都不依赖于其他企业是否违约的状况。如果一个主要企业违约,则会增加所有次要企业的违约密度,但次要企业违约却不会增加主要企业的违约密度。因而,次要企业 i 的违约密度可以表示为:

$$\lambda_{i,t} = \hat{\lambda}_{i,t} + \sum_{j=1}^{K} \alpha_{i,t}^{j} 1_{\{\tau_j \leqslant t\}} \tag{5-39}$$

这对于所有的 $i=K+1,\cdots,I$ 以及所有的 $j=1,\cdots,K$ 都成立。上式中,$\hat{\lambda}_{i,t}$ 和 $\alpha_{i,t}^{j}$ 都是由市场信息流决定的。$\hat{\lambda}_{i,t}$ 反映的是次要企业的违约密度中不依赖于主要企业是否违约的部分。显然,主要企业的违约密度完全由市场信息流决定,而次要企业的违约密度既依赖于市场信息,也依赖于其他企业是否违约的信息。

这个模型为次要企业引入了违约相关性的来源,也引入了次要企业和主要企业的违约相关性,但忽略了主要企业之间的违约相关性,这是为了克服环状依赖而不得不做的妥协,所以,在使用这类模型时,对主要企业和次要企业的分类就变得非常重要。

5.8 对简化模型的评价

以上所讨论的结构模型和简化模型都还不能完全包含违约发生时的债务重组问题,例如债务协议的重新谈判,包括延长还款期限、减少或推迟承诺支付时间、债转股或这些形式的组合。类似地,由于考虑到模型的易处理性,在法庭监督下进行重组的一些制度特征也没有包含进任何定价模型中去。被市场预期到的债务重组会以其他方式融入违约风险的定价中。与定价违约风险证券相关的另外一个问题就是,与国债不同,许多违约风险证券的流动性非常小。流动性风险金也应该体现在这些证券的定价中,这是定价模型没有考虑的另一个因素。

由于在验证各种简化模型的有效性方面所做的工作还非常有限,因此在利用这些模型定价和对冲违约风险证券时要特别小心谨慎。此外,常常有这种情况,即如果考虑了真实情况,如利率水平和违约概率之间的相关性,则只有在假设违约和信用评级变化的风险金为零的情况下,信用评级变化和违约历史概率才能比较容易地处理。破产和违约有许多制度特征,例如债权人与债务人之间的重新谈判或债务的重新安排,在本章讨论过的任何定价模型中都没有令人满意地将这些问题考虑进去。只能寄希望于未来的定价模型能够至少考虑一些制度特征,且在没有任何不必要的假设前提下能够使用违约和信用评级变化的历史概率。

即便简化模型相对灵活,也难以做到模型的一般性,例如我们经常使用的Cox过程,在对单个企业多次违约,或者对存在较强关联的企业违约时,也难以反映此类情形的一般情况。要建立能够刻画实际违约情况,并且能够对未来信用违约进行预测的模型,我们还有很长的路要走。

练习题

计算题

1. 如果一个5年期可违约债券与其他方面完全一致的无违约债券的利差为1%,求该可违约债券在5年内的风险中性违约概率。同一个企业发行的10年期可违约债券的信用利差为1.2%,则该企业在10年内的违约概率为多少?该企业在第5年到第10年的违约概率为多少?

2. 某企业发行3年期和5年期债券,其利息都是每年4%,每年支付一次。两债券的收益率分别为4.5%和4.75%,无风险利率为3%,都使用连续复利计算。违约后回收率为40%。求第1年到第3年的平均年违约概率和第4年到第5年的平均年违约概率。

第 6 章　信用风险管理模型

6.1　信用风险管理模型概论

　　作为一种古老的风险形式,长期以来人们不断改变测度方法来规避信用风险,以期减少信用违约带来的损失。信用风险管理的实务历程可以分为三个发展阶段:传统信用分析阶段、基于单项资产的信用风险管理阶段和基于资产组合的信用风险管理阶段。

　　第一阶段,传统信用分析阶段。在此阶段,信用风险管理的主要内容为判断所评对象的违约风险,采用的方法多为定性分析,主要有三种:专家方法(如 5C 法)、企业 SWOT 分析、信用评级方法。

　　第二阶段,基于单项资产的信用风险管理。这一阶段开始采用数学模型衡量信用风险的大小,但并不考虑资产之间的相关性,主要有 Z 评分模型、死亡率模型、神经网络模型等。

　　第三阶段,资产组合的信用风险管理阶段。随着现代金融业的发展,对信用风险管理的要求更高,有些传统方法不再适用,有些则显得不够准确。现代科学技术的发展促使信用风险测度也得到了提升,信用风险管理进入了资产组合的信用风险管理阶段。这一阶段出现了风险调整后的资本回报率(RAROC)、KMV、CreditMetrics、Credit risk+等信用风险量化管理模型,使得信用风险管理更加精确、科学。

　　从传统的信用分析手段到现代的信用计量模型,是一个从定性分析到定量分析的过程。我们需指出的是,信用风险管理测度模型的演变是循序渐进的,每一个模型都有其使用条件和适用范围。在信用风险管理初期,研究者尚无资料可以借鉴,且企业运营环境比较简单,信用测度的方法也大都集中在定性分析和简易定量分析方面;随着企业运营环境的变化以及不断提高的测度精确性要求,日趋复杂的测度方法也逐渐形成,这就是现在常用的资产组合信用风险管理模型。

6.2 单项资产的信用风险管理模型

6.2.1 Z-score 模型

1968 年,Altman 以美国破产企业和非破产企业为样本,以财务比率为研究变量,通过对大量企业的运行状况以及破产分析,运用数理统计,从 22 个财务比率中精选出 5 个作为企业财务危机的判别方式,在所有财务指标中,这 5 个变量最能反映企业的贷款质量。作为一种财务评分模型,Z-score 模型使用多个财务比率建立多元线性回归方程,换句话说,就是取多种财务指标的加权值之和作为判别方式来判断企业是否会破产的标准。模型如下:

$$Z = 0.012X_1 + 0.014X_2 + 0.033X_3 + 0.006X_4 + 0.999X_5 \quad (6-1)$$

其中,X_1 为营运资金与资产总额的比值,是衡量企业在一定数额的总资本下流动性资金数额大小的指标,反映资产的流动性与规模特征,其中营运资金在数值上等于流动资产和流动负债之差。X_2 为留存收益与资产总额之比,反映企业累计盈利状况,此比值会对新成立的企业有一定的排斥作用。X_3 为息税前收益与资产总额的比值,反映企业资产的获利能力,由于它没有被财务杠杆和税收因素制约,所以可以作为衡量企业是否能够长期稳健地生存下去的一个重要指标。X_4 为权益市价与债务总额账面价值的比值,反映企业的偿债能力,体现企业的资本周转率,表示借款人负债额超过其资产额之前或破产之前,企业资产价值(股权市值+债务额)下降的缓冲程度。比如,某企业有 1 000 美元的股权市值和 500 美元的债务额,则在破产之前其有 2/3 的资产价值下降空间(资产总额=1 000 美元+500 美元,其 2/3 为 1 000 美元)。X_5 为销售额与资产总额的比值,反映企业资产的利用效果,说明该企业产生销售收入的能力,同时也反映企业管理层应对市场、参与竞争的能力。

按照这一模型,Z 值越小,企业破产的可能性越大。Altman 认为,识别企业破产和非破产可能性的分界点为 2.675。如果 Z 值大于 2.675,企业不太可能破产;如果 Z 值小于 1.81,企业很可能破产;处于 1.81 至 2.675 之间的企业,其财务状况不稳定,误判的可能性很大,Altman 称之为"灰色地带"。

例 6-1 某申请贷款的企业的主要财务比率如下:

X_1——营运资本/总资产=0.40

X_2——留存盈余/总资产=0.60

X_3——利息和税收之前的收益/总资产=22.54

X_4——股权的市场价值/总负债的账面价值=322.35

X_5——销售额/总资产(资产周转率)=2.54(次)

$$Z = 0.012 \times 0.40 + 0.014 \times 0.60 + 0.033 \times 22.54 +$$
$$0.006 \times 322.35 + 0.999 \times 2.54$$
$$= 5.229 > 2.675$$

结论:可以给该企业贷款。

Z-score 模型是传统的信用风险判断方法基础上的创新,是一种简单的定量模型,具有计算简单的优点,基本上考察了企业经营的重大方面,如企业的资产规模、盈利能力、收益状况、支出状况等,因此,它可以从总体上衡量被考察企业的经营状况。其中的每个比例输入又从微观上考察了企业经营的具体方面,由此可以发现企业经营的不足之处。Z-score 公式中的各个系数是通过对历史资料的分析求得的,它不失为银行信贷管理人员进行风险评估和确认的得力工具。

但是 Z-score 模型也有其缺陷。它依赖于企业每半年才能获取一次的财务数据,因此其时效性不强。Z-score 模型属于静态分析,适用于考察经营环境和经营状况按当前趋势稳定发展的企业,如果企业经营状况变化较大,计算结果可能会出现较大的误差。同时,破产预测灰色区域的存在也降低了该模型的实用性。

1977 年,Altman、Haldeman 和 Narayanan 结合企业破产问题的研究进展,对 Z-score 模型进行了扩展和修正,提出了 ZETA 模型(zeta credit risk model),将变量扩展到了 7 个,扩大了模型的适用范围,提高了其准确度。

6.2.2 死亡率模型

1989 年,Altman 和 Asquith、Mullins 和 Wolf 提出了死亡率模型(mortality model)。死亡率模型是根据人寿保险的思路来开发的,使用保险精算方法计算出不同信用等级债券的死亡率,以此来表示违约概率。对于信用风险,债务人一般只有违约和不违约两种选择,类似于寿险精算中的投保人死亡和生存两种状态,因而可以借鉴人的死亡率分布来度量债务人违约的概率分布。该模型从寿险保费计算的方法出发,根据债券或贷款(下面以债券指代)在特定时间段的违约概率以及信用等级,利用死亡率分布计算方法为债务人开发出一张死亡表,以此来研究债券或贷款的违约概率。

模型假设:① 各债券的违约概率相互独立;② 相同信用等级债券的违约概率相同,不同信用等级债券的违约概率不同;③ 不同信用等级债券的违约概率之间相互独立。

研究步骤:首先,用历史数据统计不同信用等级债券的边际死亡率、累计死亡率以及违约损失率;然后,计算特定年度边际死亡率的加权平均值并将其计入死亡表中,权重由不同年度相对债券发行规模确定;最后,计算债券的累计死亡率,对于期限超过一年的债券,累计死亡率与前期存活率有关。

边际死亡率(marginal mortal rate,MMR)反映了债券在一年内的违约概率,债券第 t 年的边际违约概率可以用下式进行计算:

$$\mathrm{MMR}_t = \frac{\text{第 } t \text{ 年违约债券总额}}{\text{第 } t \text{ 年年初未偿还债券总额}} \tag{6-2}$$

债券在第 t 年的存活率 SR_t 为：$SR_t = 1 - MMR_t$。

研究期间（T 年）的累计死亡率为：$CMR_t = 1 - \sum_{t=1}^{T} SR_t$。

死亡率表是信用评级机构违约概率计算的延伸和修正,目前绝大多数的评级机构都采用死亡率模型或是对死亡率模型进行进一步的修正,而且其已经被规范化地应用于结构化金融工具的分析。

例 6-2 已知等级为 BB 的债券的发行总价值为 10 亿元,发行第一年违约的总价值为 500 万元,第二年违约的总价值为 600 万元,第三年违约的总价值为 1 000 万元。那么该债券在第二年的累计死亡率是多少?

解 该债券第一年的边际死亡率 $MMR_1 = 500/100\,000 = 0.005$

第二年的边际死亡率 $MMR_2 = 600/100\,000 = 0.006$

则第二年的累计死亡率为：

$$CMR_2 = 1 - (1 - MMR_1) \times (1 - MMR_2) = 1 - (1 - 0.005) \times (1 - 0.006) = 0.01$$

例 6-3 根据死亡率模型,假设某 3 年期辛迪加贷款,从第 1 年至第 3 年每年的边际死亡率依次为 0.17%、0.60%、0.60%,则 3 年的累计死亡率为多少?

解

$$\begin{aligned}CMR_3 &= 1 - (1 - MMR_1) \times (1 - MMR_2) \times (1 - MMR_3) \\ &= 1 - (1 - 0.17\%) \times (1 - 0.60\%) \times (1 - 0.60\%) = 1.36\%\end{aligned}$$

例 6-4 采用回收现金流法计算违约损失率,若回收金额为 2.05 亿元,回收成本为 0.56 亿元,违约风险暴露为 2.3 亿元,则违约损失率为多少?

解

$$LGD = 1 - \frac{2.05 - 0.56}{2.3} = 35.22\%$$

1. 死亡率模型的优缺点

该模型的主要优点是:计算简单便捷,可以较容易地利用死亡表来计算单个和组合债券的波动率及预期损失,尤其是在计算债券组合方面非常方便;是在大量样本的基础上统计出来的,因此所采用的参数较少。

该模型的主要缺点是:没有考虑不同债券的相关性对计算结果的影响;没有考虑宏观经济环境对死亡率的影响;为反映债券质量的变化需要随时对死亡率表进行更新,并且数据的计算量非常大;不能处理违约概率呈非线性变化的信用工具,应用范围有限。死亡率的计算需要大量的样本,根据 Altman 和 Suggitt(1997)的分析方法,每一信用评级中需要有 10 000 个贷款观测值才能在估计中获得 99% 的置信度。如表 6-1 所示,统计年度违约概率与信用级别的关系,信用风险事件发生的频率不高,获得大量数据证实模型参数以及预估某个企业的信用级别都存在困难。单个金融机构的信息系统无法达到模型的要求,但是随着大数据的建立以及金融机构之间数据的交易和共享,模型的准确度有望提高。

表 6-1　客户年度违约概率与信用评级的对应关系

信用评级	AAA	AA	A	BBB	BB	B	CCC
客户年度违约概率(%)	0.02	0.04	0.08	0.20	1.80	8.30	28.8

资料来源：标准普尔官方网站。

2. 违约概率计算

假定死亡率以指数形式增长：

$$\mu_x = \alpha e^{\beta x} \cdot \varepsilon, \quad \alpha > 0 \tag{6-3}$$

其中，μ_x 为信用等级 x 对应的客户违约概率，α、β 为参数，ε 为随机误差项。

对上式进行线性变换，可以得到：

$$\ln(\mu_x) = \ln\alpha + \beta x + \ln\varepsilon \tag{6-4}$$

令 $y = \ln(\mu_x), a = \ln\alpha, b = \beta, \varepsilon^* = \ln\varepsilon$，则公式(6-4)可以写成：

$$y = a + bx + \varepsilon^* \tag{6-5}$$

这时可以采用最小二乘法对上式进行参数估计，即可得到违约概率与信用等级的关系式。

3. 信用等级调整

在一定时期内，信用评级机构会根据债务发行人信用质量的变化进行信用等级的调整，主要包括调升、维持、调降三种，调整的结果表现为债务人的信用评级转移矩阵。

表 6-2 是信用评级转移矩阵的常见形式，从矩阵中可以看出，对角线元素的取值最大，说明每一年客户的信用等级保持不变的可能性最大；而高转移概率主要集中在相邻的评级之间。例如，对于信用评级为 AA 的债权，其信用等级的三种转移路径表现为：① 保持当前的信用等级不变的概率为 90.99%；② 向上迁移至 AAA 级的概率为 0.59%，向下迁移至 A—CCC 的概率分别为 7.59%、0.61%、0.06%、0.11%、0.02%；③ 违约，在表中 AA 级企业违约的概率为 0.01%。

表 6-2　客户信用评级转移矩阵示例

初始评级	年末评级(%)							
	AAA	AA	A	BBB	BB	B	CCC	违约
AAA	93.06	6.29	0.45	0.14	0.06	0	0	0
AA	0.59	90.99	7.59	0.61	0.06	0.11	0.02	0.01
A	0.05	2.11	91.43	5.63	0.47	0.19	0.04	0.05
BBB	0.03	0.23	4.44	88.98	4.70	0.95	0.28	0.39
BB	0.04	0.09	0.44	6.07	82.73	7.89	1.22	1.53
B	0	0.08	0.29	0.41	5.32	82.06	4.90	6.95
CCC	0.10	0	0.31	0.63	1.57	9.97	55.82	31.58

资料来源：标准普尔信用评级，2003。

目前，正如本书前文所述，比较常用的信用等级转移矩阵的计算方法有两种：

(1) Cohort 方法。通过构建受评企业的静态池来统计其从期初的信用等级转移到期末的信用等级的比例。Cohort方法的优点是在数据充足的条件下比较容易操作,并且易于理解;缺点在于只能刻画期初和期末两个时点间的信用等级变化,却无法体现考察期内信用等级变化的情况。

(2) JLT方法。由Jarrow等人于1997年提出,其风险转移矩阵是通过统计每个债券发行企业在考察期内的信用等级调整时间、调整级别和调整后级别计算出来的;JLT方法的优点是可以反映考察期任意时间段内企业的信用等级转移情况,并且准确度比Cohort方法高;缺点是计算过程相对复杂。

6.2.3 BP神经网络模型

神经网络理论于20世纪40年代发展起来,但直到20世纪90年代才在信用风险分析中得以应用。1993年,Coats和Fant将该方法应用于美国企业的危机预测。1995年,Altman、Marco和Varetto应用神经网络方法对意大利企业的财务危机进行预测。1996年,Trippi和Turban探讨了神经网络在消费贷款、家庭抵押贷款、银行和储蓄的信用风险管理中的应用。人工神经网络的构造是建立在生物神经系统的基础之上的,通过模拟生物神经网络使现实中的网络具有平行计算和自我学习的能力。与传统的统计方法和Logistic回归模型相比,人工神经网络最大的优势在于它具有学习能力,可以依据新样本对环境进行动态调整。神经网络的最大局限是工作的随机性较强、调试成本太高,限制了它的推广和应用。

BP(back propagation)神经网络是目前应用最为广泛的神经网络模型之一。整个网络由三个层次构成:输入层、隐含层和输出层。输入层和输出层都只有一个,输入层中的神经元负责接收来自外界的信息,而输出层负责向外界输出信息;隐含层有一个或多个,隐含层的主要作用是进行信息处理。每一层都由若干个神经元组成,神经元构成网络的节点,节点的输出值由输入值、作用函数和阈值决定。BP神经网络最主要的特点是信息的正向传播和误差的反向传播。信息的正向传播指的是信息从输入层经隐含层传播到输出层的过程,若经作用函数计算得出的与实际输出值不符,就进入误差的反向传播阶段,误差沿原来的通路返回,按梯度下降的方法逐层修正神经元的权值以减少误差,如此循环进行直到输出的结果达到可以接受的精度或预先设定的学习次数为止(见图6-1)。

BP神经网络模型由输入-输出函数、作用函数、误差反向算法(BP算法)、自学习过程四个部分组成。

隐含层和输出层上神经元的输出分别如下式所示:

$$O_j = f_j\left(\sum \omega_{ij} x_i - \theta_j\right) \tag{6-6}$$

$$Y_k = f_k\left(\sum \omega_{jk} O_j - \theta_k\right) \tag{6-7}$$

其中,i、j、k分别代表输入层、隐含层和输出层,f_j、f_k分别表示隐含层、输出层上神经元对应的作用函数,θ表示神经元的阈值,x_i表示来自输入层的信息,ω_{ij}对应隐含层处理输入层传来的信息时赋予神经元的权值。

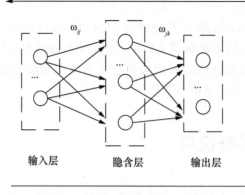

图 6-1　BP 神经网络示意图

作用函数指的是神经元对来自上一层的输入信息所做出的反应,可以是线性函数,也可以是非线性函数。目前应用最为广泛的作用函数是 Sigmoid 函数:

$$f(x) = \frac{1}{1+e^{-x}} \tag{6-8}$$

误差函数为期望输出与实际输出之差的平方和:

$$e = \frac{1}{2}\sum_{k=1}^{q}[E_k(n) - Y_k(n)]^2 \tag{6-9}$$

其中,k 表示输出层神经元的个数。

自学习过程主要是在外界样本更新下不断进行权重矩阵和误差的修正:

$$\Delta\omega_{ij}(m+1) = h \cdot \varphi_i \cdot O_j + a \cdot \Delta\omega_{ij}(m) \tag{6-10}$$

其中,h 为学习因子,a 为动量因子,φ_i 为输出节点的计算误差。

BP 网络的信息存储主要由网络的结构体系和相邻节点之间的连接权值决定,网络的机构体系指的是网络输入层、隐含层和输出层节点的个数,一般而言,输入层和输出层节点的个数由系统决定,隐含层的节点个数由用户凭经验决定。

模型运行的具体步骤如下:

第 1 步,网络初始化,确定各层节点的个数,对网络权值和阈值的初始值设定一个取值区间为 $(-1,1)$ 的随机数,此外,给定模型的计算精度值和最大学习次数;

第 2 步,输入样本数据和相应的期望输出,对每一个样本进行学习;

第 3 步,根据输入样本计算隐含层神经元的期望输出和实际输出;

第 4 步,利用实际输出与期望输出之间的差值,求输出层的误差和隐含层的误差;

第 5 步,根据全局误差来更新输入层至隐含层节点之间、隐含层至输出层节点之间的连接权值,在样本量为 N 的条件下全局误差为:

$$E = \frac{1}{2N}\sum_{n=1}^{N}\sum_{k=1}^{q}[E_k(n) - Y_k(n)]^2 \tag{6-11}$$

第6步,判断全局误差是否收敛到给定的学习精度以内或学习次数达到设定次数,如果满足,则学习结束,否则转向第2步继续进行下一轮的学习。

练习题

一、简述题

1. 简述信用风险管理实务历程的各个发展阶段的内容。
2. 死亡率模型存在哪些缺点?
3. 比较常用的信用等级转移矩阵的计算方法有哪些?它们各自的优缺点是什么?
4. BP神经网络模型由哪几部分组成?

二、计算题

1. 某公司希望向A银行申请贷款,该公司的主要财务比率为:营运资本/总资产＝0.50,留存盈余/总资产＝0.30,息税前的收益/总资产＝6.84,股权的市场价值/总负债的账面价值＝36.47,销售额/总资产(资产周转率)＝1.22次。根据Z-score模型,A银行是否可以向该公司发放贷款?

2. 某公司发行了总价值为3 000万元的债券,某投资机构预计该债券发行第一年违约的期望价值为12万元,发行第二年违约的期望价值为15万元,发行第三年违约的期望价值为20万元。则该债券在第三年的期望累计死亡率是多少?

第3部分 | 信用工具及其风险

第 7 章 债券信用风险

7.1 债券

7.1.1 债券的概述

债券是政府、金融机构、工商企业等直接向社会借债筹措资金时,向投资者发行,同时承诺按约定条件支付一定利息并偿还本金的债权债务凭证,是一种金融契约。

债券的起源和发展有着悠久的历史。早在公元前 4 世纪,古希腊和古罗马就曾向商人、寺院等借债。但真正具有现代意义的债券的起源则是在中世纪后期。因为战争,意大利的威尼斯和热那亚等城市向社会发行军事公债,不过当时所借债务的数量和举债的次数都很有限。到了 19 世纪后期,由于商业的扩张,企业急需大量资金,国家机构扩大,政府支出也不断增加,发行债券开始成为一种真正被广泛接受的融资工具。后来,债券不断地被创新,出现了各种各样的债券种类,并逐渐形成了今天多样化的债券体系。

债券在现代经济社会中发挥了重要作用。首先,债券有利于提高资本市场的融资效率,稳定资本市场。债券相较于其他金融产品,具有更稳健的投资收益特性,能够吸引大量的投资人,为企业或政府提供债券融资基础,提高了资本市场的融资效率。债券扩展了资本市场的结构,促进了资本市场的均衡发展,为稳定资本市场发挥了重要作用。其次,债券为投资者提供了更丰富的金融投资工具,有助于降低市场的投资风险。债券的风险低于股票,为投资者提供了更稳定的投资工具,众多的投资者分担责任和风险,有利于金融市场的稳定。再次,债券可以改善企业和金融机构等的资本结构。若把股票和债券当作仅有的融资方式,在给定企业投资决策的情况下,可选择使企业自有资本收益最大化的资本结构。最后,债务能够优化企业的治理结构。良好的债务结构有助于企业在其控制权不受影响的同时,形成一种合理的资产结构,在这种结构下约束和激励机制都能有效地发挥作用,进而实现企业价值的最大化。

根据不同的划分准则,债券可以划分为不同的种类,这里着重介绍以发行人为准则对债券进行划分的方法。由于发行债券的主体不同,债券通常可以分为政府债券、金融债券、企业债券等几大类。政府债券是中央或地方政府为筹集资金而发行的债券,具有安全性高、流通性强、收益稳定以及免税待遇等优势,是信用等级最高的债券,对市场上追求低风险债券的投资者具有很强的吸引力。金融债券是由银行和非银行金融机构发行的债券,具有安全性较高、违约风险相对较低、不能提前兑取等特点,其资信略高于其他非金融机构债券。企业债券是企业依照法定程序发行的债券,具有高风险、高收益的特征,适用于高风险偏好的投资者。

7.1.2 债券的财务杠杆效应

债券的初始作用在于融资,而融资可以有两种方式:债务融资和股权融资。Modigliani和Miller在1958年证明,在一个完全的资本市场上,任何融资方式对企业的总价值都没有实质影响。但是现实的资本市场并不是完全的,比如税收使投资者根据现实的条件决定对自己最优的融资方式,通过杠杆经营提高自有资产的价值。因此,债券的财务杠杆功能是使用债券融资的重要现实目的,我们将对其做进一步的探讨。

财务杠杆原理是指固定性财务费用的存在使企业息税前利润(EBIT)的微量变化所引起的每股收益(EPS)成比例变动的现象。负债和股权都能给企业带来收益,负债的成本是利息,运营负债资产的收益大于负债的成本时,负债给企业带来的利益就分派给了权益资本,也就使得股权所有者获得额外的经济利益。若运营负债资产的收益小于负债成本(即利息),则权益资本要承担这部分差值,每单位股权资本的自有收益就受到了抵减,企业所有者就承担了更大的财务风险。

我们可以从以下两个方面来分析财务杠杆的具体作用原理:

首先,从净资产利润率的角度,由于利息可以抵税,企业价值会随着财务杠杆的加大而增加,进而影响企业权益资本利润率。财务杠杆效应就是企业通过对财务杠杆的选择而对净资产利润率造成的影响。

假设企业总资产为 A、净资产为 N_A、负债为 B、负债利率为 C_b、企业所得税税率为 T、息税前利润为 EBIT,假定财务杠杆变动前后企业运用资产的效率不变,即企业息税前总资产利润率不变,$ROA=EBIT/A$ 为定值,则在企业运用财务杠杆时,净资产利润率 ROE 为:

$$ROE = \frac{EBIT - C_b \times B}{N_A} \times (1-T) = \frac{ROA \times A - C_b \times B}{N_A} \times (1-T)$$

$$= \frac{ROA \times (N_A + B) - C_b \times B}{N_A}$$

$$= \left[ROA + (ROA - C_b) \times \frac{B}{N_A}\right] \times (1-T) \tag{7-1}$$

当企业无财务杠杆时,N_A 等于 A,净资产利润率为:

$$ROE = \frac{EBIT \times (1-T)}{A} = ROA \times (1-T) \tag{7-2}$$

财务杠杆对净资产利润率的影响由有杠杆下的 ROE 和无杠杆下的 ROE 之差得出,即财务杠杆效应为:

$$\Delta \text{ROE} = (\text{ROA} - C_b) \times (1 - T) \times \frac{B}{N_A} \quad (7\text{-}3)$$

从公式(7-3)不难发现,财务杠杆的效应取决于总资产息税前利润率或企业息税前利润,当总资产息税前利润率大于负债利率时,企业适当地运用财务杠杆就可以提高净资产利润率,这时财务杠杆就会产生正效应;当企业负债利率大于总资产息税前利润率时,企业运用财务杠杆就会产生负效应,降低净资产利润率,甚至企业会因为不能按期履行还本付息的义务而陷入财务困境。当企业陷入财务困境时,财务杠杆的抵税优势会被产生的一系列成本抵消掉。

其次,从每股收益的角度分析。财务杠杆反映息税前利润与普通股每股收益之间的关系,特别用于衡量息税前利润变动对普通股每股收益变动的影响程度,它是作为财务杠杆收益和财务杠杆风险的衡量指标。定义 EPS 为普通股每股收益,EBIT 为息税前利润;I 为利息;T 为企业所得税税率;N 为发行在外的普通股票数。将普通股每股收益与息税前利润的关系用下式表示:

$$普通股每股收益 = \frac{(息税前利润 - 利息) \times (1 - 所得税税率)}{普通股股数} \quad (7\text{-}4)$$

即:

$$\text{EPS} = \frac{(\text{EBIT} - I) \times (1 - T)}{N} \quad (7\text{-}5)$$

从公式(7-5)可看出,普通股每股收益与息税前利润之间是一种线性关系,随着息税前利润的增加,普通股每股收益也是增加的。为了反映息税前利润变动对普通股每股收益变动的影响程度,我们引入财务杠杆系数(degree of financial leverage,DFL),它的定义为:

$$\text{DFL} = \frac{\Delta \text{EPS}/\text{EPS}}{\Delta \text{EBIT}/\text{EBIT}} \quad (7\text{-}6)$$

由公式(7-7)得到普遍运用的 DFL 计算公式:

$$\text{DFL} = \frac{\text{EBIT}}{\text{EBIT} - 1} \quad (7\text{-}7)$$

财务杠杆系数是指息税前利润变动的百分比所引起的普通股每股收益变动百分比的幅度大小。从财务杠杆系数的计算公式可以看出,财务杠杆系数与息税前利润有关,不同的息税前利润有不同的财务杠杆系数,随着息税前利润的增加,财务杠杆系数会呈下降趋势。当一个企业没有负债资本时,财务杠杆系数在任何息税前利润下都等于1。

通过以上两方面的原理分析,我们可以了解到财务杠杆利益的实质便是企业投资收益率大于负债利率,由负债部分取得的一部分利润转移给了权益资本,从而使得权益资本的收益率上升。如果企业的投资收益率小于或等于负债利率,那么负债产生的利润可能不足以弥补负债的成本,甚至连权益资本取得的利润都不足以弥补负债利息,从而不得不通过减少权益资本来偿债,这就给企业带来了财务杠杆损失。

由于财务杠杆具有正、负两方面的效应,所以财务杠杆在债务融资中的意义需从正、负两方面进行考察。一项债务融资通过改变企业的资本结构,影响到净资产利润或每股收益,因此,研究财务杠杆的意义在于衡量此项债务对企业价值的增加程度,即融资可行性。从操作层面看,就是寻找不同的财务指标下财务杠杆正、负效应的无差异点。

7.2 债券的风险概述

7.2.1 债券风险

债券风险产生的原因从根本上说是由于信息不完全和信息不对称。由于认识能力的限制,人们不可能知道经济活动的所有情况,并且对于已掌握的信息也未必能够有效地进行运用并纳入决策。宏观经济的走势、政策信息、市场供求变化、国外经济的冲击等信息变量不能完全被市场参与者捕获;企业内部的项目运营、产品的竞争能力、财务风险等难以被准确掌控,都可能导致发债主体出现经营管理的不利境况,产生无法对到期债务进行还本付息的信用风险。此外,在不完全的市场中,由于参与一方并不能观察到对方所拥有的全部信息,因而产生信息不对称,这种信息不对称使得债权人不能确切地知道债务人的偿债能力,不能准确地估计债务人偿还贷款的可能性,这会给债权人带来信用风险。

一般而言,债券的风险主要分为非信用风险和信用风险。其中,债券非信用风险主要包括利率风险、再投资风险、通货膨胀风险以及流动性风险等由市场外生决定的风险。债券的信用风险主要指债券的违约风险和债券信用等级下调导致损失的风险。另外,债券存在被提前赎回、政策变化以及税收调整等情况也在一定程度上影响了债券的信用风险。

1. 债券的非信用风险

债券的非信用风险主要指的是债务人并未发生违约事件,但由于受其他因素,例如系统因素的影响,债权人因债券价格发生变化而导致收益减少,或债务人的债务负担加重使得违约的可能性增大。

那些虽然没有导致债务违约但会影响债权人债券收益的风险因素有利率风险、通货膨胀风险、税收风险等宏观因素,以及流动性风险、提前赎回风险等其他因素。通常情况下,由于大多数债券有固定利率以及偿还价格,在投资者购买债券之日起到偿还日期前,当市场利率上升并超过债券票面利率时,必然导致债券需求下降,债券价格下跌,出现债权人的收益减少的利率风险;当发生通货膨胀时,债券到期或出售时所获得现金的实际购买力下降,也将导致债权人的收益减少,称为通货膨胀风险;当债权人所持债券的利息收入税增加时,投资者所得的实际收益率下降,收益也随之减少,称为税收风险。从对利率、通货膨胀以及税率的分析可以看出,因宏观经济因素的变化,在债权人和债务人之间不发生信用违约事件的基础上,债权人或债务人的收益都可能遭受损失,而且一方的损失会转化为另一方的收益。

此外,当债券持有人打算出售债券获取现金时,其所持有的债券不能按目前合理的市场价格在短期内出售而形成债券的流动性风险,并且债券的流动性风险只存在于债权人一方。一些债券在发行时规定了发行人可提前收回债券的条款,当市场利率低于债券利率时,债券价格上升,企业可以回购债券,债权人没能享受到债券价格上升所带来的好处,收益减少,称为提前赎回风险。

2. 债券的信用风险

债券的信用风险是债券的违约风险,这是债券的主要风险。债券发行人对到期债务无法进行还本付息而使投资者遭受损失的风险即为债券的信用风险。更进一步讲,债券的信用风险还包括债券发行人信用级别的变动和履约能力的变化导致债券市场价格变动而引起损失的可能性。

引发债券信用风险的因素有很多,但主要受债券发行人的经营能力、盈利水平、财务水平等内在因素的影响,同时,所发行债券的固定投资项目的成本变动、融资条件等外在因素的变化也将对债务人的偿债能力产生大的影响。经营能力和盈利水平是增加企业、金融机构或者政府等债券发行人资金收入的根本来源,若债务人在这些方面出现不良状况,债券的违约风险将增加。财务水平直接反映债务人对到期债务还本付息的能力,资金使用效率低下,债务结构分配不合理,流动性没有得到有效的防控,都将增加债券的违约风险。对基于项目所发行的专项债券,由于固定投资项目的成本增加、融资条件恶化等原因,项目收益率下降,甚至无法继续展开,也是给债券带来信用风险的重要原因。此外,债券的评级下降或发债主体的评级下降,将导致企业、金融机构或政府等债券发行人的再融资能力变差,再融资成本增加,借债还债的难度变大,表示其已发债券的信用风险也随之变大。一般而言,政府债券的信用风险最低,接近于无风险债券,而金融债券的违约风险低于企业债券风险。

非信用风险中那些可能引起债券发行人偿债能力降低的因素同时也可以称为信用风险因素。如上分析,当市场利率上升时,在导致债权人的收益减少的同时,也增加了企业的融资难度,使得项目难以为继,债券违约概率也相应增加了。

7.2.2 债券信用风险和信用利差

为了更准确地分析债券信用风险,我们需要对其进行度量。使用债券违约概率可以直接测度债券的信用风险,评估债务人在未来一段时间的违约可能性。对于债券来说,另外一种很好的度量指标是信用利差。利差可以在多种信用工具中使用,甚至是结构化的金融产品中,但在所有信用工具中,债券的信用利差是最基本、最典型的信用风险分析对象。

债券信用利差也称债券信用价差,是由预期的违约风险决定的,用以向投资者补偿债券信用风险的、高于无风险利率的差额。需要特别指出的是,很多研究资料将债券收益率减去相应的无风险利率的部分称为债券信用利差,这里信用利差仅指由预期违约风险造成的高于无风险利率的部分,而本书与此不同,将债券收益率剔除无风险利率之后的差额统称为债券的全部利差。

在风险中性的环境下,债券信用利差即等于债券的全部利差,债券收益率与无风险利率间的差额可以完全由违约风险解释。但在现实中,债券的全部利差比债券信用利差要高,对于同一级别的债券,全部利差中由违约风险解释的部分十分有限,如在美国,投资级别(信用等级在 BBB 级及以上)的债券中,有超过 80% 的债券利差由预期违约损失以外的因素决定,违约风险能够解释的比重不到 20%。可见,我们要研究的债券信用风险在形成债券利差的因素中只是其中的一个组成部分,与之并列的因素有税收因素、流动性溢价、系统性风险溢价等。

那么,在实际的经济环境中,债券的信用利差是怎样反映债券的信用风险的?尽管对税收因素、流动性溢价、系统性风险溢价等其他因素的影响大小有争议,但学术领域基本上还是达成了一个共识:不同信用等级的债券中,债券信用利差的解释力有所不同。在投资级(高等级)债券中,表现为信用利差占债券全部利差的较小比重。相反,对于投机级(低等级)债券而言,债券信用利差占债券利差的比重较大,即债券信用风险对利差的影响作用显著。从经济学意义上看,高等级债券反映的信用风险相对较低,而低等级债券反映的信用风险较高;对于低等级债券信用风险的影响更为显著,体现在信用利差上就是债券信用利差的影响作用更大。

基于以上对债券信用利差和信用风险的理解,我们希望进一步了解信用利差在实际经济环境中有着怎样的应用价值,能够帮助我们解决债券信用风险相关的哪些问题。

我们可以运用债券信用利差估计违约概率。债券的违约预期损失率(EL)由违约概率(PD)和债券的违约损失率(LGD)来衡量,即 EL=PD×LGD。

我们假设存在一份风险资产,其价格为 p,其预期收益率为 y,无风险利率为 r。若在一段时间后该资产发生违约的概率为 PD,则违约后资产的价值为 $P\times(1-\text{LGD})$;若该资产没有发生违约,则其价值为 $P\times(1+y)$。

根据风险中性定价原理,该资产的价格 p 满足:

$$p = \frac{P\times(1+y)\times(1-\text{PD}) + P\times(1-\text{LGD})\times\text{PD}}{1+r} \tag{7-8}$$

化简该式,消去 $y\times\text{PD}$,可得:

$$y = r + \text{PD}\times\text{LGD} \tag{7-9}$$

由此,在违约损失率 LGD 已知的情况下,我们可以通过信用利差计算债券的违约概率。这种方法假设基础债券基于无风险利率之上的风险利差完全是由发行人的信用风险导致的,而并没有考虑税收和流动性等问题。

正如本书前文所述,真实世界和风险中性的不同情况下,债券的违约概率计算值是不同的。使用信用利差得出的违约概率是风险中性下的违约概率,使用历史数据得出的违约概率是真实世界的违约概率,历史数据的违约概率一般会小于风险中性的违约概率。

7.3 债券信用评级

7.3.1 债券信用评级概述

债券信用评级(bond credit rating)是以经济主体发行的有价债券为对象进行的信用评级。债券信用评级是针对具有独立法人资格的企业或政府部门所发行的某一特定债券,对其按期还本付息的可靠程度进行评估,并标示其信用等级。政府债券、金融债券、企业债券均需要进行评级。一般来讲,政府债券由政府承担还本付息的责任,由国家或地方财政提供资金支持,信用风险较低,其信用等级最高。金融债券和企业债券由金融机构或者企业主体承担偿还责任,债券的还款来源是经济主体的经营利润,但是任何一家企业或金融机构的未来经营都存在不确定性,因此此类债券持有人承担着相对较低的损失利息甚至本金的风险,债券相应的信用风险通过债券信用评级得到反映。

在评级业务实践中,不同评级机构设置信用等级的标准各有差异,违约数据也不一定充足,所以难以准确验证信用等级与违约概率之间的对应关系。但是债券信用评级可以在一定程度上反映相对信用水平,即信用等级是在一个相同的时间点上对信用风险的相对排序。这意味着,同一时点上高级别企业的违约概率比低级别企业的违约概率低,而不同时点、不同级别的违约概率之间往往不具备绝对的可比性。

债券信用评级的分析一般涉及以下方面:主体概况、债券概况、运营环境分析(主要是行业分析)、基础素质分析(企业规模、人员素质、技术水平、外部支持等)、生产经营、财务分析等。通过以上角度构建起对发债主体和债项的深入分析,完成债券信用评级的主要工作。

主体信用评级是对经济主体资信状况的全面评价,对其信用能力的客观评定具有综合性的特点。因此,在评估主体的信用风险时所考察的因素是影响企业、组织机构未来长短期偿债能力的因素。一方面,在实务中进行主体信用评级时要分析宏观经济状况、区域经济环境、行业发展趋势、行业竞争状况、产业政策与法律法规等外部因素,这些外部因素构成任何一个主体运营所处的经济环境及其发展际遇,会影响到经济主体的经营状况和发展态势。另一方面,进行主体信用评级时要分析企业经营状况、公司治理、管理能力、发展战略、财务实力等企业内部因素,这些内部因素构成主体经营过程中的直接环境,直接影响主体的盈亏状况,构成主体偿债能力的主要评估依据。

从一般意义上说,债券项目信用评价是对在债券信用评级中影响主体评级之外的因素的评价。从字面上看,即是与债券筹资的项目直接相关的要素评估,包括已发行债券的影响、债券概况、债券项目盈利能力、项目管理能力、项目经济效益及债券保护条款等方面,在一些不发达的市场环境中,针对特定债券的外部支持也是需要考虑的一项因素。这些要素共同作用于债券所筹资金的实际使用,直接影响项目收益、现金流及对此笔债项的还本付息。

为什么债券信用评级要从主体和债项两大方向进行评估分析？

首先，债券是发行人以筹集资金为目的向投资者发行的债务债权凭证，发行人承担了债务人的义务，是债券到期还本付息的责任主体。发行人的基础素质、生产经营能力、风险管理水平将直接影响到债券还本付息的可靠性。评估债券的信用风险，不可避免地要对发行人的资信状况做出全面分析。此外，从发行流程上看，债券发行前发行人必须按照规定向债券管理部门提出申报，请求批准。对主体的信用评级先于债券的信用评级，即主体评级是债券评级的基础，信用状况差的主体可能不具备发行债券的资质。

其次，债券发行与股票发行不同的一点是债券有指定的资金用途，债券发行时需在发债说明书上明确募集资金的用处。项目的进展、项目所处的环境、项目的竞争力、项目的经济效益等都将对债券能否在限定的期限内偿还本息产生直接影响，即直接影响债券的信用状况。因此，债项分析是债券信用评级中必不可少的一部分。

本书对主体信用评级做过详尽分析，债券信用评级又与发债主体有着密切的联系，那么这两者的关系是怎样的？

我们首先要清楚主体信用评级和债券信用评级的异同之处：相同的地方是它们都是衡量发生信用风险的可能性，即违约概率；不同之处是评级的对象不同，主体信用评级的对象是债券发行人，也就是考察发行人的信用违约概率，而债券信用评级的对象是债券，即度量债券的信用违约概率，债券信用评级反映的是债券价值。

主体信用等级是度量受评对象信用债务违约概率的相对大小，反映的是受评对象按时偿还债务的能力和意愿。主体评级属于"跨周期评级"，即通过对风险主体进行一个经济周期的分析和评测来评价其违约风险的大小，主要评价因素是影响风险主体长期信用基本面的风险要素。当受评对象的级别发生变化时，就表明评级机构认为在可预见的未来，受评对象偿还债务的能力发生了变化。

债券信用评级除了考虑发行人的主体信用评级，还要考虑债项的因素以及债券所采取的增信方式。我们常常看到同一发行人发行的不同债券，虽然在一般情况下其主体信用评级是相同的，但是其债券评级却往往会有所不同。债券信用评级可能高于、低于也可能等于发行人的主体信用评级，比如债券发行时采取信用方式，也就是没有任何担保增信措施，这时债券信用评级就等于主体信用评级。如果采取第三方担保的方式来增信，则需考察担保人的整体实力，若担保人的信用评级远高于发行人的主体信用评级，则债券增信作用明显，债券信用评级就高于主体信用评级。

那么，对债券进行信用评级又有什么意义呢？

首先是保护投资者的利益。债券评级的主要作用是向投资者揭示信用风险，即债券到期还本付息的概率。不少投资者因为时间、知识和信息等条件的制约，无法对众多债券进行有效的分析和选择，因此需要专业机构对即将发行的债券到期还本付息的可靠程度进行客观、公正和权威的评定，以降低信息不对称和搜寻信息所带来的成本。

其次是合理确定发行人的筹资成本。企业通过发行债券可以筹得稳定的资金，获得财务杠杆效用，发行的成本就是债券利率。债券的利息率是由发行债券的企业参照无风险收益率（通常是同期国债或国库券的利率）和违约风险利率来制定的。通常来看，无风险收益率一般波动较小,债券的利息率主要由违约风险利率决定。评级机构对债券的评级就直接影响到债券的利息率,即违约风险大(等级低),利息率就高,发行成本就高;相反,违约风险小(等级高),利息率就低,发行成本就低。

7.3.2 债券项目信用评估

发行债券筹集到的资金有固定用途,债券项目可能的用途有专项工程建设、购置财产(并可能以此做抵押)、资金调剂等,在我国,工程建设债券在数额和比重上均占绝对优势。本书将以此为例分析债券项目信用评估。

1. 项目外部环境

任何一个项目都是处在一定的环境条件下的,地区经济环境、行业经济状况可以反映出生产力水平和消费需求的基本面,生产力状况主要通过项目的人力、物力供给及质量影响项目施行的成本,行业经济状况和市场环境通过竞争机制、价格水平影响各项收入及费用,而且会对现金流及资金的持续性产生影响,项目建设和推进状况、经济效益以至于最终的偿债能力都会因外部环境因素的作用而变化。

宏观环境主要关注宏观经济状况与政策、产业政策及区域环境对项目信用状况的影响。可以通过该地区 GDP 总值、地区 GDP 增长率、地方财政收支状况、固定资产投资增长率、消费品零售总额增长率、进出口总额增长率等指标来确定地区经济发展状况。地区的经济发展水平较高,就意味着其生产力水平高,经济运行机制较为成熟,生产和需求达到了较高的水平,项目在这样的经济环境下更容易顺利实施、快速发展并取得收益。

项目面临的信用风险大小也与行业的整体状况有关。评级需要重点关注项目所属行业的基本特征、发展趋势、产业集中化程度等方面,并分析以上因素对项目运营产生的影响。可使用以下数据来测度:行业内企业个数、平均企业规模、产业集中度体现行业的规模和格局;主要产品种类、主要产品产量、产量增长率、产品价格走势体现行业的产品状况;销售收入、销售利润率等反映行业的盈利状况。产业政策也是影响项目运营前景的一个重要因素,对于鼓励类产业投资项目,国家制定优惠政策支持,金融机构提供授信支持,这种情况下项目的盈利能力和信用水平将大大提高。

此外,项目信用状况还会受到市场风险的影响。市场风险指市场上商品价格的变化、利率与汇率的波动对项目经营状况带来的不利影响。市场风险不仅影响项目收入,而且影响项目运营费用及资本支出,对项目在一定时段的现金流也会产生不确定的冲击。通过利率、汇率、股票指数等一系列市场参数的数据波动,可以反映出当前的市场风险。在项目实施过程中也要及时关注市场风险的变化,从而对债券项目信用风险评定做出调整。

2. 项目设计与建设

为了获得有关项目信用风险最基础的信息,首先对债券募资的项目建设、技术设计、施工难易程度等客观条件和项目基本状况做出分析,我们将这些统称为项目设计与建设因素。值得指出的是,项目设计与建设评估是与债务人的主观经营因素无关的、属于项目本身特性的客观分析。这些较为客观的建造因素直接反映出项目的自然特性,对项目设计施工建造的复杂程度做出直接反映,从而为项目按计划顺利推进和完成的可靠程度提供评估,这将关系到项目的资金状况和经济效益,从而影响债券项目的信用风险。做项目设计与建设分析可以从以下两个角度入手:工程设计风险和施工建设风险。

工程设计风险主要从工程设计评价和概算超支风险两方面进行考量。工程设计评价考察工程技术方案、工程技术的成熟度、工程用途及性能设计的达标情况、工程技术的可行性等。概算超支风险则是根据工程概算编制的完整性与可靠性,对照工程设计的复杂程度、用料用工的品质及价格状况计算项目超支的风险大小,对该风险的评定可以用等级表示。

施工建设风险主要从工程施工难易程度与施工基础环境两方面进行评估。工程施工难易程度需要参照目标项目的建造复杂程度、所用技术的操作难度、物料可得性及质量要求进行评价;施工基础环境涉及工程地理位置、工程地质条件、水文气象条件、基础设施的配置状况(比如三通一平)等方面,基础环境优良将在很大程度上降低施工建设的风险。

3. 项目管理能力

项目的管理主要涉及两个方面:一是对人力、物力、财力资源的配置,二是资源配置后的执行力。一方面,如果一个项目能够高效利用资源,即对有限的资源进行合理配置,力求以最少的资源耗费提供最佳的生产结果,那么项目成本就能得到很好的控制,项目的质量也能有一定的保证。另一方面,如果项目建设和经营过程中的执行力较差,即使做到了最佳的资源配置,也难以建成高质量的工程,在商业运营中难以保障项目的经济收益。这两个方面相互关联、不可偏废,下文中我们分别从资源配置管理和执行力管理两个方面对项目的管理能力进行评估。

资源配置管理包括项目组织结构、工程承包商的资质与经验、资金状况管理等。分析项目的组织结构需要评价组织结构是否健全、部门设置是否合理、机构运作是否顺畅,分析组织机构的设置对企业运营活动产生何种影响;选择工程承包方时,是否充分考察了承包商的资质、合作诚意、负担类似项目的实际经验;考察资金状况包括资金来源及到位情况(包括自有资金、银行贷款及其他资金等)、资金缺口及后续资金的解决途径等。

执行力管理考察项目实现既定战略和目标的能力,涉及核心人员的能力和素质、项目合同的责任与风险、相关主体间的配合协调,等等。核心人员的能力和素质主要考察其受教育程度、经验水平、以往业绩的好坏和稳定性。项目合同的责任与风险需要考察合同类型、合同条款定义是否准确、合同条款是否有遗漏、责任与风险划分是否明确。在建筑工程项目中,参与实施的分包单位如果较多,则需格外注意相关各主体间、项目不同部分间的沟通和协作。

4. 项目的经济效益

项目资金来源于股东、借款和债券,按照不同来源的资金的比重可以计算出项目的融资成本。我们通过预测项目的财务现金流状况,可以知道项目的净现值(NPV)或项目的内部收益率(IRR)。如果该项目预期具有较好的效益,则其内部收益率至少要高于其融资成本,否则项目会发生亏损,也预示着该项目前景堪忧,风险较大。

具有良好经济效益的项目,会产生正的现金流,NPV 会大于 0,这意味着企业价值的增加,企业价值的增加会降低债券的风险。

5. 外部支持

发行人在信用评级中能够得到的外部支持程度一般是从股东支持与政府支持两方面进行考察的。

股东支持是指企业股东在企业面临债务违约时提供资金和其他帮助从而使其避免违约发生的行为。我们可以通过以下几个指标来进行评价,例如,股东的经济实力,主要包括股东对发行人的持股比例,发行人对于股东的重要性,股东一直以来对发行人的支持意愿、支持方式和支持力度,以及股东未来是否有针对发行人在注资、偿还债务等方面的承诺。

政府支持是指政府部门因经济稳定性等原因,在企业面临违约时通过中间协调或资金帮助等手段来使其避免债务违约的行为。政府支持的可能性和力度可以通过考察政府的财政实力,政府对发行人的持股比例,发行人在国民经济或地方经济中的地位,政府一直以来对发行人的支持意愿、支持方式和支持力度,以及政府未来是否有针对发行人在注资、偿还债务等方面的安排进行评价。

7.4 债券的信用风险管理

围绕债券,存在债务人、债权人、评级机构以及政府这四类主体,他们之间存在紧密的联系。债务人是债券的发行人,发行的债券面向的是市场中对债券有需求的潜在投资人,投资人购买债券之后成为债券的债权人。投资者在对债券进行投资时会参考评级机构对债券的信用评级,根据自己的风险偏好类型选择相对应的债券。政府也是债券的发行人,但更主要的是制定法律规范债券市场,提高评级机构的信息披露程度以及相关制度,对违规行为进行惩处。

7.4.1 债券信用风险成因

债券的信用风险会随着时间而变化,引发其变化的因素主要包括宏观经济因素、发债主体、债项这三个方面。下面我们对这三个方面中可直接引发债务违约事件的因素进行分析。

首先,通货膨胀、利率上升、金融危机等宏观经济变化时,违约事件发生的比例显著提高。宏观经济恶化对企业债券信用风险的影响,主要体现在降低发债主体的偿债能力、债券项目的盈利能力等上。在通货膨胀时期,一方面,债券项目的原材料价格上升,成本增加;另一方面,人们用于消费的支出增加,投资的支出减少,债券的需求必然减少,再融资成本也将上升,所以,债券的信用风险将加剧。利率升高,需求将减少,产品价格必然下降,导致企业的盈利水平降低,再融资成本也将上升,进而债券信用风险增加。例如,金融危机直接冲击实体经济和金融市场,对债券项目的盈利能力产生重要影响,偿债能力下降,从而增加了债券的信用风险。

其次,发债主体的信用水平恶化,包括其信用评级下调、现金流量不足、行业发展前景变差、不良资产比例过高等,都是会影响债券信用风险的重要因素。债券发行人对债券信用风险有直接的影响。发债主体的信用评级下调,说明发债主体的信用风险增加,其偿债能力变弱,必然使得债券的信用风险增加。发债主体的现金流不足,即正常经营产生的现金流量、流动性资产和可变现资产等不足,很大程度上会影响到期债务的清偿能力,增加债务的违约风险。国家对行业的相关产业政策、行业的生命周期等,都会对债务主体的盈利能力产生影响,增加债券的违约风险。不良资产主要指的是三年以上应收账款、积压商品和不能给企业带来收益反而造成亏损的投资,其在总资产中占的比重越大,债务人的亏损越大,产生债券信用风险的概率也就越大。

最后,债券信用评级下调、债券利差增加等直接表明债务的违约风险增加。显然,债券的信用等级越低,其再筹资成本越高,债券项目的总成本增加,盈利水平下降,其违约概率也随之增加。债券的利差为债券的利率减去无风险利率,用以补偿投资者因购买债券而承担的额外风险,越高的利差表明债券包含的信用风险越大。

7.4.2 评级机构管理

评级机构可以为债券提供信用评级,加强债券的风险揭露作用,减少债券交易之间的信息不对称。债券评级机构也必须保证自身的独立性,能够严格、公正和客观地对债券进行评级,真实地反映债券潜在的信用风险。

1. 加强评级机构揭露风险的作用

信用评级机构最主要的作用就是揭露债券风险信息,解决债券交易双方之间存在的信息不对称问题,为投资者的投资决策提供最重要的信息。首先,评级机构应客观公正地揭露债券的信用风险,消除债券交易过程中的逆向选择问题。对债券的评级,必须保证公正与客观的态度,保障评级结果能够准确地揭露债券的信用风险,避免在评级过程中因外部压力而使评级结果与债券的真实风险出现较大的偏差。其次,评级结果有助于将债券与投资人以债券风险大小与投资人风险偏好容忍度对等的方式进行匹配。由于债券的信用评级结果与债券的定价是正相关的,即评级结果越低,债券的发行价格就越低,对追求高收益回报的投资人就越有吸引力;评级结果越高,债券的发行价格就越高,就越能够吸引追求稳定收益的投资人,降低整体的信用风险。

2. 建立避免利益冲突的制度

发行人收费模式和评级机构开展附加服务,如评级前的预评估、企业咨询和风险管理等,使得评级机构与发行人存在一种天然的利益联系,对评级机构的独立性构成了巨大的挑战。为了避免这种利益冲突,应该建立一种避免利益冲突的制度,保障评级结果的客观与公正性。首先,建立信用评级机构内控制度,同时加强外部监管措施,防范信用评级机构的利益冲突。在发行人收费模式下,评级机构应该建立防火墙制度、回避制度等,规定评级人员不得从事企业咨询和风险管理等业务,同时也不得参与评级价格谈判等;并应在法律上严格禁止评级机构采用不正当的手段强制发行人购买信用评级产品以外的任何附加服务。其次,创新评级收费模式,实行双评级制度。双发行人付费模式,由两家评级机构对同一主体或者同一产品分别独立进行评级,能够在一定程度上对评级机构形成有效的制约,减少寻租的可能性,保证结果的客观性;发行人和投资人共同付费模式,可以避免付费方的强势话语权,强化评级机构的独立性和公正性。

3. 提高信用评级行业评级的透明度

2008年爆发的美国次贷危机,以及之后接连爆发的希腊主权债务危机和欧债危机,都让人们开始认识到,长久以来由美国主导的评级模式,没能准确地揭示信用风险,因此需要提高信用评级行业的透明度。首先,评级机构的评级过程应该在市场的监督下进行。披露的内容应该包含信用评级使用的数据源、信用评级使用的前提假设、评级机构的历史表现、债券违约发生的概率及其可能的损失、如何使用信用评级报告以及其他有助于投资者或其他使用者更好地理解评级结果的信息等。其次,评级机构也需要披露债券以及债券发行人的原始信用评级,以及其评级结果之后发生的变化和原因,使被评估人验证信用评级结果的准确性。评级机构披露的信息应该对使用者来说通俗易懂,对于有丰富经验的投资人来说足够清楚和丰富,且能够让评级用户对不同评级结果的评级报告进行比较。

7.4.3 政府管理

政府是债券发行的主体,但其更主要的是扮演建立法律制度、监管债券市场、惩罚违规行为等角色。为了更好地推动债券交易活动的发展,我们从下面几个具体的方面介绍政府在债券交易管理中所应该扮演的角色。

1. 建立保障发债主体偿债能力的制度

为了保障发债主体的偿债能力,政府可以通过立法形式强制要求发债主体建立偿债基金、规定其发债规模等。首先,规定某些大型发债机构必须建立偿债基金,并且基金水平不能低于其发行债券总量所对应的基金额度,基金也可以为有价抵押物。偿债基金的建立是为了保障债券发行人的偿债能力,一旦偿债基金的额度低于其应有的水平,则应通知债券发行人追加保证金,防止发债主体无法偿还到期债务。若债券到期,债券发行人没有偿债能力,那么偿债基金的金额将作为偿债金偿付到期债款。其次,对发债机构进行评估,并确定其所能发行债券的最大规模。政府应倡导建立债务控制指标体系,如发行机构的规模、盈利能力、发展前景、有无外部支持等,对发债机构进行评级,并确定其所能发行的债券的最大规模。

2. 建立完善的债券信用风险管理制度

为了保护债权人的利益,政府应该制定法律,强制公开发债机构的重要信息和某些重要资料,并建立发债机构的信用数据库,提高其信用信息的透明度。首先,制定发债主体信用风险披露标准和制度。政府需从法律制度层面上规定发债主体财务、业务、历史信用记录等披露标准,用来充分地保障债权人的利益。特别是,由于发债主体在违约前一般会出现停止支付货款、大量对外抵押资产、银行收回授信额度等反常现象,因此,企业的货款支付进度、资产抵押情况、银行授信额度变化等信息的披露就显得非常有意义。其次,建立发债主体信用数据库和信用风险分析报告制度。建立以发债机构的财务、业务、银行贷款偿还情况、贷款集中度、历史信用违约记录、高管人员的信用记录等为主的能充分反映发债机构信用风险特征的信用数据库,并通过建立合理的信用风险分析方法,为发债的信用风险管理提供定量化的依据。此外,还应该对违背信用风险披露原则的企业加以惩罚,增加企业的违约成本。

3. 积极稳妥地发展信用衍生品市场

建立成熟的信用衍生品市场,规范有效地使用信用衍生品,可以对冲风险,一定程度上避免了系统性信用风险的发生。首先,信用衍生品创新可以丰富信用风险缓释工具。作为分散信用风险的信用衍生品,是债权人用来规避风险、提高收益最重要的渠道。所以,通过发展和丰富信用衍生品,能为债券信用风险提供更安全有效的分散和转移渠道,提高信用风险的管理选择。其次,完善的信用衍生品市场可以发挥信用衍生品降低债券信用风险的积极作用。在信用不断衍生的过程中,风险不断地被转移,产品链也越来越长,原生信用越来越难以识别,信用杠杆率越来越高,使得信用衍生品规避风险的功能丧失,其信用风险反而被放大了。为了避免衍生品所带来的危害,我们需要通过提高信用衍生品的市场透明度,防范操纵、欺诈和其他市场滥用行为,完善市场参与者的执业规范,限制杠杆比率等措施,以最有效的信用衍生品降低债券信用风险。

4. 加强监管

信用评级机构在债券交易过程中发挥着关键性作用,其信用评级结果可以有效地为投资者揭示债券所面临的信用风险。但为了防止评级机构对所评债券产品缺乏公正性和客观性,就必须加强对信用评级机构的监管,建立统一的信用风险监管体系,明确监管主体和权责划分。在债券交易过程中,监管是必要的一环,用以保证交易过程的透明和真实。债券交易市场需要有统一的监督主体,防止因多个监管主体的存在而出现监管部门之间产生监管矛盾,造成实质上的监管缺位。成熟的债券交易市场可以建立一个以集中统一管理为主、市场自律为辅的债券管理体系,而初级发展的债券市场更适宜建立一个能更好地发挥政府的行政监管能力的分层级的监管体系。其次,积极推动建立非营利性的信用评级行业协会,发挥其行业自律功能。信用评级行业协会有助于避免行业内发生权力寻租等问题,能更好地保障债券评级结果的公正性,更客观地揭露债券的信用风险,推动评级行业和债券交易的健康发展。同时,政府应该尊重评级机构的独立性,不干涉评级活动以及评级的结果,并规定评级机构不能与被评级机构有除评级业务以外的任何业务往来,积极引导评级行业的健康发展。

7.4.4 债券投资管理

投资者应对债券投资管理有足够的认识,树立正确的投资理念,科学地进行投资,这样有利于增加债券投资的收益,减少债券的信用风险损失。

1. 一级市场上的投资管理

债券的一级市场是资金的供给者为资金的需求者提供的筹集资金的渠道,有助于形成资金流动的收益导向机制,促进资源配置的优化。投资者在一级债券市场中,可以采取一些有效的投资管理措施,最大限度地降低债券的信用风险。首先,投资者在对债券进行认购时,为了避免各种风险所带来的损失,需要对所计划认购的债券做出风险评估,以减少可能的损失。债券的风险评估可以由投资者个人进行,也可以委托他人进行。投资者通过利用这些评级结果,可以评价自己感兴趣的那些债券的风险程度。其次,根据债券发行方式的不同,投资者的投资管理选择存在差异。按照债券发行过程中是否存在中介机构参与出售的标准,可以将债券的发行方式分为直接发行和间接发行,其中,间接发行包含代销、承购包销、招标发行和拍卖发行。直接发行是指发行手续在发行人与投资者之间直接进行,投资者可以参考债券的期限、收益水平、参与权、流通性、风险度、发行成本等与发行人进行议价,达到一个双方都能接受的债券价格。间接发行是债券发行机构利用中介机构良好的信用和技术优势,把债券委托给债券承销商发行,以便迅速募集到大量资金。投资者在债券的间接发行方式中不具备议价能力,但可以选择与二级市场相似的投资方式。

2. 二级市场上的投资管理

投资者在二级市场上交易的过程中,通过选择合适的债券久期、信用等级和流动性等,可以保障投资者获得一个稳定的债券收益率并使其所承受的信用风险最小。各种债券的风险是不一致的,采取投资组合债券的方式可以达到分散风险、稳定收益的目的。我们先确定可选的 n 种债券品种,并且债券的收益率为 r_i,债券的投资配比为 ω_i,那么债券组合的利率可表示为:

$$r = \sum_{i=1}^{n} \omega_i \times r_i, \quad 且 \quad \sum_{i=1}^{n} \omega_i = 1 \tag{7-10}$$

若投资者是为了获得一个稳定的债券收益率 r_0,则只需满足 $r \geqslant r_0$。

久期是可以衡量债券信用风险的一个重要指标,久期越短,其债券存在的信用风险越小。给定债券期限 T_i、每年付款 c_{it}、债券价格 B_i,就可以得到 i 种债券的久期:

$$D_i = \sum_{t=1}^{T_i} \times \frac{c_{it}(1+r_i)^{-t}}{B_i} \tag{7-11}$$

那么,债券组合的久期为:

$$D = \sum_{i=1}^{n} \omega_i \times D_i, \quad 且 \quad \sum_{i=1}^{n} \omega_i = 1 \tag{7-12}$$

若在满足 $r \geqslant r_0$ 的条件下,求得数组 $\{\omega_i\}$ 使得债券组合的久期 D 最短,那么,我们选择$\{\omega_i\}$作为投资组合的方案,可使得我们在满足一定的收益率的条件下债券的信用风险最小。从久期的计算公式可以看出,每年付款越多,债券的期限越小,其久期越短。所以,采取期限短期化投资策略能使债券的信用风险减小,且具有高度的流动性。

在满足一定的债券收益的条件下,债券的信用越高,其发生债券违约的风险就越小。因此,只需选择合适的债券组合使其信用最高,就能保障债券的信用风险最小。首先,我们规定债券的所有级别按低到高排序,债券信用等级所对应的序号即为债券信用等级的量化数值。假定第i只债券的信用等级为Cred_i,则债券组合的信用可表示为:

$$\text{Cred} = \sum_{i=1}^{n} \omega_i \times \text{Cred}_i \tag{7-13}$$

在满足$r \geqslant r_0$的条件下,只需求得任意使 Cred 最小的数组$\{\omega_i\}$,那么,我们选择$\{\omega_i\}$作为投资组合的方案,可使得我们在满足一定收益率条件下债券的信用风险最小。

在收益率和信用风险都控制在理想水平的情况下,应尽量选择流动性高的债券,以便随时将债券转换为现金,满足投资者对现金支付的需要。一般来说,债券的年限越长、剩余年限越长或者到期的收益率越高,债券的流动性越差;债券实际发行量、信用等级、成交量、累计交易日、价格呈上涨趋势等因素,都对债券的流动性有积极的影响。

练习题

一、简述题

1. 债券在现代经济中的作用有哪些?
2. 债券信用利差和债券利差的区别与联系是什么?
3. 债券信用评级的分析涉及哪些方面?对债券进行信用评级的意义是什么?
4. 投资者在一级债券市场中,可以用哪些投资管理措施来降低债券的信用风险?

二、计算题

1. 假设存在一份风险资产,其预期收益率为 4.5%,无风险利率为 3%,若在一段时间后该资产发生违约的概率为 2%,那么根据风险中性定价原理,此时其违约损失率 LGD 是多少?

2. 某企业的总资产价值为 2 000 万元,假设企业所得税税率为 15%,息税前利润为 700 万元。

(1) 如果 2 000 万元总资产全由股东所有,即自有资产,计算股东收益率。

(2) 如果净资产为 800 万元,债务为 1 200 万元,负债利率为 10%,求股东资产收益率和财务杠杆效应。

第 8 章　贷款信用风险

贷款是指由贷款人向借款人提供并且借款人根据约定以一定的利率在期限内还本付息的货币资金。这里所说的贷款人指经营贷款业务的金融机构,如商业银行、财务公司等。借款人指从经营贷款业务的金融机构取得贷款的法人、其他经济组织、个体工商户和自然人。

在经济领域中,一般将风险理解为在未来的一段时间内,由于影响因素的大量性、无规则性和随机性,而使损失的发生具有的多种可能性或不确定性。由于资金在社会经济活动中的核心地位,贷存款业务自产生以来一直在经济运行中扮演着至关重要的角色,对贷款风险的管理也是重中之重。贷款人与其他的企业一样,暴露于操作风险等传统的风险中,但相对于其他的风险来说,信用风险则更为直接,它是贷款人面对的第一风险。贷款的发放和使用应当遵循效益性、安全性和流动性的原则,贷款人与借款人在借贷活动中应遵循平等、自愿、公平和诚实守信的原则。

贷款信用风险管理是信用风险管理的重要组成部分,它是一项系统性、整体性的工程,贯穿于贷款业务的整个过程。为了更好地了解贷款信用风险管理,我们将本章分成四节来介绍。第一节首先对贷款及贷款信用风险予以简单的介绍,让读者对本章的背景有所了解,同时也可以借此认识到贷款信用风险的重要性。第二节介绍一些衡量银行的信用风险的基本指标,这些指标是计量银行信用风险的基础。随后介绍三种贷款信用风险的计量方法。第三节则着重对单笔贷款的管理进行详细介绍。对于单笔贷款来说,我们按照时间顺序将其流程划分为信用风险的甄别、衡量以及控制。最后一节介绍的是贷款组合信用风险管理,包括其动机、背景、方法及工具等。

8.1　贷款及贷款信用风险概述

贷款是体现一定经济关系的不同所有者之间的借贷行为,是债权人贷出货币、债务人按期偿还并支付一定利息的信用活动。本节将简要介绍一下有关贷款的基本概念和分类以及贷款信用风险的相关知识。

8.1.1 贷款简介

贷款有广义和狭义之分。广义的贷款是指以金融机构为中介、以存贷为主体的信用活动的总称,包括存款、贷款和结算业务。狭义的贷款通常指银行将资金出借给借款人,即以银行为主体的货币资金发放行为。贷款包括信用贷款、担保贷款和票据贴现等多种形式,其中,信用贷款指以借款人的信誉发放的贷款;担保贷款需要他人担保,包括保证贷款、抵押贷款、质押贷款;票据贴现指贷款人以购买借款人未到期商业票据的方式发放的贷款。本章中所说的贷款主要是指狭义上的贷款。

贷款的基本要素主要包括交易对象、信贷金额、信贷期限、贷款利率和费率、清偿计划、担保方式和约束条件等。其中,交易对象包括资金提供方和借款方机构;资金提供方以商业银行为主,借款方为自然人或者法人机构等非自然主体。信贷金额是指向借款人提供的货币金额。信贷期限狭义上是指从贷款发放到约定最后还款或清偿的期限;在广义上是指提供借款的整个期间,通常分为提款期、宽限期和还款期,分别代表借款人提款、提款完毕至还款和还款三个阶段。贷款利率即借款人使用贷款时支付的价格,费率是指除利率以外银行提供信贷服务的价格。清偿计划一般分为一次性还款和分次还款,分次还款可根据需要制定不同的还款方式,如等额本金和等额本息等。担保是在借款人无法按时还款付息时第二还款的来源,用以提高贷款的安全性,担保方式主要有保证、抵押和质押三种。约束条件是指借款人在提取和使用借款时应当遵守的条件。

8.1.2 贷款的分类

贷款分类的划分标准是多样的,可根据不同的标准和划分方法将贷款划分为不同种类。划分贷款标准时,应满足国家经济管理和银行信贷管理的要求。合理的分类有助于分析不同经济成分贷款之间的比例,合理配置资金,也有助于增强借款企业的管理能力,体现贷款效益性、安全性和流动性的原则。我国现行贷款种类的划分标准及种类如下:

按照贷款主体划分,可将贷款分为个人贷款和企业信贷。个人贷款是指向符合条件的自然人发放的本外币贷款,主要用于个人消费、生产经营等方面。企业信贷是指向法人和其他经济组织等非自然人提供资金借贷或信用支持的借贷活动。

按照贷款使用期限划分,可将贷款分为短期贷款、中期贷款和长期贷款。短期贷款是指贷款期限在1年以内(含1年)的贷款,主要有6个月、1年等期限,在金融机构中占比较大;中期贷款是指期限在1年以上5年以内的贷款;长期贷款是指贷款期限在5年以上的贷款。

按照贷款信用程度划分,可将贷款分为信用贷款、担保贷款和票据贴现。信用贷款是指以借款人的信誉发放的贷款。担保贷款是指借款人通过担保的方式获得的贷款,根据担保方式的不同,可分为保证贷款、抵押贷款、质押贷款。票据贴现是指贷款人以购买借款人未到期商业票据的方式发放的贷款。

按照贷款质量划分,可将贷款分为正常贷款和不良贷款。正常贷款是指借款人有能力按期正常地还本付息,并且没有导致其违约还款的外界因素的贷款。银行有把握认定该类贷款的违约概率为零。而不良贷款则是与正常贷款相对的非正常贷款,即借款人有可能不能按期偿本付息或者已经出现违约的贷款。目前,不良贷款分为逾期贷款、呆滞贷款和呆账贷款。

8.1.3 贷款信用风险概述

贷款风险主要是针对贷款人而言的,贷款风险是指贷款人在经营贷款业务时可能面临遭受损失的可能性,贷款风险包括信用风险、利率风险、流动性风险、通货膨胀风险等,但贷款风险中最主要的是信用风险。贷款信用风险是指借款人不能按照约定足额偿还债务,从而导致贷款人遭受损失的可能性。它不仅指由于借款人不能如期偿还贷款本息而使贷款人承担实际的违约风险,而且指由于借款人还款能力下降或信用等级降低而使贷款人面临的潜在违约风险。

1. 贷款信用风险的来源

当借款人不能或不愿按照约定准时偿还贷款时,贷款信用风险就会发生。贷款人遭受借款人不能按照约定准时偿还债务的事件发生的原因主要有以下两点:

贷款人在贷款之前没有做好充分的贷前调查。在借款前,为了成功获得贷款,借款人极有可能做出逆向选择,可能会虚报自己的实际财务状况以及信用水平。借款人事前或许已有不愿偿还债务的念头,在一些欺诈贷款等违反法律的贷款行为中,借款人往往有不遵守还款约定的主观意愿。因而,贷款人在贷款之前如果没有做好充分的贷前调查,将会大大增加其所面临的信用风险。

借款人的经济状况恶化。借款人经济能力下降使其无力按期偿还所借资金。影响贷款人经济能力即债务偿还能力的原因主要包括两种:一种是由于经济周期本身的特点,在经济扩张期,借款人拥有较强的盈利能力,从而其信用风险较低,而在经济衰退期,其盈利能力下降,信用风险相应增加;另一种则是由于贷款人自身原因所致,贷款人可能由于自己经营不善或者遭遇了某些意外事件而导致其盈利能力下降或亏损,从而丧失了偿债能力。

2. 贷款信用风险管理的重要性

贷款信用风险管理本质上要求在追求目标利润的同时,降低贷款损失概率,减少损失。有效的信用风险管理需要辨认信用风险、测度和量化风险、开发和运用管理战略及技术。信用风险管理过程最先需考察和确认的是风险最高的贷款,即高违约风险和高风险暴露的贷款、那些可能带来最大损失的贷款;其次是高违约风险和较低风险暴露的贷款以及低违约概率但高风险暴露的贷款;最后是低违约概率和低风险暴露的贷款。

贷款信用风险是金融业的巨大隐患,不重视贷款信用风险的管理将会严重削弱银行的竞争力,危及银行的生存和发展。不仅如此,随着银行业的发展,其在国家经济中的作用愈发举足轻重。一旦银行发生危机，牵一发而动全身，支付体系将会瘫痪，造成连锁反应式的信用恐慌，大量经济活动中断，进而造成金融动荡，给一国乃至全球的经济发展和社会稳定带来沉重的打击。因此，自银行诞生之日起，业内人士、理论界乃至政府都在孜孜寻求规避贷款信用风险的方法和手段，以最大限度地控制贷款信用风险。

8.2 贷款信用风险评估

按照贷款主体划分，贷款主要分为企业信贷和个人贷款，因而本章将分为两个部分，分别对企业贷款信用风险和个人贷款信用风险进行评估。

8.2.1 企业贷款信用风险评估

1. 企业贷款概述

面向企业的贷款是指以银行等金融机构为贷款提供主体，向法人和其他经济组织等非自然人提供的资金借贷或信用支持。企业贷款业务是我国商业银行等金融机构的重要资产业务，是其取得利润的主要途径。贷款的规模和结构，对贷款机构的经营成败具有重要意义，其经营的结果直接影响该机构安全性、流动性和盈利性目标的实现。

面向企业的贷款除具备普通贷款的特点之外，根据贷款主体和资金用途的不同可分为多种形式。根据贷款主体的不同，贷款可分为生产企业贷款和流通企业贷款。生产企业贷款是针对生产性企业的固定资产更新和改造或流动资金周转而发放的贷款。流通企业贷款是指对商贸等流通企业用于采购库存商品、运输及结算所需资金的贷款，主要是流动资金贷款。按照贷款用途，企业贷款可分为固定资产贷款和流动资金贷款。其中，固定资产贷款是指借款企业用于基础设施建设或是技术改造所需的贷款，流动资金贷款是指为生产经营中的企业资金流通而提供的贷款。不同的贷款方式具有各自的特征，在还款期限、利息、还款计划和现金流等方面存在较大差异，对其风险的度量和管理也不同。

2. 企业贷款信用风险的评估

对企业贷款信用风险的度量主要从借款企业基本情况、运营环境和财务状况等方面进行分析。通过对企业现状的综合评价得到企业贷款信用风险信息。

借款企业基本状况分析　对企业基本信息的分析是贷款信用风险度量的基础。在面对单一企业时，需要全面分析企业的基本情况，在企业必要的经营信息之外还应分析企业的竞争力、管理水平和治理能力，从而判断企业的类型、业务范围、盈利情况、信用状况等。贷款企业向银行等贷款机构提供基本资料，信贷机构核实企业的身份证明、授信主体资格、财务状况等资料，明确资料的合法性、真实性和有效性。对于中长期授信，贷款机构还需要对资金来源及使用情况进行预测和分析，包括预期资产负债情况、损益情况、项目建设进度及营运计划等。

运营环境分析 主要考察和分析企业未来的发展状况,与单一企业基本情况分析可以相互印证和补充。从宏观角度来看,运营环境主要包括宏观经济的景气程度、相关法律法规和政策以及社会文化环境;从微观角度来看,运营环境主要包括企业所处行业的发展前景、发展周期、行业的竞争水平和技术水平等。根据企业运营环境的调查和分析结果,进一步对借款企业的发展前景进行分析,为评估借款企业的信用风险提供参考。

财务状况分析 是在对企业的经营成果、财务状况以及现金流量分析的基础上,评价企业经营管理者的管理业绩、经营效率,进而达到识别企业信用风险的目的。财务报表分析、财务比率分析以及现金流量分析是对借款企业的财务状况进行分析的三种主要方法。

财务报表分析是为了了解贷款客户经营状况和经营中存在的问题。财务报表编制方法及其能否充分反映企业实际和潜在的风险,是财务报表分析主要关注的内容,如会计处理方法有无随意变更,报表编制基础是否一致等;识别和评价企业的销售情况、成本控制情况以及盈利能力;识别和评价资产管理状况,主要包括资产质量分析、资产流动性分析等;识别和评价负债管理状况,主要分析资产负债的期限结构。

财务比率分析是指通过财务指标来研究企业的经营状况和资产负债管理状况,主要包括以下几个指标:盈利能力比率,对经营者将销售收入转换成实际利润的效率进行度量,反映的是管理层控制费用、获得投资收益的管理水平;效率比率,衡量经营者的管理水平和控制资产的能力;杠杆比率,不但用来反映企业所有者通过自有资金获得融资的能力,也用于评价企业的债务负担;流动比率,用以考察企业当前的现金支付能力和应付突发事件的能力,判断企业能否按时归还短期债务。各个财务指标的公式如表8-1所示。

表8-1 各个财务指标的公式

盈利能力比率	销售毛利率=[(销售收入-销售成本)/销售收入]×100% 销售净利率=(净利润/销售收入)×100% 资产净利率(总资产报酬率)=净利润/[(期初资产总额+期末资产总额)/2]×100% 净资产收益率(权益报酬率)=净利润/[(期初所有者权益合计+期末所有者权益合计)/2]×100% 总资产收益率=净利润/平均总资产=(净利润/销售收入)×(销售收入/平均总资产)
效率比率	存货周转率=产品销售成本/[(期初存货+期末存货)/2] 应收账款周转率=销售收入/[(期初应收账款+期末应收账款)/2] 流动资产周转率=销售收入/[(期初流动资产+期末流动资产)/2] 总资产周转率=销售收入/[(期初资产总额+期末资产总额)/2] 资产回报率(ROA)=[税后损益+利息费用(1-税率)]/平均资产总额 权益收益率(ROE)=税后损益/平均股东权益净额
杠杆比率	资产负债率=(负债总额/资产总额)×100% 有形净值债务率=[负债总额/(股东权益-无形资产净值)]×100% 利息偿付比率(利息保障倍数)=(税前净利润+利息费用)/利息费用
流动比率	流动比率=流动资产/流动负债合计 速动比率=速动资产/流动负债合计

现金流量分析通常首先分析经营性现金流,关注经营活动现金流的来源、流向、净现值,评价现金流能否满足和应付重要的日常支出及还本付息,分析现金流的变化趋势和潜在的影响因素;其次,分析投资活动的现金流,包括不动产的买卖、设备的购置或租借、给附属企业借款或者经营股票等行为;最后,分析融资活动的现金流,对企业债务与所有者权益的变动和股息分配情况进行分析。

其他因素 贷款过程中,除考虑以上三方面的内容之外还应当根据贷款企业的实际情况进行综合考量,如贷款有无担保、是否存在突发事件等,这些情况也将对贷款信用风险的度量产生影响。

担保是指为维护债权人和其他当事人的合法权益、提高贷款偿还的可能性,用于降低商业银行资金损失的风险,借款人或第三方对贷款的偿还提供的一种附加保障,在借款人不能如期还款时,为商业银行提供一个潜在的还款来源,是进行风险分析时需要考虑的重要内容。

突发事件风险是指在明晰并有所界定前被排除在现有评估之外的风险。突发事件风险可能由外部因素引发,如法律变化、自然灾害,或是另一实体的敌意收购;也可能由内部因素促发,如资本结构政策突然改变、重大收购行为或是战略重组。

3. 贷款项目评估

除了通过对企业现状进行综合分析从而得到企业贷款信用风险信息之外,贷款人有时还对项目进行贷款,此时评估贷款项目的盈利能力及其可能带来的风险就显得尤为重要。

贷款项目评估是从项目角度出发,在项目可行性研究的基础上,综合考虑有关项目生产经营的信息材料,从经济技术等多方面对项目进行科学审查与评价的一种理论和方法。贷款项目评估是以资金供给方的立场为出发点,对投资项目进行非财务分析和财务分析。非财务分析包括对项目背景、生产规模与工艺、市场需求、项目的组织和人力资源等多方面进行分析,与企业信用分析的原理类似。财务分析是对投资项目的财务状况进行综合分析,在合理的财务预测数据的基础上,进行项目现金流量分析、项目盈利能力分析、不确定性评价等。

财务预测 财务预测是进行项目财务评估分析的基础,主要内容是审查评价项目可行性的一些基础性财务数据,包括项目总投资、建设投资、流动资金估算等方面的测算。通过财务预测确定合理的固定资产、无形资产的原值,确定审查以及折旧和摊销办法,对项目的销售收入、成本、利润和税金制定合理的计算口径,选择合理的计算方法,为项目现金流和盈利能力等方面的计算做准备。

项目现金流量分析 现金流量分析是根据现金流量表计算项目建设期和经营期内各年的现金流入与流出,获得各项静态和动态评价指标,反映项目的获利能力和还款能力。现金流量表中的评价指标包括投资回收期(静态、动态)、净现值、净现值率、内部收益率等指标,是对项目盈利能力进行分析的基础。根据投资计算基础的不同,现金流量表主要分为以下两种:① 全部投资现金流量表。该表以全部投资作为计算的基础,从全部投资的角度考虑现金流量,即不将借款作为现金流入,不将借款利息和本金的偿还作为现金流出。全部投资均视为自有资金,该表可以用于计算全部投资的内部收益率、净现值、投资回收期等评价指标。② 自有资金现金流量表。该表以自有资金为计算基础，将借款作为现金流入、借贷款利息和本金的偿还作为现金流出，是计算自有资金的内部收益率、净现值等指标的基础。

项目盈利能力分析 项目盈利能力分析是项目财务评价的主要内容之一，也是与企业贷款联系最为紧密的内容，直接关系到借款主体的还款能力和资金供给方所承受的信用风险大小。主要通过投资利润率、投资利税率、资本金利润率、财务净现值、财务内部收益率、净现值率和投资回收期这七个指标进行分析。其中，投资利润率、投资利税率和资本金利润率等不考虑货币的时间价值，被称为静态指标；财务净现值、财务内部收益率和净现值率等需要考虑货币的时间价值，被称为动态指标。投资回收期有动态和静态两种计算方式。

投资利润率 是项目达到设计生产能力后一个正常年份的息税前利润与项目总投资之比，计算公式为：

$$投资利润率 = \frac{息税前利润}{总投资} \times 100\% \tag{8-1}$$

其中，息税前利润可选择项目达产后正常年份的年息税前利润，也可以计算出平均年息税前利润。总投资为建设投资、建设期利息和流动资金之和。银行一般认为项目的投资利润率应当大于或者等于行业平均收益率，否则不能接受该项目。

投资利税率 是项目的年利润总额、营业税金及附加之和与项目总投资之比，计算公式为：

$$投资利税率 = \frac{年利税之和}{总投资} \times 100\% \tag{8-2}$$

其中，年利税之和可以依据项目运营期长短以及利税之和的波动大小，选择正常生产年份的年利润总额与营业税金及附加之和，也可以选择运营期平均的年利润总额与营业税金及附加之和。总投资为建设投资、建设期利息和流动资金之和。一般要求所计算出的项目投资利税率应当大于或等于行业平均投资利税率，否则不能接受该项目。

资本金利润率 是项目的年利润总额与项目资本金之比，计算公式为：

$$资本金利润率 = \frac{年利润总额}{总投资} \times 100\% \tag{8-3}$$

其中，年利润总额可选择正常生产年份的年利润总额或是运营期平均年利润总额，资本金是指项目的全部注册资本金。资本金利润率也往往要求大于或等于行业平均水平。

财务净现值(FNPV) 是指把项目计算期内各年的净现金流量，用设定的折现率折算到当前的现值之和。表达式为：

$$\text{FNPV} = \sum_{t=1}^{n}(\text{CI}_t - \text{CO}_t)(1+r)^{-t} \tag{8-4}$$

其中，CI_t 为第 t 年的现金流入量；CO_t 为第 t 年的现金流出量；$(\text{CI}_t - \text{CO}_t)$ 为第 t 年的净现金流量；n 为计算期 $(1,2,3,\cdots,n)$；r 为设定的折现率；$(1+r)^{-t}$ 为第 t 年的折现系数。

财务内部收益率(FIRR) 是一个重要的动态评价指标，是指使计算期内各年净现金流量现值之和为零时的折现率，又称为内部报酬率或内含报酬率。内部收益率反映拟建项目的实际投资收益水平。其表达式为：

$$\sum_{t=1}^{n}(\mathrm{CI}_t-\mathrm{CO}_t)(1+\mathrm{FIRR})^{-t}=0 \tag{8-5}$$

其中，FIRR为财务内部收益率，其他符号的含义同前。

在计算财务内部收益率时，可预先设定折现率，并根据此折现率将各年净现金流量折算成现值，然后累加得出净现值，通过调整折现率使得净现值为零。

净现值率 也即项目的净现值与总投资现值之比，其计算公式为：

$$\mathrm{FNPVR}=\frac{\mathrm{FNPV}}{\mathrm{PVI}} \tag{8-6}$$

其中，FNPVR为净现值率，FNPV为财务净现值，PVI为总投资现值。

净现值率主要用于投资额不等的项目之间的比较，净现值率越大，表明项目单位投资能获得的净现值就越大，项目的效益就越好。

投资回收期（P_t） 也称返本期，是反映项目盈利能力的重要指标，投资回收期分为静态投资回收期和动态投资回收期，其中，静态投资回收期不考虑时间价值问题，动态投资回收期需考虑货币的时间价值。

静态投资回收期的表达式为：

$$\sum_{t=1}^{P_t}(\mathrm{CI}_t-\mathrm{CO}_t)=0 \tag{8-7}$$

其中，CI_t为第t年的现金流入量，CO_t为第t年的现金流出量。

动态投资回收期为：

$$\sum_{t=1}^{P_t}(\mathrm{CI}_t-\mathrm{CO}_t)(1+r)^{-t}=0 \tag{8-8}$$

其中，r为设定的折现率，其他符号与公式(8-7)中符号的含义相同。

行业基准投资回收期可作为比较时的参照，当计算出的项目投资回收期小于或等于基准投资回收期时，表明该项目能在规定的时间内收回投资，否则，该项目不能在规定的时间内收回投资，因此不能接受该项目。

其他分析 盈亏平衡分析的计算基础是盈亏平衡点法(BEP)，该方法用于分析项目成本与收益平衡之间的关系。盈亏平衡点是企业的销售收入总额与产品销售总成本（含销售税金）相等，企业处于不盈不亏的状态。盈亏平衡点通常根据正常生产年份的产品产量或销售量、固定成本、变动成本、产品价格、销售税金及附加等数据计算，用产量、销售收入、生产能力利用率及销售单价来表示。

敏感性分析是指分析不同的因素变化时对项目经济评价指标的影响程度，从而找到影响项目的主要因素，并着重针对这些主要因素进行研究分析。通过这些分析，能够更前瞻性地了解企业的经营情况，分析经营中存在的问题，为贷款信用风险的分析提供参考。

8.2.2 个人贷款信用风险评估

1. 个人贷款及个人贷款信用风险概述

个人贷款是指贷款人向符合条件的个人发放的贷款,主要作用是满足个人消费、生产经营等活动的需求。随着经济的快速发展和居民消费需求的提高,我国个人贷款业务逐渐丰富。

相对于企业贷款,个人贷款主要具有以下特点:首先,个人贷款品种多、用途广泛。目前,个人贷款既可以多层次、全方位地满足客户的不同需求,例如解决个人在购房、购车、旅游、装修等临时性资金周转或是生产经营等各方面的需求。其次,个人贷款便利,还款方式灵活,客户可以通过多种方式办理个人贷款业务,并采取灵活多样的还款方式,如等额本息还款法、等额本金还款法等,还可以根据自己的需求和还款能力的变化情况,与贷款银行协商后改变还款方式。

按照贷款资金的用途不同,个人贷款可分为个人住房贷款、个人消费贷款和个人经营类贷款等。个人住房贷款是指贷款人向借款人发放的用于购买住房的贷款,通常包括自营性个人住房贷款和公积金个人住房贷款,其中,公积金个人住房贷款的政策性因素较多。个人消费贷款是指个人用于消费活动的贷款。根据消费产品的不同,个人消费贷款可分为个人汽车贷款、个人教育贷款、个人耐用消费品贷款、个人消费额度贷款、个人旅游消费贷款和个人医疗贷款等。个人经营类贷款主要是指发放给个人进行生产经营活动,包括购置设备、短期资金需求,以保证生产经营资金的流动性需求和其他合理资金需求的贷款。

根据个人贷款的特点,个人贷款的信用风险主要表现在借款人的还款能力、还款意愿和欺诈三个方面。借款人的还款能力取决于借款人的收入来源或其他再融资渠道,另外还受到家庭成员收入、工作岗位变化、单位经济效益、个人经营成果、借款人及其家庭成员不可预见事件等的影响。还款意愿是指部分借款人可能因为种种诱因放弃诚实守信的原则,主观上有拖延、赖账甚至逃避的意图,从而给贷款人带来损失的风险。欺诈行为是指借款人恶意欺诈、骗贷和贷款后逃避还债的行为,一般表现为伪造或虚构申报材料谋取非法所得。

2. 个人贷款信用风险评估

个人贷款信用评估是指综合分析考察影响个人及其家庭内在和外在的主客观环境,从定性分析和定量分析两方面判断及评估其履行各种经济承诺的能力。评估个人贷款信用最初多采用定性分析的方法,由信用评估者依个人的经验进行主观评判。随着统计学的发展及广泛应用,定量分析被大量运用于个人信用评价模型中,以个人以前的信用记录为基础,对其信用风险程度进行相应的量化分析,从而预测其未来的偿债行为,使授信决策更有依据。

对个人信用资质的评估可从以下四个方面进行:创富能力、偿付历史、信用管理和外部关联。个人创造财富获取收入的能力是决定个人信用资质水平的基础因素,该能力主要反映在其身份特征、收入水平和财富管理能力等方面。在创富能力的基础上,债务人偿还贷款的意愿也是评价其信用水平的关键因素,所以我们要考察其偿还债务的历史信息来评估其还债意愿。在一定收入水平和违约条件下,信用管理能力强的人具有更高的收入稳定性,违约的可能性更小。最后一个考察因素来自外部的支持或者冲击,外部支持可以提高一个人的信用水平,但是有些个人要承担的责任也会让一个本身信用水平高的个人可用于偿付债务的资源减少,从而使得信用水平降低。

创富能力 包括借款人的个人背景、收入水平和财富管理能力等方面。

个人背景包括借款人的年龄、婚姻状况、文化程度和健康状况等方面。通常而言,中年人的创富能力要优于青年人和老年人;已婚者优于未婚者,已婚有子女者优于无子女者;高学历者优于低学历者;身体健康者优于身体素质低者。

收入水平可通过多个财务指标来表示,主要有以下几方面:

月收入。一般来讲,收入越高,贷款保障系数越大,通常可用近三个月平均月收入进行估计。

月均还款额与月可支配收入比率。在假设月收入稳定的情况下,月可支配收入由下式计算得出:

月可支配收入 = 申请人月收入 − 申请人每月用于偿还债务的固定支出

月均还款额是指贷款期内每月以相等的额度平均偿还贷款本金和利息。

收入来源。个人借款基本上是靠借款人未来收入偿还的,一般来讲,职业越稳定、前景越看好,贷款越有保障。首先看有无职业,对无业人员一般不考虑对其给予贷款;其次看是何种职业,不同行业、不同职业其收入稳定性和收入水平有较大差异。一般来说,收入越稳定、收入水平越高的人士,其信用水平越高,所能获得贷款的额度也越大。

财富管理能力包括家庭资产配置和资产收益。家庭资产配置主要包括现金规划、保险规划以及投资理财规划。现金规划是为了保证家庭中一段时间内(大约 3—6 个月)日常开销所需的现金支出而做出的规划。保险规划是在保证了日常现金支出之后,为了防止各种意外而导致的可能损失特定划出一定数额的资金用来购买各种相应的保险。投资理财规划是实现家庭财产增值的一步,投资理财是个人将盈余资金进行投资以达到增值的目的。个人投资理财能力越强,其创富能力也越强。

资产收益是指个人拥有的资产所能带来的收益,比如,个人若拥有一套房子,则可将其租赁出去以收取租金从而达到获得收益的目的。

偿付历史 指借款人信用的历史情况,能反映借款人的信用管理能力和信用偿还意愿。主要包括以下几个方面:

信贷记录。如信用卡使用情况等,通过对申请人历史信用记录的分析判断,了解借款人的违约次数、违约金额等信息,来预测其还款意愿的高低,进而判定其未来信用行为的趋势。

其他毁誉记录。包括是否存在偷漏、拖欠税款,拖欠水暖、电费、电话费等情况。

个人司法记录。是指借款人是否存在违法犯罪的记录。

信用管理能力 指借款人合理规划自身信用的能力。一方面是指借款人自身的负债率和风险偏好,一般来说风险厌恶的借款人违约风险较小;另一方面是指借款人与贷款人的业务往来,如在商业银行开办信用卡的数量、信用额度等。一般来说,与贷款人业务往来密切的借款人的违约风险较小。

外部关联 主要对借款人获得的外部支持或是承受的外部负担进行评价。其中,外部支持是指借款人从亲戚或友人等社会关系中可获得经济支援的可能性和额度,外部负担是指借款人为维持家庭和社会关系需承受的经济负担。外部支持将提高个人的信用水平,而外部负担则将降低其信用水平。

3. 个人住房贷款信用风险度量

个人住房贷款是指向借款人发放的用于购买、建造各类型住房的贷款,是个人贷款的重要组成部分。购房支出是大多数家庭支出的重要组成部分,住房贷款在家庭负债中占比巨大,对贷款人的经济活动和其自身的发展有深远的影响。另外,对于商业银行等金融机构来说,住房贷款是其业务的重要组成部分,在绩效评价中占有较大比重。目前各大机构对住房贷款都有专业的管理体系,对个人住房贷款风险的度量也进行了广泛的开展。

个人住房贷款的特点 相对于其他个人贷款,住房贷款是家庭负债重要的组成部分,占据了较大的份额,具有金额大、期限长等特点,通常为 10—20 年,最长可达 30 年,其归还大多采取分期还本付息的方式。

一定程度上,可以将个人住房贷款看作以住房做抵押的资金借贷,其实质上不是商品买卖,而是一种融资关系。借款人为实际拥有住房,通过借款融资获取购房资金;贷款人取得该住房抵押权不是为了拥有住房,而是在借款人无法还款时能够追偿贷款本息。从融通资金的角度来看,个人住房贷款是不转移对抵押财产的占有,在抵押的情形下建立起来的一种借贷关系。

由于以房产作为抵押担保进行贷款,因此个人住房贷款的风险一般相对较小。但是由于多人拥有类似的贷款模式,系统性风险相对集中,因此在受到房地产市场波动的影响时,容易引起巨大的危机。

个人住房贷款的要素

贷款对象 个人住房贷款的对象应符合相应的法律法规,贷款人的资信能力可通过个人贷款的资信能力进行评价。可通过创富能力、偿付历史、信用管理和外部关联四个方面考察借款人是否具备按时还款的能力与意愿。

贷款利率 个人住房贷款的利率一般参照商业性贷款利率,个人住房贷款的计息、结息方式由借贷双方协商确定。以我国为例,我国住房抵押贷款采用上限放开、下限管理的方式。根据国家规定,使用贷款购买第二套住房的贷款利率不低于基准利率的 1.1 倍;对使用贷款购买第三套及以上住房的,贷款利率应大幅提高。一般来说,期限在 1 年以内(含 1 年)的个人住房贷款,实行合同利率,遇法定利率调整不分段计息;贷款期限在 1 年以上的个人住房贷款,借贷双方可根据协议在合同期内遇法定利率调整时进行调整。

贷款期限 我国个人住房贷款的最长期限为 30 年,具体期限可由贷款机构根据实际情况确定。对于特殊条件的贷款,贷款期限可适度放宽。

还款方式 个人住房贷款可采取多种还款方式。例如,一次还本付息法、等额本息还款法、等额本金还款法、等比累进还款法、等额累进还款法及组合还款法等。其中,以等额本息还款法和等额本金还款法最为常用。一般来说,贷款期限在 1 年以内(含 1 年)的,借款人可在贷款到期日前一次性还清贷款本息。贷款期限在 1 年以上的,可采用等额本息还款法和等额本金还款法。

担保方式 担保方式普遍采取抵押加阶段性保证的方式。抵押加阶段性保证人通常是借款人所购住房的开发商或售房单位。在新房贷款中,一般由开发商在房屋办妥抵押登记之前承担阶段性保证责任;而在二手房贷款中,一般由中介机构或担保机构承担阶段性保证的责任。借款人、抵押人、保证人应同时与贷款方签订抵押加阶段性保证借款合同。借款人以所购住房做抵押的,通常将住房价值全额用于贷款抵押,按照市场成交价或评估价格确定其价值。

贷款额度 个人住房贷款中,贷款额度一般根据相关法律法规确定。以我国为例,按照国发〔2010〕10 号文的规定,对购买首套自住房且套型建筑面积在 90 平方米以下的,其首付比例不低于 20%;建筑面积在 90 平方米以上的,贷款首付款比例不得低于 30%;对使用贷款购买第二套住房的家庭,贷款首付款比例不得低于 50%。其他情况通过贷款购买住房,贷款首付款比例应大幅提高,具体由贷款机构根据风险管理原则自主确定。

8.3 贷款信用风险管理

在介绍了贷款、贷款信用风险及其评估之后,本节将讨论如何进行贷款信用管理。我们首先简要介绍贷款管理技术和手段,其次从贷前和贷后两个方面对风险管理进行进一步的叙述。

贷款风险管理是为防止和减少贷款损失,采取有效的防范、消化和控制措施,保障贷款资产安全和获利能力的活动过程。因此,在进行贷款信用风险管理的时候,贷款人要对借款人的综合信息进行分析,以判断其发生违约的可能性的大小,从而决定是否同意借款人的借款申请;商业银行要对目前贷款业务的信用风险有一定的掌握,并对未来一段时间贷款业务可能面临的信用风险进行预测,从而使商业银行对贷款业务的信用风险进行总体把握,并制定出合理的贷款价格;商业银行还应根据信用风险的变化情况,及时采取相应的控制措施,以防范信用风险。

8.3.1 管理技术和手段

信用风险管理的技术和手段有很多,主要有以下几个方面:

(1)贷款对象的选择。最有效的风险管理是回避风险,事前选择优质的贷款人是避免信用风险发生的最好方式。为此,银行需要有效的信用评估模型,能够对贷款人的信用资质进行准确评价,还需有称职的信用风险决策人员和完善的信贷流程。

（2）贷款规模和利息。对单笔贷款做规模限制，根据违约概率预测确定风险暴露的大小，以避免因一笔贷款发生违约而危害银行的偿付能力。信用风险越高的贷款人被授信的贷款额度要经过越严格的信贷流程。贷款的价格即贷款利息也应当对不同的信用风险做出补偿。

（3）风险分散。银行的信用风险管理过程应能够为银行提供有效的贷款组合，应将贷款发放给不同类型、不同区域、不同行业甚至不同发展阶段的贷款者。多元化的贷款对象能够避免风险集中，减轻违约对银行的冲击。但是风险分散策略受到银行规模的限制，银行也常陷入客户关系维护和扩大客户群体的两难之中。

（4）信用保护。如果银行对某些贷款人的风险暴露太大，可以采取信用保护措施。例如，可以购买金融担保或者信用衍生产品。这种方式也称为信用风险缓释工具。

8.3.2 贷款定价模型

贷前管理是指贷款发放前贷款机构对风险的控制方法，对贷款人是否符合贷款条件做出初步判断并确定可发放的贷款额度和贷款利率。在对贷款风险进行评估之后，应当确定贷款的详细信息，其中，贷款的定价是工作的重点。

贷款定价是指如何确定贷款利率、确定补偿余额，以及对某些贷款收取手续费的过程与方法。国内外商业银行传统的贷款定价方法经历了"成本导向型""市场导向型""客户导向型"的演变发展，摒弃了单一的无区别定价，定价方法更多样，更有针对性，能够更好地满足不同用户的需求，以达到商业银行的营利性原则。

贷款定价方法多种多样，比较有代表性的三种方法为成本加成定价法、基准利率加点定价模式、客户利润分析定价法。

1. 成本加成定价法

成本加成定价法是指贷款利率以商业银行的全部贷款成本为基础的一种定价方法，是在单位成本的基础上加上一定比例利润的定价方法，这种方法又可分为完全成本加成定价法和变动成本加成定价法。

成本加成定价法遵循最基本的定价原理，即：

$$贷款利率 = 贷款成本 + 贷款利润 \tag{8-9}$$

该方法考虑了贷款的融资成本、经营成本、客户的违约成本和银行的必要报酬，贷款的利率主要由以下四部分构成：

（1）贷款资金的筹集成本；

（2）发放贷款过程中发生的各种费用支出，如信贷员的工资、发放贷款过程中的设备使用费、设备成本等；

（3）每笔贷款的风险溢价，即为可能的贷款违约风险做出必要的补偿；

（4）目标利润，即银行办理每笔贷款对应的最低收益。

贷款利率具体为：

$$贷款利率 = 贷款资金成本率 + 贷款管理费用率 +$$
$$贷款风险溢价率 + 目标利润率$$

风险溢价因素主要包括违约风险溢价和期限风险溢价。违约风险溢价可以根据信用风险的度量并结合历史统计数据来分档设定。对于期限风险补偿费而言,贷款期限越长,则利率风险越大,借款人信用恶化的可能性就越大,期限风险的补偿费就越高。

目标利润是指贷款方提供一定的资本收益率所应达到的利润。

2. 基准利率加点定价模式

基准利率加点定价模式是指贷款机构选择以某种基准利率为"基价",在"基价"的基础上加上不同水平的利差,使得贷款机构对不同风险程度的客户和贷款种类确定不同的贷款利率。基准利率加点定价模式在确定资金成本的基础上着重考虑了不同贷款的违约成本,以市场一般价格水平为出发点来寻求适合自身的贷款价格,具有较强的可操作性。

基准利率加点定价模式下的贷款利率计算公式为:

$$贷款利率 = 基准利率 + 加成部分$$
$$= 基准利率 + 违约风险溢价 + 期限风险溢价 \tag{8-10}$$

伦敦同业拆借利率(LIBOR)常作为基准利率进行贷款定价,同时也为客户对各银行间的贷款定价比较提供了基准。同时,货币市场及短期商业票据、存单市场等的迅速发展,货币市场利率、商业票据利率、CD 利率等使得基准利率的选择更加广泛,并产生了浮动基准利率等其他新方法来完善这种定价方法。

违约风险是对非基准借款人收取的费用,作为银行对此类借款人提供贷款所承担风险的必要补偿;期限风险溢价是对长期贷款的借款人收取的费用,其与贷款期限成正比。

3. 客户利润分析定价法

客户利润分析定价法较为复杂,其核心思想是:商业银行在进行贷款定价时,应该综合考虑银行在与客户的全面业务往来中付出的成本和获取的收益,比较银行为客户提供所有服务的总成本、总收入和银行的目标利润,以此来权衡定价水平的高低。

客户利润分析定价法的三大要素是:为客户提供贷款服务所发生的总成本、来源于客户的收入、目标利润。其中,贷款服务的总成本包括:① 该客户的存款账户管理费用、支票账户服务费用、贷款管理费用;② 贷款资金利息成本;③ 贷款违约成本。来源于客户的收入包括:① 客户沉淀存款投资收入;② 各种服务费收入;③ 贷款利息收入。目标利润指贷款方确定的从每笔贷款中要求的最低收益。其计算公式如下:

$$贷款利率 = \frac{目标利润 + 每笔贷款服务的总成本 - 服务总收入 - 贷款利息收入外的收入}{总贷款} \tag{8-11}$$

客户利润分析定价法属于"客户导向型"模式,改变了传统的思维模式,不是仅仅就一次贷款、一项贷款本身来确定贷款利率,而是试图通过借贷双方的全部关系往来确定最优的定价利率。这种定价方法要求贷款人有精确的成本计算和分配能力及完善的客户关系管理,比较适用于与贷款方往来密切、资金需求量较大、贡献度较高的客户,另外,这种定价方法关注的客户关系亦依赖于历史数据,缺乏对未来的预期。

4. 其他的贷款定价方法

从微观层面进行分析,贷款的价格一般由贷款利率、贷款承诺费、补偿余额和隐含价格四个部分组成。其中,贷款利率是贷款价格的主体,贷款利率(P)由资金成本($C1$)、风险成本($C2$)、交易成本(贷款费用 $C3$)、机会成本(无风险利率 $C4$)、贷款的目标收益率($R1$)、借款人拟投资项目的预期收益($R2$)和贷款的供求状况等多个因素决定。分析各因素与贷款利率之间的关系可以建立如下贷款定价与决策模型:

$$\begin{cases} P \geqslant C1 + C2 + C3 \\ P \geqslant C4 \\ P \geqslant R1 \\ P \leqslant R2 \end{cases} \quad (8\text{-}12)$$

决定的贷款利率(P)必须满足这四个不等式。贷款定价满足了以上条件,贷款方承担的信用风险和经营费用才能得到充分的补偿预期,盈利目标才能得到保障。

目前其他的贷款定价方法还有基于银企关系的期权定价模型和基于风险调整的 RAROC 模型等。

8.3.3 贷款信用风险贷后管理

1. 贷后管理的内容

贷后管理是指从贷款发放之日起到贷款本息收回之间的贷款管理,其主要内容包括账户监管、贷后检查、贷后检测预警和报告、贷款分类、贷后本息管理、不良贷款管理和档案管理。

(1) 账户监管是指贷款发放后,对借款人结算账户资金往来情况的密切跟踪,也可包括贷款发放时对贷款资金支付的审核过程。

(2) 贷后检查是指贷款发放后,对借款人执行借款合同的情况及其经营状况的后续追踪调查。

(3) 贷后检测预警和报告是指贷款发放后,结合国家相关政策,对风险点做出预警和报告,对借款人贷款业务的整体风险情况进行分析。

(4) 贷款分类是指按照借款人的实际还款能力进行贷款种类划分。根据借款人的偿款能力,把贷款按照风险程度划分为正常贷款、关注贷款、次级贷款、可疑贷款和损失贷款五类。正常贷款和关注贷款的损失概率均小于 5%,次级贷款的损失率为 30%—50%,其余两类的损失概率则大于 50%。

(5) 不良贷款管理是指通过对现存不良贷款的整理、分类、考核等步骤,实现最大化不良贷款价值,提高贷款资产质量的目标,不良贷款率和不良贷款拨备覆盖率是不良贷款管理的两个重要指标。不良贷款率指金融机构不良贷款与总贷款余额之比。在评估贷款质量时,把贷款按风险程度分为正常、关注、次级、可疑和损失五类,其中,后三类合称不良贷款。不良贷款率是衡量贷款风险的综合指标,该比率越小越好。其计算公式为:

$$不良贷款率 = \frac{不良贷款总额}{贷款总额} \times 100\% \qquad (8-13)$$

不良贷款拨备覆盖率是指贷款损失准备对不良贷款的比率(实际上为银行贷款可能发生的呆、坏账准备金的使用比率),主要反映商业银行对贷款损失的弥补能力和对贷款风险的防范能力,也用于衡量商业银行贷款损失准备金计提是否充足,反映了其业绩的真实性。拨备覆盖率的高低应适合贷款风险程度:过低时将导致拨备金不足、利润虚增,坏账发生时没有足够的备用资金保证资金的正常运转;过高时导致拨备金多余、利润虚降,同时降低企业的盈利能力。不良贷款拨备覆盖率的计算公式如下:

$$不良贷款拨备覆盖率 = \frac{(一般准备 + 专项准备 + 特种准备)}{(次级类贷款 + 可疑类贷款 + 损失类贷款)} \times 100\%$$

$$(8-14)$$

(6) 档案管理是指建立贷款档案库,统一管理借款人合同和申报资料等档案文件。

2. 贷后管理的主要策略

贷后管理的主要策略主要有:非现场监测、现场检查和贷款处置。

(1) 非现场监测主要包括建立借款人台账,分析和监测借款人的信息变动情况,识别预警信号,开展现场核查。非现场监测也包括通过在工商、税务部门和贷款管理系统所获取的信息,进行贷款风险监测,分析每日客户贷款账户往来,指导现场核查。

(2) 现场检查主要包括实地走访调查、确认担保人报表等资料的真实可靠性,对于主要风险点及预警信号进行补充和验证。现场检查的方法包括:运行审计模型或选取适当的抽样方法,确定贷款检查样本,获取贷款电子数据;调阅贷款档案,查阅贷后检查材料;查阅与贷款相关的会计报表总账、分户账、台账;查阅相关会计凭证。

(3) 贷款处置是指根据现场检查和非现场监测发现的预警信号,对贷款采取安全措施,从而最大限度地减少损失。贷款处置方法包括要求借款人追加保证人或补充合规、足值、易变现的抵押物,将贷款打包出售,提前收回,拍卖抵押物变现偿还贷款,呆账核销等。

3. 贷后管理的方法

贷后对贷款信用风险管理的方法主要有定性分析和定量分析两种。

(1) 定性分析的核心是对传统五级分类法的扩展。贷后风险管理依据预先构建的风险指标或信号,密切关注外部宏观环境、行业区域以及企业变化,在此基础上进行预警跟踪管理,并及时采取有针对性的处理措施来化解贷款风险。定性分析的指标包括两方面的内容,一是财务方面,包括营业收入、应收账款、流动比率、流动速率等,这些指标中的任何一项在半年中发生的变化超过一定范围时要进行及时预警。二是非财务方面,包括企业主要管理人员行为的异常和发生的不利变动、企业内部管理混乱、企业涉及的诉讼等外部不利因素。另外,定性分析中还需要考虑企业与银行交易时,账户存款是否出现持续减少至不正常水平、票据拒付、财务报表没有在约定时间报送等非常规行为。

(2) 定量分析更加注重采用数理模型,包括利用历史数据的统计分析和对未来的风险进行预测,经过长期监测分析,建立风险模型,确定风险量化参数。其他方法包括风险管理部门对客户信用等级的抽样调查,以确定其等级是否需要重定,并根据信用等级对客户授信分级。风险评级越高,授信越低,对新受理的客户信用评级及授信则要打一定的折扣。

4. 不良贷款的处理

处理不良资产的过程错综复杂,各国依据本国国情形成了不同的处置不良资产的运行机制,并通过对各种运行机制进行不同的组合,构成了处置银行不良资产运行机制的各种模式。

(1) 根据解决不良资产问题的最终方法,可以分为增长解决方式和迅速解决方式。① 增长解决方式是指贷款机构依靠自己的利润逐渐核销不良资产的坏账,但贷款损失的准备金要求可能会远远高于其本身的利润,拥有大量不良资产的机构不可能通过该方法来彻底解决问题。增长解决方式虽然能够降低初始的财政和政治成本,但长期效果不明显。为达到具体的降低不良资产的目标要求,贷款机构会过多考虑经营的风险,只增加政府债券的持有量,而不再对借款人的信息进行充分的收集;大量积累的不良资产使贷款机构不愿借款给企业,从而造成惜贷长期化,影响经济的发展。在贷款机构的产权结构、经营结构和相关激励机制没有发生变动的情况下,不良资产会不可避免地继续不断产生,使不良资产问题长期化。另外,该方式的周期较长,在过渡时期内不确定性较大,潜在的经济增长可能受损。② 迅速解决方式是贷款机构将大部分不良资产从负债表中剥离出来,在剥离后继续执行正常的贷款功能,为客户提供全面的金融服务。而接收不良资产的部门或机构负责清理不良资产,并最大限度地回收资金。但是这种方案的关键在于,贷款机构必须剥离不良资产后进行产权和管理方面的改革,否则新的不良资产还会继续产生。

(2) 根据处置不良资产机构的设立,可以分为集中处置模式和分散处置模式。① 集中处置模式是由政府出资设立或直接经营一个独立机构来统一处理银行体系或某类金融机构存在的问题。其特点是:政府直接参与,处置受中央银行和专门监管机构的监督;利用财政资源一次性核销不良资产,充实银行资本金。② 分散处置模式是由贷款机构成立专门机构或工作小组处理自己的不良资产问题。其特点是:银行在不良资产处置过程中起主要作用,同时借助政府对银行提供的融资支持,获得解决不良资产所需的营运资本。

(3) 根据处置不良资产的手段,可以分为破产清算模式和资产重组模式。① 破产清算模式是对出现严重不良资产问题的银行采用破产清算的方式彻底解决不良资产问题,手段比较强硬,是解决不良资产的最后一种方式。由于这种方式易引起政治动荡和社会混乱,因此一般适用于小银行或地区性的专业银行。从理论上讲,如果不良资产程度严重,可选择破产清算。破产作为市场经济优胜劣汰机制的一种表现,对于增强金融机构和投资者的风险意识、调整金融业的结构具有积极的作用。但是由于金融机构破产清算有可能造成社会政治问题,各国政府在决定是否采取这种政策时都非常谨慎,尽量避免这种方式,或者只是针对个别规模不大的金融机构实行破产。因此,破产并不是处置不良资产的普遍方式。② 资产重组模式是通过金融机构之间的收购与兼并、内部资产的重新配置、不良资产的剥离和重组达到减少不良资产的目的。该方式一般适用于整个金融体系出现规模巨大、涉及面广的不良资产问题时。

8.4 贷款组合信用风险管理

随着经济的快速发展,金融市场不断复杂化,贷款种类也日益复杂,仅仅对单笔贷款进行信用风险管理已经无法满足市场需求。而贷款组合信用风险管理在减少风险的同时,并不会降低贷款组合的收益率,因而掌握贷款组合风险管理十分重要。本节将首先对贷款组合信用风险管理进行概述,然后针对具体方法进行展开。

8.4.1 贷款组合信用风险管理概述

银行面对的信用环境越来越恶劣:一方面,银行之间的竞争日趋激烈,普遍面临收益下降、服务成本增加的发展困局;另一方面,随着经济金融化、金融市场化进程的加快,商业银行等主要金融中介的地位相对降低,其储蓄资产在社会金融资产中所占比重持续下降,贷款业务的收益逐渐减少。对于许多银行来说,贷款业务已经变成了一种建立或者维护客户关系的手段,而不再能够为其带来足够的盈利,不能提供足够的股东增值。现代组合管理理论在授信资产管理领域的应用越来越广,贷款组合风险度量模型以及信息技术的大范围应用使得银行贷款组合风险管理日趋完善。

贷款组合风险管理不仅可以减少贷款组合整体的未预期损失及其风险,通过分散化,在减少贷款组合的非系统性风险的同时,并不影响投资收益率;不仅可以减少贷款组合占用的监管资本,实现资本套利,从而减少资本成本,增加定价的竞争力,还可以减少资产和负债规模,减少管理的成本,提高账面资产收益率(ROA)、净资产收益率(ROE)。

8.4.2 贷款组合信用风险管理的方法

一般来说,改变贷款组合信用风险的方法可以归纳为两种:一种是从单笔贷款的信用风险计量、控制出发,从下到上改变贷款组合的信用风险特征;另一种是从贷款组合的整体出发,通过对最直接组合的管理,延伸到单笔贷款的管理,通过这种自上而下的办法来管理组合的信用风险。

1. 自下而上的贷款组合信用风险管理

自下而上的贷款组合信用风险管理是通过对单笔贷款的严格管理,实施单一贷款信用管理过程,进而考察贷款组合的信用风险。这种传统的方法应用简单、技术要求低,所以一直以来为金融机构所广泛应用。

管理独立贷款事件,即通过建立贷款专家队伍或委员会,分析和判断借款申请人的偿债能力,并通过贷款抵押品和担保品等进行补偿,降低单一贷款的违约损失;经营以客户关系为导向,致力于客户关系的长期发展,实现客户关系盈利性最大化。该方法从客户关系出发,只考虑单笔贷款的盈利水平,忽视了从贷款组合的视角进行风险收益分析和决策。这是被动的管理方式,对客户发放贷款后,不主动对贷款组合结构进行调整,而是将贷款持有到期,因此,该方法缺乏流动性。结合以上分析,这种传统的贷款管理模式的缺点明显,如容易将贷款风险向单一客户及特定行业、地区集中,管理制度相对简单粗放,采取消极措施应对风险,等等。

为弥补该方法的不足,银团贷款、限额管理等方法被应用到贷款组合的管理中。银团贷款又称辛迪加贷款(syndicated loan),是指由一家或数家银行牵头,多家银行参与组成的银行集团,由两位或两位以上的贷款人签署同一贷款协议,按相同的贷款条件、以不同的分工共同向一位或一位以上的借款人提供贷款。限额管理是将风险额度控制在可以承受的合理范围内,使风险水平与其资本实力和风险管理能力相匹配,风险限额由金融机构根据所采用的风险计量方法设定。这一方法的主要特征为:贷款机构建立自身授信限额制度,对贷款集中度进行事前控制;对各项贷款业务设定风险限额,根据限额检查各项业务的限额执行情况,根据检查的结果确认业务经营和发展中是否存在风险,最终采取各种手段规避信用风险;管理的目标是确保风险在控制范围之内,不超过事先设定的风险额度。

随着风险测量技术的发展,为更好地给出单笔贷款业务风险的定量值,风险计量与分析被引入贷款管理中。贷款风险管理可在银行积累的历史数据的基础上,应用现代风险测量技术和模型,进行压力测试,定量测算具体贷款业务的风险,从而科学地设定风险限额,控制风险。《巴塞尔协议Ⅲ》的信用风险内部评级法是这种评级方法的代表,通过内部评级系统对客户违约概率(PD)、债项违约损失率(LGD)及违约暴露(EAD)等进行准确计算,得到预期损失(EL)和非预期损失(UL)。

2. 自上而下的贷款组合信用风险管理

随着贷款信用风险研究的发展,对贷款组合相关性的计量水平也有进一步的提升,不是仅仅控制集中度风险,而是积极调整和优化贷款组合。自上而下的贷款信用风险管理是指从贷款组合的角度出发,增加对组合风险回报率产生正面贡献的信用头寸,改善组合风险收益状况。该方式主要从整体上考虑贷款风险,包括风险调准后的资本回报率(RAROC)法和积极贷款组合等方法。

风险调准后的资本回报率法是将风险与收益一同考虑来进行定价。如果一项贷款的风险收益能够覆盖风险损失,在获取相应的回报的条件下,该风险就可被接受。这种方法涉及多种工具,不仅要用客户违约概率和债项违约损失率及违约暴露计算预期损失和非预期损失,还要通过VaR来计算经济资本,用财务工具和模型得到净收益。准确地说,RAROC是一个风险管理体系,是风险管理历史过程中的更高阶段,贷款人不再简单地将风险定义为损失,而是将其与收益进行匹配,认为贷款组合管理中的风险是为了获取收益不得不付出的成本,风险与收益不可分割。

积极贷款组合法是贷款组合管理的理想方法之一。在这种方法中,对风险的定义不再是负面的,而变成了获取投资收益的手段。风险管理不是简单地控制、规避风险或消极地接受风险,而是主动积极地利用风险、经营风险。金融机构在恪守贷款限额的前提下,提升相关性的计量水平,进一步研究贷款组合的相关性,积极地调整和优化组合结构。例如,减少风险较高而相对收益较低的信用暴露,添加对组合风险回报率产生正面贡献的信用头寸,从而改善组合的风险收益状况。

近年来,国际金融界对风险的认识日益深化,管理风险的关键在于在保证收益不受影响的前提下,利用市场分散风险从而降低其所承担的风险。一方面,金融市场产品的日益多样化为银行业对冲贷款风险提供了有效的途径;另一方面,商业银行的综合经营也为市场化分散贷款风险提供了条件。作为市场化手段分散贷款风险的信用证券化产品和信用衍生品应运而生。贷款证券化是指将缺乏流动性但能够产生可预见的稳定现金流的贷款,通过一定的结构安排,对资产中的风险和收益要素进行分离与重组,进而转换为在金融市场上可以出售和流通的证券。通过出售贷款来改变银行资产负债表的组成内容,降低贷款组合的集中度和资产负债表的风险度。贷款衍生品法是运用贷款衍生工具,如违约互换、总收益互换等,管理银行资产负债表的风险、收益状况。在不改变资产负债表表内贷款资产构成的情况下,分离、转移贷款信用风险,使贷款风险和该金融产品的其他特征分离开来。单纯的贷款风险成为市场上可以交易的一种产品,商业银行通过购买贷款风险保护来对冲表内资产业务的贷款风险,而投资机构通过出售贷款风险保护获得一定的收益。关于信用衍生品我们将在后续章节中予以更加详细的介绍。

练习题

一、选择题

1. 下列哪项不属于对借款企业的财务状况进行分析的主要方法?(　　)
   A. 财务报表分析　B. 财务比率分析　C. 现金流量分析　D. 发展前景分析
2. 根据个人贷款的特点,个人贷款的信用风险主要表现在借款人的哪些方面?(　　)
   A. 还款能力　　　B. 风险偏好　　　C. 还款意愿　　　D. 欺诈行为
3. 对个人信用资质的评估,以下哪项的提高并不一定会提高信用水平?(　　)
   A. 收入水平　　　B. 信用管理能力　C. 外部关联度　　D. 学历水平
4. 下面哪项不是贷款条款必需的内容?(　　)
   A. 清偿计划　　　　　　　　　　　B. 信贷金额和期限
   C. 利率和费率　　　　　　　　　　D. 担保方式
5. 在贷款信用风险管理中,贷后管理的主要策略不包括哪项?(　　)
   A. 非现场监测　B. 现场检查　　C. 模型分析　　D. 贷款处置

二、简述题

1. 贷款人遭受借款人不能按照约定准时偿还债务的事件的原因有哪些?
2. 简论企业贷款信用风险评估的框架及其应用。
3. 相对于企业贷款,个人贷款具有哪些特点?
4. 简述贷款信用风险贷后管理。
5. 什么是限额管理?其主要特征有哪些?

第 9 章　应收账款信用风险

9.1　应收账款概述

应收账款，是指企业因销售产品、商品和提供劳务等经营活动应向购货方、接收劳务的单位或个人收取的款项，也就是提供了产品、商品或劳务该收却还没有收到的款项，包括应收销售款、应收票据等。应收账款从根本上讲是一种转化资产，即其在一定期限内可能转化为企业实际的现金利益。

9.1.1　应收账款产生的原因

应收账款是在多种因素共同作用下形成的，这些因素会对应收账款产生不同的影响，大致可以分为以下五类：

第一，降低库存及库存费用。企业采用信用销售的策略不仅可以扩大销售、减少货物库存，还可以降低存货成本、减少库存开支。随着市场竞争的日趋激烈，企业设法降低各类成本并提高利润，而采取信用销售的方法就可以降低企业的库存费用和相关成本。信用销售是一种有效的营销策略，有减少经营管理费用的作用。

第二，不合理的销售激励机制。企业为了获得更高的销售量，确立了相应的销售激励机制。例如，在未把应收账款作为考核指标的前提下，盲目地将销售量作为销售人员业绩的一项，这就会导致一些销售人员采取类似给予回扣的手段以得到更多的销售量，使应收账款快速增加。

第三，商业竞争的影响。企业可以凭借提供良好的产品质量、实惠的价格、优质的售后服务和多样的宣传手段扩大销售。在产品具有相同的价格、质量和服务的条件下，如果企业愿意采取赊销的方式，则可以获得更多的客户和销售量，也会得到比现金销售更大的销售额，因而采取赊销的方式能够产生应收账款。

第四，销售和收款时间差距的存在。在现实交易中，货款支付的时间往往和商品成交的时间不一致，支付方式是造成货款支付时间和商品交易时间存在差异的重要原因，支付方式越先进，间隔时间就会越短，企业就会减少由此产生的垫付资金。但是，即使在现销的情况下，收入的确认和账款回收也可能会存在时间差。在这个过程中应收账款的产生不属于商业信用，产生的部分也不是应收账款的主要内容。

第五，考虑和顾客的重要合作。当客户需要大量的货物时，则需要向企业购买，但是此时客户的现金流却又不足，如果之前双方建立了良好的合作关系，企业就会采用赊销的方式销售货物，由此产生应收账款。

9.1.2 应收账款的功能和影响

虽然企业会为应收账款的管理支出费用，但由于应收账款具有一定的功能，因此企业还是愿意通过信用销售持有适量的应收账款。应收账款具备以下两项功能。首先，运用赊销手段虽然产生了应收账款，但也提高了企业的市场占有率。企业要想在日益激烈的商业竞争中发展壮大，就必须提高市场份额，采取赊销的方式是促进企业销售的有效策略之一。赊销本质上向顾客提供了两项交易：一是向顾客提供了产品，二是在一个有限的时期内向顾客提供了资金。赊销方式在宏观经济低迷、市场萎缩的情况下，更能发挥其开拓市场和增加市场份额的作用。其次，此方式有利于降低存货管理开支。通常情况下，企业对存货的管理费、仓储费和保险费等支出费用会随着存货量的上升而增加。为了减少因存货量过大引起较高的费用或损失，企业往往会采用优惠的信用条件将其赊销，这样就可以把存货转化为应收账款，进而在增加资产流动性的同时，还可以节约相关开支并降低损失发生的可能性。

然而，应收账款对企业也存在不利影响。应收账款的存在是影响企业经营与发展的原因之一，会对企业的发展产生一定的不利影响。首先，它降低了资金的使用效率。企业在采取赊销的方式进行销售并开出发票时，会导致物流与资金流的不一致，这就造成了没有现金流入的销售利润，当应收账款数额较大时就会影响到企业对资金的使用。其次，它夸大了经营成果。企业统计经营成果的方式通常是从实物量和价值量两个层面进行的，这两个方面能够反映出企业在一定时期内生产经营所创造的有效劳动成果的总和，而应收账款并不完全是有效的劳动成果。若应收账款大量存在，则会夸大企业的经营成果。企业在一定时期内增加的利润并不能代表企业在这段时期的现金收入，并且企业应该根据自身的实际情况做好对应收账款计提坏账的准备。赊销虽然能使企业扩大销售和增加利润，但是当赊销量超过一定水平时，则会造成应收账款风险的增加，同时也未能增加企业的现金流入。企业除了支付应收账款的管理费用，还需缴纳各种税金和费用，这进一步加速了企业的现金流出。另外，运营周期是企业从取得货物到销售货物，并收回现金为止的这段时间，也就是存货周转天数和应收账款周转天数之和，不合理的应收账款的存在会延长企业的运营周期。

9.1.3 应收账款的成本

应收账款的存在可以增加销售量、减少存货,但与此同时也会产生相应的成本。一般来说,应收账款的成本可以分为四类,分别是坏账成本、管理成本、机会成本和短缺成本。

坏账成本 指企业赊销后由于赊销对象无法兑现其承诺而产生的那部分损失。当企业确认某项应收账款无法收回或收回的可能性极小的时候,可以按照会计准则把该项应收账款认定为坏账,由坏账产生的损失即为坏账损失。坏账损失是应当尽量避免的,但也不应以完全避免坏账而不进行赊销。

管理成本 指一切与企业信用管理有关的行为所产生的费用。企业对应收账款的全程管理所支出的费用为应收账款的管理成本。支出的费用主要用于对客户的资信调查、对应收账款的监管、收账和人员办公等。当支出的费用在一定的规模之内时,企业的管理成本会保持一个稳定的状态。

机会成本 指由于赊销的这部分资金在未收回期间可以用于别的投资并产生相应利润的那部分损失。机会成本是企业错过的价值,可以通过企业用于维持赊销业务所占用的资金乘以资金成本率得出应收账款的机会成本。应收账款在企业资金中的占用,会让企业失去用该部分资金投入其他方面的机会。

短缺成本 指企业如果不进行赊销或者很少赊销的时候使得部分客户转向竞争对手而造成自身的销售损失。企业没有获得最大的销售额而持有过少应收账款所产生的损失反映了企业较低的销售水平。企业对应收账款的持有规模与短缺成本呈负相关,持有的规模越大,短缺成本就越小;持有的规模越小,短缺成本就越大。所以企业应该找到一个合适的应收账款额度,以便控制短缺成本。

9.2 应收账款的决策

应收账款的管理决策由使用决策、授信额度决策和授信对象决策三个方面组成。在企业信用管理决策的过程中,应当综合考量企业自身授信状况和客户的信用状况两方面来设定客户信用限额。在设定客户信用额度时,不仅要考虑客户的订单量,而且要综合考虑客户的实际信用,在进行全面的分析之后,做出信用额度的决策。

从企业的角度来讲,在现代企业的发展过程中,确立最佳应收账款的持有量有利于增强企业的盈利能力,降低其信用成本。企业在赊销上的决策就是确定赊销数量和结构以最小化四种成本之和。

四种成本的确定 短缺成本从金额上与最大赊销条件下增加的收益相同。根据企业面临的市场条件的不同,短缺数额给企业造成的短缺成本也不尽相同。同时,不同的市场结构其市场需求曲线也不尽相同,以至于其短缺成本也不同。在完全竞争的市场状态下,企业是商品价格的接受者,它面对的需求曲线是一条平行于横坐标的直线。但在不完全竞争的市场中,部分企业对商品的价格具有一定的影响力,其市场需求曲线是向下倾斜的。因此,对于一些垄断企业,它们可以通过提升商品的价格来弥补因赊销减少而产生的短缺损失,在垄断市场上的短缺成本相对于完全竞争市场上的短缺成本来说就会减小。所以应收账款短缺成本大小的主要决定因素在于企业面临的市场条件和在其基础上的需求状况。机会成本和坏账损失成本与应收账款的规模呈正比,应收账款的规模越大,机会成本和坏账损失成本越会增加。对于管理成本,虽然其具有一定范围内的稳定性,但从总体应收账款额度的发展看,管理成本也是与应收账款的规模呈正比的。

短缺成本函数 主要决定因素是其所在市场状况和需求状况。假设企业面临的市场需求曲线是线性的:

$$P = \alpha - \beta Q \quad (\alpha > 0, \beta > 0)$$

其中,P 是商品价格,Q 是商品数量。企业现销商品数量为定值 n,最大的赊销商品数量为 m,实际的赊销数量为 x,销售回报率为 R。则企业的短缺成本可以表示为:

$$C = [\alpha - \beta(m+n)](m+n) \times R - [\alpha - \beta(x+n)](x+n) \times R$$

化简得:

$$C = [\beta x^2 - (2\beta n + \alpha)x + \alpha m - \beta m^2 + 2\beta mn] \times R \tag{9-1}$$

由此可见,短缺成本曲线是一条抛物线。

9.2.1 最小信用成本法确定应收账款额度

为了确定最佳应收账款额度,我们先从最小信用成本的角度分析,然后选出在最小信用成本基础上的最佳应收账款额度。我们首先需要获得信用成本函数,但在确定信用成本函数之前,我们做出以下基本假设:

(1) 假设企业的信用标准和信用期限不变,不考虑现金折扣成本;

(2) 坏账成本和机会成本的变化是较均匀的;

(3) 管理成本在一定范围内是固定不变的,在该范围内,总成本不受影响,但由于管理成本的阶跃性,不同阶跃范围的管理成本对总成本产生影响。

根据假设条件,我们可得出如图 9-1 所示的信用成本曲线。图 9-1 的(a)图是管理成本在不同阶跃范围时的信用成本图像。图 9-1 的(b)图是在管理成本的跳跃性很大的情况下的信用成本曲线。

情形一 信用成本最低点在抛物线段的顶点

如图 9-1 的(a)图所示,D 点代表信用成本最低时对应的应收账款持有量。M 点表示在短缺成本为零时的企业应收账款额。A 和 B 分别表示在与最优点 D 相同管理水平下的最小应收账款和最大应收账款的数量。因为管理成本在一定范围内对信用成本的影响具有稳定性,所以成本抛物线的最低点 D 所在的范围为 $(A, \text{Min}(B, M))$。因为总成本曲线是一条抛物线段,总成本最低点与抛物线的顶点重合,所以可以根据二次抛物线的

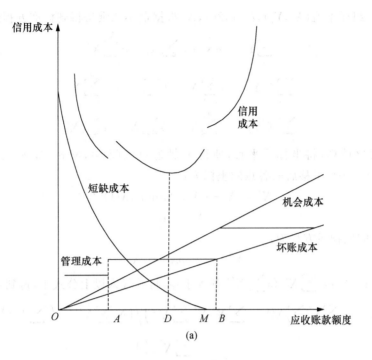

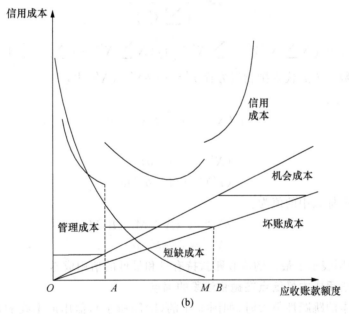

图 9-1 应收账款成本曲线

拟合来求得最佳应收账款数额。

我们用二次抛物线的方程来拟合信用成本线。

$$Y = a + bX + cX^2 \tag{9-2}$$

其中,X 表示应收账款持有量,Y 表示信用成本,a、b、c 为二次抛物线方程的回归系数。

选取 N 组样本值 $(X_i, Y_i), i=1,2\cdots,N$,根据最小二乘法得到标准方程组

$$\sum_{i=1}^{n} Y_i = aN + b\sum_{i=1}^{n} X_i + c\sum_{i=1}^{n} X_i^2 \tag{9-3}$$

$$\sum_{i=1}^{n} X_i Y_i = a\sum_{i=1}^{n} X_i + b\sum_{i=1}^{n} X_i^2 + c\sum_{i=1}^{n} X_i^3 \tag{9-4}$$

$$\sum_{i=1}^{n} X_i^2 Y_i = a\sum_{i=1}^{n} X_i^2 + b\sum_{i=1}^{n} X_i^3 + c\sum_{i=1}^{n} X_i^4 \tag{9-5}$$

为了简化计算,将坐标系平移,使得 Y 轴通过区间 $(A, \text{Min}(B,M))$ 的中点 $((A+\text{Min}(B,M))/2, 0)$,平移后的各点的坐标为:

$$X' = X - (A + \text{Min}(B,M))/2$$
$$Y' = Y$$

平移后的抛物线方程为:

$$Y' = a + bX' + cX'^2 \tag{9-6}$$

由于平移之后,$\sum X'$ 和 $\sum X'^3$ 都等于零,将其代入以上公式中,得到:

$$a = \left(\sum Y_i' \sum X_i'^4 - \sum X_i'^2 Y_i' \sum X_i'^2\right) \Big/ \left(N\sum X_i'^4 - \left(\sum X_i'^2\right)^2\right) \tag{9-7}$$

$$b = \frac{\left(\sum X_i' Y_i'\right)}{\left(\sum X_i'^2\right)} \tag{9-8}$$

$$c = \left(N\sum X_i'^2 Y_i' - \sum X_i'^2 Y_i'\right) \Big/ \left(N\sum X_i'^4 - \left(\sum X_i'^2\right)^2\right) \tag{9-9}$$

将回归系数 a、b、c 代入抛物线方程 $Y'=a+bX'+cX'^2$ 中,通过求导,令:

$$f'(X') = b + 2cX' = 0$$

得出:

$$(X')^* = (-b)/2c$$
$$(Y')^* = a - b^2/4c$$

对应的原坐标系中的值为:

$$X^* = (-b)/2c + (A + \text{Min}(B,M))/2$$
$$Y^* = a - b^2/4c$$

X^*、Y^* 分别表示了最佳的应收账款持有量和最低的信用成本。

情形二 信用成本最低点在抛物线段的端点

当管理成本的跳跃性很大时(如图 9-1 的 (b) 图所示),信用成本线的最低点就有可能在一条抛物线段的端点,比如 A 点。在此类情况下,企业最佳应收账款额度的确定方法如下:

根据情形一计算出的系数 a、b、c 的值,可以得出平移之后信用成本的抛物线部分的方程 $Y'=a+bx'+cx'^2$。在新的坐标系中,把信用成本抛物线部分各段端点(也就是管理成本的各个跳跃点)代入抛物线方程中,计算出所对应的 Y' 值。根据以下公式计算最小信用成本。

最小信用成本 $= Y' - $（管理成本的顶点值 - 管理成本的端点值）

然后，比较信用成本抛物线部分的各段端点和顶点所对应的信用成本，找出最小的信用成本值。通过 $X = X' + (A, \text{Min}(B, C)/2)$ 得出应收账款的最佳额度。

例 9-1 假设一家服装生产企业面临的市场需求曲线为：$P = 2100 - 0.1Q$，估计现销数量为 1 000 件，最大赊销数量为 10 000 件，销售报酬率为 15%，应收账款的坏账损失率为 5%，机会成本率为 10%，应收账款的管理成本为：(0, 300]，10 万元；(300, 800]，20 万元；(800, 1 000]，35 万元。表 9-1 列出了一组信用成本观测值。

根据以上求系数 a、b、c 的公式，我们可以得到回归系数

$$a = 186.3675; \quad b = 0.021645; \quad c = 0.0000668594$$

然后根据 X^*、Y^* 的表达式得出：

$$X^* = 738.1338$$
$$Y^* = 184.6158$$

所以，该企业最佳的应收账款持有量为 738.1338 万元，对应的最低信用成本为 184.6158 万元。

表 9-1 信用成本观测值

i	X(万元)	Y(万元)	i	X(万元)	Y(万元)
1	0	205.00	20	950	195.06
2	50	203.86	21	1 000	185.00
3	100	202.69	22	1 050	157.50
4	150	201.48	23	1 100	165.00
5	200	200.24	24	1 150	172.50
6	250	198.97	25	1 200	180.00
7	300	197.64	26	1 250	187.50
8	350	206.28	27	1 300	195.00
9	400	204.86	28	1 350	202.50
10	450	203.31	29	1 400	210.00
11	500	201.81	30	1 450	217.50
12	550	200.36	31	1 500	225.00
13	600	198.46	32	1 550	232.50
14	650	196.62	33	1 600	240.00
15	700	194.64	34	1 650	247.50
16	750	192.53	35	1 700	255.00
17	800	190.12	36	1 750	262.50
18	850	202.42	37	1 800	270.00
19	900	199.23			

9.2.2 最大净利润法确定应收账款额度

我们还可以从最大净利润的角度计算应收账款的持有量。相对于最小成本法的模型分析,最大净利润法的基本原理是采用方案比较的方式,用现金交易和两种常见的信用期限方案进行比较,一般用30天信用期和60天信用期进行比较和计算。通过对销售收入、销售成本、管理成本等的估计,用销售收入减去各项成本得到净利润。通过对不同信用期限的净利润的比较得出净利润最大化的赊销方案所对应的应收账款规模。

通过表9-2可以看出,当信用期限由30天扩大到60天时,应收账款的规模扩大了一倍以上,由此可以看出,企业的标准信用期限是一项重要的信用政策,企业的信用管理人员应当加以重视。特别是在销售旺季,企业应当适当地扩大规模,同时,企业财务部门要给予一定的资金支持保证其行为的顺利实施。但另一方面也要考虑企业在赊销过程中的风险问题,使赊销规模控制在企业资金允许的范围内。

表 9-2 净利润最大的赊销方案表 (单位:万元)

项目	现金交易	30天信用期	60天信用期
应收账款规模	0	15 000	350
销售收入	1 000	180	2 100
销售成本	700	122 400	1 428
毛利	300	57 600	672
一般管理成本	220	360	420
其他成本	0	36	63
坏账损失	0	36	63
利润	80	144	126
折合现金交易增加机会成本	0	15	21
净利润	80	129	105

9.2.3 其他影响应收账款额度的因素

通过以上分析,我们从应收账款持有成本的角度阐释了应收账款的最佳规模。但在现实的经营活动中,企业的应收账款持有规模还受其他因素的影响,主要有:

同行业的竞争 在激烈的竞争中,企业如果想要比竞争对手销售更多的商品、取得更好的效益,必须要给出比竞争对手更多的优惠政策来吸引顾客。所以,企业间的竞争越激烈,以赊销作为信用优惠的方式就会越广泛,应收账款的额度就会越大。

销售规模 是决定企业应收账款额度大小的重要因素。企业的商品销售规模越大,流动资产周转各个阶段占用的资金也就越多。应收账款是流动资产周转的重要阶段,其自身的变动会随着销售规模的扩大而增加。

最后,企业产品的生命周期、市场供求状况、产品质量、产品的季节性等因素也会对企业应收账款的占用量产生影响。

9.2.4 完善赊销额度决策

通过从企业自身的角度进行的分析,我们得到了一个整体的信用额度和标准的信用期限。但在与客户进行赊销交易前,企业还要根据不同客户的信用风险状况,给定客户相对应的一个赊销金额上限。从企业的角度分析客户的还款能力,我们主要通过客户的偿债能力和还款意愿两方面来综合分析进而做出对其赊销额度的决策。

偿债能力分析主要从其短期偿债能力和长期偿债能力两个方面进行考虑。影响企业短期偿债能力的因素主要包括流动资产的结构和规模、流动负债的结构和规模、经济现金流量规模等。在此基础上,我们可以通过流动比率、速动比率和现金比率三个指标对短期偿债能力进行分析。影响企业长期偿债能力的因素主要包括非流动资产和负债的结构与规模、企业的盈利能力等,主要通过资产负债率、利息保障倍数等指标进行分析,同时还应考虑客户的运营能力、盈利能力等综合因素。客户还款意愿主要通过客户与其他企业或者银行进行业务活动时的信用记录表现出来。这些历史信用记录对企业进行信用额度的决策具有重要的参考价值。通过实践中的调研和归纳,对于客户赊销额度的确定,我们一般采用销量统计法、回款额法和营运资产模型分析法以及快速测算的方式进行分析决策。针对一些中小企业,在进行客户赊销额度的决策时,还可以使用一些快速计算的方式。

方法一:销量统计法

销量统计法是根据客户以往的订货记录和订货周期来确定对其赊销额度的方法。以客户上一季度的订货量为基本参考数额,再以企业标准的信用期限作为参数,最终计算得出客户的信用额度。同时,为了提高准确度,企业需要把客户历史付款记录或者客户的信用等级作为修正系数。

销量统计法的计算步骤如下:

第一步,确定客户上季度订货量

企业一般应该定期记录和统计客户的订货量。对于有进销存管理软件的企业来讲,可以用软件直接统计数据;对于手工操作的企业来说,可以依据销售记录、订单或出库单等信息来确定客户的订货量。

第二步,确定客户的信用期限

确定客户信用期限的其中一种方法是直接使用标准的信用期限。也可以根据客户的类型和交易过程中的地位,在标准信用期限内由信用管理人员给出客户的一般信用期限。

第三步,计算信用限额

$$信用限额 = 季度订货量 \times 信用期限 / 90$$

第四步,修正信用限额,确定客户相应的赊销额度

$$赊销额度 = 信用限额 \times 风险修正系数$$

对于风险修正系数的确定,一般有两种方法,分别是依据客户的信用等级和信用记

录进行确定。另外,在运用销量统计法确定客户的赊销额度时,还应该具体考虑客户能否提供担保,以及竞争对手给客户的信用额,进而及时做出相应的调整。

对于风险修正系数的确定,我们可以参考表 9-3 和表 9-4。

表 9-3 风险修正系数 1(信用等级)

风险等级/信用等级	修正系数(%)
A	100
B	60
C	20
D	0

表 9-4 风险修正系数 2(信用记录)

(某行业)拖欠金额×拖欠天数	信用评分记录(分)	修正系数(%)
无	100	100
25 万/天	80	80
60 万/天	50	50
100 万/天	20	20
200 万/天	10	10

销量统计法在现实中的应用是以客户的实际销售量作为依据来预测其赊销额度。这种方法较为简便易行,并且与销售密切相关,容易在企业中实施。

方法二 回款额法

该方法通过参考客户最近半年的回款能力,为客户设定标准的信用额度,企业对客户近半年来每个月的回款额进行加权平均计算,并以本企业标准的信用期限为参数,来计算客户的信用额度。

回款额法的基本计算步骤如下:

第一步,确定客户评估日期前半年每个月的回款额

企业财务部门一般应该定期记录和统计客户的回款情况。对于有财务软件的企业而言,可以直接使用软件中的统计数据;对于采用手工记录方式的企业来说,可以利用收款凭证和销售台账等信息确定客户每个月的回款额;但对于新客户,由于没有与其相关的回款记录,因而得不到无条件授予赊销额度的信用政策,所以该方法对新客户不易实施。

第二步,确定本企业的标准信用期限(参照销量统计法)

第三步,计算赊销额度

计算公式为:

$$标准赊销额度 = \frac{(最近月份回款额 \times 6 + \cdots \times 5 + \cdots \times 4 + \cdots \times 3 \cdots \times 2 + 半年内最远月份回款额 \times 1)}{(6+5+4+3+2+1) \times (标准信用期/30)}$$

(9-10)

回款额法以客户前一个周期实际付款数量为基础来确定信用额度,该方法比销售量法更为稳妥,也更简单直接,而且易于操作,不用进行参数设定。但对于一些销售季节性

较强的商品交易和客户回款极其不稳定的客户来说,该方法的决策会有一定的误差。

方法三 营运资产模型分析法

约翰·克劳萨最早提出营运资产模型。该模型从1981年开始运用,以客户的基本偿债能力为基本假设,根据对客户的资金实力和信用状况的评估,以客户的最大负债为限额,通过一系列计算,进行客户信用额度的决策。

营运资产模型分析法的基本计算步骤如下:

第一步,计算客户营运资产的规模

$$营运资本 = (营运资产 + 净资产)/2 \qquad (9-11)$$

其中,营运资产=流动资产-流动负债,净资产即所有者权益。

从营运资产的计算公式可以看出,企业信用额度的决策一方面考虑客户资本流动性的问题,借此判断客户的短期偿债能力;另一方面还考虑到了客户净资产的因素,因为净资产代表着客户的最后清偿能力,可以用于获得长期负债等融资。因此,营运资产的计算方式将客户的资本流动性和最后清偿能力进行了综合考量,是衡量客户信用风险的有效方法之一。

第二步,计算相关偿债能力比率

X_1——流动比率=流动资产/流动负债

X_2——速动比率=(流动资产-存货)/流动负债

X_3——流动负债净资产比率=流动负债/净资产

X_4——负债净资产比率=负债总额/净资产

第三步,计算评估值

$$评估值 = X_1 + X_2 - X_3 - X_4 \qquad (9-12)$$

第四步,根据评估值对照找出经验性百分比,计算客户的信用额度

经验性百分比是根据评估值得出的。在大量的经验基础上,企业信用管理部门通常有一个一般性的企业经验值。

表9-5列示了实务中常用的评估值、经验性百分比率间的对应关系。如果企业流动资产与负债决定其评估值为-1.5,则根据表9-5,其经验性百分比率为12.5%。

表9-5 信用额度计算表

评估值	经验性百分比率(%)	信用限额
小于-4.6	0	
-4.6——3.9	2.5	
-3.9——3.2	5	
-3.2——2.5	7.5	
-2.5——1.8	10	
-1.8——1.1	12.5	营运资产×经验性百分比率
-1.1——0.4	15	
-0.4——0.3	17.5	
0.3—0.9	20	
大于0.9	25	

第五步,对计算得来的信用额度进行修正

特别是针对某个具体顾客,要根据其特殊情况进行修正。例如,要考虑客户在行业中的地位、客户未来发展的前景等因素,使计算得出的信用额度在具体的实践中不断改善。

营运资产分析模型在国外得到广泛运用,特别是对于一些传统行业,其准确度更高。但该方法也有一定的局限性,主要原因在于,一方面,该方法在分析过程中主要依赖客户的财务报表数据,其结果的准确度也完全取决于客户财务报表的可信度。因此,这就对企业取得其客户真实的财务报表数据有了严格要求,一旦企业取得的客户的财务报表与其真实的报表有偏差,该模型的作用就会大大降低,甚至出现严重错误。另一方面,由于受行业的限制,营运资产分析模型主要应用于传统行业,对于很多新兴行业客户的信用额度决策的使用具有局限性。

方法四:快速测算的方式

对于一些中小客户,企业可以采用一些简单高效的方式快捷地进行信用额度的决策,这些方式主要包括营运资产法的简化和销售量法的简化:

营运资产法的简化

计算公式:赊销额度=净资产×10%(或流动资产×20%)

销售量法的简化

计算公式:赊销额度=客户上季度平均每月订货量×2

9.3 应收账款信用风险管理

9.3.1 应收账款信用风险产生的原因

应收账款信用风险通常是由于客户企业因受到内部或外部的影响而无法按期支付应付账款给企业带来的损失。决定客户信用风险的因素与本书的姊妹篇《信用风险管理:从理论到实务》一书中主体信用风险评估所讨论的因素基本一致,下面再简要解释其中最重要的指标。

1. 内部因素

我们再回顾一下内部因素中的企业竞争力、企业管理水平和财务政策。

企业竞争力 指企业在市场竞争中实现自身竞争和发展目标的能力,可以从企业规模、市场控制力和营运能力等几个方面得到体现。企业规模影响到企业的生产成本、生产多样性和盈利水平等,主要体现在资产规模和销售收入上。市场控制力表现在企业的销售情况和市场占有率上。运营能力是对企业资产利用程度和使用效率的反映,很大程度上决定了企业的经营效益。因此,客户企业竞争力的强弱会直接影响到账款的归还。

企业管理水平 可以从管理者素质、公司治理和财务状况三个方面进行衡量。管理者素质是指企业高层管理者的道德水平、专业素质、管理能力等综合素质。公司治理最关键的要素是股权结构和股东权利,董事会持股水平和董事会治理也是公司治理的重要决定因素。财务数据可用于检验企业业务的价值、预测利润增长率和评价其管理措施,所以财务状况是对企业信用风险客观、真实、量化的反映。客户企业的这三个方面都会对赊销企业应收账款的回收产生影响。

财务政策 是企业用来调节和控制财务行为的工具,决定着企业对财务资源的配置和利用的基本方式,并且对企业的经营和财务状况都有影响,而企业的财务状况又决定了其是否具有还款能力。

2. 外部因素

激烈的市场竞争必然会导致某些企业被迫退出竞争,而另一些企业则可以获得生存。竞争给企业带来的风险一直都会存在,若企业抵挡不住市场竞争带来的风险,则会对应收账款的偿还造成影响。

经济因素是指税率、通货膨胀率、失业率、利率等因素,这些因素的恶化会对企业的经营造成影响,甚至使企业遭受损失,进而会导致客户企业信用的不稳定,产生应收账款归还的风险。

政治法律因素指国家和地区的政治制度及法律法规等,这些因素对企业的影响主要表现为企业的经营活动是否能够在政策频繁变动的环境中正常进行,以及企业受到政府的干预程度有多大等。若客户企业不能适应政治法律因素的变动,经营效益容易随政治法律的变化而波动,则其偿付欠款的能力就不会太稳定。

另外,政府因保护环境或需要对经济结构做出调整时,制定出的对某些行业具有限制性的措施,会让处于这些行业中原本经营效益不错的企业受到较大的影响,进而增加企业应收账款的回收风险。

9.3.2 应收账款信用风险管理的意义

对应收账款的信用风险管理有利于减少无效资金的占用。应收账款占用了企业的流动资金,大量的应收账款会对企业资金的周转造成影响。实施对应收账款的信用风险管理,可以提高应收账款的回收率,减少对资金的占用。因此,通过对应收账款采取风险控制措施,可以减少企业无效资金的占用。

对应收账款的信用风险管理有利于体现真实的经营成果。企业本期实际的现金收入是衡量其经营成果的重要指标,且企业本期利润的增加并不能真实地表明本期实际的现金收入。因此,如果企业对应收账款管理不到位,不能及时地收回应收账款,则会在一定程度上虚化本期的利润。加强对应收账款的信用管理,可以真实地体现出企业的经营成果。

对应收账款的信用风险管理有利于减少应收账款的成本。应收账款的存在,会产生相应的坏账成本、管理成本、机会成本以及短缺成本。如果企业不能对应收账款实施有效的信用管理,则会延长应收账款的回收时间,进而增大各种成本的支出费用。企业通过加强应收账款的信用风险管理能够使资金及时回流,降低企业对应收账款负担的各种成本。

对应收账款的信用风险管理有利于保证正常的营运周期。营运周期是存货周转时间与应收账款周转时间之和。若应收账款的周转时间不能保证在一个合理的范围内,则会对企业的营运周期造成影响。企业通过对应收账款的信用管理,控制其周转时间,从而可以保证企业正常的营运周期。

9.3.3 应收账款信用风险测度

应收账款信用风险是应收账款回收不能按时实现从而给企业带来损失的可能性。为了预防和控制信用风险,企业应对每一笔应收账款进行评估,评估可以从应收账款的周转率、回收率、不良资产风险数额、收现保证率、坏账比率以及风险类别等六个方面进行分析。

1. 应收账款周转率

应收账款周转率反映的是企业应收账款的周转速度,其计算公式为:

$$应收账款周转率 = \frac{赊销收入净额}{平均应收账款} \tag{9-13}$$

其中,赊销收入净额=赊销收入-赊销退回-赊销折让-赊销折扣 (9-14)

$$平均应收账款 = \frac{期初应收账款数额 + 期末应收账款数额}{2} \tag{9-15}$$

在一定时期内应收账款的周转率越高,则应收账款的偿还次数就越多,信用风险就越小。

2. 应收账款回收率

应收账款回收率是指一笔应收账款已收回的金额与该项应收账款全额的比值,影响因素主要是客户的信用等级、偿还能力和拖欠时间等,其计算公式为:

$$应收账款回收率 = \frac{应收账款收回额}{应收账款全额} \times 100\% \tag{9-16}$$

应收账款的回收率高,说明客户企业的偿还能力强,支付及时,信用风险相应也较小,同时还体现出企业变现速度快、资金利用率高的特点。

3. 不良资产风险数额

不良资产风险数额可以反映企业应收账款的回收风险,即应收账款信用风险。不良资产风险数额可以通过应收账款的账龄分析进行计算,应收账款的账龄是指企业将产品赊销之后,应收账款产生的时间到其全部收回所持续的时间。应收账款的账龄分析以信用等级为标准,建立在应收账款逾期时间过长、账款不良率较高的基础上。用不同账龄的应收账款数额乘以对应的不良资产率,就可以得到不良资产风险数额,计算公式为:

$$P_n = \sum_{i=1}^{n} A_i B_i \tag{9-17}$$

其中,A_i 表示账龄为 i 的应收账款数额,B_i 表示账龄为 i 的不良资产率,n 代表应收账款的账龄。这是根据客户企业所欠款项时间段的不同来估计坏账损失的数额,可以反映出在信用期限内应收账款的数额和超过信用期限的应收账款数额。

4. 应收账款收现保证率

应收账款收现保证率是企业当期必要的现金支付数额扣除稳定性来源后的差额与当期应收账款总额的比值,计算公式为:

$$X = \frac{A-B}{C} \tag{9-18}$$

其中,X 表示应收账款的收现保证率,A 表示当期预计需要的现金数额,B 表示当期预计其他确定的现金流入额除去应收账款回收取得的现金之外的数额,C 表示当期应收账款的总额。应收账款收现保证率是对企业拥有足够现金流的保证,只有当企业的收现水平在此之上时才能保障企业的现金支出,所以应收账款保证率可以在一定程度上反映信用风险的大小。

5. 坏账比率

企业应收账款中无法回收或回收可能性极小的款项被称为坏账。由于坏账无法转化为企业的现金收入,所以会给企业带来损失。坏账比率即是年度坏账总和与年度累计应收账款的比值,坏账率越高,说明企业产生损失的可能性越大,相应的应收账款信用风险也就越大。坏账率的计算公式为:

$$T = \frac{X}{Y} \tag{9-19}$$

其中,X 为企业年度坏账总额,Y 为企业年度应收账款总额,T 为坏账率。

6. 应收账款风险分类

应收账款风险分类的预测模型是按照资信度的不同,将客户企业的资信度分为优秀、良好、中等、较差四个级别,例如可以按资信度把不良资产率划分为 5%、15%、35% 和 65% 四个不同的等级,最后乘以对应的应收账款计算得出不良资产风险值,计算公式为:

$$W = \sum_{i=1}^{n} A_i B_i \tag{9-20}$$

其中,A_i 表示风险等级为 i 的应收账款数额,B_i 表示风险等级为 i 的不良资产率,$n=1,2,3\cdots$ 表示不同的风险等级。W 的数值越大,表示企业的不良资产风险值越大,应收账款的信用风险越大。

9.3.4 DSO 及其应用

DSO(Days Sales Outstanding)指企业将货物赊销之后,收回货物账款所需的天数。DSO 在企业应收账款风险管理中的应用极其广泛。

1. DSO 的意义和作用

通过对 DSO 的计算,可以了解客户实际付款的速度,并能够检验收款效果,督促销售人员提高收款效率。该指标反映的是应收账款管理水平的高低和现金流量的充足与否。DSO 越大,表明企业应收账款的收款期限越长,销售人员的收款效率越低;DSO 越小,表明企业应收账款的收款期限越短,销售人员的收款效率越高。由于 DSO 指标的表达形式简单,反映问题直接,所以在企业管理中被广泛采用,把企业的 DSO 水平降低到行业平均水平之下也是企业管理部门的工作责任之一。

DSO 是企业信用管理常使用的指标,同时,DSO 分析报告与财务报表也可以为管理部门的决策提供参考。由于 DSO 会受到经济环境、行业因素等的影响,所以企业应及时对其进行调整,提高信用风险管理水平。

2. DSO 的计算

DSO 可以以年、季度或月为时间单位进行计算,为了更好地理解 DSO,下面先对一个客户的销售和应收账款情况进行分析。

假设表 9-6 是 X 客户的应收账款表,可以根据还款数额和时间对其进行加权计算。

表 9-6 X 客户的应收账款 （单位:元）

天数	第一天	第二天	第三天	第四天	第五天
赊销额	100 000	200 000	300 000	200 000	0
款项代码	①	②	③	④	
还款数额	0	50 000	200 000	300 000	250 000
应收账款余额	100 000	250 000	350 000	250 000	0
就近清偿		① 50 000		③ 300 000 ② 200 000	① 50 000 ④ 200 000
期限优先清偿		① 50 000	① 50 000 ② 150 000	② 50 000 ③ 250 000	③ 50 000 ④ 200 000

我们假设当天还款额只用于偿还前一天的应收账款,如果有剩余,再用于偿还前一天之前一天的应收账款,依次前推,直至用完,我们称这种方式为**就近清偿原则**。

由表 9-6 可知还款时间为 1 天的还款数额为:

$$50\,000 + 20\,000 + 300\,000 + 200\,000 = 750\,000(元)$$

还款时间为 4 天的还款数额为:50 000(元)

则 X 客户应收账款的 DSO 为:

$$\text{DSO} = \frac{750\,000}{800\,000} \times 1 + \frac{50\,000}{800\,000} \times 4 = 1.1875(天)$$

故 X 客户应收账款的 DSO 为 1.1875 天。

如果我们假设当天的还款额度用于偿还产生时间相对最长的那部分应收账款,有剩余再用于清算下一天的应收账款,依次后推,我们称这种方式为**期限优先清偿原则**。可以算出在这种方式下的 DSO:

由表 9-6 可知还款时间为 1 天的还款数额为:

$$50\,000 + 150\,000 + 250\,000 + 200\,000 = 650\,000(元)$$

还款时间为 2 天的还款数额为:

$$50\,000 + 50\,000 + 50\,000 = 150\,000(元)$$

则 X 客户应收账款的 DSO 为:

$$DSO = \frac{650\,000}{800\,000} \times 1 + \frac{150\,000}{800\,000} \times 2 = 1.1875(天)$$

两种假设计算出的 DSO 是一致的,故 X 客户应收账款的 DSO 为 1.1875 天。

在大多数会计核算中,一般按月统计应收账款的变动情况并计算 DSO。同理,我们先假设当月的还款额只用于偿还上个月的应收账款,剩下未偿还的应收账款到最后还清。相关数据如表 9-7 所示。

表 9-7 Y 企业应收账款债务　　　　　　　　　　　　　　　　　　　　(单位:元)

月份	1月	2月	3月	4月	5月	6月	合计
总销售额	96 100	109 200	130 200	111 000	117 800	108 000	672 300
日销售额	3 100	3 900	4 200	3 700	3 800	3 600	
赊销额	5 000	6 000	7 500	12 000	50 000	75 000	155 500
款项代码	①	②	③	④	⑤	⑥	
还款数额	0	2 000	4 500	5 500	9 500	29 000	
应收账款余额	5 000	9 000	12 000	18 500	59 000	105 000	105 000
就近清偿		① 2 000	② 4 500	③ 5 500	④ 9 500	⑤ 29 000	① 3 000 ② 1 500 ③ 2 000 ④ 2 500 ⑤ 21 000 ⑥ 75 000
期限优先清偿		① 2 000	① 3 000 ② 1 500	② 4 500 ③ 1 000	③ 6 500 ④ 3 000	④ 9 000 ⑤ 20 000	⑤ 30 000 ⑥ 75 000

根据就近清偿原则,我们可以计算 DSO 为 1 个月的还款数额为:

$$2\,000 + 4\,500 + 5\,500 + 9\,500 + 29\,000 + 75\,000 = 125\,500(元)$$

还款时间为 2 个月、3 个月、4 个月、5 个月和 6 个月的应收账款分别为:21 000 元、2 500 元、2 000 元、1 500 元和 3 000 元。通过公式,我们可得出 DSO:

$$\frac{122\,500}{155\,500} \times 30 + \frac{21\,000}{155\,500} \times 60 + \frac{2\,500}{155\,500} \times 90 + \frac{2\,000}{155\,500} \times 120 +$$

$$\frac{1\,500}{155\,500} \times 150 + \frac{3\,000}{155\,500} \times 180$$

$$= 40.22(天)$$

若我们使用期限优先清偿原则,当月还款额用于偿还产生时间相对最长的应收账款,根据表 9-6,我们可得出还款时间为 1 个月的应收账款为:

$$2\,000 + 1\,500 + 1\,000 + 3\,000 + 20\,000 + 75\,000 = 102\,500(元)$$

还款时间为 2 个月的还款数额为:

$$3\,000 + 4\,500 + 6\,500 + 9\,000 + 30\,000 = 53\,000(元)$$

没有应收款超过 2 个月。每月按 30 天计算以下数据,则 Y 企业应收账款的 DSO 为:

$$\text{DSO} = \frac{102\,500}{155\,500} \times 30 + \frac{53\,000}{155\,500} \times 60 = 40.22 (\text{天})$$

由此,两种方式获得的 DSO 是一致的。

由于企业会在同一时期对多个客户进行赊销,受到现实条件的限制,实时更新还款额度需要大量的人力物力,并且,我们不可能做到实时追踪每一笔应收账款每一时段的 DSO,烦琐的记录给会计人员带来很大的挑战,因此,为了提高计算的效率,我们不得不采取一些较为粗略的方法进行快速估算,这些方法有期间平均法、倒推法、按月法。

期间平均法　期间平均法是计算 DSO 常用的方法之一,具体计算公式为:

$$\text{DSO} = \frac{W}{E} \times T \tag{9-21}$$

W 是期末应收账款余额,E 是同一时期的销售总额,T 代表这一时期的天数。

以表 9-7 为例,1—6 月作为半年期。根据表中数据可知,上半年期末应收账款余额为 105 000 元,上半年销售总额为 672 300 元。则根据公式可得该企业在上半年的 DSO 为:

$$\text{DSO} = \frac{10\,500}{672\,300} \times 180 = 28.11 (\text{天})$$

可以看出,期间平均法算出的 DSO 与我们根据具体还款数额得到的 DSO 有很大的差别。所以,这种方法只是一种粗略的估算方法。

倒推法　倒推法是以企业最近一个月的月底为起点,用应收账款总额逐日减去销售额,应收账款余额被全部减完时所用的总天数就是 DSO。

例如,由表 9-7 中的数据可知,该企业在 6 月底的应收账款余额为 105 000 元,减去 6 月份(30 天)的销售额 108 000 元,可见 6 月份的总销售额大于该月应收账款额度,所以,我们用日销售额来计算该月的 DSO,可得:

$$\frac{105\,000}{3\,600} = 29.17 (\text{天})$$

在倒推法下算出的 DSO 相对于之前的 40.22 天较小,这可能会造成企业对应收账款的乐观估计,给企业带来潜在的营运风险。

但是,如果各月的赊销额度顺序发生变化,例如,最近一个月(6 月)的赊销额度由 75 000 元降低到 5 000 元,而第一个月的赊销额度由 5 000 元升高到 75 000 元,则 DSO 也会相应变化(见表 9-8)。

表 9-8　应收账款产生顺序发生变化　　　　　　　　　　(单位:元)

	1 月	2 月	3 月	4 月	5 月	6 月	合计
销售额	108 000	109 200	130 200	111 000	117 800	96 100	672 300
日销售额	3 600	3 900	4 200	3 700	3 800	3 100	
赊销额	75 000	6 000	7 500	12 000	50 000	5 000	155 500
还款额	0	31 000	4 500	5 500	9 500	0	
应收账款余额	75 000	50 000	53 000	59 500	100 000	105 000	

采用倒推法,我们可得出应收账款余额为 105 000 元,6 月份的销售额为 96 100 元。

$$105\,000 - 96\,100 = 8\,900 (\text{元})$$

剩下的应收账款余额为 8 900 元，由于其小于 5 月份的销售额，所以我们用 5 月份的日销售额来计算可得出 DSO：

$$\frac{8\,900}{3\,800} = 2.342$$

因此，我们得出在新情况下倒推法算出的 DSO 为 2.342 天。

另外，我们需要检测在知道还款额度信息的条件下的 DSO，根据表 9-8，还款时间为 1 个月的应收账款为：

$$31\,000 + 4\,500 + 5\,500 + 9\,500 + 5\,000 = 55\,500(元)$$

还款时间为 2 个月、3 个月、4 个月、5 个月、6 个月的应收账款分别为 50 000 元、2 500 元、2 000 元、1 500 元、44 000 元。通过公式，我们可得出 DSO：

$$\frac{55\,500}{155\,500} \times 30 + \frac{50\,000}{155\,500} \times 60 + \frac{2\,500}{155\,500} \times 90 + \frac{2\,000}{155\,500} \times 120 +$$

$$\frac{1\,500}{155\,500} \times 150 + \frac{44\,000}{155\,500} \times 180$$

$$= 85.37(天)$$

由此可见，在应收账款总额和应收账款余额不变的情况下，如果改变每个月的销售额的还款额度，通过倒推法计算的 DSO 会有很大的偏差。在现实的经济生活中，主要原因可能是有些行业产品的销售具有季节周期性，在采用倒推法的过程中应该注意产品销售的特殊性。

按月法 按月法是以各月的应收账款发生额和当月的日销售额为基础，累计各月的 DSO 的算法。

每月的 DSO 计算公式为：

$$DSO = 当月应收账款产生数额 / 当月的日销售额$$

经计算可知，1 到 6 月份每月的 DSO 分别为 1.61 天、1.54 天、1.79 天、3.24 天、13.16 天和 20.83 天，将这 6 个数值累加的结果为 42.17 天，说明由按月法计算得到该企业这半年的 DSO 为 42.17 天，与知道每笔应收账款回收额情况下的 DSO 也很接近。

综上可知，倒推法和按月法得到的 Y 企业的 DSO 均比真实的 DSO 值要小，这会影响到企业对赊销决策的制定，导致不同的决策结果，可能会造成对信用风险的乐观估计，从而接受一些高风险的赊销业务，给企业带来经营风险。

9.3.5 应收账款信用风险的控制措施

针对应收账款存在的信用风险问题，企业应采取必要的控制措施予以防范，按照应收账款信用风险发生的时间，可分为应收账款事前控制、事中控制和事后控制。

1. 应收账款的事前控制

应收账款的事前控制是指在应收账款产生之前，对形成及影响应收账款的有关因素进行考察，进而制定出符合企业具体情况的控制制度，以减少不合理的应收账款的形成。这主要涉及以下几个方面：

制定现金折扣政策 客户若在授信日期截止前支付应收账款则可以享受企业给予的现金折扣优惠。企业由于对客户给予了现金优惠，增加了相应的财务负担，因此在制定现金折扣政策时，应在现金优惠带来的收益和为此所承担的代价之间进行权衡。

制定信用期限政策 较长的信用期限会增大销售额，但也会导致应收账款管理费用和收账费用的增加。反之，较短的信用期限会产生较少的管理费用和收账费用，但不会产生较大的销售额。因此，企业在制定信用期限时，应充分考虑信用期限对企业收入和成本的影响。

应收账款总额的控制 过少的赊销或全是现销不利于企业提高市场占有率和扩大销售，因此企业可以通过保持一定数额的赊销提高其竞争能力。从财务角度分析，以占企业总资金的 20% 为上限的应收账款总额较为合理。企业通过统筹兼顾外部环境、宏观经济政策、毛利率、客户行业的经济周期等因素对赊销量进行控制。

提高业务人员的素养 企业要加强对销售业务人员的管理，提高他们的职业素养，打造出优秀的销售团队，要求团队中的每一个销售人员都把企业的利益放在第一位，对自己赊销出货物的应收账款负责到底。

调查赊销对象的资信情况 客户能为企业带来财富，但也是风险的来源，对客户资信的调查是控制应收账款信用风险的必要工作。企业通过对客户的经营状况、偿债能力、财务状况、资产状况、企业信誉等多方面的深入调查对其信用等级进行评定，并建立客户档案。客户信用资料主要来源于企业的财务报表、银行的资料、信用评估部门的资料和企业间的评价等。

建立赊销审批制度 在企业内部按业务人员级别的不同，明确限定每次可赊销的最高数额、年度赊销总额和授信日期，若超过限定数额或日期，则需要报上级进行审批。这种分级管理的制度能够将赊销业务控制在合理的限度内，避免了信用赊销量的盲目扩张。

建立赊销回款责任制 不合理的销售激励机制会导致销售人员片面追求销售量而盲目授信，但并不承担由此产生的应收账款的追回责任，故企业应在内部明确应收账款的追回责任。此外，企业还需制定严格的应收账款回收考核制度，以销售人员实际回收的货款数额作为个人的考核指标。

建立健全的收账制度 企业在回收应收账款的过程中，势必会产生一定的收账成本。严格的收账制度会使企业增加收账成本，但可以减少坏账损失；反之，宽松的收账制度则会减少应收账款的收账成本，但会增加坏账损失。坏账损失在一定程度上会随着收账成本的增加而减少，但当收账成本达到一定额度时，对减少坏账损失的作用就会减小，收账费用的这一额度就称为饱和点，如图 9-2 的 Q 点所示。

因此，企业应依据自身状况和市场环境制定最佳的收款制度，使收账成本最低，同时也能最大限度地减少坏账损失，降低应收账款的信用风险。

选取合适的结算方式 企业应根据客户的资信情况选取不同的结算方式，常用的结算方式有委托收款、托收承付、支票、银行承兑汇票等。影响应收账款回收的主要原因之一就是结算方式。委托收款和托收承付等结算方式适用于资信良好、盈利能力较强的客户；支票和银行承兑汇票等结算方式适用于资信较差、盈利能力较弱的客户。针对不同

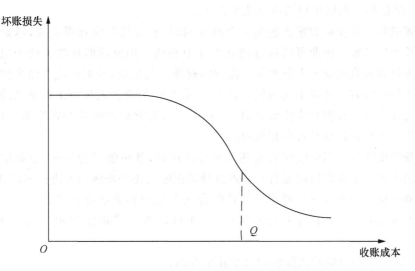

图 9-2 收账成本与坏账损失关系图

的客户,选取一种合适的结算方式能降低企业应收账款产生的风险。

规范合同制度 合同是依照相关法律规定明确买卖双方的权利关系,是控制经营风险的手段之一。企业在赊销时应签订规范的销售合同,应收账款的回收记录和产品的发货证明上都要有客户负责人员的签字和公章,若日后产生经济纠纷,则可借助法律手段,进行司法诉讼。

2. 应收账款的事中控制

应收账款的事中控制是指赊销业务审批通过后,企业在商品办理赊销手续的过程中进行监管。

对应收账款的追踪分析 应收账款逾期时间越长,催收的难度越大,成为坏账的可能性就越大。所以,信用赊销一旦产生,企业就必须考虑如何按期全部收回,这就需要对应收账款进行全程追踪分析。销售和财务人员要对客户企业的经营状况、偿还能力进行密切的跟踪调查,提醒其应收账款的截止日期,努力提高应收账款的收现率,从而可以最大限度地降低应收账款给企业带来的损失。

监督货物的发出过程 货物赊销之后,客户可能因为其价格、数量和质量等产生纠纷而拒付应收账款。为防止此类问题发生,企业应安排审批人员和财务人员监督货物发出的过程,并对合同进行审查,以确保赊销货物和合同的要求是一致的。

加强应收账款的日常管理 企业的财务部门要加强对应收账款的管理工作,包括审核各项应收账款原始手续的完整性,建立能准确反映客户应收账款情况的明细账本,以便于核查催收。此外,管理人员还需定期审核应收账款余额及内容,如发现问题需要及时进行调整。

3. 应收账款的事后控制

应收账款的事后控制是指应收账款在授信日期截止时,未全部收回甚至产生坏账之后,企业采取的能够降低损失或减少不利影响的措施。

(1) 降低损失的措施包括以下几个方面：

加强追收 企业应收账款逾期未全额收回时，业务部门应加强追收，尽量避免拖欠时间过长产生坏账。企业可以通过建立责任中心和采用灵活的催收方法予以追收。责任中心由负责追收的业务人员和负责监管的财务人员组成，并把追收业绩和控制坏账作为绩效考核的内容。针对不同的拖欠客户，负责追收的业务人员应采取灵活的方法进行催收。当客户拖欠和拒付应收账款时，业务人员需要重新评估违约客户的资信等级，并分析企业信用审批制度是否存在漏洞。

准备计提坏账 当应收账款逾期未全额收回时，就可能成为坏账，企业应该做好计提坏账的准备。企业可以根据自身特点选择依据账龄还是账面余额进行坏账计提。

借助法律 企业应充分利用已签订的合同条款和相关法规保护自己。对于应收账款拖欠严重、多次上门追讨无效的客户，企业可以考虑借助法律追回应收账款，减少损失。

(2) 减少不利影响的措施包括以下几个方面：

限制措施 企业在赊销之前依据对客户企业的资信调查情况，对其设立应收账款的最高授信额和最长授信期。若客户的应收账款超过最高授信额度或最长授信期限，则赊销量应予以相应的减少。对于应收账款额度已经高于最高赊销额的客户，对其每月的收款数量一定要大于供货资金数额，并且逐渐限制在最高数额内。对于应收账款的还款期已经长于设定的最长授信期限的情况，业务人员应跟单催收。如果在较长的时间内还未收回欠款，企业应立即停止供货，并组织追款。

建立准备金 应收账款在授信日期内没有收回就减少了企业正常的现金流入。若逾期款项达到一定的数额，则会影响到企业的正常经营。因此，企业应根据客户的信用等级和当期的经营状况对其所欠应收账款进行预估，及时建立用于弥补逾期未收回应收款项的准备资金。

除上述因素外，若逾期所欠应收账款的客户在某一行业内集中度较高，则企业需要安排相关人员对该行业目前的发展情况进行调查和评估。若评估结果显示其经济效益较差，行业内企业拖欠应收账款现象较为普遍，则企业在进行信用赊销时，对该行业的客户要予以慎重考虑。

9.3.6 转移应收账款信用风险

企业面对存在的应收账款信用风险问题，应考虑采取多种能够转移风险的措施。下面介绍四种转移风险的措施：

应收账款证券化 企业通过将应收账款出售给专门从事资产证券化的机构来转移自身所承担的风险，达到利用应收账款融资的目的。SPV把所购应收账款汇入资产池，经过整合包装后，向市场发行有价证券。证券的价格由应收账款的信用等级、质量等状况确定。应收账款证券化有多方面的优点，如较低的融资成本、较少的管制成本和交易成本，并且可以优化企业的财务结构。

让售应收账款 让售应收账款是指企业向金融机构出售自己拥有的应收账款获得资金的方式。企业在发货前需要向金融机构申请贷款,金融机构根据该企业的信用等级按照出售应收账款数额的一定比例收取手续费。让售应收账款分为无追索权让售和有追索权让售两种方式,无追索权让售是指金融机构在购买应收账款之后承担应收账款损失的风险,而有追索权让售则是由出售应收账款的企业承担应收账款损失的风险。企业通过衡量应收账款和自身的实际情况,选取一种合适的让售方式。

抵借应收账款 抵借应收账款是指企业用应收账款作为抵押与信贷机构签订合同,在规定的期限内取得一定数额借款的融资方式,但企业还要承担坏账损失。抵借应收账款分为一般性抵借和特定抵借。一般性抵借是指旧账结清后新账继续充当抵借的、不指定具体条件的抵押贷款。特定抵借是指指定若干项应收账款作为抵押,抵押关系随着应收账款的收回自行消除。

进行信用保险 信用保险是企业用于风险管理的一项保险产品,可对应收账款的安全加以保障。企业把应收账款的收回责任转移给保险公司,保险公司按所担保数额的一定比例收取费用,一旦应收账款无法追回,则由保险公司承担责任。

练习题

一、选择题

1. 下列哪项不属于应收账款的成本?(　　)
   A. 经济成本　　　B. 管理成本　　　C. 机会成本　　　D. 坏账成本
2. 下列哪项不是对应收账款进行信用风险管理的意义?(　　)
   A. 降低无效资金的占用　　　B. 合理配置企业的库存
   C. 减少应收账款的成本　　　D. 实现额外的营业利润
3. 下列哪项不是转移应收账款信用风险的措施?(　　)
   A. 应收账款证券化　　　B. 应收账款组合管理
   C. 抵借应收账款　　　　D. 进行信用保险

二、简答题

1. 应收账款对企业存在哪些不利影响?
2. 什么是DSO?计算DSO的意义是什么?
3. 什么是应收账款的事前控制?其主要涉及哪些方面?

三、计算题

1. 某企业的应收账款机会成本函数为 $Y=\frac{1}{5}X$,还账成本函数为 $H=\frac{1}{10}X$,短缺成本函数为 $C=X^2-196X+20\,000$,其中,X表示赊销量,该企业的应收账款管理成本可忽略不计。求该企业的最佳赊销量,此时其应收账款产生的成本是多少?
2. 某企业在6个月内的应收账款产生及清偿数据如下表所示:

（单位：元）

月	1月	2月	3月	4月	5月	6月
赊销额	100	200	300	200	400	0
还款数额	0	50	200	300	250	400
应收账款余额	100	250	350	250	400	0

假设每月的天数为30天：

(1) 按就近清偿原则计算DSO。

(2) 按期限优先清偿原则计算DSO。

(3) 按倒推法计算DSO。

第4部分

信用风险管理工具

第10章 信用风险缓释

信用风险缓释(credit risk mitigation,CRM)是授信机构用于减少其风险暴露或信用风险损失的风险管理手段。这些信用风险暴露包括贷款、应收账款等。信用风险缓释主要是转移信用风险,所以大多数手段并不能降低整个经济社会的信用风险水平,只是改变了信用风险的配置,使信用风险在经济社会不同主体之间进行重新分配。

根据其物质特征,信用风险缓释工具可以分为两个大类:资金类信用保护和非资金类信用保护。资金类信用保护主要是提供有价实物或资金(例如房地产、金融产品等)来降低信用风险的办法。此类CRM工具使得授信机构在借款人违约之后有权处置资产,包括:① 变卖或存留(至少一段时间)一定量的特定资产;② 通过实现抵押物价值来减少已违约部分的风险暴露。因为用抵押物来减少或替换风险暴露,授信机构可以将新的风险暴露当作重构的风险资产。

非资金类信用保护是没有实物支持的信用缓释工具,例如信用担保,授信机构的信用风险暴露的减少来自第三方在借款人违约或其他特定事件时愿意承担偿付责任。

现在使用较为普遍,也被大多数监管机构认可的CRM技术有合格抵押、担保、贷款人按揭保险、信用衍生品和净额结算,等等。以前,大多数机构仅接受抵押物和担保,因为这些缓释方法往往容易被确认,所以债权人认为它们是高质量地提升债务人信用的方法。但是,抵押物和担保资源是非常有限的,当信用关系越来越多时,就无法满足市场的需要,开发新的缓释工具就变得很有必要。

随着信用风险转移市场变得更具有流动性,同时也变得更复杂,信用保护的提供者数量极大地增加,创新的产品,例如信用衍生品,帮助传统金融机构(如银行)分割其信用风险,将其中它们不愿意承担的部分变卖出去。由于有些衍生品市场变得非常具有流动性,因此减少了借贷双方因中介机构而产生的交易成本,同时,衍生品也促进了风险在金融系统中的有效分配。

信用风险缓释工具设计的目的应是提高机构采取谨慎且有效的方式来管理信用风险的动机,并能够将这些证明有效的方法在整个机构内进行推广。最后,还为不同CRM技术的经济效果设置资本金,能够在使用不同CRM时体现出更高的一致性和灵活性。现在世界范围内已经有很多被认可的信用缓释工具,这些工具使得金融机构有了广泛的选择,它们可以根据不用的复杂性和风险敏感性组合决定使用哪个(或哪些)CRM工具。

CRM技术的设计都是基于经济效果的,但是,抵押、担保和信用衍生品本身一般具有不同的风险特征。例如,抵押物保护是容易交易的,其市场价值易于确定,而担保和信用衍生品在这方面却较为不确定。当然,抵押物承受着市场风险,市场条件变化,抵押物的价值也会变化,但担保却不受此限。因此,虽然使用和评价抵押、担保、净额结算、信用衍生品的基本思路是相似的,但是它们对风险缓释的效果却有所不同。

对于债权人来说,CRM 技术可以减少其承担的信用风险,但不能将其完全地消除。通常有三种残留风险还存在,它们是资产错配风险、到期日错配风险和货币错配风险。如何应对不同的 CRM 工具导致的残余风险是一个需要关注的问题。

对于大多数承担着信用风险的机构(例如存款类金融机构),需要为其信用风险暴露储备充足的监管资本,为此该机构对表内资产和表外风险暴露必须采用风险加权来确定其资产充足性。风险权重是基于信用评级或者与交易对手违约相一致的固定权重。同时,如果资产和暴露有信用保护,那么机构可以降低其信用风险资本要求。这些信用保护包括上文所述的大多数合格抵押物,合格担保人提供的直接的、不可撤销的且无条件的担保,等等。

当然,某些被评级的债券本身也可能包含着信用风险缓释。这些缓释一般在外部信用评估的时候就被考虑了,所有债券内含的信用风险缓释就不会用于释放资本,只有未包含在评级中的信用风险缓释才会用于释放资本金。

10.1 抵押

本节先讨论抵押信用交易。当一个银行对另一方有信用风险暴露或者潜在的信用风险暴露时,可以要求对方提供现金、金融产品作为抵押物,对方提供的抵押物可以完全或部分对冲掉风险暴露。通常来说,有抵押物的风险资产所要求的资本金不会高于其他方面相同但没有抵押物的风险资产。严格的抵押协议可以降低贷款人的信用风险,但正如上文所说,抵押也不能完全消除信用风险,例如,1998 年长期资产管理公司的所有头寸都有完全抵押物,但它最终还是倒闭了,所以完全抵押也并不意味着没有风险。

10.1.1 抵押过程

任何金融机构在采取抵押方式来缓解信用风险的时候,都需要设置科学的实施程序。不同的机构其环境和自身的特点不尽相同,符合其要求的抵押实施过程也会有所差异,但以下五个步骤具有一定的通用性。

确定合格的抵押物 现在许多资产都可以作为抵押物,但它们的特点不同,意味着其缓解信用风险的程度和方式也不一样,同时,因为风险暴露资产自身的特征,可能需要特定的抵押物才能真正缓释其信用风险。授信机构需要制定一个合格抵押物的列表,清晰地描述其特点以及缓释风险的能力,作为机构选择的依据。

选择风险缓释方法 风险缓释方法的特定目的是将不同类型资产的风险调节到较低的水平,即授信机构可以接受的水平。风险缓释方法都是有成本代价的,又由于方法的选择因风险资产的类型而不同,所以不同风险缓释方法的成本也有差异。信贷机构需要为不同风险资产的缓释成本选取适合的应对措施,另外,某些抵押物的管理成本可能比另一些高,这也是选择风险缓释方法需考虑的因素。

确定抵押物优先次序 考虑了每一个合格抵押物的成本及其风险应对措施之后,授信机构应该根据抵押物产生的成本按低到高进行排序,这可以帮助其迅速定位一定条件下最适宜的抵押物。

确定可用抵押物集合 信贷机构根据全面的成本收益分析,沿着抵押边际成本增加的方向,确定一个分界点,明确哪些抵押物是不可接受的,同时确定可选抵押物集合。

考察抵押效果 最后,授信机构需监控交易对手是如何利用其抵押政策所提供的机会的,特别是使用了哪一个抵押物,抵押物导致了多高的集中度风险。交易对手实际所使用的抵押物一定会给授信机构带来残余风险,但残余风险的情况较难预测。如果导致的实际风险与预期的相差太大,授信机构可能就有必要重新修改其抵押政策。

10.1.2 合格抵押物的考虑因素

抵押政策如何确保授信机构获得期望的信用保护?首先需要做的是明确其可接受的抵押物应具有的条件,制定风险缓释政策。使用抵押物可以降低风险,对于银行来说,风险的降低可以减少风险准备金,但是抵押物是否降低了风险、降低风险的程度取决于一些因素,这些因素在抵押信用交易开始时和信用关系存续期都需要持续关注。

1. 法律确定性

合格抵押物的一个条件是法律必须保障该物可以作为抵押物,法律还能严格保障贷款人对抵押物有明晰的处置权利,在违约、无偿债能力或者破产时有权索取并保留或变卖。这要求贷款人完成所有保障其抵押物权的法律协议。如果抵押物由第三方资产管理人管理,贷款人要确保资产管理人实现自有资产和抵押物的完全分离。由于相关法律的复杂性,债权人获得充分的法律咨询是必不可少的,这可以帮助其了解在现行司法制度下,抵押物处理的具体强制性安排,并能够随时掌握相关法律的变化。抵押物的处置安排也必须有清晰、有效的具有法律意义的文件,明确抵押物及时用于清偿的强制过程。在一个资产成为抵押物之前,就应该消除掉任何可能在法律上导致歧义的模糊边界。

2. 信用质量和信用评估

为了最小化潜在损失,交易对手和抵押物提供者之间发生违约的联合概率应该足够低。为此,我们希望抵押物提供者违约的概率很低,同时抵押物提供者和交易对手的违约相关性也要很低。

要确保交易对手的违约概率较低,授信机构需要对其进行信用评估。对于大多数有交易市场的信用资产,有来自评级机构的公开评级;对于其他信用资产(例如,银行贷给企业的贷款),授信机构不得不自己进行信用评估,或者要求交易对手提供第三方的评估报告。

为限定交易对手和抵押提供者之间的违约相关性,授信机构需避免选择与交易对手有紧密关系的抵押提供者。通常,如果交易对手(或抵押提供者)持有抵押提供者(或交易对手)的资产超过20%,或者存在一个第三方实体,它同时持有交易对手和抵押提供者的大多数资产,则可以认为二者之间具有紧密关系。

对于交易对手和抵押物信用质量的控制,授信机构可以设置一个最低标准。例如,可以制定标准,只有信用级别不低于A级的企业才能申请贷款。在有些国家,授信机构也接受信用评级高于一定级别的债券和票据用于抵押。当然,信用质量的最低标准和可用于抵押资产的数量之间存在一个此消彼长的关系。

3. 定价与流动性

所有授信机构都更愿意接受易于定价和流动性好的资产作为抵押物。当交易对手违约的时候,流动性好的资产可以以市场价格销售出去。资产越易于定价,授信机构越能对其价值进行评估,并确定数量合理的抵押物要求。

4. 处理成本

抵押物的处理成本应该是可以控制的。像标准债券类抵押物,可以通过高效的证券结算系统轻易实现转移,而别的抵押物可能需要人工操作,或者使用复杂的IT应用程序才能完成转移。不同的抵押物的处置成本是选择抵押物的重要依据。

5. 可用数量和未来抵押用途

一个资产的可用数量以及资产未来可用于抵押对于授信机构来说是非常重要的,这有助于其决定是否值得花费资金来研究该资产,决定是否应该将其放入合格抵押物清单。这个过程往往会给授信机构带来一定的成本,因为它可能需要聘请专家,进行金融和法律分析,收集数据,设置和调试IT系统,以及其他维护活动等。

根据以上标准,排在最前面的资产通常是中央政府债券,因为它有信用评级,而且其信用质量好、流动性强、处置容易、数量较多。另外,有评级的、有交易市场的企业债券也容易作为抵押物,特别是当该债券的结构是标准化的并且数量较多时,作为抵押物的可能性更大。在欧美国家,地方政府债券和企业债券都具有这些特征,可以作为抵押物。大多数金融监管机构和部门认为下列资产都可以作为合格的抵押物:现金存款、BB级以上主权债、BBB级以上金融债或企业债、黄金等。

资产支持债券、债务抵押证券等证券化产品尽管通常也有评级,但也有其他一些不利特征且流动性较差,所以通常不能作为抵押物。不具有交易市场的资产,例如外汇票据或银行贷款,由于很少有评级,并且处置成本较高,也不常作为抵押物。

近年来,越来越多的资产被用于抵押,合格抵押物的范围不断变大,授信机构开始接受那些风险水平比基础资产风险水平低的金融资产。有效抵押物必须可以可靠地进行价值评估,而且其价格相对来说比较稳定。抵押物估值的可靠性依赖于它的流动性,所以抵押物市场的流动性是考察其是否合格的重要依据。

10.1.3 稳健的风险管理过程

抵押物是用于降低信用风险的,但有时它也可能给贷款人带来其他风险暴露,例如法律风险、操作风险、流动性风险和市场风险。授信机构,例如银行,采用稳健的过程和程序来控制这些可能产生的风险是必不可少的。为此我们可以采取下列稳健的实务措施。

战略　授信机构要对使用抵押物制定表述清楚的战略,成为其一般信用战略和全面流动性战略的内在组成部分。这可以使抵押物的使用与机构的整体战略保持一致并相互促进。

持续的信用评估　虽然风险暴露是有抵押物的,但是风险管理者还是应该根据受信人的信用状况对风险暴露进行持续的评估。信用风险管理师应该获得并分析尽可能多的金融信息,来判定债务人的风险构成、债务人的风险管理和运营能力。

评价　抵押的价值评估应成为一个常规性的工作内容,未担保的风险暴露也要经常监控。越频繁的评估意味着越谨慎的管理,可交易证券的重新估值应该尽量每日进行。而且,要时时计算抵押性信用交易的潜在未担保暴露的压力和无压力度量,并需考虑借款人或交易对手可能违约和抵押物被清算的时间及成本。压力测试和情景分析的使用要能够使贷款人认识到抵押物资产组合在异常市场条件下的情况,发行中的任何异常风险都需要进行管理和控制。授信机构需跟踪抵押物的市场趋势、市场参与水平的变化和市场流动性趋势的变化。

风险集中度　如果接纳一个债券的大量资产作为抵押物会产生集中风险。授信者应该清楚地制定其可以承受的集中度风险,例如,设置可以承担来自特定债券发行人或者特定市场最大抵押物的数量。当评估整个信用资产组合的集中度风险时,应该考虑抵押物和购买的其他信用保护的影响。

10.1.4 抵押物的风险缓释

不同类型的抵押物其缓释风险的效果不尽相同,授信机构在决策时,不仅要考虑抵押物的自身特征,也需考虑面临的风险状况及风险缓释目标。例如,其他条件一定的情况下,如果交易对手提供的抵押物是流动性差的资产抵押证券,则与提供政府债券的情况相比,其信用缓释的效果将差很多。一旦交易对手违约,销售资产抵押证券的难度将大于销售政府债券。授信机构不能通过抵押手段来完全规避风险,有些可能性很小的事件也会发生并给授信机构带来损失。例如交易对手和抵押提供者同时发生违约的情况,虽然很难导出动态情况下的均衡结果,但是授信机构还是应该设置其最优的风险容忍度,并通过信用风险缓释工具来使风险控制在该限度以内。由于在使用具体的风险缓释工具之前,抵押手段相应的风险依赖于抵押物的类型,因此授信机构应该根据抵押物的特征来辨识其风险缓释能力,以确保缓释后的风险与授信机构的风险容忍度相适应。

根据简单程度和准确程度组合的不同,我们可以将抵押的信用风险缓释测度分为两类:全面测度和简单测度。全面测度立足于分析抵押物的现金价值及其价格波动,其基本原理是考虑抵押物价值降低的风险暴露。由于抵押物价值的变化,风险暴露有可能没有被完全保护。由于考虑了抵押物市场价格的可能变化,全面分析法对于抵押物的风险缓释测量还是相对保守的。

简单测度主要用于抵押性信用交易中较为有限的金融机构,它用债务人的风险水平来代替抵押物的风险水平。简单测度与全面测度相比,会产生更高的资本要求。而且,简单测度所考虑的抵押物必须在风险暴露存在的整个时期都是有效的,也即,不存在到期日错配,同时,抵押物的盯市周期最短不能少于六个月。

折价系数 一旦交易对手违约,抵押物就会被出售,对于流动性较差的资产,成功出售需要时间,如果在很短的时间销售出去,该卖出行为对价格就会有很大的负面影响。授信机构为了确保在抵押物出售时承担尽量少的因市场价格下降而产生的损失,在接受抵押物之前,往往对抵押物价值予以一定的扣减。扣减的比例取决于相关资产的价格波动率和可能的变卖时间。折价系数越大,信用保护的效果越好,但所要求的抵押物数量也会越多。抵押物数量和折扣系数的平衡点可以通过设定某个置信度下的损失来确定。折价系数与到期日的期限正相关,与资产的流动性负相关,因为抵押物的市场价格波动随到期期限的增加而增加,而流动性越大,抵押物在出售时对价格的影响越小。

抵押物价值估算是为了帮助金融机构为抵押头寸的残余风险准备合适的风险资本。我们用资产调整折价系数 H 来估算抵押物的抵押效果,以反映价格的波动,并用权重 w 来表示使用调整折价率后风险暴露被抵押的比例。

抵押物可以为交易对手不能支付的风险提供保护的条件是它必须可以变现,这面临两个主要的风险。第一个风险是抵押物可能因某原因而变得没有价值,或者是债权人没有权利来变卖抵押物。这个风险取决于抵押物的类型和抵押协议的法律条款,但一旦发生,所有的信用资产都将完全暴露于风险之中。第二个风险是抵押物变现后所得到的现金低于抵押物的账面价值。抵押物价值下降的风险取决于抵押物价格的波动以及清算的时间。

在估算抵押物价值的时候应该考虑这些风险因素,并且在风险管理过程中也须时时监控。第一个风险因素可以通过设置"最低"资本要求来确保在大多数情况下,借款人的信用质量是可以接受的。第二个风险的管理可以使用调整折价率(H),它可以应用于所有非现金的抵押物。有抵押的风险暴露减少的调整项即为 H。考虑了折价的抵押物价值称为"调整价值"。

当抵押物的度量货币与风险暴露不同时,即存在货币错配的问题,我们仍然可以使用调整折价率来反映汇率的波动。

抵押物的调整价值可以表示为:

$$C_A = \frac{C}{1 + H_E + H_C + H_{FX}} \quad (10\text{-}1)$$

其中,H_E 为风险暴露相关的调整;C 为抵押物当前的市场价格;H_C 为对当前价格的调整折价；H_{FX} 为货币错配调整折价；C_A 为抵押物调整价值。

调整折价项是为了反映风险暴露的波动（H_E）、抵押物价值的波动（H_C）和汇率的波动（H_{FX}）。这些调整折价可以用两种方法来确定：一种是标准监管法，另一种是自行估算法。在标准监管法下，每种抵押都有预先制定的调整折价数，同时监管部门也允许满足最低标准的银行使用它们自己内部对抵押物价值波动的估算计算出的数据。

抵押信用交易的风险加权资产为：

$$r^* \times E = r \times \max[E-(1-w) \times C_A, w \times E] \tag{10-2}$$

其中，r^* 为考虑了抵押物降低风险的头寸风险权重；r 为无抵押风险暴露的风险权重；E 为无抵押风险暴露的当前价值；w 为抵押比例的下限因子。

如果风险暴露的价值超过抵押物的调整价值，即 $E>C_A$，则风险加权资产为：

$$r^* \times E = r \times [E-(1-w) \times C_A]$$

其中，$(1-w) \times C_A$ 表示风险暴露有抵押的比例，反映抵押的有效程度。这时，风险资本要求仍然依赖于债务人的风险权重。

当风险暴露不高于抵押物的调整价值时，即 $E \leqslant C_A$，风险调整资产值取决于与借款人的信用质量相关的抵押比例下限因子 w，$r^* \times E = r \times w \times E$。有监管机构建议将抵押信用交易的 w 值设定为 0.15，但是也可以根据特定的情况来具体设定。

价值评估和追加保证金 授信机构需要对抵押物的价值进行准确评估，确保抵押物的价值可以将信用风险控制在可接受的范围之内。因为资产价格会随着时间而波动，所以授信机构最好有常规性的价值评估，如果抵押物的价值低到一定程度，触发追加抵押物警戒线，须要求借款人增加抵押物。有些授信机构每日监控和评估抵押物的价值，在抵押物折价调整后的市场价值下跌 5% 时便要求追加抵押物。

抵押物限额 为了避免集中度风险，授信机构还会设置抵押物上限。设置抵押物的限额可以基于抵押物的类别、抵押物提供者、地区和行业等。例如，无论抵押物来自多少个抵押物提供者，相类似的资产作为抵押物的总额不能超过预先设定的额度或比例；如果单个抵押物的提供者为不同的借款人提供担保，其提供的抵押物的总额也不能超过某个限度，否则，授信结构的信用风险就会极大地依赖于该抵押物提供者，产生集中度风险。

10.2 净额结算

净额结算（netting）是根据净额结算协议将两个或多个交易对手间的多个相关交易（或债务）合并成一个交易（债务），每个交易对手只是支付或接受与其有关的交易（债务）的净值。当交易各方同意冲销头寸或债务时，净额结算加总两个或更多债务以减少净债务，它可以降低信用、交割等金融协议中的各种风险。具体来讲，净额结算的好处是它能够降低的风险种类很多，包括信用风险、交割风险、流动性风险，甚至是系统性风险。

净额结算的方式有：支付净额结算（payment netting）、更新净额结算（novation netting）、终止净额结算（close-out netting）、多方净额结算（multilateral netting）。

10.2.1 净额结算的作用

净额结算包括两个不同但相连的权利，并常常同时用于一个交易协议：第一个权利是在特定情况下，交易对手可以单方面终止合同；第二个权利是在终止相关交易对手间的（到期）协议时可以冲销交易的名义额度，合并后的交易即可作为最终的义务。在交易对手违约时将交易对手间的所有交易加总意味着抵押物和保证金协议要用于净额结算后的风险暴露。

下面我们用一个银行存贷款的例子来说明有净额结算和没有净额结算时风险暴露的不同。假设银行有一家企业的100万元存款，同时银行也向该企业提供了120万元的信用贷款，没有抵押物，则银行的风险暴露情况如表10-1所示。

表 10-1 净额结算和资产组合风险暴露　　　　　　　　　　　　（单位：万元）

交易	交易额	风险暴露
1. 存款	－100	0
2. 贷款	120	120
无净额结算的资产组合	20	120
有净额结算的资产组合	20	20

如果借款人违约，则银行会因其贷出的120万元而遭受损失，但不会因作为债务人而遭受损失。银行交易的总值为－100＋120＝20(万元)。无净额结算时银行的风险暴露总额为120万元，银行需将为这部分风险资产分配风险准备金以防御信用风险。如果借款人被要求降低风险的话，他必须提供足够的抵押物来应对其给银行带来的风险暴露。

然而，如果交易是有净额结算条款的，那么这些交易之间可以相互冲销。上例中有净额结算协议的资产组合的风险暴露就下降到20万元，这显然会极大地降低银行的风险准备金和风险成本，而交易对手需提供的担保也可以据此风险暴露而提供，且会大大降低。当然，银行总的风险暴露是其所有交易的和，包括无净额结算和有净额结算的所有资产。

大多数交易对市场因子的波动仍然敏感，如果资产不属于一个对冲资产组合（它们的市场风险因子不同），并不一定完全负相关，那么净额结算不会影响资产组合的市场风险。图10-1的(a)图为一个典型的价值走向相关性为负数的资产，它们的价值相互抵消，这会降低风险暴露组合的峰值。图10-1的(b)图展示了有净额结算和没有净额结算资产组合的风险暴露情况。无净额结算的风险暴露峰值为16.5，而有净额结算的风险暴露峰值为8.5。净额结算效益(netting benefit)为有净额结算和无净额结算的潜在未来风险(potential future exposure, PFE)暴露之间的差异。此例中净额结算效益为8。

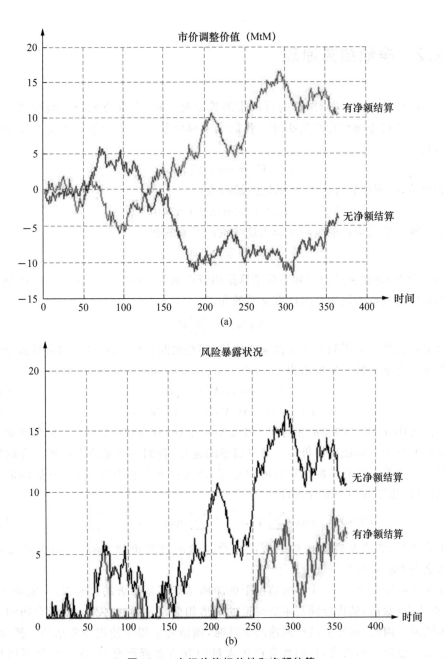

图 10-1 市场价值相关性和净额结算

净额结算意味着交易的总风险暴露在单个资产上是次可加的,即:

$$E(N) \leqslant \sum E_i, \quad i \in N \tag{10-3}$$

其中,i 为交易一方(比如银行)的一个资产,E_i 为该交易方的债务类资产,N 为该交易方资产集合中有净额结算的资产。该公式体现了净额结算的好处,因为组合的风险有可能极大地降低。但是风险暴露不满足可加条件也使得对风险进行定价变得更为复杂。

10.2.2 净额结算原理

在风险计算方面,净额结算的资产集的确定是关键,交易方的资产组合可以分为可净额结算和不可净额结算两类头寸。我们定义风险暴露头寸为债务类资产现值的正数部分,即:

$$E_i = \max\{V_i, 0\} \tag{10-4}$$

相似地,净额结算资产集 N 的风险暴露为:

$$E(N) = \max\{V(N), 0\} \tag{10-5}$$

无净额结算的资产的风险暴露为这些资产暴露的和:

$$E = \sum E_i \tag{10-6}$$

其中,V_i、$V(N)$ 是债务类资产和净额结算集内资产的盯市(mark to market,MtM)价值。净额结算集的现值为该集合内所有交易的和:

$$V(N) = \sum V_i \tag{10-7}$$

如果存在法律上强制要求的保证金协议,则在时间 t 时,风险暴露的数量需考虑抵押物的作用。有抵押的风险暴露为:

$$E_i = \max\{V_i - C_i, 0\} \tag{10-8}$$

$$E(N) = \max\{V(N) - C(N), 0\} \tag{10-9}$$

上两式中,C_i、$C(N)$ 表示在时间 t 时交易对手提供的抵押物的价值和有净额结算协议交易的所有资产的抵押物价值。通过简单的运算,我们可以证明有净额结算的风险暴露总是小于或等于没有净额结算的风险暴露,因为可能存在不同的 V_i,它们的值是相反方向的,可以相互抵消一部分,即:

$$E(N) = \max\left\{\sum V_i, 0\right\} \leqslant \sum \max\{V_i, 0\} = \sum E_i \tag{10-10}$$

上式表明,如果某授信机构的资产组合包含的仅有负债类资产(或仅有权益类资产),那么净额结算的效果就没有了。

在企业的商业关系中,大多数情况下的净额结算不是显著的。通常,一家企业的(预付)购买或者(赊销)销售合同与本节讨论的情形相似,很少同时发生,或者合同的基础资产是不同的。因此,在发生破产或违约事件时,即便有也很少使用净额结算。然而,对于银行和其他金融机构来说,它们常常产生大量的双边多资产交易,净额结算可以显著地减少其资产的风险暴露。

我们可以用一个金融衍生品资产组合来进一步了解净额结算的原理和作用。假设一个资产组合包含 25 个到期期限为一年的交易(名义价值总额为 27 亿元),为避免它们的强相关性,这些交易的类型和基础资产不同,而且交易度量的货币也不相同。前 5 个交易产品包括利率互换(interest rate swap)、货币互换(cross currency swap)、信用违约互换(credit default swap)、外币期货(FX future)和单一障碍外汇期权(single barrier FX option)。这个资产组合涉及 5 个交易对手,都具有关于净额结算协议的法律文件。表

10-2 统计了这个资产组合中对 5 个交易对手的期望正暴露、最大潜在未来暴露，以及暴露的现值。资产组合的名义价值是按比例分配于不同的净额结算集合和不同的交易对手。

表 10-2　以客户为基础的无净额结算暴露和现值　　　　　　　　（单位：百万元）

客户	期望正暴露	最大潜在未来暴露	现值
1	5.8	13.4	7.6
2	5.6	11.5	2.7
3	4.3	9.1	4.0
4	0.8	7.0	−3.8
5	0.6	1.3	1.4
合计	17.1	42.3	11.9

为了说明净额结算的效果，假设没有抵押物和保证金。这个金融衍生品组合的基本情况如表 10-3 所示。

表 10-3　资产组合的基本情况

交易数量	25 个
名义价值	27 亿元
现值	1 200 万元
到期期限	1 年
交易对手数量	5 个
净额结算集合个数	10 个

现在，我们考察不同的情况。

情形 1　交易间没有净额结算协议，则总的风险暴露为：

$$E^0 = \sum \max(E_i, 0)$$

其中，i 表示单个交易。

情形 2　有净额结算集合，净额结算集合可以有多个，则资产组合风险暴露为：

$$E^{\text{netted}} = \sum_{n=1}^{N} E(n) + \sum \max(E_i, 0)$$

其中，第 i 个交易不属于任何净额结算集合，$E(n)$ 为净额结算集合 n 的风险暴露，N 为净额结算集合的数量。从上式可知，不属于任何净额结算集合的资产风险暴露为简单求和。

情形 3　所有交易都属于某个净额结算集合（主净额结算协议）。根据法律协议，所有交易可以进行净额结算，组合的风险暴露为：

$$E^{\text{all}} = \max\left(\sum_{n=1}^{N} E(n) + \sum E_i, 0\right)$$

通过使用仿真技术，我们得到的结果如表 10-4 所示。可见，当使用净额结算时，在交易对手层面的最大潜在未来暴露会显著减少。对于最大交易个数的客户,净额结算的风险缓释效果接近于50%。结果还显示,对于情形2,加总的净额结算效益为48%,而情形3下,则可达52%。

表 10-4 净额结算结果 （单位:百万元）

客户	交易个数(个)	无净额结算(情形 1)	部分净额结算(情形 2)	全部净额结算(情形 3)
1	10	6.4	3.4	3.3
2	6	12.8	10.2	9.8
3	4	11.0	5.6	5.8
4	3	1.2	1.3	1.3
5	2	8.5	7.5	6.3
合计	25	40.1	28.0	26.4

10.2.3 常用净额结算种类

1. 支付净额结算

支付净额结算也叫交割净额结算(settlement netting),在支付日,交易各方加总需支付的资金数量,加总后债务更大的一方向另一方支付加总后的差异部分。支付净额结算降低了操作风险和交割风险,同时由于减少了债务关系,也减少了交易对手的风险暴露,可以降低信用风险,但是有机构认为该方法不是信用缓释工具,因为它减少的信用风险并不显著。支付净额结算过程可如图 10-2 所示。

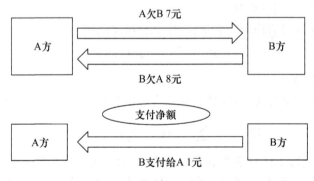

图 10-2 支付净额结算图例

支付净额结算协议的类型有:主协议附带净额结算条款,单独支付净额结算协议,非正式特定协议,等等。

支付净额结算可以降低交割风险,但是并不会达到资产负债表净额冲销或降低监管资本的目的,因为交易的总数并未发生变化。支付净额结算与更新净额结算不同,因为更新净额结算确实通过冲销交易实现净额结算,同时用新的净交易来替代。

2. 更新净额结算

交易对手之间的债权债务关系是在给定日期支付给定的货币(资产、债务工具或者商品),如果他们有协议允许自动合并他们之间所有的债务,并用新的单一债务来代替加总的其他所有债务,在交割日时以相同的货币(资产、债务工具或者商品)交付合并后的净债务,这便是更新净额结算的过程。当两个交易对手之间有更新净额结算协议时,他们在法律上只受限于那些具有相同支付货币、相同交割日的所有交易的净额,根据净额,交易一方要么支付,要么接受支付。这种结算方式避免了一笔一笔交割结算,缩减了支付的规模,减少了次数,从而降低了风险。

有两种更新净额结算:**配对更新净额结算**和**完全更新净额结算**。当两个交易使用的是同一对货币计量单位时可以使用配对更新净额结算。

在如表 10-5 所示的例子中,没有一对债务买卖使用的是同样的货币,因而不能配对更新净额结算。如果是如表 10-6 所示的交易关系,则可以使用配对更新净额结算,净额结算后,进行新的交易时持有 2 美元。

表 10-5 三个买卖交易

交易	买入	卖出
1	日元债务	美元债务
2	美元债务	欧元债务
3	欧元债务	日元债务

表 10-6 配对更新净额结算

交易	买入	卖出
1	100 英镑	145 美元
2	147 美元	100 英镑

完全更新净额结算同时考虑多个交易情况,如表 10-7 所示,这时,所有不同货币计价的债券债务可以统一考虑,合并后按照净额进行支付。

表 10-7 完全更新净额结算

交易	美元	欧元	日元	英镑
1	10		−1 050	
2	−10			7
3		8		−5
4	−11		1 050	
净额	−11	8	0	2

3. 终止净额结算

终止净额结算一般在有一方发生违约时触发,此时所有的交易都被终止,计算各方终止时的价值、冲销终止时的债券债务以得到单一的净额,如果有信用增信,还需将信用增信工具考虑进来。终止净额结算设计的是处置还未到期的债务或索取权,一旦预先确定的事件发生,例如有清算人进入,交易双方就将他们之间的所有未到期信用关系合并为一个单一的支付。如果没有触发事件发生,那么每一个债务或索取权都单独在其到期日进行交割,除非该交易的交易对手之间有其他的净额结算协议。

4. 多边净额结算

多边净额结算牵涉到多个交易方,通常需要一个结算中心(clearing house)或者一个交易中心(central exchange)。图 10-3 显示了一个有三个交易方的情况。此时 A 与 B 之间可以实施双边净额结算,A 与 C 之间也可以。

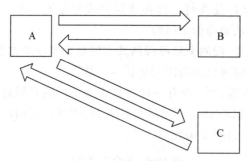

图 10-3　多个交易的双边净额结算

我们也可以使用多边净额结算来进行,如图 10-4 所示。这时多个交易方之间不再两两进行双边净额结算,而是都与一个交易中心或通过一个结算中心,结算自己与多个交易方的净额部分。

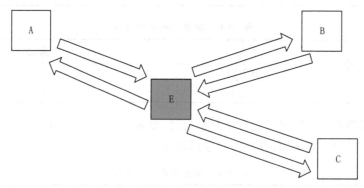

图 10-4　多边净额结算

多边净额结算系统的要求:相关法规的明确定义;明确了解结算过程对所有相关方的影响及风险;系统有清晰的信用风险和流动性风险管理过程,明确各参与方的责任;如果参与方中最大的交易头寸违约,结算系统能够及时完成每日交割;系统有客观的、公开的准入标准;系统必须确保运行的可靠性以及有备份设备的存在。

10.3　信用担保

担保是担保人使用其更高的信用资质来支持借款人从金融机构那里获得资金的一

种手段,可以看作一种金融产品。对于市场无法承受或者无法充分评估的风险,担保可以吸引新的融资渠道,减少融资成本。

信用担保(credit guarantee)是许多发达国家和发展中国家都常采用的一种解决中小企业融资难问题的手段,但在发展中国家所起的作用更大,因为在这些国家,中小企业的融资缺口更大。信用担保被认为在经济下行时具有反经济周期的作用。在许多国家,公共部门的介入被认为是提供充足的信用担保的一个条件。

10.3.1 信用担保的作用和类别

1. 信用担保的定义

信用担保是担保人为借款人提供的保证,当借款人未能履行偿还义务的时候,担保人愿意承担部分或全部还款责任。担保人通常可以从提供担保服务中获得费用收入,担保费用可能由借款人也可能由贷款人支付。信用担保实现贷款或贷款组合信用风险的部分转移,其功能与信用保险产品和违约互换相似。信用担保的提供者可能是公共部门,也可能是私人部门,发展中国家的公共部门在提供信用担保时发挥的作用更大,而发达国家私人部门的信用担保较为普遍。也存在互惠担保机制,其往往建立在行业协会的基础上,协会成员合作为个体企业贷款提供担保。

2. 信用担保的基础作用

信用担保的作用是为了帮助企业解决融资问题,特别是中小企业的融资困难。即便利息很高,许多金融机构也并不是很愿意向中小企业提供无抵押授信,主要是因为金融机构较难获得小企业或者新企业的充分信息。理论上,经济学家常用信用配额理论来解释融资缺口。该理论建立在信息不对称的基础之上,分别由 Jaffee 和 Russell 于 1976 年以及 Stiglitz 和 Weiss 于 1981 年创立。中小企业常常比大型企业更受到信用配额的影响,因为金融机构与小企业之间的信用不对称现象更为严重,而且银行监控小企业的成本更高。

反向选择是由信息不对称导致的一个问题,其结果是随着利率的上升,违约概率也增加了。这是因为风险低的借款人因利率上升而被驱逐出借贷市场,而风险高的借款人却留下了,最后授信机构的客户群里都是高风险的借款人。银行等授信机构往往不愿意将利率提高到一定的水平,以便维持低风险的客户。但是这种利率的不灵活使得中小企业无法获得贷款,因为它们的风险水平较高,即便它们愿意支付更高的利息也很少有金融机构愿意发放贷款。这种现象就是信用配额。

信用担保可以实现风险转移和风险分散的目的。通过分担部分违约风险,贷款人的风险降低,担保确保在发生违约时可以收回所有或部分贷款。担保人也可以为不充分的抵押和债权人的权利不足而提供补偿。

许多银行的放贷决策倾向于建立在可用抵押上,喜欢用抵押降低贷款风险。一个愿意提供更高抵押的借款人的确有更高的意愿偿付其贷款。然而,许多企业并没有足够的资产来满足抵押要求,这是许多小企业无法获得贷款的原因,尤其是考虑到银行要求小企业提供的抵押比例更高。为此,许多国家实行了信用担保机制(credit guarantee scheme)来缓解银行抵押要求带来的借款难题。如果信用担保机制能够部分解决银行对信用风险的顾虑,那么中小企业就有机会以较低的利率获得贷款。在银行避免逆向选择而不愿设置较高利率的情况下,信用担保机制使企业提供的抵押物不足时,银行还可以执行较低的利率政策。

因此,设计良好的信用担保机制可以极大地降低中小企业带来的信用风险。信用担保机制减少信息不对称问题,减轻对抵押物的高要求,改善贷款条件,使得中小企业更容易进入正式的信贷市场。一旦能够进入正式的信贷市场,这些企业就能够建立自己的偿付声誉,从而更容易在未来的信贷市场上获得资金。同时,银行等授信机构可以获得管理这些企业信用风险的经验,扩展相应的市场板块。然而,信用担保机制到底能够为信贷市场带来多大程度的益处依然存在争论,实践证据也还不是很确定。

信用担保机制不仅能够增大信贷范围和规模,还能够引起技术和知识,甚至经济的外部性,即增加企业收益和就业。

3. 信用担保机制的形态

信用担保机制作为机制化的信用担保方式,已经是现代信用担保的主要方式。信用担保机制的建立和运行涉及以下几个问题:基金从哪里来?所有权结构如何?担保如何实现和支付?根据这些问题的不同,当前国际上比较流行的信用担保机制有四类主要的担保基金模式:公共担保机制、企业担保机制、国际担保机制和互惠担保机制。

公共担保机制 是根据相关国家政策建立的,它们通常有来自政府的资助。该机制的运行机构一般由私人组织或政府专业的管理单位运营管理。公共担保机制的优点是,在发生贷款违约的时候,担保直接由政府财政支付,对于授信机构来说,该机制的信用度很高。

企业担保机制 通常由私人企业和机构出资和运作,例如银行和商会。该机制的运行机构往往由有经验的企业领导进行管理,具有较大的市场优势,同时,如果有银行参与机构建立和管理,比较容易获得授信机构的认可。

国际担保机制 一般由双边或多边的政府或非营利机构发起建立。国际担保机制不仅向企业提供信用担保,也会提供一定的技术帮助。

互惠担保机制 也常被称为互惠担保协会或互惠担保基金,它们是私有的、独立的组织,往往是由不能从银行获得充足资金的企业创立和管理的。虽然它们大多有会员企业的会员费支持,但有时也会从政府部门那里获得资金。互惠担保积极的活动与会员经验使得该机制发挥着重要的作用。

世界银行2008年研究了来自46个发达国家和发展中国家的76个担保机制,发现在发达国家互惠担保机制比在中等和低收入国家普遍,而中低收入国家大多采用公共运作的基金。

10.3.2 信用担保的经济原理

抵押物有助于贷款方最小化道德风险问题,因为抵押物可以保障贷款的回收不依赖于借款人的经营情况。信用担保可以替代抵押物的原因是,当借款人违约时,无论借款人的商业业绩如何,担保人都可以偿付贷款。只不过,在信用担保中还存在道德风险问题。担保人对借款人的了解可能并不充分,甚至还依赖于贷款人的信息来对借款人进行资信评估。而贷款人作为信用担保的受益方,并不一定有内在的激励去进行充分的尽职调查。这个代理问题内在于所有的担保中,也是担保人要求一定量的起偿点(deductible)以与贷款人分担风险的经济学原因。一个最优的担保合同会让贷款人也部分暴露于信用风险之中,使得贷款人可以在评估贷款人方面尽心尽责。

信用担保的目的是通过产生经济激励来使授信人接受担保并将资金贷给目标借款人。一个良好的信用担保机制是制定担保实施政策来结合贷款人和担保人的利益,同时实现他们的个体和社会目标。

信用担保的总价值等于为担保人、贷款人和借款人提高的价值之和。担保人的价值函数是担保收入减去管理担保项目的成本。担保人控制其担保运营的盈利性手段有:① 调整担保费;② 选择担保风险水平;③ 控制成本。相似地,借款人可以在分析其项目盈利性时也包括明确的担保成本。而贷款人的成本和收益并不十分明确,需要进一步分析。

贷款人的损失函数依赖于贷款额 L 和抵押物价值 C,用变量 X 表示实际偿还额,则损失额 W_c 可以表示为:

$$W_c = \begin{cases} 0, & \text{如果 } L \leqslant X+C \\ L-(X+C), & \text{如果 } X+C \leqslant L \end{cases} \tag{10-11}$$

为了进一步降低违约风险,贷款人要求信用担保。

一般来讲,违约是一个不确定事件,其服从一定的概率分布。为了简化分析,我们假设未来仅有两个结果,即贷款被完全偿付或者借款人违约。这是一个伯努利分布(Bernoulli distribution),贷款人损失所有贷款的概率为 $p>0$(因为 $X=0$),得到完全偿付的概率为 $(1-p)$(因为 $X=L$)。在此假设之下,贷款人损失的期望值和方差由公式(10-11)可知:

$$\begin{aligned} E(W_c) &= p(L-C) \\ \text{Var}(W_c) &= p(1-p)(L-C)^2 \end{aligned} \tag{10-12}$$

如图 10-5 所示,如果没有信用担保,当抵押物的价值比贷款额越低时,W_c 越大,即贷款平均损失越大;当抵押物的价值与贷款额相等时,贷款的期望损失为 0。

如果借款人提供信用担保,我们需要考虑信用担保机制如何改善贷款人的利益。有信用担保时,一旦发生违约,担保人根据担保合同赔付贷款额的一定比例。这类按比例赔付的信用担保是为了保证信用担保人和贷款人共同承担信用风险,而不是完全由担保人一方来承担。贷款人承担的这部分损失称为起偿点(deductible),用 d(满足 $0<d<1$)

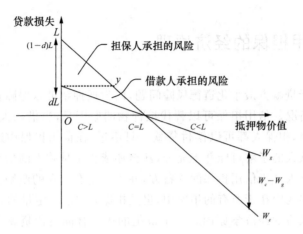

图 10-5　信用担保对贷款人的价值的组成

表示起偿比例。这时,贷款人的损失函数 W_g 为:

$$W_g = \begin{cases} 0, & \text{如果 } L \leqslant X+C \\ d[L-(X+C)], & \text{如果 } X+C \leqslant L \end{cases} \quad (10\text{-}13)$$

在上述二叉树模型的部分信用担保中,贷款人的期望损失和损失方差分别为:

$$E(W_g) = pd(L-C)$$
$$\text{Var}(W_g) = p(1-p)d^2(L-C)^2 \quad (10\text{-}14)$$

信用担保降低贷款人信用风险的条件是降低其信用风险期望损失或(和)降低其损失的方差,对比公式(10-12)和公式(10-14),如果 $L>C$,我们得到:

$$E(W_c) - E(W_g) > 0$$
$$\text{Var}(W_c) - \text{Var}(W_g) > 0 \quad (10\text{-}15)$$

公式(10-15)的结果表明,信用担保在抵押物不足时的确可能同时降低期望损失和损失的风险。期望风险降低的程度即为担保的比例,如果担保费用和交易费用之和比担保降低的损失要小,则净期望担保收益为正。

图 10-5 揭示了信用担保效果与贷款额和抵押物之间的关系。抵押物的价值越低(或贷款额比抵押物的价值越高),信用担保的经济价值就越高。当发生违约时,$C=L$ 左侧的大三角形表示总期望损失。担保的总经济效果由纯粹保险价值和风险分担效益两部分组成。**纯粹保险价值**是担保人提供的类似保险产生的价值,这使贷款人承担的最大损失为起偿点,即不高于 dL。纯风险价值由 $C=L$ 左侧中间的小三角形表示。**风险分担效益**是指抵押物产生的那部分效益,在起偿点 dL 以下的损失中有部分还可以通过抵押物来减少,这部分由 $C=L$ 左侧下面的小三角形表示。

练习题

一、选择题

1. 下列哪项属于资金型信用风险缓释技术?(　　)

A. 抵押   B. 信用担保

C. 净额结算   D. 信用违约互换

2. 信用风险缓释工具通过特定技术来降低信用风险损失,下面的说法哪个是错误的?(　　)

A. 金融机构使用信用缓释工具的目的是降低风险准备金,提高资金使用效率

B. 金融机构使用信用风险缓释工具要考虑各种工具的复杂性和敏感性

C. 各种工具本身还具有一定的风险特征,自身还承受着风险

D. 被评级的债券,即便有缓释机制,持有者也不可以据此减少信用风险准备金

3. 抵押是信用风险缓释的传统手段,也被各种信贷机构广为接受,下面的说法哪个是错误的?(　　)

A. 只有在法律上保证贷款人具有清晰的处置权利的资产才是合格的抵押物

B. 抵押物在贷款期间必须由授信人全权管理才能有效地防范信用风险

C. 抵押物的提供者不必是借款人

D. 金融衍生品一般不是合格的抵押物

4. 银行与某一客户之间有两笔交易,一笔是银行向客户贷款250万元,另一笔是该客户在银行存入200万元,那么在有净额结算和无净额结算两种情况下,下面的说法哪个是正确的?(　　)

A. 有净额结算和无净额结算时,银行的风险暴露分别为50万元和250万元

B. 无净额结算时,企业并不承担信用风险

C. 有净额结算和无净额结算时,银行的风险暴露都是50万元

D. 无净额结算时,整个企业和银行的总信用风险暴露为250万元

5. 在某一净额结算协议下,该机构的净额如下表所示:

交易	美元	欧元	日元	英镑
1	16		−1 050	
2	−10			7
3		8		−5
净额	6	8	−1 050	2

则该净额结算的方式为下列哪一项?(　　)

A. 多方净额结算   B. 支付净额结算

C. 更新净额结算   D. 终止净额结算

6. 下面哪个不是当前国际上比较流行的信用担保机制?(　　)

A. 公共担保机制   B. 企业担保机制

C. 个人担保机制   D. 互惠担保机制

二、简答题

1. 介绍信用风险缓释工具,根据其物质特征应如何分类?

2. 信用风险缓释工具设计的目标是什么?

3. 金融机构在采用抵押方式缓解信用风险的时候,都需要设置科学的实施程序,那

么其中具有一定通用性的步骤是什么？

4. 授信机构可以采取哪些实务措施来控制抵押物带来的其他风险暴露？

三、计算题

银行在向客户贷款时，其资产面临信用风险，监管机构往往要求其根据客户的风险情况准备风险金，这便要求其为每笔贷款确定风险权重。如果没有抵押，银行为借款人确定的风险权重为 0.5，银行的抵押下限为 0.2。现在这笔贷款的额度为 100 万元，期限为 1 年。如果银行要求借款人提供的抵押物的当前市场价值为 100 万元，但该抵押物有市场风险和其他风险，调整因子分别为 0.15 和 0.2，则：

（1）求抵押物的调整价值。

（2）求抵押物的风险调整权重。

第 11 章 信用资产组合

信用资产组合管理是指金融机构投资者通过考察信用资产组合的风险和回报构成，并交易信用风险产品来实现组合的稳健运行以获得收益。与传统信用资产管理不同，信用资产组合管理的特点是，它不是仅仅评估单个资产的获利能力和信用风险，而是对整个组合的风险收益进行控制。现在，欧洲和美国等许多发达国家的金融机构都积极地、前瞻性地使用信用资产组合管理，利用信用市场来调整它们的资产结构。当然，仍然有机构在通过授信过程管理风险集中度和分散风险，而并没有积极地参与信用市场交易。

11.1 信用组合管理发展

在传统的信用风险管理下，利息收入是机构（例如银行）经营业绩的重要组成部分，所以，他们认为维持和增加授信是提高收入的主要渠道，将工作集中于与客户建立良好的关系，寻找拓展客户的机会。在此思想的指导下，银行的市场部门都可能执行授信，而且发放贷款后持有这些债权至到期日或至违约发生。银行也许不会卖出这些贷款，因为它们担心这样的行为会引起客户关系的恶化。但是因为贷款不能进入市场进行交易，所以没有一个公允的办法来评估市场价值。

然而，使用信用组合管理风险却不同，债权人考虑的不仅是单个债务人的信用水平，还有单个债务人对其资产组合风险收益的影响，在某些情况下，还考虑将债权在市场出售可能带来的收益。所以，考虑特定债务金融资产组合时，将期望损失（expected loss）、非预期损失（unexpected loss）和风险调整资本收益（risk adjusted return on capital，RAROC）等指标作为判断依据就变得格外重要。表 11-1 是传统债务管理和信用资产组合管理的对比。

表 11-1 传统信用管理和信用资产组合管理对比

	传统债务管理	信用资产组合管理
投资政策	发起并持有至到期日或至违约发生	发起并在必要时进行分配
债务交易估值标准	单独分析	与既有资产组合合并分析
授信动机	获取利息，占领市场	获取金融服务费
管理指标	净商业利润	风险调整收益

(续表)

	传统债务管理	信用资产组合管理
债务估值	购置成本	购置成本或公允价值
风险收益调整	仅仅通过授信审批程序控制	同时使用信用市场
风险收益调整部门	市场部或授信部	专业信用资产组合管理部门

信用资产组合管理呈现不同的形态，这些形态取决于信用市场发展程度、信用资产组合的特征（例如信用集中度）、与客户长期关系的重要性、与广大股东的关系以及风险管理战略等。但有两类信用资产管理是很重要的：风险对冲导向的信用资产组合管理，收益强化导向的信用资产组合管理。**风险对冲导向**的主要目的是降低信用资产组合的风险而不是提高其资产收益，特别地，该策略致力于修正信用集中度来释放经济资本。而**收益强化导向**的主要目的是改善风险收益平衡而不仅仅是降低风险或提高收益。

20世纪80年代后期，美国商业银行面临着资本充足率下降和融资成本上升的问题，并伴随着不良资产的积累，银行管理层越来越认识到需要收缩资产负债表，提高盈利能力，着手卖出它们的不良贷款，加强信用风险管理体系。这开启了美国信用市场随后的发展。90时代，主要商业银行在积累经验的基础上开始建立信用资产组合管理部门，开始前瞻性地降低其企业信用资产组合的信用集中度。除了在授信过程中加强管理外，还开始通过单项信用违约互换对冲，随后在信用资产组合层面通过信用违约互换或资产证券化对特定板块进行调整而降低风险。银行前瞻性的风险对冲活动通过鼓励保险公司、机构投资者和对冲基金参与进来，促进了美国信用市场的发展。当90年代后期对大企业的贷款收益降低之时，信用市场的流动性增加，这推动了商业银行将信用资产组合管理视作增加资本收益的一种有效办法。

11.2 信用资产组合管理的目的

银行使用信用组合管理的主要目的是降低其在大企业中的风险集中度，但现在的终极目的往往是改善风险收益关系。下面是信用资产组合管理的几个直接目标。

1. 降低信用集中度风险

信用集中度风险可以由多种原因而起，例如金融机构的市场策略、业务基础、放贷实践活动等，这些活动导致信用集中到某一地区、行业甚至某一企业。对于那些地区性的金融机构，它们很难分散客户群体，因为它们的业务基础主要在一定区域或一定的行业。

信用集中度高是许多国家的银行贷款都曾经历过的现象，并在经济萧条或银行经营承压的时候对金融机构的运营产生极大的影响。降低信用集中度是许多金融机构的关键工作内容，而信用资产组合管理被认为是一种有效的解决办法。

2. 降低信用风险

信用资产组合管理不仅在降低集中度风险上有效，还可以用于确保应对信用风险的资本量是充足的。即便判断当前的信用风险水平是不高的，信用资产组合管理还是可以用于为潜在的风险事件做前瞻性的准备，调整信用资产的构成来降低信用风险。

3. 风险收益最优化

当金融机构需要最优化资本价值时，信用资产组合管理的直接目标是在降低风险的同时提高收益。这时的主要目标是确保收益风险关系在每个时间点都是最优的，这便要求动态地调整信用资产组合，用更好的信用资产来替代不好的信用资产，为此，金融机构需要风险调整收益监控指标来警示采取措施的时间。

11.3 组合信用风险建模

组合信用风险建模是了解信用资产组合和利用资产组合来管理信用风险的核心内容。当一个投资者或信用风险管理人员考虑信用资产组合时，需要关注以下问题：第一，该资产组合的损失分布如何？第二，为了获得损失分布，需要做什么假设？第三，相关性意味着什么？第四，从市场上可以获得哪些关系到信用风险的信息？第五，如何分配组合中各个组成的信用风险暴露？第六，组合中哪个资产产生最大回报而哪个产生最小回报？第七，在组合层面上，资产的变化怎样揭示它们的性质？第八，如何为一篮子信用资产进行定价？第九，当从一篮子信用资产中进行选择时，如何量化和管理风险？而任一资产组合模型都是力图刻画其中某个或某些方面的。

信用资产组合模型的内在发展与我们由易到难地认识信用资产组合相一致。假设我们有大量的资产，每一个资产的价值都随着时间的推移而上下波动，最重要的是这些价格波动有可能是相互关联的，也即它们有向同一个方向移动的趋势，如果资产组合内有衍生产品，资产还有往相反的方向变化的趋势。一个自然的思路是分别为每一个资产建模，得到每一个资产的损失分布。但这时我们面对的问题是，如何把它们的损失分布合并起来以获得不同资产组合的价值分布。但是这种自下而上的思路显得极为困难，尤其是当资产数量很大时，我们难以穷尽各种组合。

另一个思路是自上而下地分析。假设我们先关注一个简单的信用资产组合，然后定期地检验该组合的风险和收益，获得该组合的价值波动特征。这里的关键问题是回答什么导致了该资产组合价值的波动，而不是看组合内单个资产价值的波动原因。正如本书上文所述，导致资产组合价值波动的原因可能是整个经济环境的变化，也可能是因为该资产组合受某个特定因素的影响。

11.3.1 相关违约的原因和影响

本部分介绍用因子方法来为信用组合建模的基本原理,该方法是现代相关违约模型的基础。我们假设存在一个风险因子,它可以引起资产组合所有资产的违约风险上升,同时也考虑由特定事件引起的违约损失。显然,特定事件是特质风险来源,例如,资产组合管理师配置到 A 债券的资产风险较小,则其对应的风险暴露也小;而风险因子引起的风险是系统性风险,资产分散化是无法减轻其影响的。

系统性风险的存在是由于我们不知道世界的哪个状态将要出现,而观察到的损失状况是由风险因子的状态决定的。我们假设一旦因子的状态已知,个体资产的损失是相互独立的。这也是上文所述的条件独立模型。另外,即便我们知道世界的状态,我们也无法确定资产组合的最终损失为多少,因为还有部分损失是由非系统性风险决定的。假设特质风险的存在很重要,因为如果资产组合的资产数量较少时,或者某个资产在组合里占有较大比例时,资产特质风险的影响就会很大,这也是风险集中度的含义。

我们从最简单的例子开始,假设世界只存在五个状态,不同企业在这五个状态下的违约概率如图 11-1 的(a),(b),(c)所示。图中(d),(e),(f)三个小图表示不同类型的资产组合的损失分布。第一种情况下,所有资产违约的方式一样,没有个体的特质风险;第二种情况下,资产组合的信用风险损失部分由世界的状态决定,部分由个体特质风险决定;第三种情况下,系统性风险的作用较小,个体资产之间的差异非常大。这三种情况下得到的资产组合的违约概率分布非常不同,第一种情况的分布与单个资产的损失分布差异不大,而第三种情况则具有极大的分布区域,其资产组合的风险也必然最大。

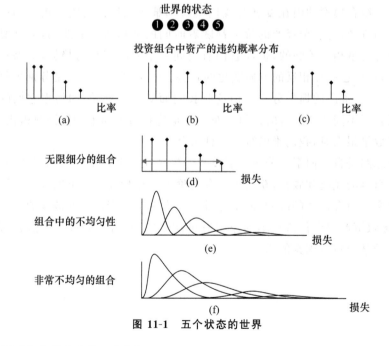

图 11-1 五个状态的世界

本书前面已经介绍过一些引起相关违约的原因,其中有一种情况是债务人 A 的财富情况直接与债务人 B 关联,例如 A 是 B 最大的客户,但是这种关系比较难以建模,而且此关系忽略了一个重要的因子:系统性风险。如果考虑系统性风险,本质上说债务人 A 和 B 并没有关联,而仅仅是因为当 A 违约时,表明世界处于"坏"的状态,因而债务人 B 违约的概率也较高。此时,债务人之间的违约相关性可以被认为是他们共同依赖于系统因子。我们用图 11-2 来说明该模型。

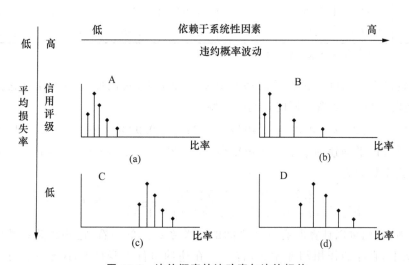

图 11-2 违约概率的波动率与违约相关

图 11-2 中的(a),(b),(c),(d)图都代表了一个债务人在世界不同状态下的违约概率。债务人 A 和 B 的违约概率较低,且他们的平均违约概率相等;债务人 C 和 D 的违约概率较高,也假设他们平均的违约概率相等。但更有意义的关系是(a),(c)两图和(b),(d)两图的区别。从 A 和 C 的违约概率中,我们可以看出他们对世界状态的敏感程度较低,而 B 和 D 在世界状态不同的情况下违约概率表现出较大的差异。因为 D 比 C 的违约概率显得更不确定,所以 D 的风险更大,在不好的世界状态下,D 出现违约的可能性更大。当然,D 要比 B 的风险大,但这是由二者的信用资质差异引起的。

我们以表 11-2 所示的数字为例来考察违约方差与相关性的关系。世界五个状态出现的概率为 34%、40%、20%、5% 和 1%。资产组合 P_0 到 Q_2 在各状态下的违约概率及其违约平均值和方差如表 11-2 所示。

表 11-2 中列示了各个债务人在不同世界状态出现时的违约概率,P_0、P_1 和 P_2 的平均违约概率是相等的(0.25%),Q_0、Q_1 和 Q_2 的平均违约概率都为 1%。P 类资产之间的差异体现在违约概率的波动率上,而这也是引起它们相关性差异的原因。资产 P_0 的违约概率在世界不同状态下并未发生变化,所以它的违约概率的波动率为 0,而 P_1 的违约概率的标准差为 0.08%。

表 11-2 资产组合

级别	世界的状态					平均值	标准差
	34%	40%	20%	5%	1%		
P_0	0.25%	0.25%	0.25%	0.25%	0.25%	0.25%	0.00%
P_1	0.20%	0.23%	0.30%	0.44%	0.80%	0.25%	0.08%
P_2	0.10%	0.20%	0.40%	0.80%	0.10%	0.25%	0.22%
Q_0	1.00%	1.00%	1.00%	1.00%	1.00%	1.00%	0.00%
Q_1	0.80%	0.92%	1.20%	1.76%	3.20%	1.00%	0.32%
Q_2	0.40%	0.80%	1.60%	3.20%	6.40%	1.00%	0.86%

资料来源：瑞士信贷第一波士顿银行。

一旦资产在不同世界状态下的违约概率已经确定，我们便很容易计算它们的相关性。P_1 类资产与 Q_1 类资产同时违约的概率为：

$$34\% \times 0.20\% \times 0.80\% + 40\% \times 0.23\% \times 0.92\% + \cdots = 2.75 \times 10^{-5}$$

这两类资产平均违约概率的乘积较小，为 $0.25\% \times 1.00\% = 2.5 \times 10^{-5}$。它们之间的违约相关系数即为：

$$\frac{2.75 \times 10^{-5} - 2.5 \times 10^{-5}}{\sqrt{0.25\%(1-0.25\%)}\sqrt{1.00\%(1-1.00\%)}} \approx 0.00051$$

相似地，我们可以计算所有资产之间的相关系数。乍一看，这些相关系数的数值很小，但事实上，它起的作用却非常大，特别是在违约事件本身就是小概率的时候意义更明显。

11.3.2 二叉树和伯努利混合模型

本部分介绍两个刻画信用风险相关性的简单模型，这有利于我们对此问题的理解，也有助于我们了解本书后面将要详细介绍的实用模型。我们先从二叉树模型开始。企业 i 的违约状态由指示变量（indicator function）Y_i 表示，在时间 T 前若发生违约则 $Y_i(T)=1$，否则，$Y_i(T)=0$。资产组合里暴露于企业 i 的资产为 E_i，其违约造成的违约损失率为 LGD_i。如果债权人的信用资产组合包含 m 个资产，则该组合的损失为所有资产损失之和：

$$L^{(m)} = \sum L_i = \sum LGD_i \times E_i \times Y_i \tag{11-1}$$

其中，$L^{(m)}$ 为信用资产组合损失变量，L_i 为暴露于企业 i 的资产的损失变量。

如果我们假设组合内的资产都是一样的，或者说 m 个债务人具有共同特征，而资产是平均分配到 m 个信用资产上的，那么我们称这个组合为同质资产组合。同质资产组合是指组合中各资产的违约概率、风险暴露和违约损失率都相等，即 $LGD_i=l$，并标准化风险暴露 $e_i=1$。再定义变量在上述简单化的条件下，于是可得：

$$L^{(m)} = l\sum Y_i = lN^{(m)} \tag{11-2}$$

从概率上看,对于任意数 k:
$$P(L^{(m)} = l \cdot k) = P(lN^{(m)} = l \cdot k) = P(N^{(m)} = k)$$

即组合资产损失额为 lk 的概率等于 m 个资产中有 k 个违约的概率。这意味着我们可以通过分析资产违约个数来研究组合损失。

二叉树模型是最简单的模型,虽然显得不是很现实,但却是一个理解违约相关性问题的起点,也是建立更复杂且实用模型的起点。对于一个同质资产组合,二叉树模型假设在特定时间 T 之前,每个债务人的违约概率是常数且是相互独立的,即:

$$P(Y_i = 1) = p, \quad P(Y_i = 0) = 1 - p$$

那么,$N^{(m)}$ 是 m 个独立同分布伯努利变量之和,它服从参数为 m 和 p 的二叉树分布,可以表示为 $N^{(m)} \sim \text{bin}(m, p)$,分布函数为:

$$P(N^{(m)} = k) = \binom{m}{k} p^k (1-p)^{m-k}$$

均值和方差分别为:
$$E(N^{(m)}) = mp, \quad \text{Var}(N^{(m)}) = mp(1-p)$$

在此简化后的模型中,违约债务个数的分布也可以描述资产组合的损失分布。图 11-3 假设 $m=50, p=0.05$。二叉树模型不能产生具有多个违约的情形,例如图 11-3 中,$P(N^{(m)} > 7) \approx 1.2\%$,即便是使用较大的违约概率,也不会产生太大的厚尾。之所以如此,是因为我们假设这些债务人之间的违约是相互独立的。

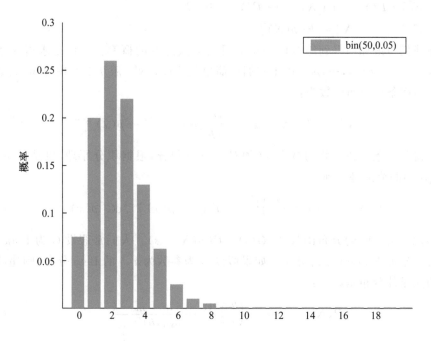

图 11-3　二叉树模型中违约数的概率分布

我们对二叉树模型进行扩展,可以得到伯努利混合模型(Bernoulli mixture model),

它可以产生与实际较为一致的厚尾损失分布。伯努利混合模型考虑了债务人之间的违约相关性,违约相关的原因是他们都依赖于共同因子。这些共同因子可以是宏观经济变量,这些变量通常也是随机过程。因子建模假设,一旦这些因子确定下来,各债务违约就变成相互独立的了。

虽然因子可能有很多,但是我们仅考虑只有一个变量的情况,用 X 表示该因子。违约变量 Y_i 为 1 或 0 的概率依赖于 X 的值,如下式表示:

$$P(Y_i = 1 \mid X = x) = p_i(x) \tag{11-3}$$

从上式可知,债务人的违约概率是因子的函数,同时一旦因子的值已经确定,不同债务人的违约概率就是独立的,这也是条件独立的例子。用向量 $Y=(Y_1,Y_2,\cdots,Y_m)$ 表示资产组合资产的状态变量,其具体取值表示为 $y=(y_1,y_2,\cdots,y_m)$,根据条件独立性,我们有:

$$P(Y = y \mid X = x) = \prod_{i=1}^{m} P(Y_i = y \mid X = x)$$

$$= \prod_{i=1}^{m} p_i(x)^{y_i}(1 - p_i(x))^{1-y_i} \tag{11-4}$$

通过积分,我们可以得到 $P(Y=y)$ 的无条件分布。

进一步的假设是所有企业的条件违约概率服从同一个函数,都满足 $P(Y_i=1|X=x)=p(x)$,那么无条件违约概率是变量 X 的函数,为 $P(Y_i=1)=E[p(X)]$,这是因为:

$$\pi = P(Y_i = 1) = 1 \cdot P(Y_i = 1) + 0 \cdot P(Y_i = 0) = E[Y_i] = E[E[Y \mid X]]$$
$$= E[1 \cdot P(Y_i = 1 \mid X) + 0 \cdot P(Y_i = 0 \mid X)]$$
$$= E[P_i = 1 \mid X] = E[p(X)] \tag{11-5}$$

现在我们考虑如何得到组合内一定数目债务人违约的概率。目标是求得无条件概率,$P(N^{(m)}=k)$,$k=1,\cdots,m$。由于我们的简单化假设,$N^{(m)}$ 服从二叉树分布,参数为 m 和 $p(x)$,因而条件分布函数为:

$$P(N^{(m)} = k \mid X = x) = \binom{m}{k} p(x)^k [1 - p(x)]^{m-k} \tag{11-6}$$

为了得到无条件违约数的概率,必须对 x 进行积分,根据积分原理,也是对 $p(x)$ 进行积分,$p(x)$ 的范围是 0 到 1。

$$P(N^{(m)} = k) = \binom{m}{k} \int_0^1 p(x)^k [1 - p(x)]^{m-k} dG[p(x)] \tag{11-7}$$

其中,G 为变量 $p(X)$ 的分布函数,即 $G(s)=P(p(X)<s)$。人们常假设 G 为 Beta 分布、Probit 正态分布或 Logit 正态分布。如果假设 G 为参数为 a、b 的 Beta 分布,则违约债务人数量的无条件分布函数为:

$$P(N^{(m)} = k) = \binom{m}{k} \frac{\beta(a+k, b+m-k)}{\beta(a, b)} \tag{11-8}$$

其中

$$\beta(a, b) = \int_0^1 z^{a-1}(1-z)^{b-1} dz, \quad 0 < z < 1$$

图 11-4 显示了以二叉树模型和 Beta 分布为基础的伯努利混合模型所产生的违约数之间的区别。该图中两个模型的个体违约概率是一样的。可见混合模型的结果更能体现违约风险的厚尾特征。

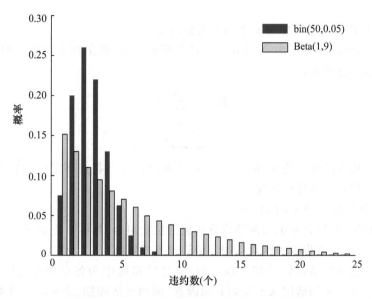

图 11-4　伯努利混合模型违约数

注：两个模型中给定个别违约概率 $\pi=0.05$，且投资组合的规模为 $m=50$ 个债务人。

我们引入混合模型的目的是刻画二叉树模型不可能捕捉的违约相关性问题。在混合模型下，债务人的违约相关性是非负的，完全由 G 的分布函数决定。我们定义 k 个债务人同时违约的一般联合概率为：

$$\pi_k = P(Y_{i_1}=1,\cdots,Y_{i_k}=1) \tag{11-9}$$

其中，$(Y_{i_1}=1,\cdots,Y_{i_k}=1)$ 表示任意 k 个债务人，当只有一个债务人，即 k 为 1 时，根据上文的描述，其代表一个债务人的违约概率，其值为 π。我们可以将任意两个债务人违约的相关性表述为：

$$\mathrm{Corr}(Y_i,Y_j) = \frac{\mathrm{Cov}(Y_i,Y_j)}{\sqrt{\mathrm{Var}(Y_i)\mathrm{Var}(Y_j)}} = \frac{E[Y_iY_j]-E[Y_i]E[Y_j]}{\mathrm{Var}(Y_i)}$$

$$= \frac{E[Y_iY_j]-E[Y_i]E[Y_j]}{E[Y_i^2]-E[Y_i]^2} = \frac{\pi_2-\pi^2}{\pi-\pi^2} \tag{11-10}$$

在伯努利混合模型下，$\pi_k = E[p(X)^k]$，两个债务人的违约相关系数为：

$$\mathrm{Corr}(Y_i,Y_j) = \frac{\pi_2-\pi^2}{\pi-\pi^2} = \frac{\mathrm{Var}[p(X)]}{E[p(X)](1-E[p(X)])} \geqslant 0 \tag{11-11}$$

由此结果可知，在伯努利混合模型下，不同的债务人是否违约存在相关性。

11.3.3 组合信用风险测度过程

1. 信用资产组合的期望收益率与方差的确定

用 $(x_1, x_2, \cdots, x_N)$ 表示由 N 种信用资产构成的组合,则信用资产组合的期望收益率 ($\overline{R}_p$) 和方差 (σ_p^2) 分别为:

$$\overline{R}_p = \sum_{i=1}^{N} x_i \overline{R}_i \tag{11-12}$$

$$\sigma_p^2 = \sum_{i=1}^{N} \sum_{j=1}^{N} \sigma_{ij} x_i x_j \tag{11-13}$$

要计算信用资产组合的 VaR,首先要估计出两种资产收益率之间的相关系数,以及信用资产组合的收益率分布状况。

2. 信用资产组合的 VaR 计算

为简单起见,我们先考虑由两笔贷款构成的信贷组合,具体步骤如下:

第一步,求出两笔贷款的联合信用评级转移概率矩阵

当债务人之间的信用转移相互独立时,联合转移概率为各个债务人转移概率的乘积。但是由于债务人的信用水平受到共同因素(例如经济周期、宏观经济政策等)和异质性因素的影响,债务人之间的信用转移具有关联性,一般采用相关系数来描述债务人信用等级转移的相似性。

假定有两只债券 Z_A 和 Z_B,债券 Z_A 维持评级 A 时其资产收益率需要满足 $R_A \in (\underline{R}_A, \overline{R}_A)$,债券 Z_B 维持评级 B 时其资产收益率需要满足 $R_B \in (\underline{R}_B, \overline{R}_B)$,则可以计算二者都维持原有评级的联合概率:

$$P\{\underline{R}_A < R_A < \overline{R}_A, \underline{R}_B < R_B < \overline{R}_B\} = \int_{\underline{R}_A}^{\overline{R}_A} \int_{\underline{R}_B}^{\overline{R}_B} f(r, r'; \Sigma) \mathrm{d}r' \mathrm{d}r \tag{11-14}$$

其中,Σ 为两债券之间的相关矩阵:

$$\Sigma = \begin{bmatrix} \sigma^2 & \rho\sigma\sigma' \\ \rho\sigma\sigma' & \sigma^2 \end{bmatrix}$$

ρ 为二者的相关系数,$f(r, r'; \Sigma)$ 是协方差矩阵为 Σ 的概率密度函数。基于资产收益率服从正态分布的假设,概率密度函数为:

$$f(r, r'; \Sigma) = \frac{1}{2\pi \sqrt{\sigma_A \sigma_B (1-\rho^2)}} e^{-\frac{r^2 + r'^2 - 2\rho r r'}{2(1-\rho^2)}} \tag{11-15}$$

第二步,计算在不同信用状态下债务组合的市场价值

确定每个联合转移概率 P_{ij} 所对应的信用资产组合的价值 V_{ij},即:

$$V_{ij} = V_i^{(1)} + V_j^{(2)}, \quad i,j = 1, 2, \cdots, d \tag{11-16}$$

其中,$V_i^{(1)}$ 和 $V_j^{(2)}$ 分别表示第一种资产处于 i 级、第二种资产处于 j 级时的价值,共有 $d \times d$ 种可能的信用资产组合价值,然后再求出均值和方差。

$$\overline{V} = \sum_{i=1}^{d} \sum_{j=1}^{d} P_{ij} V_{ij} \tag{11-17}$$

$$\sigma^2 = \sum_{i=1}^{d}\sum_{j=1}^{d} P_{ij}(V_{ij}-\overline{V})^2 \tag{11-18}$$

第三步，基于债务价值服从正态分布的假设计算债务组合的 VaR

在信用资产组合的价值收益率服从正态分布的情况下，可以直接得到信用资产组合对应于置信度 c 下的 VaR，即：

$$c\text{VaR} = \Phi^{-1}(c) \times \sigma \tag{11-19}$$

其中，$\Phi(\cdot)$ 是累积标准正态分布。

3. 实际分布下两笔信用资产组合的 VaR

我们在第三步求得每个联合转移概率 P_{ij} 所对应的信用资产组合的价值 V_{ij} 后，得到的就是信用资产组合价值的实际分布。

我们可以利用实际分布将所有信用资产组合的价值从小到大排列，然后，从最小值开始，由小到大将信用资产组合的价值所对应的联合转移概率依次列出并逐个相加，直到相加的和不小于 $(1-c)$，等于或超过 $(1-c)$ 的第一个联合转移概率所对应的信用资产组合的价值就是我们所要找的目标，不妨将其记为 $V_{i_0 j_0}$，则实际分布下对应于置信度 c 的 VaR 为：

$$c\text{VaR} = \overline{V} - V_{i_0 j_0} \tag{11-20}$$

4. 正态分布下 N 项信用资产组合的 VaR 计算

当假设 N 项信用资产组合的价值服从正态分布时，我们先求出 N 项信用资产价值的方差：

$$\sigma_p^2 = \sigma^2(V_1 + V_2 + \cdots + V_N) = \sum_{i=1}^{N}\sigma^2(V_i) + 2\sum_{i=1}^{N-1}\sum_{j=i+1}^{N}\text{Cov}(V_i + V_j) \tag{11-21}$$

然后，利用下式求得 VaR：

$$c\text{VaR}_p = \Phi^{-1}(c) \times \sigma_p \tag{11-22}$$

5. 用蒙特卡罗模拟计算 VaR

首先，生成风险期末的情境，即每一个债务人信用等级可能出现的结果的组合。然后，计算组合价值反映信用等级的变动，由于信用等级转移的结果有多种，因而会产生大量的可能组合价值。最后，计算期末组合价值的分布。将组合价值从小到大进行排序，设定百分位，即可计算 VaR 值。例如，采用蒙特卡罗模拟 10 000 次，设定百分位数为 1%，则按升序计算的第 100 个组合的价值就是 VaR。

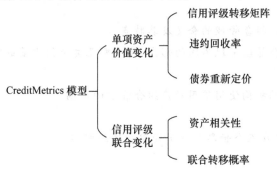

练习题

一、选择题

1. 与传统债务相比,信用资产组合管理具有显著的不同,但不包括下列哪项?(   )
   A. 价值估值时,与既有资产组合合并分析
   B. 授信动机是获取利息,占领市场
   C. 以风险调整收益为管理指标
   D. 配置专业信用资产组合管理部门

2. 信用资产组合管理的目标不包括下列哪项?(   )
   A. 减少对主要客户的依赖   B. 降低信用集中度风险
   C. 实现风险收益最大化   D. 降低当前和预期信用风险

3. 下面哪项不是组合信用风险模型开发者最关心的问题?(   )
   A. 资产组合的损失分布是什么形态   B. 资产组合内的资产如何相关
   C. 资产组合中单个资产的上限是多少 D. 如何对信用资产组合定价

4. 如果世界存在五个状态,有三个信用资产,它们在五个状态下的违约比率分别如下图所示:

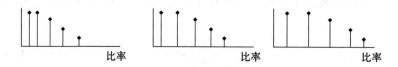

如果这三个资产形成的资产组合的损失分布如下图所示:

则下面哪项的说法是正确的?(   )
   A. 这三个资产的违约概率完全独立   B. 三个资产的违约概率完全相关
   C. 没有系统性风险   D. 违约损失率完全不相关

二、简述题

1. 简述信用资产组合管理的含义及其特点。
2. 信用资产组合管理呈现不同的形态,其中哪几类是很重要的?它们各自的目的是什么?
3. 简述促使金融机构使用信用资产组合管理的原因。

三、计算题

下表为三个资产在五个世界状态下的单独违约概率:

违约概率	35%	42%	18%	6%	1%
资产 1	1.00%	1.00%	1.00%	1.00%	1.00%
资产 2	0.80%	0.92%	1.20%	1.76%	3.20%
资产 3	0.40%	0.80%	1.60%	3.20%	6.40%

计算其两两之间的违约相关性。

第 12 章 资产组合的信用风险管理模型

单项债务的信用风险度量方法没有考虑资产之间的相关性以及金融市场新的发展趋势,于是,以现代投资组合理论为基础产生的信用风险管理系统应运而生,其中具有代表性的为 RAROC 模型、KMV 模型、CreditMetrics 模型、CreditRisk＋模型、Credit Portfolio View 模型。

12.1 组合的信用风险模型简介

风险调整后的资本回报率(risk-adjusted return on capital,RAROC)是一种典型的信贷组合管理方法。这种风险管理方法的目的不是纯粹地控制风险,而是将风险与收益共同考虑来定价,如果一项信贷业务的风险收益能够超过其风险损失,那么银行就可能接受这个风险,以获取相应的回报。这种方法所用的工具非常丰富,包括用 PD、LGD、EAD 等计算 EL,用 VAR 得到经济资本,还需要财务学工具和模型计算净收益。准确地说,RAROC 不单单是一种风险管理手段,而是一个风险管理体系。

KMV 是美国一家开发和出售信用分析软件以及其他金融信息产品的专业公司,KMV 模型因该公司而得名。KMV 模型的理论基础是 Black-Scholes 模型、Merton 模型以及 Hull 和 White 的期权定价理论。该模型认为信用风险产生的动因是发行人资产价值的变化。从期权与企业资产价值的角度来看,企业的股东持有一份以企业债务为执行价格、以企业资产为标的物的看涨期权。当资产大于负债时,股东则行使该看涨期权,即偿还债务,继续拥有企业;如果资产小于负债,企业破产,企业所有者将企业资产出售给债权的持有人,即债权人拥有企业。所以企业破产的概率由企业的资产和负债共同决定。

CreditMetrics 是银行业最早使用并且对外公开的信用度量技术,由 J. P. 摩根银行和一些合作机构于 1997 年推出,旨在使信用按市值定价。模型基于资产组合理论,着眼于流动性非常好的债券市场或债券衍生品市场,因此可以收集广泛的价格和评级数据。它对债务在给定的时间单位内(通常为 1 年)的未来价值变化分布进行估计,并通过 VaR 来衡量风险。VaR 用来衡量投资组合风险敞口的程度,度量在正常的市场情况和一定的置信水平下,在给定的时间段内预期可能发生的最大损失。

CreditRisk＋是由瑞士信贷第一波士顿银行(CSFB)于 1996 年在保险精算的基础上

开发的信贷风险管理系统。它假定违约概率是随机的,可以在信用周期内显著地波动,并且其本身是风险的驱动因素。因而,CreditRisk＋被认为是"违约概率模型"的代表。与 CreditMetrics 和 KMV 都以资产价值作为风险驱动因素不同,它只考虑了违约风险,而没有对违约的成因做出任何假设,它假定:① 对于一笔贷款,在给定时期内的违约概率与其他任何时期的违约概率相同;② 对于大量的债务人,任何特定债务人的违约概率都很小,且在某一特定时期内的违约数与任何其他时期内的违约数相互独立。

Credit PortfolioView 模型(以下简称 CPV 模型)是 1998 年 McKinsey 公司提出的一个用于分析贷款组合风险和收益的多因素模型,它根据失业率、GDP 增长率、长期利率水平、政府支出等宏观因素,运用经济计量学和蒙特卡罗技术对每个国家不同行业中不同等级的违约和转移概率的联合条件分布进行模拟。与 CreditMetrics 应用的转移概率和违约概率不同,CPV 模型不是以历史等级转移和违约的数据来估计的,而是以当期的经济状态为条件来计算债务人的等级转移概率和违约概率。模型中的违约概率和转移概率都与宏观经济状况紧密相连。当经济状况恶化时,降级和违约增加;反之则减少。

12.2 RAROC

1. RAROC 的理论背景

盈利的传统指标包括股权收益率(ROE)和资产收益率(ROA),这种指标最大的缺点是没有将风险考虑在内。出于风险管理的需要,西方商业银行逐渐出现了新型的以风险为基础的盈利指标——根据风险调整收益(RAROC)。该方法起源于 20 世纪 70 年代,由银行家信托集团(Banker's Trust Group)首创,最初的目的是度量银行信贷资产组合的风险和在特定损失率下为限制风险敞口所必需的股权数量。此后,许多大银行纷纷开发 RAROC 方法,基本都是为了确定银行进行经营所需要的股权资本数量。随着金融行业的发展,RAROC 逐渐演变成以经济资本为出发点来衡量金融机构风险调整报酬的一般化模型。

2. RAROC 的基本概念

RAROC 为风险调整后的资本回报率,是风险调节绩效检测(risk-adjusted performance measurement,RAPM)最普遍的方法之一,直接比较了回报与经济资本金之间的关系。RAROC 的核心原理是金融机构在评价其盈利情况时,必须考虑其盈利是在承担了多大风险的基础上获得的,即一单位的风险资本能带来多大的收益。首先要了解企业内部各种风险敞口的额度以及这些风险敞口的相关性,其次要了解企业所面临的风险及其分布状况,最后再确定企业对风险的承受能力。

中国银监会公布的 RAROC 计算公式为:

$$RAROC = \frac{收入-支出-预期损失}{抵御非预期损失的资本}$$

$$= \frac{收入-支出-预期损失}{经济资本} = \frac{收益-预期损失}{经济资本}$$

即：
$$RAROC = \frac{税后净营业利润 - 预期损失}{经济资本} \quad (12\text{-}1)$$

国际通用公式为：

$$RAROC = \frac{税后净利润 - 资本成本}{经济资本} \quad (12\text{-}2)$$

其中，经济资本指的是在一定的时间内以及一定的置信水平上，银行为了弥补非预期损失所需的资本。可见，经济资本的计算需要考察对象的信用级别、置信区间和相应的时间跨度。经济资本是银行用来承担非预期损失和保持经营所需的资本，可以通过下式计算：

经济资本 = 信用风险非预期损失 + 市场风险非预期损失 + 操作风险非预期损失

$$(12\text{-}3)$$

RAROC 衡量的是进行预期损失和非预期损失调整后的收益率，可以为银行的风险损失配置合适的经济资本，进而衡量资本的使用效益。RAROC 模型的优势在于将资本、风险和收益这三个因素结合在一起，纳入同一个指标体系中，实现银行在资本收益和风险之间的匹配。经济资本配置的实质在于构建与银行整体风险战略一致的业务风险组合，通过进行风险调整对银行的业务结构进行调整，实现资源的优质分配，确保资金的安全以及抵御风险的能力，使得银行在一定的风险承受能力之内获得股东价值的最大化。

3. RAROC 在风险管理中的意义

首先，RAROC 取决于企业的业务发展水平和风险控制水平，其基础是经济资本分配，从纵向来看，它覆盖的范围上至董事会、高级管理层的战略目标及风险偏好，下接业务前台的各项日常决策；而从横向来看，则涵盖了资产、负债和表外等不同业务领域，以及人力资源、计划财务、法规、安全保卫、计算机应用等职能区域，从而调动了员工的积极性，使他们参与到企业的风险管理中来。

其次，RAROC 综合考虑企业的可能损失和收益来衡量其经营业绩，将作为 RAROC 基础的有限的经济资本在各类风险、各个层次、各种业务和各项投资之间进行分配，一方面可以整体地考虑所有的风险，并将各风险之间的收益进行叠加；另一方面通过测定和衡量各种资产与投资组合的风险收益，实现了业务发展和风险控制之间的统一。

最后，RAROC 是度量风险与收益配比关系的最恰当的标准和尺度。无论是从事单笔业务还是实施资产及投资组合管理，关键是要在风险与收益之间寻找一个恰当的平衡点，以准确度量风险与收益的配比关系。而 RAROC 是以经过风险调整后的投入产出比率作为各项业务决策的基本依据，并在风险可控的基础上实现股东财富的最大化，可以作为风险和收益平衡点的判断依据。

例 12-1 银行 A 的某一项目贷款余额为 1 000 万元，经济资本为 80 万元，总收入为 30 万元，资金及管理成本为 3 万元，风险成本为 12 万元，那么其 RAROC 为：

$$RAROC = (30 - 3 - 12) \div 80 = 18.75\%$$

例 12-2 银行 A 的一个贷款项目的主要情况为：违约风险敞口为 2 500 万元，违约

损失率为0.5,违约概率为7%,净利润为700万元,经济资本规模为2 800万元,那么银行的预期损失为:

$$EL = 违约风险敞口 \times 违约概率 \times 违约损失率$$
$$= 2\,500 \times 7\% \times 0.5$$
$$= 87.5 万元$$
$$RAROC = (700 - 87.5) \div 2\,800$$
$$= 21.875\%$$

12.3 KMV 模型

KMV模型是建立在1974年Merton使用的期权定价模型基础上的。该模型假定企业的资产价值为V_A,负债的价值为D,则所有者权益的价值,也即企业的股权价值为$V_E = V_A - D$。当债务到期时,如果企业资产的价值小于负债的价值,则企业会选择违约,因为如果企业通过筹集额外的资金来偿还债务的话,则清偿债务后股东将一无所有;如果企业资产的价值大于负债的价值,股东享有的权益为资产超过负债的部分,因而股东会选择偿还债务以获得剩余的权益部分。可见,我们可以将企业股票的价值看作一份欧式看涨期权,赋予投资者在到期日以事先约定的价格购买股票的权利。在债权到期日,如果企业股价高于执行价格,则期权的价格为股价高于执行价格的部分,否则,股票的价值为零。

对于债务的信用风险,KMV模型的基本理念是,在负债一定的条件下,企业是否违约是由企业资产的市场价值决定的。在债务到期日,企业违约的临界点是企业资产价值等于债务的情况。如果企业债务超过资产价值,企业就会选择违约。KMV模型认为股权和期权的定价具有相同的基础,因而可以借鉴Black-Scholes期权定价公式来确定企业股权价值和资产价值的关系,而企业债务违约概率取决于企业资产价值低于债务的概率。

12.3.1 KMV模型的单资产分析

1. 利用KMV模型计算预期违约概率的步骤

在计算预期违约概率时主要涉及三个时点:起点0、中间时点t($0<t<T$)和债务到期时间T。

第一步:根据Black-Scholes期权定价公式计算企业资产价值及其波动率

A. 计算资产价值

将企业的资产价值V看作标的物,将到期债务D看作看涨期权的执行价格,利用Black-Scholes期权定价公式,可以得到时间0时企业的股权价值S_0为:

$$S_0 = V_0 N(d_1) - De^{-rT} N(d_2) \tag{12-4}$$

$$d_1 = \frac{\ln \frac{V}{D} + \left(r + \frac{\sigma_V^2}{2}\right)T}{\sigma_V \sqrt{T}}$$

$$d_2 = d_1 - \sigma_V \sqrt{T} = \frac{\ln \frac{V}{D} + \left(r - \frac{\sigma_V^2}{2}\right)T}{\sigma_V \sqrt{T}}$$

其中,V_0 为资产价值,σ_V 为资产价值的波动率,r 为无风险收益率。

同理,在任意时刻 t,企业的股权价值为:

$$S_t = V_t N(d_1) - D\,\mathrm{e}^{-r(T-t)} N(d_2) \tag{12-5}$$

$$d_1 = \frac{\ln \frac{V_t}{D} + \left(r + \frac{\sigma_V^2}{2}\right)(T-t)}{\sigma_V \sqrt{T-t}}$$

$$d_2 = d_1 - \sigma_V \sqrt{T-t} = \frac{\ln \frac{V_t}{D} + \left(r - \frac{\sigma_V^2}{2}\right)(T-t)}{\sigma_V \sqrt{T-t}}$$

B. 计算资产价值波动率

股权价格关于资产价值的弹性为:

$$\eta_{S,V} = \frac{\Delta S}{S} \bigg/ \frac{\Delta V}{V} \Rightarrow \frac{\Delta S}{S} = \eta_{S,V} \frac{\Delta V}{V} \Rightarrow \sigma_S = \eta_{S,V} \sigma_V \tag{12-6}$$

由期权定价公式可得:

$$\frac{\partial S}{\partial v} = N(d_1)$$

则:
$$\eta_{S,V} = \frac{\partial S}{\partial V} \frac{V}{S} = N(d_1) \frac{V}{S}$$

可以得到股权和资产价值波动率之间的关系式 $\sigma_S = N(d_1) \dfrac{V}{S} \sigma_V$

为了得到资产价值的波动率,我们需要先求出股票价格的波动率。股票价格的波动率反映了股票收益的不确定性,可以采用历史数据进行计算:

股票价格的日波动率为 $\sigma_S^* = \sqrt{\dfrac{1}{T-1}\sum_{t=1}^{T}(\mu_t - \bar{\mu})^2}$

其中,日收益率为 $\mu_t = \ln\left(\dfrac{S_t}{S_{t-1}}\right)$

则股票价格的年波动率为 $\sigma_S = \sigma_S^* \sqrt{250}$

其中,T 为天数,μ_t 为日收益率,$\bar{\mu}$ 为收益率的平均值。

由股权价格和股权价格的波动率即可倒推出企业资产价值和资产价值的波动率。

第二步:计算违约距离(distance to default,DD)

通常,企业只有在资产价值低于债务的时候才会选择违约,企业可能违约的最小资产价值就是违约点(default point)。从理论上讲,上市企业的资产价值与债务价值相等的点就是违约点,然而根据学者们对大量企业的研究,虽然在企业资产价值与负债的账面价值相等的时候确实有一些企业选择违约,但是大部分企业会继续经营并且之后偿还债务。因此,在 KMV 模型中,违约点一般被定义为企业短期债务和 50% 的长期债务的账面价值之和。在明确企业期末的预期资产价值和当期的违约点后,就可以得知企业的资产价值下降多少会到达违约点。

假定企业的资产价值服从对数正态分布,则违约距离的计算如下式所示:

$$\mathrm{DD} = \frac{\ln \dfrac{V_0}{D} + \left(r - \dfrac{\sigma_V^2}{2}\right)T}{\sigma_V \sqrt{T}} \tag{12-7}$$

违约距离越大,表明企业离违约点越远,企业违约的可能性越小;同理,违约距离越小,表示企业离违约点越近,企业的信用风险越大。

由于企业的资产价值不一定服从几何布朗运动,因而 KMV 公司提出了一个计算违约距离的简化方法,将违约距离转化为企业期末资产价值与违约点之间的差额与资产价值波动的标准差的比值。

$$\mathrm{DD} = \frac{V - \mathrm{DPT}}{V_0 \sigma_V} \tag{12-8}$$

对于股票全流通的上市企业,股权价值即为企业的总市值,用股票的市场价格与股票数量的乘积即可得到。在参数的选择上,无风险利率(r_f)通常可以选择一年期国债利率、银行同业拆借利率或一年期定期存款利率来表示。时间参数 t 一般可以选择一年。

第三步:计算预期违约概率(expected default frequency,EDF)

按照 Merton(1974)的模型假设,企业的资产价值 V 服从几何布朗运动:

$$\frac{\mathrm{d}V_t}{V_t} = \mu_V \mathrm{d}t + \sigma_V \mathrm{d}Z_t, \quad \mathrm{d}Z_t = \varepsilon \sqrt{\mathrm{d}t} \tag{12-9}$$

可得:

$$V_t = V_0 \cdot \exp\left[\left(\mu_V - \frac{\sigma_V^2}{2}\right)t + \sigma_V \sqrt{t}\varepsilon\right] \tag{12-10}$$

假设企业只存在一种债务,则可以直接用到期时的债务价值代替违约临界点,来计算违约概率:

$$\begin{aligned}\mathrm{PD} &= P(V_T < D) = P\left\{V_t \cdot \exp\left[\left(\mu_V - \frac{\sigma_V^2}{2}\right)t + \sigma_V \sqrt{t}\varepsilon\right] < D\right\} \\ &= P\left(\varepsilon < -\frac{\ln\left(\dfrac{V_t}{D}\right) + \left(\mu_V - \dfrac{\sigma_V^2}{2}\right)\tau}{\sigma \sqrt{\tau}}\right) \\ &= N(-d_2)\end{aligned} \tag{12-11}$$

违约距离为:

$$\mathrm{DD} = d_2$$

预期违约概率为:

$$\mathrm{EDF} = N(-\mathrm{DD}) \tag{12-12}$$

为了便于使用,我们将 KMV 模型的重要公式、参数及其估计放入表 12-1 中。

表 12-1 KMV 模型的主要估计量

估计量	计算	参数	参数估计
资产价值	$S_0 = V_0 N(d_1) - De^{-rT} N(d_2)$ 其中： $d_1 = \dfrac{\ln \dfrac{V}{D} + \left(r + \dfrac{\sigma_V^2}{2}\right) T}{\sigma_V \sqrt{T}}$ $d_2 = d_1 - \sigma \sqrt{T}$	企业资产价值	$V = \eta_{V,S} N(d_1) S$
		资产收益率波动系数	$\sigma_V = \dfrac{S}{V} N(d_1)^{-1}$
		无风险利率	一般为一年期国债收益率
		违约点	一般为短期负债与 $\dfrac{1}{2}$ 的长期负债之和
		到期期限 T	
违约距离	$DD = \dfrac{\ln \dfrac{V_0}{D} + \left(r - \dfrac{\sigma_V^2}{2}\right) T}{\sigma_V \sqrt{T}}$		
预期违约概率	$EDF = N(-DD)$		

2. KMV 模型的优缺点分析

KMV 模型的优点在于其建立在期权理论之上，并且数据来源于企业财务报表和股价，可获得性强，可以实时进行债务质量更新，动态反映信用风险水平的变化。缺点在于模型建立在资产价值正态分布的假设之上，在现实生活中资产价值不一定满足这个假设。此外，模型没有考虑债务的类型，诸如是否有债务的优先偿还顺序、是否存在担保等，这些可能会影响预测的精确性。

12.3.2 KMV 模型资产组合管理

KMV 模型可以应用于信用资产组合风险管理，特别是实现风险分散，其基本原理建立在 Markowitz 和 Sharpe 的理论基础之上。KMV 的量化方法融合了 Markowitz 和 Sharpe 的资产组合理论以及 Merton-Black-Scholes 的期权信用模型。这两个概念性框架非常有用，因为我们可以以它们为依据，使用市场数据进行资产组合决策。除了来自权益资本市场的数据，KMV 模型还结合了债券市场和信用衍生品市场的信息。

但 Markowitz 和 Sharpe 的资产组合理论只部分适用于信用风险分析，因为它们假设资产收益为钟形分布。要将这些理论运用于信用风险管理，需时刻记住模型里的标准差和方差等可能会导致对模型的误解，因为信用资产收益的分布往往不是正态分布。

信用风险分析的问题是确定合适的风险变量，度量信用资产组合的必要风险变量有三个：期望收益、每个资产的风险和每对资产的相关性。期望收益和每个资产的风险可以用上文 KMV 模型应用于单个资产的期望收益和 EDF 来度量。在资产组合的应用上，难点在于如何度量资产之间的相关性。

KMV 模型所描绘的信用风险是资产的市场价值、资产波动率和违约时间的函数。

因为两个企业在时间轴上相关性的关键决定因素是它们的市场价值关系,所以如果我们了解企业资产的市场价值之间是如何相关的,我们就可以使用 KMV 模型的分析框架来推导出它们的信用风险是如何相关的。但利用历史数据来计算违约相关性时,KMV 模型有些缺陷,因为如果两个企业从来没有发生过违约,我们就无法用历史数据来估计它们的违约相关性,但又不能断言其不相关。

当缺乏历史数据时,使用 KMV 模型的变通办法是,使用两个企业所在行业的违约相关性作为这两个企业违约相关性的估算值,但是这种估算值的不准确性是相当大的。

12.4　CreditMetrics 模型

虽然传统的信用评价方法有许多经验可供借鉴,但是模型使用的风险因素以定性变量居多,财务指标的选择缺乏确切的依据。为了规避传统信用评价方法的缺陷,J. P. 摩根与一些合作机构(KMV、美国银行等)于 1997 年推出 CreditMetrics。CreditMetrics 是一个基于 VaR 的计算方法,主要用于测度单个债务的信用风险,但是其测量范围可以扩大到应收账款、贷款、信用金融票据、债务组合等。

尽管市场风险具有正态分布的特征,信用风险却呈现出"偏峰厚尾"的特点,不适合用方差来度量信用风险的大小。由于 VaR 计算的是分布的百分位数,适合任何风险分布特征,因而可以选用 VaR 衡量信用风险。CreditMetrics 从方法上讲是基于期权式资产定价理论,运用蒙特卡罗技术来模拟资产组合的损失分布,进而用由债务信用等级变化引起的信用资产价值分布计算 VaR。

基本思想　CreditMetrics 模型认为企业的信用评级可以反映债务人的信用状况,并假定信用评级能真实地反映债务人的信用风险,因而可以通过信用等级转移概率的分析来测度企业的信用风险。在信用市场上,企业信用工具的价值取决于其信用等级,当企业的信用评级发生改变时,信用资产的市场价值也会随之改变。可以通过企业的信用等级转移概率矩阵测度信用资产在不同信用风险下的概率分布,以获取信用资产在一定置信度下的价值。在获取单一信用资产的风险状况后,可以在分析资产组合相关性的基础上进行信用组合的风险管理。由于经济中系统性因素的影响,不同信用资产之间存在相关性,因此可以基于信用资产组合的收益率相关系数,计算信用组合的联合信用等级转移概率矩阵,进而确定信用组合在一定置信度下的 VaR。

基本假设

(1) 债务人的信用等级转移及违约取决于其资产价值的变化,当债务人的资产价值高于一个临界点时,债权人可以获得预先的收益率,当债务人的资产价值低于这个临界点时,债务人会选择违约,债权人遭受损失;

(2) 企业未来资产的对数收益率服从正态分布;

(3) 债务人资产收益率的波动受宏观经济因素和自身特有因素的影响,不同债务人资产收益率的波动之间存在相关性;

(4) 在债务人违约后,债权回收率服从 Beta 分布。

单一信用资产风险测度 CreditMetrics 模型是通过信用资产价值在一定期限内的概率分布来确定信用资产的风险的,而概率分布是建立在信用评级转移概率的基础上的。信用评级是债务人信用风险状态的认定,而信用评级矩阵表示的是债务人从当前评级状态转移到其他评级状态的可能性。一般而言,信用等级矩阵可以通过企业的历史违约概率计算出来。信用评级和信用评级转移矩阵既可以是内部评级的结果,也可以从标准普尔、穆迪等评级机构那里获取。信用期限的长度,应与所选定的信用评级体系和信用等级转移矩阵相一致,一般设定为 1 年。当然,也可以根据会计数据的可得性和评级机构处理过的财务报表的可得性来设定信用期限的长度。

第一步:获取信用评级转移矩阵

表 12-2 为一个信用评级转移矩阵的例子。

表 12-2　1 年期信用评级转移矩阵

期初评级	1 年期期末评级							
	AAA	AA	A	BBB	BB	B	CCC	违约
AAA	90.81	8.33	0.68	0.06	0.12	0	0	0
AA	0.70	90.65	7.79	0.64	0.06	0.14	0.02	0
A	0.09	2.27	91.05	5.52	0.74	0.26	0.01	0.06
BBB	0.02	0.33	5.95	86.93	5.30	1.17	1.12	0.18
BB	0.03	0.14	0.67	7.73	80.53	8.84	1.00	1.06
B	0	0.11	0.24	0.43	6.48	83.46	4.07	5.20
CCC	0	0.22	0.22	1.3	2.38	11.24	64.86	19.79

第二步:确定评估期间

根据财务报告公布的频率,CreditMetrics 模型中信用期限的长度一般确定为 1 年。

第三步:确定信用资产的远期价值

对于不可提前赎回的债券,可以根据普通年金现值公式来计算现值。现金现值公式为:

$$P = \frac{C_1}{1+r} + \frac{C_2}{(1+r)^2} + \cdots + \frac{C_n}{(1+r)^n} + \frac{F}{(1+r)^n} \tag{12-13}$$

其中,n 为债券到期期限,C 为每年的利息,F 为普通年金终值,r 为贴现率。

对于一笔 n 年期债务,每年定期支付利息为 C,本金为 F,如果信用评级从年初的 k 级转移到年末的 j 级,那么在非违约条件下,债务在第 1 年年末的价值 V_j 为:

$$V_j = \sum_{i=0}^{n-1} \frac{C}{(1+f_{ij})^i} + \frac{F}{(1+f_{n-1,j})^{n-1}} \tag{12-14}$$

其中,$k=1,2,3,\cdots,d-1$; $j=1,2,3,\cdots,d$;1 到 d 表示从高到低的信用等级排序,1 级表示信用等级最高,而 d 级表示违约;f_{ij} 为信用评级为 j 的债务从第 1 年年末开始的 i 年期的年化远期利率;对于 $i=1,2,3,\cdots,n-1$, f_{ij} 可进行如下分解:$f_{ij} = r_i + s_{ij}$,其中,r_i 为从第 1 年年末开始的 i 年期的年化远期无风险利率,s_{ij} 为信用评级为 j 的债务从第 1 年

年末开始的 i 年期的年化远期信用风险价差。

如果第 1 年年末债务人选择违约,贷款的价值 V_d 由债务本金 F 和违约损失率 LGD_j 决定,则:

$$V_d = F \times (1 - LGD_j) \tag{12-15}$$

例 12-3 计算贷款的远期价值

起初级别不同的债券,1 年后 1 年、2 年、3 年和 4 年的远期利率如表 12-3 所示。

表 12-3 各个信用等级贷款 1 年后不同期限的远期利率 （单位:%）

种类	1 年	2 年	3 年	4 年
AAA	3.60	4.17	4.73	5.12
AA	3.65	4.22	4.78	5.17
A	3.72	4.32	4.93	5.32
BBB	4.10	4.67	5.25	5.63
BB	5.55	6.02	6.78	7.27
B	6.05	7.02	8.03	8.52
CCC	15.05	15.02	14.03	13.52

对于一笔 5 年期、本金为 100 万元、利率为 7% 的贷款,如果在第 1 年年末该笔贷款从 BBB 级上升为 A 级,那么该贷款 1 年期远期价值为:

$$V_A = 7 + \frac{7}{1.0372} + \frac{7}{1.0432^2} + \frac{7}{1.0493^3} + \frac{100+7}{1.0532^4} = 113.20(万元)$$

第四步:计算信用资产远期价值分布与 VaR

利用公式:

$$V_j = \sum_{i=0}^{n-1} \frac{C}{(1+f_{ij})^i} + \frac{F}{(1+f_{n-1,j})^{n-1}} \tag{12-16}$$

$$V_d = F \times (1 - LGD_j) \tag{12-17}$$

我们可以利用一个 k 级债务人在第 1 年年末从 k 级分别转移到 d 个信用等级的转移概率得出所对应债务 1 年后的价值分布:

$$\overline{V} = \sum_{j=1}^{d} p_j V_j, \quad \sigma^2 = \sum_{j=1}^{d} p_j (V_j - \overline{V})^2 \tag{12-18}$$

其中,p_j 表示债务人在第 1 年年末信用等级转移到 j 级的概率,p_d(当 $j=d$ 时)表示违约概率。这样,我们就可以计算出这笔债务的 1 年期远期价值分布。

12.5 CreditRisk+模型

CreditRisk+模型是由瑞士信贷银行金融资产部在财产保险精算思想的指引下,开发出的信用风险管理系统。通过对信贷市场的长期观察,瑞士信贷银行发现,诸如抵押贷款和小企业贷款等类型的很多贷款都具有每笔贷款违约概率很小并且贷款之间相互独立的特点。因而违约事件可以用泊松分布进行描述。

泊松分布是由法国数学家西莫恩·德尼·泊松于 1838 年提出的,用于描述统计学中的离散概率现象。泊松分布是二项分布的一种特例,当某些事件发生的概率很小,而样本数量较多时,二项分布就会逼近泊松分布。如果在给定时间内随机事件的平均发生次数为 λ,那么 n 次独立试验中,该事件发生 k 次的频率为:

$$P(X=k) = \frac{e^{-\lambda} \cdot \lambda^k}{k!} \tag{12-19}$$

CreditRisk+ 模型将违约看作外生的不可预知事件,假定贷款组合内的每项债务是否违约具有随机性;在给定时间内,单项债务的违约概率不变;每项债务的违约概率都很小,并且每项债务是否违约与其他债务的违约相互独立。先对单个频段内的债务进行违约概率和损失的估计,然后对所有频段的损失进行加总,得到债务组合的损失分布。

以一个包含 N 笔贷款的贷款组合为例,用 X 表示违约贷款数量,用 p 表示违约事件的平均发生率,则在这个贷款组合中有 k 笔贷款违约的概率为:

$$P(X=k) = C_N^k p^k (1-p)^{N-k} \tag{12-20}$$

在贷款数量很多但是违约贷款率很低的条件下,二项分布趋近于泊松分布:

$$P(X=k) = \frac{e^{-\lambda} \cdot \lambda^k}{k!} \tag{12-21}$$

其中,预期违约数 $\lambda = Np$。

在贷款违约事件中,银行所遭受的损失不仅取决于违约概率,还取决于违约后损失的大小。在 CreditRisk+ 模型中,敞口指的是考虑违约损失率的债务价值,等于贷款的未来市值乘以违约损失率。

1. 模型计算信用风险敞口的步骤

第一步,风险敞口频段划分

首先,对于一个有 N 笔贷款的贷款组合,根据组合中的最高贷款金额设定一个合适的风险敞口频段值 L,将最高贷款额除以频段值即可得到总的频段级数量 m,如果最高贷款额与频段值的比值不是整数,可以通过四舍五入或向上取整得到;然后,按风险敞口的大小将贷款组合中的各笔贷款划分到不同频段级;最后,将各频段级的违约损失进行加总,即可得到贷款组合的损失分布。对贷款组合信用风险估计的目的是了解不同损失水平下违约损失的分布情况,通过频带的划分即可将违约事件的个数转化成违约损失的分布。

对于具体的频带划分,例如,对于一个有 100 笔贷款的组合,其中最大的风险敞口为 20 万元,将敞口频段值设定为 2 万元,则可以得到 10 个级别的敞口频段 $z_1, z_2, \cdots, z_{10}$,各级别对应的风险敞口规模分别为 2 万元,4 万元,$\cdots$,20 万元。对于一笔 3.6 万元的贷款,可以将其归类到频段中,该频段对应的风险敞口为 4 万元。

为了保证结果的准确性,模型要求样本数量足够多并且不存在数据分布不均匀的问题。

第二步,估计单个频段级的违约概率和损失分布

如果处于 z_i 频段的贷款平均违约数为 λ_i,贷款笔数为 $N_i \left(\sum_{i=1}^{m} N_i = N \right)$,$z_i$ 对应的风

险敞口为 $L_i = L \cdot i$，那么该频段有 n_i 笔贷款违约的概率为：

$$P(n_i) = \frac{\lambda_i^{n_i} \cdot e^{-\lambda_1}}{n_i!}, \quad n_i = 1, 2, \cdots, N_i \tag{12-22}$$

预期损失分布为：

$$\text{ELD}(n_i) = n_i L_i \frac{\lambda_i^{n_i} \cdot e^{-\lambda_i}}{n_i!} \tag{12-23}$$

通过对各频段级数据的计算，就可以统计出每个频段级的概率分布和预期损失分布。

第三步：估计贷款组合的违约概率和损失分布

这个贷款组合中 N 笔贷款的总风险敞口为：

$$\text{TL} = \sum_{i=1}^{m} L_i n_i = L \cdot \sum_{i=1}^{m}(i \cdot n_i) = nL \tag{12-24}$$

如果对于贷款组合中任意频段级 z_i 对应的贷款违约数量为 n_i，那么整个贷款组合的违约概率为：

$$P(n_1, n_2, \cdots, n_m) = \prod_{i=1}^{m} \frac{\lambda_i^{n_i} \cdot e^{-\lambda_i}}{n_i!} \tag{12-25}$$

预期损失分布为：

$$\text{EDF}(N) = \text{EDF}(n_1, n_2, \cdots, n_m) = nL \cdot \sum_{G} P(n_1, n_2, \cdots, n_m) \tag{12-26}$$

其中

$$G = \left\{ (n_1, n_2, \cdots, n_m) \,\bigg|\, \sum_{i=1}^{m} i \cdot n_i = n \right\}$$

第四步：计算未预期损失

在得出贷款组合的损失分布之后，就可以求出给定置信度下的最大损失。最大信用损失和预期信用损失之差即为**经济资本**，也就是未预期损失。在获取贷款组合经济资本之后，将其在所有贷款中进行分配就可以知道每笔贷款的经济资本。

2. CreditRisk+模型的优缺点

CreditRisk+模型的优点在于对数据施加的限制比较少，只考虑违约和不违约两种情况，因而计算比较简单快捷。缺点也比较明显，模型是在假定每个频段级平均违约概率不变的条件下建立的，与现实情况存在差别；在我国企业之间互相担保的情况也经常出现，无法保证贷款相互独立的假设条件；此外，模型没有考虑债务人信用等级的变化以及利率的期限结构，无法精确地度量违约损失。

12.6 Credit Portfolio View 模型

Credit Portfolio View(CPV)模型是由麦肯锡公司(McKinsey)于1998年开发出的一个多因子模型，一般用作信贷组合风险的分析。CPV 模型运用计量经济学和蒙特卡罗模拟对每个国家不同行业中不同等级的违约和转移概率进行计算,进而得出风险价值。该模型以宏观经济情况为基础来度量违约风险,考虑的宏观经济因素有 GDP 增长率、失业率、汇率、长期利率、政府支出和储蓄等,用于分析贷款组合风险和收益。该模型认为宏观经济因素的改变是导致信用质量变化的原因,因而用信用组合观点模型衡量信用风险时不对企业的特殊数据进行分析。

1. CPV 模型的基本原理及框架

一般来说,当经济周期处于上行阶段时,社会总需求增长,企业会加大生产投入,贷款违约概率较低,商业银行出于盈利的考虑会扩大信贷规模;而当经济下行时,企业经营困难,违约概率和违约损失率都会上升,商业银行出于资金安全性的考虑会减少对企业的贷款,这反过来又增加了企业财务困难的可能性,使经济形势更加恶化。

信用组合观点模型将信用评级转移概率与宏观经济变量联系起来,由于信贷的顺周期性,当经济处于繁荣时期时债务人的违约概率和违约损失率比较低,而在经济衰退时则较高。运用 CPV 模型分析违约风险,首先是对宏观经济变量进行检验,从中选取一些与违约风险显著相关的变量;然后是进行模拟仿真,获取经济扩张和衰退时期的违约概率转移矩阵,计算信用工具组合损失的分布状况;最后是分析当前的经济状况,并由组合损失分布算出违约概率分布。

模型假设:

(1) 信用等级在不同时期的迁移概率受到宏观因素的影响,主要影响因素有经济周期、失业率、GDP 增长率、汇率、长期利率水平等;

(2) 宏观经济变量服从二阶自回归 AR(2) 过程。

违约概率可以用一个 Logit 函数来描述,由 Logit 变换计算得到的违约概率处于 0 到 1 之间,在经济行业环境 j 中单个债务人的违约概率可表示为:

$$P_{j,t} = \frac{1}{1+e^{-Y_{j,t}}} \tag{12-27}$$

其中,$Y_{j,t}$ 表示由宏观环境 j 在 t 时刻的评级指数,可用下述的多因子模型来表示:

$$Y_{j,t} = \beta_{j,0} + \beta_{j,1}X_{j,1,t} + \beta_{j,2}X_{j,2,t} + \cdots + \beta_{j,m}X_{j,m,t} + \nu_{j,t} \tag{12-28}$$

其中,$\beta_j = (\beta_{j,0}, \beta_{j,1}, \beta_{j,2}, \cdots, \beta_{j,m})$ 为时期 t 宏观经济环境 j 中的指数评价系数;$X_{j,t} = (X_{j,1,t}, X_{j,2,t}, \cdots, X_{j,m,t})$ 为宏观经济变量;$\nu_{j,t}$ 是误差项,独立于宏观经济向量 $X_{j,t}$,服从正态分布。由宏观经济变量服从 AR(2) 过程的假设可知:

$$X_{j,i,t} = r_{j,i,0} + r_{j,i,1}X_{j,i,t-1} + r_{j,i,2}X_{j,i,t-2} + e_{j,i,t} \tag{12-29}$$

其中,$X_{j,i,t-1}$,$X_{j,i,t-2}$ 表示宏观经济变量 $X_{j,i,t}$ 的一阶和二阶的滞后项;$r_j = (r_{j,i,0}, r_{j,i,1}, r_{j,i,2})$ 为要估计的系数;$e_{j,i,t}$ 表示误差,服从独立同分布,即 $e_{j,i,t} \sim N(0, \sigma_{j,i,t})$ 且 $e_t \sim N(0, \Sigma_e)$,Σ_e 为误差项 e_t 的协方差矩阵。

对每一个国家来说,宏观经济变量都是给定的。若能收集到足够的样本数据,就可以由上述公式估计出相应的违约概率 $P_{j,t}$ 和违约概率指数 $Y_{j,t}$。

若采用蒙特卡罗模拟对特定经济环境下的违约概率分布进行计算,首先,将得到的违约概率估计值与不考虑经济环境变化的相应行业历史平均值做比较,当二者的比值小于 1 时,则认为经济处于繁荣期,反之则认为经济处于衰退期;然后,根据经济状况对信用转移概率进行调整,在经济增长阶段,债务人违约的概率比历史平均水平要低,信用评级上升的概率增大,评级下降的概率减小,调整后的信用等级转移的概率分布能够反映真实的宏观经济环境。对上述过程模拟多次,可以得到任意时期各个评级的条件违约概率分布。

2. CPV模型的优缺点

CPV模型的优点在于:第一,充分考虑了全球经济、国家宏观经济、行业发展在企业中的作用,打破了用企业历史违约概率的平均值测算企业违约概率的模式。第二,把宏观影响因素加入信用风险的评估中,并基于宏观经济环境的变化调整信用评级转移概率矩阵,有助于动态地反映信用风险变化的情况。

缺点在于:第一,对违约数据的完整性和可靠性提出了较高的要求;第二,没有债务的期限结构等微观因素;第三,信用评级变化的调整容易受主观因素的影响,有可能降低模型估计的准确度。

12.7 现代信用风险度量模型的比较

KMV、CreditMetrics、CreditRisk+和CPV模型四种方法是当今国际上最具代表性的信用风险量化模型。它们建立的基础和对风险评估的重点都有所不同,为了更好地进行分析,特从以下几个方面进行比较(见表12-4)。

表12-4 四种信用风险量化模型比较分析

	CreditMetrics	KMV	CreditRisk+	CPV
开发者	J.P.摩根	KMV公司	瑞士银行	麦肯锡公司
模型基础	Merton的期权定价理论	Merton期权理论	保险精算	宏观经济变量
风险驱动因素	资产价值	资产价值	期望违约概率	宏观经济因素
类型	盯市类模型	盯市和违约预测	违约预测模型	盯市和违约预测
核心思想	信用组合价值的变化受到债务人违约概率和信用等级转移的双重影响	企业资产价值低于违约点时债务人就会违约	违约服从泊松分布,与企业资本结构无关。利用违约概率的波动性描述违约相关性,进而生成贷款组合的损失分布	违约与信用等级转移概率与宏观经济因素有关,利用经济因素和组合损失分布生成违约转移概率分布
方法	风险价值法	风险价值法	风险价值法	风险价值法
违约概率估计	企业评级法	风险中性概率法	泊松分布	蒙特卡罗模拟
违约风险暴露	本金	根据债务人的特征确定	根据债务人的特征确定	根据债务人的特征确定

(续表)

	CreditMetrics	KMV	CreditRisk+	CPV
违约损失率	通过估计违约回收率来估计违约损失率	通过估计违约回收率来估计违约损失率	直接估计	
数据要求	长期的跨行业数据、评级机构提供的信用评级、国别和产业指数、单项资产的风险敞口及股票交易数据	债务人的资本结构、风险利率债券、单项资产的风险敞口以及其他历史数据	风险暴露水平和债务人的违约概率数据	宏观经济变量、行业数据
适用范围	适用于对企业和大客户的信用风险度量	适用于对企业和大客户的信用风险度量	适用于银行对零售客户的信用风险度量	适用于对宏观经济因素变化敏感的投机级债务人的信用风险度量
模型局限性	对市场利率变化不敏感，对同一等级的债务人具有相同的违约及等级转移概率的假设与实际情形不符	企业资本结构假设比较简单，资产组合的高度分散化假设依赖于金融产品的多样化市场	没有考虑债务人信用等级的变化、市场风险和信贷期限的可变性	需要大量长期的国家和行业数据

练习题

计算题

1. 某银行的信用资产暴露为 4500 万元，违约损失率为 0.6，违约概率为 5%，净利润为 1200 万元，经济资本为 5200 万元，求银行的预期损失和 RAROC。

2. 假设一个资产组合的信用风险损失在一天时间内是服从对数正态分布的，其对数为均值为 0.5、标准差为 4 的正态分布。如果置信水平为 99.7%，那么其经济资本要求是多少？

3. 假设一公司在时间 t 时的权益资产价值及其波动率分别为 $E_t = 45.88$ 和 $\sigma_t = 0.6445$，该公司仅有意向债务，其面值为 $D = 60$，在一年后到期。一年期无风险利率为 10%。求该公司（t 时）的总资产价值及其波动率。

4. 如果我们得到一个公司的债务为 $D = 1500$ 万元，公司总资产价值为 $V_t = 4500$ 万元，估算出的总资产价值的波动率为 $\sigma_t = 20\%$。求该公司的违约距离。

第 13 章 信用衍生品

13.1 信用衍生品概述

经过数十年的发展,现今信用衍生品在国际金融市场上已经成为地位十分重要的交易产品。信用衍生工具如今已然变成各种机构进行信用风险管理、获得超额投资收益的主要渠道,利用信用衍生品来转移风险和获取收益的机构不再只是银行,还包括保险公司、基金公司等金融机构和一些其他非金融机构。

13.1.1 信用衍生品简介

ISDA 对信用衍生品做出如下定义:信用衍生品是指对信用风险进行分离或转移的各类工具与技术的总称。在交易中买卖双方通过信用衍生品的使用来达到增加或减少对指定经济实体信用风险暴露的目的。经济实体作为信用风险的载体,其风险主要体现在它所负担的金融债务(如债券、贷款等)上,所以经济实体在信用衍生品市场上通常被称作参考实体(reference entity),而其中的信用风险承载媒介就被称作参考债务(reference obligation)。

信用衍生品作为对信用风险进行交易的金融合约,其价值是建立在标的企业、证券或主权实体等的信用表现基础上的,在信用事件发生的时候,它才会对该信用风险所造成的损失做出相关赔偿。这种信用事件既可以是破产或拒付等各种违约事故,也可以是债务人的信用状况发生恶化的信号,如债务重组或信用等级下调等事件。

信用衍生品是一类可将贷款及证券之中的信用风险分离出来,并以签订双边契约的方式将其转嫁到愿意接受风险的投资者身上的金融衍生品。其最显著的特征就是能够在不改变标的资产所有权的条件下,将该资产的风险及收益由签订契约的一方转移给另一方,从而达到剥离出市场风险中的信用风险的作用。

虽然信用衍生品诞生的时间较晚,但是从 1993 年第一笔交易开始,其发展速度却是十分惊人的。截至 2008 年年初,信用衍生品市场总规模已经达到 62 万亿美元的巅峰值。在 2001 年年末至 2002 年年初这段时间发生的安然与世界通信两家公司的特大破产案之中,美国的很多银行之所以能够幸免于难,就是因为进行了信用衍生品交易。

信用衍生品的出现有其必然原因,其中尤其是银行等传统金融机构的需求。第一,是银行对改善资产质量做出的考虑。在一些资产质量存在潜在隐患,导致其预期收益不足甚至产生损失时,银行当然乐意将这种负担甩掉,轻装前进。而传统方法常会为内部管理与外部市场所限制,受到利益冲突、市场法规、部门协调等问题的束缚而无法实现。第二,是银行为了维护与客户的良好关系。如果银行处理不良客户的做法不当,不仅会使老客户与银行继续合作的意愿降低,还会使了解到这一情况的潜在客户对银行的业务作风、管理方式等产生质疑,进而不利于银行的经营。由此看来,银行十分需要一种既可以规避信用风险,又能够维护其与客户间关系的技术方式。第三,是银行生存的需要。银行所面临的市场竞争越来越激烈,很多银行与金融机构提供的产品及服务逐渐变得同质化。在市场上,不仅形成了金融机构间产品和服务完全竞争的局面,也使金融机构和客户之间形成买方市场,致使银行生存所面临的环境逐渐恶化,迫使其去开发更有竞争力的产品和服务。

13.1.2 信用衍生品市场的基本要素

信用衍生品市场在多年的发展过程中,逐步建立起了一套较为完善的运行体系,这一市场中主要包含的基本要素为:

筹资者与投资者 按照信用衍生品的发展历程,其市场建立的首要条件就是培养出符合要求的筹资者与成熟理智的投资者。这里所讲的符合要求的筹资者指的是债券发行人及借款人等筹资方能够做到在信息真实、完整且及时的基础上,遵循资本市场规则进行信息披露,并且以市场投标竞价的方式确定筹资成本。而成熟理智的投资者则包含两层含义:第一层含义是指相关的投资机构的信息资讯收集及研究分析能力要达到一定的水平,能够做到独立判断可投资对象的违约风险大小,具备正确估测风险价值的能力;第二层含义则指的是在信用风险投资人这个群体中,要存在一定的风险偏好和承受能力的差异,这样既能使整个市场在很多稳健投资者的推动下不断发展,也能使偏好高风险的投资者在信用事件发生时,有意愿做出判断而入场交易,既能达到自身收获超额风险回报的目的,也能增加市场所需的流动性。

交易规则 金融衍生品在种类逐渐丰富、规模逐渐扩大的过程中,存在的各种风险问题(如履约风险)也日益引人注目。在场外交易过程中,交易和支付的顺利达成主要由行业自律来保证。场外交易市场现如今所遵循的规范性文件大多为国际互换和衍生产品协会制定出的 ISDA 主协议。该协议已被 41 个国家的机构接受,在国际衍生品交易市场上起着重要的作用。场外交易市场中的交易双方需要事先签订 ISDA 主协议,才能进行正式交易。在协议中,对参与交易各方的权利、义务、违约行为、终止条款及进行净额交割采用的支付方式等做出了规定,这就使签订协议的各方的风险都被显著降低。ISDA 协会及其推出的一系列规范性文件促进了场外衍生品市场的发展。自 20 世纪 90 年代开始,场外衍生品市场无论在产品品种上,还是在未平仓合约量及交易量上,成长速度都明显高于交易所市场。

中介机构 使信用标准与信用评级向市场化、社会化的方向发展是信用衍生品发展过程中十分重要的环节,这样才有可能对信用违约互换进行定价。很多企业凭借一些比较权威的会计师事务所提供的财务报表和信用评级机构提供的信用评级,在债券市场中发行大量期限不同的债券,进行直接融资,这就形成了许多条信用等级各异的收益率曲线,能够为信用违约互换的定价提供参考标准,企业自身也会成为信用违约互换交易过程的信用主体。然而,若中介机构在信用标准、信用评级、违约概率及违约损失率等方面均缺乏市场公信度,就会使做市商及投资人对信用衍生品的定价存在较大的差异,进而引发市场流动性的降低,影响到交易的达成。另外,有些机构也会凭借信息方面的优势,进行内幕交易与操纵市场的行为,欺诈、误导交易对手及客户,最终破坏市场信心。

金融监管 现如今,包括国际证券委员会、巴塞尔委员会以及30人集团在内的一些国际性组织发布了与衍生工具有关的多种类型的指导文件,如巴塞尔委员会就遵循金融衍生工具市场的发展规律而对银行资本充足率的规定做出了修改,以此对市场中参与交易的金融机构进行更有效的风险约束。各个国家的金融监管机构如今都重视起了对衍生工具的监管,在有序市场准则、资本及抵押品规定和注册呈报要求等方面加强监管力度,尽量避免市场操纵、歪曲信息及欺诈等事件的出现,防止误用与滥用衍生工具对市场的稳定性及有效性产生负面影响,尤其要杜绝衍生工具交易中高杠杆与低流动性造成的金融恐慌。

13.2 信用衍生品的发展历程

信用衍生品的产生很大程度上来源于银行业对于逃避监管和控制风险的需求。20世纪80年代以来,美国金融市场上存贷机构危机、商业按揭违约相继发生,接下来的经济衰退和严格监管又令银行资产的质量一降再降。在这种情况下,市场急需一种既可以对冲信用风险、降低筹资成本,又可以改善银行资产负债表的金融工具。这时,以信用违约互换和担保债务凭证为主的信用衍生品应运而生,并迅速发展起来。信用衍生品的产生及之后的发展,基本可分为三个阶段。

13.2.1 初始发展阶段(20世纪80年代后期至2001年)

资产互换是信用衍生品最初的产品形式。它是把债券与利率互换结合在一起的信用衍生工具,主要是把债券的固定利率收益转变为浮动利率收益。例如A方持有债券,他可以支付给B方该债券的固定利率收益,而B方就需要向A方支付相应的浮动利率(如LIBOR)加上利差后的收益。债券投资者利用资产互换就能够分离出债券内所含的信用风险,既能够令自身获取信用利差收益,又避免了利率提高所产生的损失。然而资产互换也存在缺陷,就是在标的债券发生违约时,该协议无法终止,而是需要协议双方继续进行固定利率与浮动利率间的收益互换,这就使得债券投资者仍然要承担违约风险。

信用违约互换作为最基础的信用衍生产品,是在资产互换的基础上逐渐发展起来的。20世纪90年代中期,J. P.摩根出于对银行资本金监管的考虑,想要转移自身资产负债表中企业债券及商业贷款的一部分信用风险,这样资本金就能够节省很多。公司财务总监 Blythe Masters 所领导的团队根据这种情况设计出了将公司作为参考实体的信用违约互换产品,这一新型的风险产品具有革命性的意义。信用违约互换在早期是将单一的经济实体作为参考实体,因此也被称作单一名称信用违约互换(single name CDS)。

担保债务凭证在发展初期主要为现金流担保债务凭证,摩根士丹利与所罗门兄弟等投资银行于20世纪80年代后期在市场上发行的信用风险重组债券(credit risk repackaging)是第一代担保债务凭证。到1995年,担保债务凭证在市场上的发行量已达到较大的规模,其抵押的资产主要包括高收益的美国企业债券、中型企业的商业贷款以及一些发展中国家所发行的国债。经过进一步的发展,担保债务凭证逐渐演化为资产负债型担保债务凭证(balance sheet CDO)与套利型担保债务凭证(arbitrage CDO)两种类型。资产负债型担保债务凭证是以管理金融机构资产负债为目的,通过把自身资产转移到市场上来提高流动性。而套利型担保债务凭证则是以套利为目的,使融资成本降低而赚取利润。发展到2001年,美国经济由于受到"9·11"事件以及互联网泡沫的影响而转向衰退,导致企业债违约概率升高,担保债务凭证市场第一次陷入低迷。此后,合成担保债务凭证逐渐受到人们的青睐。

信用衍生品在这个时期的发展速度整体上来讲还是比较缓慢的,主要按照交易双方的具体需求来进行对应的交易。虽然它们能够实现信用衍生品的全部功能,但由于在一级市场中还未建立起统一的定价基础,信息公开程度不足,二级市场也较缺乏流动性,使得整个信用衍生品市场的发展受到限制。

13.2.2 快速发展阶段(2002年至2007年)

在信用衍生品市场中,随着信用违约互换的参考实体由单一实体逐渐发展为组合实体,两种关键的基础产品也应运而生。第一,2003年在市场上诞生了 Dow Jones TRAC-XTM CDS 指数,它是以企业组合作为参考实体的,之后便逐渐发展分化为 DJ CDX 指数(针对北美企业)、DJ i-Traxx 指数(针对欧洲企业)等若干指数,此后,又陆续推出了针对这些指数的分块产品;第二,因为合成 CDO 无须对参考实体的参考债务做出直接购买,使其与现金流 CDO 相比在重组资产负债风险和提高资本利用效率上更加高效,因而合成 CDO 也从中分化并快速发展起来。

从市场流动性的角度来讲,第一,由于银行对转让现金流 CDO 产品有一定的需要,使得现金流 CDO 二级市场变得更加活跃;第二,CDS 指数的大量推出向合成 CDO 市场中注入了较多的流动性,一方面促进了合成 CDO 的交易,另一方面基于这些 CDS 指数的风险分块市场也提供了 CDO 分块定价的基准,令市场上流行起基于 CDO 的单一分块交易。信用衍生品市场的主要交易商在此时已经建立起了相关交易平台,对先前信用衍生品的交易、对冲以及风险管理的规则也做了改善。

2002年,ISDA颁布了ISDA Master Agreements,同年,阿根廷爆发债务危机,再加上大量垃圾债券的违约,ISDA于是在次年又颁布了ISDA Credit Derivatives Definitions。随着这一系列权威交易文本的出台,全球信用衍生品市场的交易规则得到了不断的完善。

全球信用衍生品市场在这一时期得到了飞速发展,市场规模迅速膨胀。

13.2.3 调整发展阶段(2008年至今)

信用衍生品市场经过了起步发展阶段及快速发展阶段之后,于2007年达到巅峰状态。国际清算银行曾做出估计,2007年信用违约互换的名义总额达到了近60万亿美元,该值比同期股票约36万亿美元的总市值还要高出许多。而由于次贷危机的爆发,世界信用衍生品市场逐渐转向收缩与调整。截至2012年6月,CDS的名义总额收缩到仅为27万亿美元,还没有达到2007年的一半(见图13-1),同时CDO存量也大幅下降(见图13-2)。

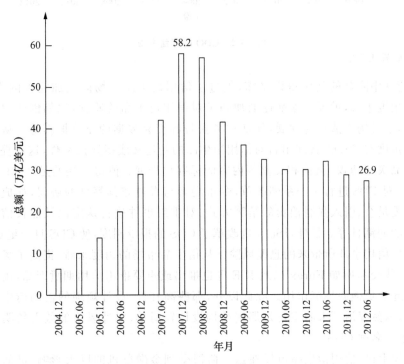

图 13-1　CDS 的名义总额

资料来源:ISDA。

次贷危机的爆发不仅对信用衍生品市场产生了冲击,令信用衍生品交易量发生显著

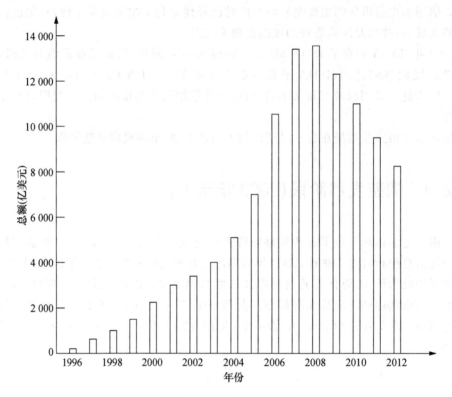

图 13-2　CDO 的存量总额

资料来源：ISDA。

萎缩，还使其中隐藏的问题得以暴露，促进了信用衍生品市场向更加完善的方向发展。从监管的角度来看，世界各国都逐渐加强了对信用衍生品的监管，比如创建中央对手方清算机制，推进场内清算的发展，保证财务报告和交易数据的充分披露等。从产品及交易设计的角度看，ISDA 接连出台对信用衍生品的新定义或指导性文件，这便提高了场外信用衍生品关于协议、报价和交割等内容的标准化程度。值得一提的是，2009 年 4 月和 7 月 ISDA 对 CDS 进行了一系列改革，令市场参与者遵守其签订的协议，如成立信用衍生品决定委员会、引入强制拍卖的结算方式、对重组事件进行认定以及加长信用事件和继续事件的回溯日等。另外，ISDA 也改革了 CDS 的报价制度，使 CDS 息票更加标准化，除去了发生信用事件所带来的息差风险。从衍生品市场的角度来看，提高了场外市场的透明度，某些交易所如 Eurex 以及 ICE 等也推出或想要推出信用期货产品，由此会对信用衍生品起到更强的规范作用。除此以外，那些高杠杆、设计烦琐的信用衍生品也陆续遭到淘汰，依然存活下来的主要是那些结构设计较简单、对冲风险的效果较明显的衍生品，例如单一名称 CDS。

从总体上讲，信用衍生品市场在这一阶段受到金融危机的巨大影响，进而暴露出严重的问题，而在市场上经过不断的改革，再加上投资者防范信用风险的需求逐渐增加，使得信用衍生品市场进入稳定的发展阶段，而且显现出了一些新特点。

13.3 信用衍生品分类及其避险原理

一般来说,信用衍生品包括基础类信用衍生品和结构化产品。基础类信用衍生品主要有四大类:信用违约互换、总收益互换、信用利差远期和期权以及信用联系票据。其中,信用违约互换是最重要、成交量最大的信用产品之一。结构化产品主要包括抵押支持债券、资产支持债券以及担保债务凭证。本节主要讲述基础类信用衍生品。

1. 信用违约互换

信用违约互换(CDS)在信用衍生品市场上是最基础的一种产品。作为对风险保护进行买卖的双方事先所签订的双边协议,参考资产是其建立的基础。购买风险保护的一方向卖出风险保护的一方定期支付一定的费用,如果参考资产出现了违约的状况,那么卖出风险保护的一方要向买方支付一定的资金,用来弥补买方因参考资产违约事故而遭受的损失。需要说明的是,参考资产既可以是单一资产,也可以是多个资产的组合。参考资产为多个资产的组合时,若其中的任何一个资产发生信用违约,卖出信用保障的一方都要对买方的损失进行赔偿。信用违约互换的流程如图 13-3 所示。

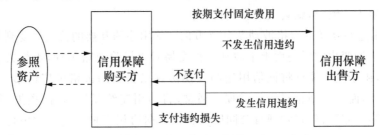

图 13-3 信用违约互换的流程

卖出风险保护的一方向对方弥补损失的方式一般分为两种,第一种为"实物交割",是指当发生违约事件时,风险保护的卖方要依照票面价格对买方出现违约的资产做出全额购买;第二种为"现金交割",是指发生违约事件时,风险保护的卖方用现金的形式来弥补买方所遭受的损失。

此处的信用违约事件应是协议双方事先都认可的事件,主要包括:金融资产债务方发生破产清偿、不能按时支付利息、违规导致的债权方要求提前收回债务本金、提前还款以及债务重组等事件。

对违约的支付反映了信用事件发生时参考资产持有者的损失。定义 Q 为每单位名义价值所获得的支付额,则信用违约互换的支付额为:

$$支付额 = 名义价值 \times Q \times I_{(CE)}$$

其中,当信用事件发生时,指示函数 $I_{(CE)}$ 的值为 1,否则为 0。

互换的利差反映了违约概率和违约发生的损失,这些都是未知的。一个普通的信用违约互换合约的简单变形是二元信用违约互换(binary credit default swap),当信用事件发生时支付固定的金额 $Q=1$。这两份合约的组合可以得到回收率的市场隐含估计。

如果采用实物交割,合约通常规定可交割的债权清单。这些债券可以以不同的价格进行交易,但是必须以面值进行交割。显然,合约的购买者会选择最便宜的债券进行交割,这就产生了一个交割选择权(delivery option)。

但是信用违约互换市场的增长已经导致了未结算的信用违约互换名义价值远远超过可交易的债券名义价值。现金结算的方式可以通过拍卖(auction)进行,该方式规定了回收率。

(1) 信用违约互换的功能。信用违约互换的功能主要有三点:对冲、投机和套利。

对冲:信用违约互换在最初的基本功能是为债权人进行风险管理。具体来讲,债权人通过购买参照实体为债务人的信用违约互换,就能够对冲风险损失。当发生债务人违约事件时,信用违约互换能够给予的赔偿可以完全抵消债权人承担的损失。

投机:如果投资者判断未来参照实体的违约概率会提高,就可以购买信用违约互换;如果投资者判断未来参照实体的违约概率会降低,就可以卖出信用违约互换。投资者将会在预期准确的情况下获得投机收益。

套利:信用违约互换的套利功能所建立的基础是特定企业的股价与该企业的信用违约互换息差存在负相关的关系。若企业股价提升,则其信用违约互换息差就会减小;若企业股价下跌,则其信用违约互换息差将会加大。当股价变动与信用违约互换息差变动在时间上产生不一致时,就会出现套利机会。

(2) 信用违约互换的价格波动及其货币化。信用违约互换的价格会受到相关资产的信用风险与市场变化的影响而上下波动。将交易对手风险忽略不计,当相关资产的信用风险加大时,由于买方能够将该信用违约互换协议以更高的价格出售给第三方,因此它能够获得收益,而卖方则相对产生亏损。通常,将信用违约互换利得(损失)货币化的途径可分为向第三方转移、解除现有合同以及签订反向协议三种。这种货币化可以让协议双方在相关资产产生违约前便可得到收益或损失,也就是说,交易双方对某个信用违约互换投资时,对相关资产信用风险的关注点不仅在于它违约与否,还包括其风险加价的未来走势与波动情况。正是因为货币化这一因素,才使得信用违约互换市场能够吸引大量投资者来参与,提高了产品的流动性。

2. 总收益互换

总收益互换(total return swap, TRS)与传统的互换类似,它指的是进行交易的双方互换其参考资产在一定时期内产生的所有现金流收益。在总收益互换中,买入风险保护的一方将参考资产在规定期限内的所有收益(包括资产增值及其现金流收益)让渡给卖出风险保护的一方,卖方则需要向买方定期支付事先约定的一笔固定比例的资金(例如,LIBOR$+x$ 个基点),并且承诺当产生信用事件时要弥补买方因此而遭受的损失(见图13-4)。由此看来,总收益互换不仅与信用违约事件有联系,还受到市场利率风险的影响,它能够将参考资产的信用风险与利率风险都进行转移。

例如,某家银行向某企业发放贷款5亿美元,利息率为12%,还款期限为3年。当在贷款期限中时,该企业的信用风险提高了,那么银行会面临贷款市场价值降低的风险。因此,银行以购买总收益互换的方式将这种风险转移出去,根据合约中的规定(支付期为

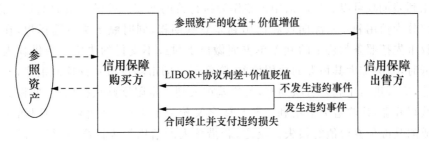

图 13-4 总收益互换的流程

1 年),银行要将以固定利率为基础的收益支付给卖出信用保护的一方,支付金额等于固定利率与贷款市场价值变化之和,并且卖出信用保护的一方也要将以浮动利率为基础的收益支付给银行。在合约中固定利率规定为 16%,而此时的浮动利率为 14%,若贷款市场价值在支付期中降低了 8%,则银行就要向对方支付利率为 16%−8%=8% 的现金流,并从对方手中获得利率为 14% 的现金流。进行现金流交换后得到的收益就能够冲抵银行在信贷市场中遭受的损失。

在总收益互换中,从风险保护卖方的角度来看,他不需要在市场中将基础资产完全购买下来就拥有了该资产的收益权。比如,风险保护的卖方能够以大大低于市场融资利率的成本获得该基础资产,特别是当信用等级偏低的时候,其支付的价差一般要比在市场上融资的价差低,并且还能够免去直接购买资产所面临的融资、清算及执行等步骤。因此,总收益互换对于某些资本受限的金融机构来说,是经济地利用杠杆手段实现资本收益最大化的方式。

3. 信用利差远期和期权

信用利差远期和期权是用以向投资者补偿参照资产违约风险的、高于无风险利率的利差。

在**信用利差远期**合约中,如果到期日的信用利差大于合约规定的利差水平,合约的购买者就可收到相当于两者差额部分的支付;反之,则由购买者向出售者支付相应的金额。支付额的公式为:

$$支付额 = (S-F) \times MD \times 名义价值$$

其中,MD 为修正久期,S 为当前利差,F 为约定利差。此外,这也可以表示为价格的函数:

$$支付额 = [P(y+F,\tau) - P(y+S,\tau)] \times 名义价值$$

其中,y 为对应的国债到期收益率,$P(y+F,\tau)$ 为 τ 年后到期的证券现值,用 y 加上信用利差进行折现。注意到,如果 $S>F$,支付额将会变成正值,和前面的公式一样。

在**信用利差期权**合约中,期权的购买者支付一笔期权费给出售者,这样若给定到期日时发生了任何价差的增加,购买者都有权将其转化为"看跌期权":

$$支付额 = \max(S-K, 0) \times MD \times 名义价值$$

其中,K 为约定利差。期权的购买者购买了信用保护,或者说拥有了当债券价值下降时按期权约定的价格归还给期权出售者的权利。支付额公式也可以直接表示为价格的函数。

信用利差期权可以看作以信用价差作为执行价的期权。就像一般的期权一样，信用利差期权分为信用利差看涨期权和信用利差看跌期权，同时赋予买方选择权，在到期时买方有权事先按照条款协定的利差单方面做出支付或不支付的决定。当借款人的信用等级降低时，就会加大其债券的信用价差，降低债券的市场价格及预期回报率，此时银行为了保值，应买进信用利差看跌期权，若价差扩大到一定限度则执行期权，期权买方可从合约上获得收益，该收益为信用利差与具体名义价值的乘积，以此来对冲因信用利差扩大而造成的基准债券价值的损失。反之，若借款人的信用等级提高，银行可以买进信用利差看涨期权，从而对冲因信用利差变窄而导致的基准债券价值损失。某些信用期权的触发事件不是利差发生变化，而是标的资产的价格发生变化，其结构也是类似于信用利差期权的。信用利差期权的结构如图 13-5 所示。

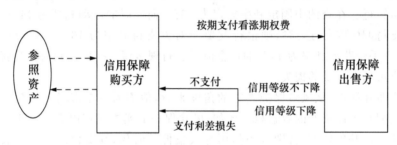

图 13-5　信用利差期权的结构

信用风险利差期权只对信用风险提供了合约，而未对市场风险提供合约，这是因为当市场风险发生时，风险债券和无风险债券的收益率一般会同向而动，并不导致价差的扩大。

4. 信用联结票据

信用联结票据（credit-linked note，CLN）是一种将一般固定收益证券与信用违约互换联结在一起的信用衍生品。卖出风险保护的投资方先支付给购买风险保护的票据发行人资金以获取票据，而后定期获得票面利息（见图 13-6）。如果在票据约定的时限内未发生信用事件，则全部利息及到期后的票据面值都将归投资者所有；而一旦发生协议内信用事件，票据基础资产名义价值发生损失，投资者所能获得的只有风险保护资产的残值。

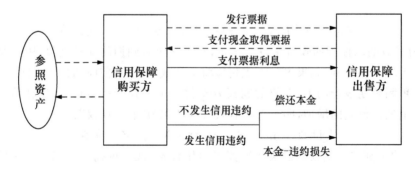

图 13-6　信用联结票据的结构

例如，一家信用卡公司通过发行债券来筹集资金，该公司可以利用一年期信用联结票据来降低其业务中的信用风险。根据票据中的承诺协定，如果全国的信用卡平均欺诈率这一指标低于5%，则向投资者偿还本金并附加8%（高于一般同类债券利率）的利息；如果该指标高于5%，则向投资者偿还本金并附加4%的利息。信用卡公司可借此来降低信用风险。当信用卡平均欺诈率低于5%时，能够保证公司获得一定的收益，它也就有能力支付8%的利息；一旦信用卡平均欺诈率超过5%，就很可能导致其收益下降，此时公司应支付的利息也是比较低的，这就相当于向投资者购买了一种信用保险。对于投资者来说，购买该信用联结票据是为了获得高于一般同类债券利率的收益。在本例中，债券购买者是提供保护的一方，这是由于购买了债券也就同时购买了附属在其上的信用联结票据；而发行债券的信用卡公司是需要保护的一方，其需要规避的信用风险来源于自身的信用卡业务。

特别目的机构在信用联结票据中的作用　在信用联结票据的发展过程中，渐渐产生了专门开展信用联结票据业务的金融机构。它们一般以特别目的机构（SPV）这一形式来进行信用联结票据的发行，由此获得的收益则用来购买高安全性资产（见图13-7）。

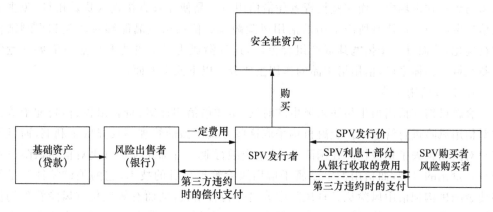

图 13-7　SPV 的示意

购买风险保护的一方可与特别目的机构签订一份"纯粹"的信用交换合约，如果发生违约事件，则特别目的机构就要赔偿风险保护购买方的违约资产损失，发行信用联结票据购买的安全性资产保证了此过程的实施。在该交易过程中，特别目的机构不用承担风险，本质上它只是联系信用保护需求者与信用联结票据购买者的中介机构。

信用联结票据和信用违约互换相比，降低了交易对手的风险，所以需要对冲信用风险的机构更倾向于采用这种方法。

13.4　信用衍生品的作用及其弊端

信用衍生品可以发挥分散信用风险、增强资产流动性、提高资本回报率、扩大金融市场规模与提高金融市场效率等作用，但其效用的发挥也存在不完善的地方，如果运用得不好也会产生一些负面影响。从这一点我们可以看出,信用衍生品的发展还有很长的一段路要走。

13.4.1 信用衍生品的作用

银行等金融机构凭借合适的信用衍生品能够优化自身的贷款组合,并能使其实现跨地域及跨行业,防止信用风险集中在某些行业或区域,达到分散贷款组合风险的效果。然而,与贷款证券化及贷款出售等不同的是,信用衍生品不仅消除了拖欠风险,还能够使原资产得以保留,这就使得资产负债表的内容不会发生变化,从而避免客户关系因资产的出售而出现问题。信用衍生品不但使银行有了更多规避风险的渠道,而且还能使其他金融投资机构在未持有及管理资产的前提下,获得更多较高收益的信用暴露机会,并对资产组合所存在的风险进行更有效的多样化管理。基金公司及保险公司等非银行金融机构因为受到法律的限制,并且缺乏贷款市场上的客源及经营贷款的人员,通常无法直接参与到贷款市场中。而这些投资者凭借信用衍生品便能够直接进入贷款市场,免去了对信贷资产的直接持有所需承担的信用风险敞口。信用衍生品能够对风险和报酬结构进行优化,从而进一步拓宽其资产组合范围,这逐渐成为投资者为开拓业务而展开竞争的新领域。具体来讲,信用衍生品的作用主要分为以下几个方面:

1. 分散信用风险

金融机构在信用衍生品还未诞生的时候,是凭借信用评级、贷款出售、信贷配给等方式对信用风险进行管理的。金融机构采取这些方式所做的管理不仅降低了利润,而且使客户对贷款丧失了积极性。在国际上,整个金融行业一直都在设法解决对信用风险进行防范及量化的难题,而信用衍生品属于信用风险管理自身的技术,它的关键特征就是能够使金融机构把信用风险从各种风险中分离并转移出去,从而有效地化解风险管理的信用悖论问题。这里的信用悖论问题指的是,按照风险管理,资产组合理论建议银行防止信用关系过度集中,使自身的贷款组合尽可能地分散;而按照银行的业务实践,若使贷款组合分散化,就会令自身与核心客户间的交易关系变得紧张,影响经营地域内比较优势的发挥,并且受到地区产业结构的制约。而银行通过信用衍生品,不仅可以达到分散信用风险的目的,也能维持与客户间良好的业务关系,有效地帮助银行业走出"信用悖论"的困境。

2. 增加资产流动性

增加了资产流动性的结构化金融在20世纪80年代得到了蓬勃发展,它是运用金融工程特别是信用工程技术,凭借一些结构化方案(如信用增级、隔离破产等)令资产的风险-收益特征做出改变,最终使其变得能够为市场所接受。结构化金融主要运用在资产证券化领域,而资产证券化对资产有较严格的要求,例如,银行很少对商业贷款等类型的资产进行证券化,因为如果对这些资产按抵押贷款债务的形式进行包装,出售给投资者后就将贷款转移出了资产负债表,这会给银行与客户之间的关系造成负面影响。为了解决这个问题,银行通过信用证券化的方法,一方面使贷款在资产负债表中得以保留,另一方面发行针对贷款组合的信用联结票据,这样就使贷款中存在的信用风险从银行转移至票据投资者手中。这种方法就能使银行在不影响其客户关系的前提下,将合约所约定的信用风险转移出去。由此看来,信用衍生品能够分离出金融资产中的信用风险,为独立管理市场风险和信用风险创造了条件,同时还能够促进金融资产的证券化,进而使金融资产的流动性得以增加。

3. 提升资本回报率

依靠预期收益和意外损失这两个参数,可以对金融资产的风险收益特征做出描述。计算预期收益要借助利差与信用损失,而计算意外损失则要在大量信用同时违约的假设下进行。预期收益与意外损失的比值这一指标与股票基金中的Sharpe指数类似。可以通过缩减高意外损失、低收益资产的规模,或扩大对Sharpe比率产生正向贡献的资产的规模,而实现预期收益与意外损失的比率的提高,最终达到提升业绩的目的。假如信用衍生品不存在,就只能以购买或出售金融资产的方式来实现;而有了信用衍生品,上述策略通过它就能顺利达成,金融资产的回报率也得以提升。另外,在《巴塞尔资本协议》中对银行资本充足率做出了规定,银行的总资本不得少于经风险调整后资产总额的8%,即:资本金≥风险资产总额×风险权重×8%。这个式子中的风险权重要根据具体的交易对手而定,若交易对手为经济合作与发展组织(OECD)国家的银行,则风险权重是20%;若交易对手为非OECD国家的企业,则风险权重是100%。通过信用衍生品,银行能够转移信用风险,变换交易对手,以降低风险权重的方式节省银行资本,进而提升资本回报率。

4. 扩大金融市场规模

根据金融市场的产品定价基础,可将其划分为基础市场与衍生市场。在信用衍生品的发展过程中,会逐渐扩大衍生市场的规模,而且利用信用衍生品可将基础市场内存在的信用风险分离出来,使金融交易中所具有的信息不对称及规模歧视等问题得到缓解,这样就促进了金融交易量的增加,也就扩大了基础市场的规模。在金融交易过程中,对其产生阻碍作用最大的因素就是信息不对称,它会直接加大资金提供方所承担的信用风险,而实际中常会发生这样的状况。比如,甲方(金融机构)虽然有剩余资金但却未能找到理想的客户,而乙方(借款人)迫切需要资金却无处筹集,此时因信息不对称以及规模歧视等问题会造成信用风险,所以双方间的金融交易很难达成。而有资金剩余的甲方可以利用信用衍生品转移出售信用风险,以此来促进与需要资金的乙方间交易的达成与收益的稳定。其中,购买信用风险的一方一般是经常与资金需求方进行业务往来,因此能够对其信用状况做出准确评判的金融机构,它们的存在使得这些本不能达成的金融交易最终得以实现。总之,通过对信用风险的转移,信用衍生品显著地消除了阻碍金融交易的因素,进而使金融市场的规模得以扩大。

5. 提高金融市场效率

金融市场效率可以分为两种:运行有效(内部有效)和定价有效(外部有效)。运行有效关系到交易成本,指的是金融中介机构能够在公平收取服务费用的前提下,以最低的成本将盈余者所拥有的资金流转到需求者手里;而定价有效则关系到信息,指的是一切能获得的信息都充分和及时地体现在了金融资产的价格上,投资者不可能长时间获取高于市场平均收益率的利润。首先,金融交易中有了信用衍生品的参与,便出现了信用风险的购买者这个第三方,它极大地缓解了金融市场存在的因信息不对称所造成的逆向选择及道德风险问题,进而减少了交易成本,提高了金融市场的效率。其次,信用衍生品还能促进金融市场中信息的进一步公开,加大市场透明度,使金融资产的价格能更加充分地反映市场信息,提高金融资产定价的有效性。最后,信用衍生品将金融市场进行了重新整合,这样能够使金融机构参与到市场中的更多领域,将各个市场都联系在一起,并且增加了市场的流动性,提高了市场的运作效率。

13.4.2 信用衍生品存在的弊端

1. 模型及其定价的准确度不够高

绝大部分金融机构对信用风险的度量采用的都是内部模型,但此类模型一般需要对利率的期限结构做出预测,同时还要对证券价格的波动情况进行相应的统计假设,因此模型所反映出的状况只是实际情况的近似,难以将信用风险准确地反映出来,也难以将指定的衍生品的价格合理精确地计算出来。由于模型及定价不够精准导致了信用衍生品具有一定的风险。

2. 容易被投机者作为投机工具而利用

作为新兴金融产品市场之一的信用衍生品市场,还存在定价机制不成熟、标的资产信息的获取不充分等问题。由此可能会使得一些交易者利用自身的信息优势进行投机。这种行为并不符合利用信用衍生品规避风险这个目的的要求,因为它不仅不会减少信用风险,反而会增加系统性风险。

3. 过于集中的交易对手易诱发系统性风险

在信贷市场中普遍存在的信息不对称问题,使得中小金融机构的信贷资产质量及风险评估不能达到大型机构的水平。另外,这些中小金融机构的技术及产品开发能力还达不到信用衍生品的复杂及精确水平。所以,在以后较长的时间内,从信用衍生品中获益的将大多是那些大型金融机构。信用违约互换市场中的交易者主要为大型商业银行、投资银行、对冲基金、保险公司及银行控股公司等机构。它们的风险暴露非常大,很容易对金融市场造成严重冲击。

4. 对交易对手的资信要求较高

若一家金融机构将其资产的信用风险转移到另外的投资者身上,那么就是将这个资产中的违约风险转化为该投资者与其联合违约的风险。这时,如果不出现它们同时违约的状况,则不会产生信用违约损失;可一旦它们同时违约,就会使实际损失扩大。而上述情况发生的概率取决于它们各自的违约概率及两者间的相关程度。

5. 市场透明度不高及监管真空埋下了危机的隐患

首先是信用衍生品合约过于复杂,交易对手繁多,但其第三方信息披露制度却不完善,使得市场上存在大量信息不对称现象,这会引起市场操纵的行为并使人们面临危机时所产生的负面情绪更快地扩散开来。其次是衍生品市场中存在监管真空的问题,这会导致市场中产生监管套利及过度投机的行为,不利于市场的发展。

6. 错误地运用将会带来更大范围的危机

信用衍生品的使用有利也有弊,一旦使用不当,不仅不会将风险分散出去,还有可能引发危机。在信用衍生品市场中所存在的信息不对称问题,可能导致参与者陷入更大的窘境,并最终使局部的风险蔓延到整个金融系统中去。

练习题

一、选择题

1. 下列选项中,不是信用衍生品作用的是下列哪项?(　　)
   A. 提升资本回报率　　　　　　B. 消除信用风险
   C. 提高金融市场效率　　　　　D. 增加资产流动性
2. 关于信用衍生产品,下列说法错误的是下列哪项?(　　)
   A. 参考实体或参考资产是决定衍生品价值的主要因素
   B. 信用衍生品对信用的保护作用体现在发生信用事件后的赔偿上
   C. 信用衍生品通过基础资产的转移才能实现信用风险的转移
   D. 信用衍生品其实就是关于信用风险的某种双边协议
3. 信用衍生品市场中的主要基本要素不包含下列哪项?(　　)
   A. 金融监管和交易规则　　　　B. 中介机构
   C. 筹资者与投资者　　　　　　D. 交易工具
4. 信用违约互换产生的动机不包括下列哪项?(　　)
   A. 满足资本监管要求　　　　　B. 转移表中的债务类资产
   D. 降低信用资产比重　　　　　D. 获取更多风险收益
5. 信用总收益互换与信用违约互换的区别为下列哪项?(　　)
   A. 转移的不仅是信用风险　　　B. 卖出方承担风险
   C. 买入方想减少信用风险暴露　D. 信用事件触发赔偿机制

二、简述题

1. 促进信用衍生品发展的因素有哪些?为什么?
2. 具体谈谈信用违约互换的功能。
3. 银行如何使用信用利差期权来转移信用风险?
4. 信用衍生品具有哪些不足?

第 14 章　交易对手信用风险

在 2008 年及随后几年的金融危机期间,交易对手信用风险(counterparty credit risk,CCR)扩大了市场波动,对整个国际金融体系产生了巨大的冲击,而一旦交易对手信用风险与市场风险相遇,错向风险(wrong way risk)就会出现。在危机过后,交易对手信用风险的测度、监管、缓释和治理变成了金融市场监管的重要问题。交易对手信用风险成为金融市场的一个重要热点,信用价值调整(credit value adjustment)的量化和管理也越发受到重视。

14.1　交易对手信用风险的产生

14.1.1　交易对手信用风险的概念和特征

交易对手信用风险这一概念最初是在商业银行的表外业务风险中被提及的,20 世纪 80 年代巴塞尔银行监管委员会便对其做出了初步的解释,他们认为利率、外汇及股指类衍生产品中的信用风险是由其交易对手所承担的,并表示判别信用风险敞口的标准不同于银行的传统业务,这是因为衍生产品中的信用风险敞口并不固定,而是随着市场不断发生变化的。此后,巴塞尔银行监管委员会与一些国际组织(如国际支付结算体系委员会)相互合作,接连发布了一系列文件,完善了交易对手信用风险的定义,把它分成了结算前风险与结算风险两方面。这里的结算前风险是交易对手在合约未到结算日前产生违约而造成损失的可能性,结算风险则是交易对手在合约到达结算日时违约而造成损失的可能性,并归纳为在最后一笔合约规定的现金流未支付前发生交易对手违约事件而造成损失的可能性。

交易对手信用风险是信用风险的一种,指的是债务人违约而造成的损失。但是,交易对手信用风险存在与传统信用风险所不同的特征,这也使交易对手信用风险的衡量更加复杂,主要体现在以下三个方面:

1. 双向性

交易对手信用风险是双向的,参与交易的双方都有因对方违约而面临损失的可能性。如果不考虑合约中已完成的相关交易,那么当前所面临的损失是合约市场价值与零中较大的值,数学表示为 $\max\{V,0\}$,V 为合约市场价值。当合约市场价值为正时,其损失就是合约市场价值,反之则为零。

2. 风险敞口的不确定性

交易对手信用风险在未来的敞口由合约的未来市场价值所决定,而这个价值则是不确定的。只能依靠有关产品和标的物价格在过去的波动情况及相关性来预测合约市场价值在未来的范围与概率分布。未来风险敞口依照这种方法就可表现为在未来的某个时点上,潜在风险在一定置信水平下的暴露值。

3. 风险影响的多样性

在对交易对手信用风险进行度量时,应注意到有关市场风险与信用风险间的联系。如在对交易对手信用风险潜在暴露进行度量时,需要关注相关市场风险因素所造成的影响;在对违约概率及违约损失率做估测时,需要关注相关信用风险的影响;并且市场风险又会与信用风险相互影响,从而形成错向风险。另外,在对其进行管理的过程中还会受到操作风险的影响。

14.1.2 交易对手信用风险的来源

若交易对手面临财务困境,那么参与信用衍生品市场的交易者所遭受的损失至少来源于以下三种情况:

第一种情况,市场参与者从卖出保护一方的参考公司那里买入信用保护。当该参考公司出现违约时,购买信用保护的一方可从交易对手那里收取一定的支付金额,可一旦其违约出乎意料,就可能会使卖出信用保护的一方遭受较大的损失。若这一损失十分严重,就会使其陷入财务困境,进而使购买信用保护的一方收取不到承诺的保障金。

第二种情况,即便信用衍生品的持有方没有违约,交易参与者依然有可能因交易对手面临财务困境的原因而遭受严重损失。起初,信用衍生品并没有价值,在对其予以执行的过程中,其市场价值会因时间的推移及信贷息差的变化而出现明显的变化,此时交易对手可能会不遵守契约。例如,A对B存在一项无担保的市场责任,当A因面临破产而取消合约并即刻承担到期应负的责任时,B唯一能够做的就是从破产财产中获得其应收的部分。这就表现为当交易对手B成为交易对手A的一般无担保债权人时,可能会使B因交易对手A的违约而产生严重损失。

第三种情况,市场参与者由于有抵押品通道也可能因交易对手破产而产生损失。例如,B是A的主要经纪商,A向B提供担保。要么抵押品是不独立于B的资产,要么B对A的担保品进行再抵押。此时的抵押品再抵押是指B将A的抵押品转让给第三方,但不转移其所有权,并从第三方那里获得贷款。某些时候,再抵押的抵押品会属于破产财产的一部分。所以如果B在对A的抵押品进行再抵押之后申请破产,或是A的抵押品并未被依法隔离,就会使A成为B的一般无担保债权人,这将导致严重损失。更为危险的情况是,当B使用再抵押证券作为抵押品获得贷款并最终发生违约时,该再抵押担保品遭到查封并被第三方出售。由此看来,由于抵押品通道的缘故,即使此时B对A没有源于合约的市场责任,A也可能会因B的破产而面临严重的信贷损失。

14.1.3 衍生品的信用风险暴露

我们已知,信用风险暴露是指由于交易对方不能履行合约或偿还债务而可能出现损失的交易金额。在没有抵押品的情况下,在任意时刻,交易对手带给交易商的风险暴露为:$\max(V,0)$。其中,变量 V 是衍生产品在相应时刻的市场价值,该价值有时被称为按市场定出的价格(mark-to-market,MTM)。当交易商和交易对手之间存在很多交易时,这些交易要进行净额结算,以上公式中的 V 等于所有交易经过净额结算后得出的市场价值。

由上文净额结算部分我们可知,净额结算是指如果违约发生,则所有的交易被当作一笔交易。这意味着如果交易的一方在签署了主协议的一笔交易中违约,则该交易对手所有签署了主协议的交易都被认为违约。净额结算的直接效应是降低信用风险。

一般地,假如一个金融机构与某交易对手有 N 笔交易,第 i 笔交易的当前价值为 V_i,在没有净额结算的情况下,交易对手违约触发的损失为 $\sum \max(V_t,0)$。在有净额结算的情况下,交易对手违约触发的损失为 $\max\left(\sum_{i=1}^{N} V_t, 0\right)$。在没有净额结算的情况下,风险头寸类似于期权的交易组合,而在有净额结算的情况下,风险头寸类似于交易组合的一个期权。

在没有考虑净额结算的效果时,我们对于某交易对手的等价信用量为 $\sum_{i=1}^{N}[\max(V_t,0)+a_i L_i]$,其中,$a_i$ 为第 i 个交易的附加因子,L_i 为第 i 个交易的面值。但是,当交易可能实施双边净额结算时,为了降低自身的等价信用风险量,可以考虑采取净额结算的方式,采取这一方式要先算出净替换比率(net replacement ratio,NRR),这一比率等于有净额结算的头寸与无净额结算的头寸的比率,即:

$$\text{NRR} = \frac{\max\left(\sum_{i=1}^{N} V_i, 0\right)}{\sum_{i=1}^{N} \max(V_i, 0)} \tag{14-1}$$

等价信用量的计算被修改为:

$$\max\left(\sum_{i=1}^{N} V_i, 0\right) + (0.4 + 0.6 \times \text{NRR}) \sum_{i=1}^{N} a_i L_i \tag{14-2}$$

14.2 衍生品的清算

14.2.1 双边清算

衍生品发展初期,在合约的清算中采取的是最初并不完善的双边清算模式,这种模式只在合约的交易双方之间进行清算。这个时期,交易者一般以各自的信用或者利用第三方信用来进行担保,而不以保证金作为担保。在这种没有抵押品做担保的双边清算模式下,交易双方都承受了巨大的信用风险。若一个交易者同一时期进行了多笔交易,那么就要同时承担多个交易对手的信用风险。20世纪80年代开始,衍生品市场的发展速度大大加快,与此同时,传统双边清算模式的弊端渐渐显露出来。80年代后期,ISDA发布了数个标准文件,这意味着场外衍生品市场的主协议制度正式建立。ISDA主协议所包含的部分内容有:

1. 提前终止合约

当提出合约结束申请时,如果双方可以达成一致,那么就可以与对手按市场价值完成现金结算,提前结束该合约中的交易关系。在计算合约的市场价值时,一般有两种方法:一是按照即时市场上相似合约的买入价格作为成本替代,并以此作为标准进行赔偿;二是由被违约方计算出提前终止合约为其带来的损失或收益,双方商讨达成一致后以此为标准进行赔偿。

2. 信用支持附加协议

在最初的双边清算模式下,交易者一般不会支付保证金,这种情况下若有一方发生违约,另一方将遭受巨大的损失。为了克服这种模式的缺点,同时为场外衍生品交易的抵押支付设立一个标准,信用支持附加协议(credit support annex,CSA)被加入ISDA主协议中。CSA协议规定,在场外衍生品交易中,为了尽量降低自身所承担的风险,交易双方有权要求对手方支付一定的抵押金作为担保。在此基础上,交易双方可以事先确定一个范围,如果双方的风险敞口都在这个范围内,就认为这个交易的风险足够低,双方都可免去支付保证金,这个范围的临界点就叫作抵押豁免额。但是如果有一方的风险敞口超过了抵押豁免额,那么另一方可以要求交易对手以一定比例的资产作为抵押,以此来降低自身承担的风险。在互换合约到期之前,双方的信用风险都是在不断变化的,抵押要求也会随之改变。相应地,互换协议中的抵押物交付也会不断随之进行变化。值得一提的是,CSA协议中规定,抵押物的交付是"买断式"的,收取抵押品的一方可以在抵押期间自由地处理该抵押物,同时获得该抵押品在抵押期间产生的所有收益。

3. 确认

通常来说,衍生品交易的合约是由交易双方通过电话或者电子通信达成的,要保证交易的有效性就必须有一个书面确认的过程。主协议规定可以通过短信、邮件或者传真等形式对确认函进行确认,但要求在指定时间内完成,主协议对确认函的具体格式也做了明确的规定。交易双方通过确认函的交换予以确认,这样可以尽量减少交易过程中的争议。

4. 净额结算

场外衍生品交易中,双方计算每一笔交易的价值时都要按当前的市场价值进行衡量,即以净额而非总额进行结算。如果场外合约没有实时计价,还可以按照交易双方在当前市场上获取同样敞口的必要成本来计算合约的市场价值。

14.2.2 中心清算

假定 A 方要和 B 方进行衍生品交易,他们可以通过中心清算机构(central clearing party, CCP)进行清算,CCP 同意清算以后,就起到媒介作用,即与 A 方和 B 方进行相互抵消的交易。假定 A 方和 B 方的交易为利率互换,其中,A 方同意支付固定利率 5%,B 方同意支付浮动 SHIBOR,互换的面值为 1 亿元人民币,期限为 5 年。为了进行中心清算,CCP 要进行两个交易,CCP 在与 A 方的交易中支付给 A 方浮动利率,A 支付给 CCP 固定利率;CCP 在与 B 方的交易中要支付给 B 方固定利率,B 方支付给 CCP 浮动利率,两个交易的面值均为 1 亿元人民币,期限为 5 年。通过中心清算机制,A 方和 B 方相互之间的信用风险却不复存在了。

CCP 在交易过程中可能会要求初始保证金,每笔交易每天都会被定价,因此也会触发保证金的变动。如果交易的一方不能支付必要的变动保证金,CCP 可以对交易进行平仓。

在实践中,在任意给定时刻,市场参与者会与 CCP 有多个交易,市场参与者在某个时刻向 CCP 支付的保证金反映了其交易整体的波动率,CCP 在场外市场的角色类似于交易中心在交易所内交易的角色,唯一的区别是 CCP 所处理的交易不会像交易所那样标准,因此对于保证金的计算也更加复杂。

CCP 的每个成员都要向 CCP 注入资金,以形成保证基金,当 CCP 的任何一个成员违约,同时保证金的数量无法满足该成员的义务时,就会启动保证基金,这意味着 CCP 的每个成员都要分担损失。

14.3 度量和管理

14.3.1 交易对手风险度量

本部分我们将会考虑衍生品交易商与对手之间的双边清算情形,并且讨论交易商如何对信用风险进行评估。

当对场外衍生品进行双边清算的时候,对每一个交易对手,交易商都要计算出一个信用价值调节量(credit value adjustment,CVA),它是对交易对手产生违约事件所造成的预期损失的预计,在交易商的资产平衡表中要将每个交易对手的信用调节量从衍生品的总价值中除去,而某时间段的利润表内要包含该时间段的 CVA 价值总和的变化。

假定时间 T 代表与某交易对手的衍生品交易的最长期限,为了计算 CVA,我们将 0 到 T 这个时间区间分成若干个小的区间。假定第 i 个时间区间起始为 t_{i-1},结束为 $t_i(t_0=0)$,假定时间段的数量为 n,定义 q_i 为对手在第 i 个时间段的风险中性违约概率;v_i 为在违约发生时,交易商对于交易对手在第 i 个时间段中点的预期风险暴露(考虑抵押品以后)的当前价值;R 为交易对手违约时,无抵押债务的回收率。

假定净风险暴露与对手的违约概率无关,对手在第 i 个时间段违约所产生的预期损失的当前价值为 $(1-R)q_iv_i$,整体预期损失为 $\text{CVA}=\sum_{i=1}^{n}(1-R)q_iv_i$。

变量 q_i 可以用对手的信用溢差进行估计。假定 s_i 为交易对手对应于时间 t_i 的信用溢差,则 0 到 t_i 的平均风险率为:

$$\lambda_i = \frac{s_i}{1-R} \tag{14-3}$$

时间 0 到 t_i 的不违约概率为 $e^{\lambda_i t_i}$。因此,

$$q_i = e^{-\lambda_{i-1}t_{i-1}} - e^{-\lambda_i t_i} \tag{14-4}$$

或者

$$q_i = \exp\left(-\frac{s_{i-1}t_{i-1}}{1-R}\right) - \exp\left(-\frac{s_i t_i}{1-R}\right) \tag{14-5}$$

v_i 是通过蒙特卡罗模拟计算得出的,即在风险中性世界,从时间 0 到 T,我们要对市场变量进行模拟,这些模拟变量决定了交易商与交易对手的交易价值,在每个抽样中对于每个小的时间段的中点,我们要计算交易商对于交易对手的风险暴露,然后求得这些风险暴露的均值,v_i 等于对应第 i 个区间的均值的贴现。

在实践中,为了保证计算的可行性,我们对计算过程要进行一定的近似,计算交易组合将来价值的模型可能会比计算交易组合当前价值的模型更简单,也可能会比产生标的变量将来分布的模型更简单。

抵押品和补救期

在计算 v_i 的过程中,我们需要考虑抵押品,假定在 t 时刻,交易商与某对手之间的所有交易的净市场价值为 $w(t)$,如果没有抵押品,交易商面临的净风险暴露为:

$$E_{\text{NC}} = \max\{w(t),0\} \tag{14-6}$$

假定无抵押界定(没有被抵押的数量)为 k,并且在交易对手无法支付抵押品时,交易商可以马上宣布提前终止时间,在 t 时刻的抵押品数量为 $\max[w(t)-k,0]$。

在实践中,交易商会面临一个补救期(cure period),也被称作风险边际期(margin period of risk),这一期限是指,从交易对手停止支付抵押品开始,交易商消除风险所需要的时间,补救期的终端时间被称作平仓时刻。交易商消除风险的一种方式是进行新的交易来取代旧的交易,另外一种方式是对原交易的对冲交易进行平仓,或者将上述两种方法

进行混合,市场上采用的补救期一般是介于 15 天到 20 天之间。

由于补救期的存在(假设这个补救期的长度为 c),在时间 t 平仓时,抵押品的数量为:

$$C(t) = \max\{w(t-c) - k, 0\} \tag{14-7}$$

独立数量可以看作负的无抵押界定,因此,

$$C(t) = \max(w(t-c) + I, 0) \tag{14-8}$$

去除抵押品以后,净风险暴露量为:

$$E_{\text{NET}}(t) = \max\{E_{\text{NC}}(t) - C(t), 0\} \tag{14-9}$$

风险暴露的峰值

除了计算 CVA,交易商还要计算在每个区间中点上的风险暴露的峰值(peak exposure),该峰值对应于蒙特卡罗模拟的高分位数。风险暴露的最高峰值(maximum peak exposure)对应于不同时间上所有峰值中的最大值。

CVA 风险

对于每个交易对手,交易商都要计算 CVA,这里的 CVA 本身也可以是衍生产品,而且是一种比较复杂的衍生产品。事实上,对于任何交易对手的 CVA,都比与交易对手之间的任何产品都更加复杂,这是因为 CVA 的数量取决于交易商与交易对手之间所有产品的净价值。

CVA 增大(减小),交易商报告的净收益会减小(增大)。因此,许多交易商也会像对待其他衍生品那样,谨慎地对 CVA 进行对冲。这意味着交易商要对 CVA 的希腊值(delta,gamma,vega)进行计算。

由前文我们有:

$$\text{CVA} = \sum_{i=1}^{n}(1-R) q_i v_i \tag{14-10}$$

$$q_i = \exp\left(-\frac{s_{i-1} t_{i-1}}{1-R}\right) - \exp\left(-\frac{s_i t_i}{1-R}\right) \tag{14-11}$$

利用 delta/gamma 近似,相应的 CVA 变化为:

$$\Delta\text{CVA} = \sum_{i=1}^{n}\left[t_i \exp\left(-\frac{s_i t_i}{1-R}\right) - t_{i-1}\exp\left(-\frac{s_{i-1} t_{i-1}}{1-R}\right)\right]v_i \Delta s +$$

$$\frac{1}{2(1-R)}\sum_{i=1}^{n}\left[t_{i-1}^2 \exp\left(-\frac{s_{i-1} t_{i-1}}{1-R}\right) - t_i^2 \exp\left(-\frac{s_i t_i}{1-R}\right)\right]v_i (\Delta s)^2 \tag{14-12}$$

一旦确定了 v_i,以上计算就变得非常简单。一些先进的交易商可以做到对 v_i 的风险进行量化,如果对 v_i 的风险进行对冲,会导致资本金数量变大。这是因为在计算市场风险的资本金数量时,对冲交易会被考虑在内,而 CVA 对市场风险因素(即那些信用溢差平移以外的风险因素)的暴露却被忽略了。

单一远期交易中的 CVA

假定交易商与交易对手之间进行一笔远期交易,其中,交易商要在将来时间 T 以固定价格买入资产,假定在交易中没有抵押品,资产在今天的远期价格为 F_0(在今天为已知),在时间 $t(t \leqslant T)$ 的远期价格为 F_t(在今天为未知),则远期价格在时间 t 的价值为

$(F_t - k)e^{-r(T-t)}$。其中，r 为无风险利率（假定为常数）。

在时间 t 的风险暴露为：
$$\max[(F_t - K)e^{-r(T-t)}, 0] = e^{-r(T-t)} \max[(F_t - K), 0] \tag{14-13}$$

风险暴露的当前价值等于在时间 t 支付回报 $\max[(F_t - K), 0]$ 的衍生品的贴现值，该衍生品是关于远期价格的期权，其价值为 $e^{-rt}[F_0 N(d_1) - KN(d_2)]$，其中

$$d_1 = \frac{\ln(F_0/K) + \sigma^2 t/2}{\sigma \sqrt{t}} \tag{14-14}$$

及

$$d_2 = \frac{\ln(F_0/K) - \sigma^2 t/2}{\sigma \sqrt{t}} \tag{14-15}$$

其中，σ 为资产远期价格的波动率，故在时间 t 的风险暴露的当前值为 $e^{-rt}[F_0 N(d_1) - KN(d_2)]$。

因此，v_i 满足

$$v_i = e^{-rt}[F_0 N(d_{1,i}) - KN(d_{2,i})] \tag{14-16}$$

其中，

$$d_{1,i} = \frac{\ln(F_0/K) + \sigma^2 t_i/2}{\sigma \sqrt{t_i}} \tag{14-17}$$

及

$$d_{2,j} = \frac{\ln(F_0/K) - \sigma^2 t_i/2}{\sigma \sqrt{t_i}} \tag{14-18}$$

例 假定银行和一家矿产公司进行了一笔关于黄金的远期交易，远期合同阐明在两年后银行将以每盎司 1 500 美元的价格买入 100 万盎司黄金，黄金的远期价格为每盎司 1 600 美元，矿业公司在第一年的违约概率为 2%，在第二年的违约概率为 3%，假定矿业公司违约的时间发生在每年的年中，无风险利率为 5%，金融机构预测矿业公司的违约回收率为 30%，在黄金远期合约两年满期时，远期价格的波动率为 20%。

在这一情形下，
$$v_1 = e^{-0.05 \times 2}[1\,600 N(d_{1,1}) - 1\,500 N(d_{2,1})]$$

其中，
$$d_{1,1} = \frac{\ln(1\,600/1\,500) + 0.2^2 \times 0.5/2}{0.2 \sqrt{0.5}} = 0.5271$$

$$d_{2,1} = \frac{\ln(1\,800/1\,600) - 0.2^2 \times 0.5/2}{0.2 \sqrt{0.5}} = 0.7621$$

由此得出 $v_1 = 132.38$，进而
$$v_2 = e^{-0.05 \times 2}[1\,600 N(d_{1,2}) - 1\,500 N(d_{2,2})]$$

其中，
$$d_{1,2} = \frac{\ln(1\,600/1\,500) + 0.2^2 \times 1.5/2}{0.2 \sqrt{1.5}} = 0.3860$$

$$d_{2,2} = \frac{\ln(1\,600/1\,500) - 0.2^2 \times 1.5/2}{0.2 \sqrt{1.5}} = 0.1410$$

由此得出 $v_2 = 186.65$。

其他变量的取值为 $q_1 = 0.02, q_2 = 0.03$ 以及 $R = 0.3$，因此，
$$\text{CVA} = (1 - 0.3) \times (0.02 \times 132.38 + 0.03 \times 186.65) = 5.77$$

在没有违约假设下，远期合约价值为 $(1\,600 - 1\,500)e^{-2 \times 0.05} = 90.48$（美元）。

将对手违约考虑在内,远期合约的价值为 90.48－5.77＝84.71(美元)。

14.3.2　交易对手信用风险缓释

在信用衍生品交易中用来减轻交易对手信用风险的一种重要方法就是借助 ISDA 向市场提供的基础设施来解决。如今该协会已经制定了标准化主协议,涵盖了竞价、出清、信贷支持、信贷支持附件及更替协议等方面的具体法律框架。它们得到了市场参与者的广泛使用,借此来降低互换及衍生品合约中的交易对手信用风险。

在 ISDA 主协议中,包含了交易对手间所签订的合同的细节,比如该合约的执行、确认、记录及结算等各个方面。一旦签署了该协议,其后所进行的一切互换及衍生工具交易就都包含在原始的主互换协议中,避免了每一个交易都需要有一份单独合同的情况。主协议的这一结构所具有的一个显著优势就是,它使得交易对手双方间的所有合同能够在一方发生违约时获利。这也就意味着如果出现违约事件,交易对手双方间存在的所有合同的市场价值所汇聚的一项净金额交给其中一方,而另一方获得其中的净负债。倘若不存在该功能,就可能存在其中一方鼓励对合约中的应收账款进行支付,而否认其对合约承担违约责任的情况。

信用支持附件是对交易对手信用风险缓解机制的组织做出规定的标准化协议。比如,在追加保证金中运用到特定类型的信用风险缓解机制,以使得交易对手 B 向交易对手 A 提供的担保品能够覆盖其净负债额。在信用支持附件中包含了对抵押品的性质类型、金额计算及最低转让金额等各个细节的规定。ISDA 协议对主互换协议怎样变化做出了具体规定,并表示可对信用支持附件进行修改。这种修改随着时间的推移被用来反映市场的本质变化,比如,市场参与者更多地借助债权更替平仓而不是对冲头寸的市场趋势使得 2006 年的 ISDA 债权更替协议 Ⅱ 发展起来,此外,为违约公司解决信用违约互换合约而建立起来的规范拍卖机制也促成了 2005—2009 年 ISDA 拍卖协议以及 2009 年 ISDA 平仓量协议的建立。

另外一种降低交易对手信用风险的方法是使用担保品。一份信用衍生品合约的价值随着时间的推移会因其企业的信用风险发生变化而明显偏离其初始值。所以,在合同有效期内的一些时点,交易的一方有可能要对另一方负担重要的市场责任。由于潜在信用风险的存在,对衍生品的负债能够提供充足的担保品在市场上已经成了标准。例如,根据 2009 年国际掉期与衍生工具协会所做的保证金调查报告,2008 年年中所执行的信用违约互换协议有 74% 为抵押协议,截至当年年底处于使用状态下的抵押品的金额估计为 4 万亿美元,抵押品的一般形式为现金或政府债券。参与此次调查的机构表示,ISDA 信贷支持协议有大约 80% 是双边协议,也就是说,交易双方间的抵押品是能够双向传输的。另外,调查中的前 20 大受访者(都是大型的信用违约互换经销商)中,与对冲基金及机构投资者签订的抵押协议占到了一半,与企业签订的占 15%,与银行签订的占 13%,其他占 21%。

练习题

一、选择题

1. 下列关于交易对手信用风险错误的是哪项？（   ）

    A. 交易对手信用风险与信用风险的区别是交易对手信用风险的风险暴露价值较难确定

    B. 交易对手信用风险增加的主要原因是资产的市场价值下降

    C. 交易对手信用风险同样来自交易对手执行协议的意愿和资金实力

    D. 与债权债务关系不同，交易对手信用风险不是一方对另一方，而是交易双方都可能违约

2. 20 世纪 80 年代后期，ISDA 发布了数个标准文件，表明场外衍生品市场的主协议制度正式建立。下列哪项不是 ISDA 主协议所包含的内容？（   ）

    A. 提前终止合约　　　　　　　B. 信用支持附加协议

    C. 确认　　　　　　　　　　　D. 总额结算

3. 有中心清算的衍生品交易市场，下列说法错误的是哪项？（   ）

    A. 交易对手方通过与中心清算机构交易，消除了信用风险

    B. 保证金的存在可以有效地跟踪交易产品的风险状况，并及时做出应对

    C. 中心结算需要根据市场波动来确定保证金数量

    D. 中心结算机构有时会让本没有参与某项交易的成员分担该交易对手违约带来的损失

二、简述题

1. 交易对手信用风险暴露与一般信用风险不一样，它的价值较难以度量。试简述影响交易对手信用风险暴露的原因。

2. 交易对手信用风险存在与传统信用风险所不同的特征，主要体现在哪些方面？

3. 若交易对手面临财务困境，则参与信用衍生品市场的交易者所遭受的损失至少来源于哪些情况？

三、计算题

1. 在计算信用风险调节量时，可以将交易存续期分为 N 段，每个时间段内风险中性违约概率假设为常数 p_n，交易对手违约后的回收率为 30%。假设风险暴露与违约概率无关。

(1) 如果 $s_n = 0.5\%$ 为交易对手在时间段 n 的信用利差，求交易对手在该时间段的违约概率。

(2) 如果交易双方（银行和客户）在时间段 n 的交易关系如下表所示：

交易	交易额
1. 存款	−100
2. 贷款	120

并且没有抵押物,求该时间段的信用风险调节量。

2. 某化工公司与某石油公司签订石油远期合同,确定在两年后以 50 美元/桶的价格买入 500 万桶的石油,石油的远期价格为 55 美元/桶。假设该石油公司在第一年违约的概率为 1%,在第二年违约的概率为 1.5%,在任一年违约后的回收率都为 45%。假设无风险利率为 4.5%,在远期合约两年内,远期价格的波动率为 20%。求信用价值调整。

第 15 章 信用资产证券化

15.1 资产证券化及其市场

资产证券化(securitization)是一个将资产转化为证券产品的过程,由特殊目的实体(special purpose entity, SPE)发行,销售给投资者,投资者的收入由 SPE 的金融资产池产生的现金流支持。资产池里的资产不能单独交易,而是根据支付权利进行分块(tranches),每一分块按一定的顺序得到支付。资产证券化通过风险分散实现信用增强机制,投资者根据其自身风险偏好选择分块及其风险暴露。资产证券化将不可以交易的金融资产转化为证券,在资本市场交易,增加了信用的可获得性。资产支持证券(asset-backed security, ABS)就是一种典型的证券化产品,它支付给投资者的收入或证券的价值主要来源于且担保于特定的一池子基础资产(underlying assets),例如,债务支持债券(CDO)也是一种资产支持债券。证券化产品是结构化资本市场工具,因证券化产品交易中风险分布的复杂性,以及与其他资本市场工具相比的独特性,在风险管理中,证券化产品被当作一种单独的分类。

在西方发达经济体中,证券化产品是消费贷款和按揭抵押贷款的一个融资来源。根据国际货币基金组织(IMF,2009)的报告,在 2007—2008 年证券化产品市场崩溃之前,资产支持证券(ABS)和资产担保债券(covered bond)为美国、西欧和澳大利亚的住宅按揭贷款提供了 20%—60% 的资金。到 2009 年年底,美国 180 亿美元的房地产相关贷款和消费信用中 19% 的资金来自私人证券化[①]。由主要贷款人发行的私人住宅按揭贷款支持证券共计在商业和住宅按揭贷款中分别占 26% 和 16%。同期,在美国之外,超过 1 万亿美元的资产是由证券化提供的。这包括新兴市场,在新兴市场上,证券化技术对住房融资和消费信用提供稳定的资金供应。在 2009 年 6 月底前估算的全球 4.5 万亿美元的证券化资产中,超过 85% 与美国零售金融相关。

大多数成熟的法治国家证券化产品的增长率在 2007 年达到顶峰,之后因为二级市场的流动性缺乏和一级市场的发行量减少,证券化的速度快速下降。例如,美国证券化

---

① 私人证券化(private label securitization)是指与政府支持的机构设置的标准不同的证券化,例如在美国与房地美、房利美和吉利美标准不同的住宅按揭抵押贷款支持的证券。

产品的发行从2007年的2万亿美元下降到2008年的4000亿美元。美国和欧洲证券化速度的减慢发生得较早,也更引人注目,而澳大利亚、加拿大和日本虽发生得较晚但仍然显著。金融危机对新兴市场证券化的影响要温和得多,这是因为这些市场以前的发展速度就较慢。

证券化的显著增长很大程度上反映了2007—2008年金融危机前全球储蓄的快速增长。当时有大量的资金从新兴经济体和石油输出国流向西方发达国家。新兴经济体在提供金融工具能力上的相对弱势使得它们的资金集中于低风险和高流动性的储蓄类产品。这些国家积累了大量由成熟市场私人和公共机构发行的资产。当然,对低风险资产的需求不仅仅限于新兴国家和石油输出国,事实上,在发达国家存在的其他一些因素,例如保险公司和养老基金所管理基金的增长、更严格的审查标准的引入等,都导致了对更安全资产的需求。

如上所述的因素可以解释证券化市场的快速发展。一方面,安全性高、流动性好的资产供应承压,以致这些资产的价格较高,这更加快了大多数传统固定收益产品回报率的降低。反过来,这又导致来自发达经济体的投资者需要比传统固定收益资产收益率更高的产品。对信用风险低但有更高收益资产的需求显然刺激了金融行业来生产这样的资产。在此环境下,证券化资产作为其中的信用风险低但收益高的产品便应运而生,这填补了此类资产的供应缺口。

具体来说,通过将大量的贷款放入一个资产池,证券化可以分散风险并减轻个体贷款的特质风险。这样,证券化通过资产分割和现金流的优先次序安排来稀释风险,生成不同信用风险水平的资产。1990—2009年间,ABS的发行量占所有固定收益产品的比例由1990的20%增加到2006年55%,总量约为2.6万亿美元,随后在2008的发行量约为1.2万亿美元,占比为33%。在此期间,在所有评级为AAA的固定收益产品中,ABS都占了很大比例,为投资者贡献了大量的"安全"资产。总体上,AAA级长期固定收益产品的增长中,有64%是由AAA级的ABS所贡献的,而公共债券只贡献了27%,企业债券只贡献了2%。另外,大多数证券化产品都得到了较高的信用评级,1990—2006年间,企业债券中,评级为AAA的比例平均为9%;主权债的评级中48%为AAA;而证券化产品中,评级为AAA的比例平均达到75%。也就是说,在不到10年的时间内,证券化创造了最多的AAA级固定收益产品。

15.2 资产证券化的动机

证券化产品产生的原因是为了将信用风险隔离出来。例如,在应收账款证券化产品交易中,一定应收账款池的信用风险可以从应收账款的付款人那里分离出来,然后进行结构化并将该风险转移给其他投资者。2007年爆发的次贷危机之前,投资者被吸引到证券化产品市场的原因是满足他们对高风险调整收益的需求。证券化产品为他们提供了一个工具来分散投资,满足收益要求,维持一定的审慎标准和购买投资级债券。

我们从证券化发起人和证券化产品投资人的角度介绍常见的资产证券化的动机。

15.2.1 发起人动机

对于资产证券化的发起人(originator 或 sponsor)来说,他们进行资产证券化的理由大约有以下几个方面:融资多元化、风险转移、产生收益、监管型资本要求和财务利益。

融资多元化 发起人进行资产证券化有助于他们使资金来源多样化,降低获取资金的成本,这也是他们的主要动机,实证研究也证明了这一结论。证券化曾一度提供了一个相对稳定且低成本的融资来源,也有利于他们更容易地进入信用市场。证券化也被看作一种减少贷款人对零售存款发行无担保商业票据和长期票据依赖的方式。人们认为定制证券以满足投资者需要的能力使发行人拓展了他们的投资基础,这反过来又可以多样化融资资源。

证券化融资的另一个好处体现在它扩大了信用评级的范围。证券化过程将资产与最初发起人的信用质量分离,证券化产品可以不受主体评级的影响而获得较高的信用级别。这也让小型机构、未被评级企业,或者那些没有达到投资级评级的企业能够有机会进入那些只能用抵押物的信用质量评级的信用产品市场。通过证券化,它们的资产包甚至能够获得 AAA 的信用评级,这显然可以降低其融资成本,并能够获得更多的渠道且更快地融得资金。

风险转移 是发起人创造证券化产品的另一个原因。资产证券化将流动性很差的资产,例如住宅抵押贷款、汽车贷款等转化为可上市交易的证券,否则,这些资产会一直待在机构的资产组合内。发行由这些资产支持的证券是一种有效的方式,它将基础资产的信用风险、流动性风险和市场风险转移给其他消费者,同时减轻了发行人的债务负担。

与风险管理和风险转移相关的另一个考虑因素是资产结构和业绩方面的动机,例如可以通过资产证券化实现更早摊还或提升资产市场价值,金融危机时期,这两个动机是相互关联且顺周期的。当然,证券化产品发行人的非契约性支持,例如声誉风险,有可能会影响到转移给证券投资人的风险量。另外,保险公司常发行灾害债券(catastrophe bonds),将不可预期的风险转移给投资人,作为管理风险的手段。

银行可以对它的信用资产组合进行重组,通过证券化产品交易转移风险,这样改善其风险/收益结构,容易将风险传递给其他人并有条件地去纳入其他资产。如果银行的信用资产集中于某一地区的客户,它就可以将部分资产打包成新的证券化产品卖给投资人,并将获得的资金贷给另一地区的借款人。可见,证券化是分散风险的有效手段。

产生收益 证券化产品为发行人带来收益,这是近年来被人们认识到的发行人的一个动机,也引起了监管机构和国际组织的注意,他们认为这是需要改革的地方。人们发现,在金融危机之前,证券化可以在几个方面带来收入。产生基础资产会产生费用,承销和制定交易会产生费用,为一些产品提供信用升级和流动性也会产生费用。证券化产品的发行人也能创造收入,发行已购买资产的较短期债券与长期资产之间存在一定的利差,发行人可以通过套利载体利用该利差获得收益。会计规则允许发起证券化产品的目的是获益,这也鼓励了证券化产品的发行。

在证券化活动最顶峰的时候,人们用发行证券化产品获得的收入来购买资产,又进行资产证券化并销售,以此推进,大大增加了证券化产品的数量。这样做的目的在很大程度上就是为了获得上述各种收益。在这种模式下,许多发行人依赖于第三方机构来发行基础资产,而这些第三方机构的资本往往较少且未受严格监管。这种只为产生收费和发行量收入的机制使得人们不会关心基础资产和结构化产品的长期业绩。结果,许多发行人在金融危机时失败,导致整个金融系统的巨大损失。

监管型资本要求和财务利益　　监管资本要求的降低是资产证券化的直接原因。对某项资产所要求的监管资本与必要的经济资本的估算差异越大,人们就越想进行资产证券化。

会计条款被认为是促进资产证券化产品发行的另一个原因。例如,如果发行人通过证券化能够使资产在会计处理上转移到资产负债表外,就可以改善一些财务比例,比如资产负债比或资产回报率。另外,会计处理规则还可能增加非利息收入,这与资本要求一道提高了发行人的资本回报。对于那些在某些类型的资产上效率高且容易产生相关资产的银行(例如有些银行的信用卡业务规模很大,积累了大量的信用卡应收账款),通过资产证券化可以降低相关资产在资产平衡表中的比重,而同时又不会失去相应的市场份额,甚至还可以提高市场占有率。

在上述动机中,人们普遍认为监管套利是最不值得推崇的,相反,应该利用资产证券化来实现融资的多样化和降低融资成本。

15.2.2　投资者动机

大多数调查都比较关注发起人的动机,较少分析投资人为何会参与证券化产品市场。但并不是市场有什么产品,投资者就会投资什么产品。投资者对回报的偏好是促进证券化市场繁荣的一个重要因素。从投资者的角度,证券化为其提供了大量的可以利用的好处,即较高的信用水平(优先级分块)、资产组合分散化、与相同级别的其他金融工具相比更高的收益。在危机之前,投资者有大量的现金,而相对可选的高收益投资产品却不多,证券化产品的出现恰好满足了投资者的需要。当然,对收益追求的动机有可能导致风险的集中而不是分散。

高信用质量　　投资者投资于证券化产品的原因有可能是他们必须符合一定的审慎标准,例如只限于投资投资级的债券等。证券化产品通过信用增强(如一些产品有政府担保)和特别目的机构隔离了违约,成为安全债务,这使得证券化产品可以获得很高的评级。这样的高评级证券化产品达到了投资者的安全标准。然而,投资者过度依赖评级而普遍不再进行必要的尽职调查,为金融危机埋下了种子。

值得注意的是,投资者的高信用质量(高评级)要求在信用危机期间会增加流动性问题。危机时,证券化产品的信用级别被下调,而投资者的投资策略和要求又必须是高信用质量的,这就迫使他们出售其持有的证券化产品。当许多投资者同时被迫卖出这些证券化产品时,其价格在萧条的市场上就会进一步下跌。

资产组合多样化 投资者会尽量避免超过一定的集中度限制,这既是监管要求也是内部单一资产风险暴露的限制要求,通过购买证券化产品,投资者可以更好地实现资产多样化。如果证券化产品与投资者既有资产的相关性较低,那么购买证券化产品,投资者可以更好地管理其全部资产组合的风险。增加资产类型,特别是实现资产发行人在地域分布上的多样化,投资者就能够满足资产组合多样化的要求。合成证券化产品也可以使投资者在没有增加信用风险暴露的情况下实现资产多样化。

但是随着金融危机的爆发,投资者们逐渐发现,他们所期望的分散化目标并没有实现,在一些情况下,基础资产是高度相关的。例如,投资者和许多市场参与者错误地认为美国住宅抵押贷款可以通过地域分散来实现多样化,但最终的事实证明,美国不同地区住宅价格的关联性非常强。

15.3 资产证券化过程

证券化产品与其他资本市场工具相比有其独特的结构化特征。证券化的基础是确定的一池子应收款,作为一个资产组合,这些资产的总量和多样化状况都是需要考虑的。这些资产与发起人的信用级别是分离的,资产池的风险被转移给第三方,有时需要单独再融资。证券化的风险转移和再融资是结构化的,也即,至少有两个不同的分块,它们有不同的优先级,体现了风险和现金流的分配。

单个债券或贷款的直接销售和衍生品对冲涉及再融资及风险转移,但并不是针对一池子应收款,也不进行结构化。即便在以资产池为基础的衍生品对冲中,也并不要求资产池与衍生品的匹配,有时衍生品的资产池可以包含发起人并没有的资产。

证券化是一个结构化的金融技术,通常涉及以下方面:

特别目的机构(SPV)被单独建立起来,通常可以是一家企业,它通过发行债务证券(比如债券)筹集资金。在一个标准化的证券化中,通过将应收款真正卖给 SPV,SPV 承担这些基础资产的风险暴露及其可能的收益和损失。这种结构化称为**现金流证券化**(cash flow securitization)。当然,承担风险暴露还可以通过使用信用衍生品的方式,这时 SPV 就不是真正拥有应收款,这时的证券化就称为**合成证券化**(synthetic securitization)。本部分介绍现金流证券化的主要结构和各主体的关系,包括发起人、SPV、转移应收款、证券结构与风险以及现金流动过程等。

证券化的主体是**发起人**,其持有资产以及资产产生的现金流,因某些原因想证券化这些资产。为此,发起人建立一个 SPV 并雇用设计者来结构化资产。常见的证券化发起人为零售银行。零售银行因其业务活动会产生大量应收款,例如,向商业机构发放贷款、消费者信用(透支和信用卡)、住宅按揭贷款等。银行可以分离出这些应收款的现金流并用其来进行证券化。

如图 15-1 所示,银行可以将住宅按揭贷款的利息和本金收入隔离开来。

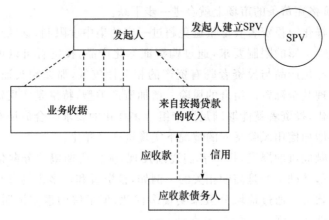

图 15-1　住宅按揭贷款收入分离

　　SPV 的法律地位由其所在地的法律框架决定。在许多法律规定下，SPV 是一个轻资产的企业实体，它所有的资本远远少于其债务，除了发起人外还有其他所有人持有其股份，典型的所有人为信托机构。在其他的法律架构下，例如有些国家并不认可信托，那么这些地方可以根据其法律条款设置法规来监管证券化和 SPV。这样的法规可以规定 SPV 是一个基金，并没有法人资格，可以由投资者拥有。如果一个地方的法规不允许 SPV 的存在，那么可以将其建立在别的地方，即为离岸 SPV。税收考虑是选择建立 SPV 位置的一个重要因素，SPV 通常会建立在低税或无税地区。之所以要考虑众多因素，是为了建立的 SPV 不能被当作发起人的一个分支机构，不能受发起人偿债能力（破产）的影响，不需要 SPV 的资产负债表与发起人的资产负债表合并。

　　确保 SPV 的偿债能力是非常重要的。SPV 的地位要保证当发起人破产时，其收入来源不受影响。为了使 SPV 的收入可以维持其偿债，除了法律因素外，还需要确保 SPV 的运营建立在可偿债的基础之上，为 SPV 设置限制以防止其产生证券化外的债务。

　　构造和发行证券　　是 SPV 的主要功能。新成立的 SPV 通过发行证券来筹集资金以购买发起人的应收款。如图 15-2 所示，SPV 将证券出售给投资者以获得资金。证券的权利在构建证券时明确写入其相关文件中，由证券权利人持有，代表所有投资人的权利。SPV 发行的证券通常是债券、票据，或者少数权益证券。证券可以分为多个分块，不同的分块有不同的支付优先次序、信用级别和利率等。

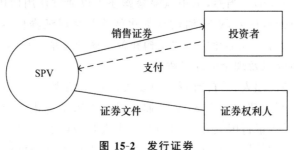

图 15-2　发行证券

　　为了优化证券的风险结构并最大化投资者的范围，证券往往会被分成不同的类，这种方式被称为**证券分块**。证券分块一般是有序的，每个分块都有不同的优先级别，确定本金和利息的支付、利息率的大小等（如图 15-3 所示）。优先级分块有获得支付的优先权，但是夹层级和劣后级的利率较高。一般每个分块都有自己的信用级别，或者至少优先级必须有信用评级机构的信用评级。

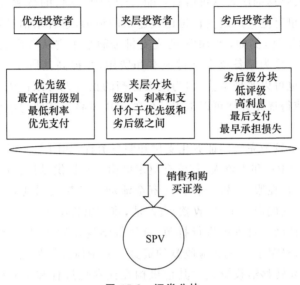

图 15-3　证券分块

还有些证券涉及多个分块结构。随着结构化产品变得复杂以及衍生品和证券化的结合（合成证券化），证券化过程开始由投资者来决定信用水平、利差、到期期限和货币方式，由设计者来制定证券，而不再是等着由有合适的信用水平且欲融资的发行人来发行证券。这种由投资者寻找银行或发行人来发行符合他们需要的特定证券的过程被称为**反向问询**。多个证券分块的机构也因这种个性化的需求而增加。

证券化的基础资产是各种应收款，比如债券和贷款等，应收款在未来有权获得现金。发起人将应收款转移给 SPV，SPV 支付给发起人一定的现金。如图 15-4 所示，SPV 用销售证券获得的资金从发起人那里购得应收款，成为应收款的所有人，享有获得应收款收入的权利。

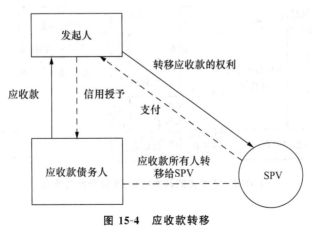

图 15-4　应收款转移

应收款及其带来的现金是资产打包的基础,这确保 SPV 作为债务人可以向投资人支付本金和利息,或者向与其交易相关的其他方支付所欠的资金。

如有必要,证券化时可使用**信用增信技术**来提高证券的信用评级以便于吸引某些投资者。例如,发起人转移的应收款价值有可能大于 SPV 支付的金额,以建立一定的储备基金来应对资产池里有些资产的支付延迟或违约的情形,这种增信被称为**过度担保**。另外还有其他的增信措施,例如,当 SPV 的应支付金额小于它从资产池获得的收入时,它可以存留剩余的资金作为储备金来支付成本和费用,并提高其所发行证券的信用级别。通过构建次级分档也可以实现增信,因为次级分档的投资人可以在优先分档之前吸收资产池的损失,从而使得优先分档可以承担较低的信用风险。其他的增信还有保险和信用证等。

我们最后看一个较为完整的证券化支付和服务流程,如图 15-5 所示。在此过程中主要的主体是发起人、SPV 和投资人,其他有很多机构为其提供设计、资产管理、承销、增信等服务,参与者之间存在服务、资产转移或资金流动。发起人因其业务活动向债务人授信产生了应收款项,它确定一个(应收款)资产池,将其出售给 SPV,并获得现金。SPV 在资产设计服务者的帮助下对资产进行打包、分块等结构化制作,然后将证券化产品委托承销商卖给投资人,SPV 获得购买应收款的资金。原始债务的利息和收入根据证券化产品协议通过支付中介转移给投资人。其他机构在证券化过程和交易中也扮演着重要的角色。证券化是由证券设计者设计并评估资产池的价值。在结构化时,有部分风险可能会转嫁给信用增信机构,比如信用风险缓释工具的提供者。信用机构监控交易的正确实现,监督 SPV 和服务者的行为不损害投资人的利益。如果 SPV 通过资本市场来转移风险,那么还需要信用评级中介机构来对证券化分块进行信用评级,证券由承销商发行和销售。

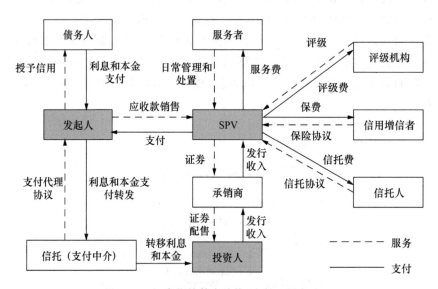

图 15-5 证券化的基本结构:支付和服务流程

15.4 结构化信用衍生品

结构化产品可以定义为满足投资者或融资者特殊需要的金融工具,而传统的金融工具无法满足这些需求。一般而言,结构化产品广泛应用于资产证券化过程。根据美国证券交易协会给出的定义,资产证券化指产生了一种证券,主要是由一个特定的应收款资产池或其他金融资产池来支持和保证偿付。结构化产品有很多种,包括抵押支持债券、资产担保债券、担保债务凭证等。

1. 抵押支持债券

抵押支持债券(MBS)指的是发行商先向金融机构贷入不动产抵押贷款,然后根据其不动产抵押贷款的利率、期限、担保情况等不同的特点而形成各个资产池,最终所发行的以此为基础的债券。

在抵押支持债券并未诞生的时候,就已经有了对住房等抵押贷款进行转让的二级市场,以此来对各个金融机构间的资本盈余和缺口进行调节。购买抵押贷款的投资者不仅要应对各种烦琐的法律问题,从事登记大量抵押物所有权等工作,还会陷入因金额较大而被拒之门外的困境,这严重限制了抵押贷款市场的流动性。为了达到增强市场流动性及吸引投资者的目的,便诞生了抵押债券中最基本的产品——传递抵押债券。传递抵押债券是指债券发行商先向抵押贷款者收取本金和利息,扣除相应的服务费之后,再把余下的全部本金和利息转交给债券投资人的产品。

因为传递抵押债券的期限通常比较漫长,提前偿付的风险较大,所以市场为了满足不同投资者对期限及风险的需求,在其基础上衍生出担保抵押债券与剥离抵押支持债券这两类抵押支持债券。之后,随着信息技术的发展,数据处理能力快速提高,金融工具得到了不断的创新,抵押支持债券也发展出更多、更丰富的品种,能够满足更多风险偏好者的需求。此外,因为美国等主要发达国家在 20 世纪 90 年代后期经历了经济的快速增长,抵押支持债券因此也体现出高信用评级、低信用风险及高投资收益等优势,受到债券投资者的青睐。

随着 21 世纪的到来,抵押支持债券市场继续快速发展,非机构抵押支持债券的发行量所占的比重不断提高,各类机构纷纷加入到抵押支持债券的投资行列中来,抵押支持债券逐渐在市场上变得供不应求。由于受到经济利益的驱使,发放住房贷款的条件变得愈加宽松,这使得借款人的资信非常低,直接降低了非机构抵押支持债券的质量,最终爆发了金融危机。

2. 资产担保债券

资产担保债券(ABS)指的是银行等进行储贷的机构以自身资产负债表中的部分资产项为担保所发行的债券。该债券的持有者拥有双重优先追索权,即在债券发行人对还本付息承担第一责任的同时,当其因发生破产等情况而无力清偿时,债券持有者拥有优先处置担保资产的权利。

资产担保债券是一种优先支付的有担保债务。与另外一些优先支付的无担保债务相比,它拥有优质资产作为担保,所以其信用等级更高而筹资成本更低。

资产担保债券与抵押支持债券相比有很大的不同:首先,资产担保债券的担保资产池处于动态变化中,一旦发生资产到期或不符合担保条件的情况,其发行人就必须对其进行替换,以维持担保率的充足,而抵押支持债券的资产池却是固定不变的;其次,资产担保债券的担保资产保留在发行人的资产负债表中,而抵押支持债券的资产池一般要从发行人的资产负债表中分离出来;最后,资产担保债券一般是定期的固定利率债券,而抵押支持债券一般为浮动利率,并且如果出现违约或提前支付事件,往往会即刻与持有人清算。

从发行人的角度来看,由于对资产担保债券的评级较高,甚至会高于发行人自身的评级,因此可用于长期限资金的低成本筹集,使得发行人有更多的融资渠道;并且在发行人努力满足有关资产担保债券的政策法规要求的过程中,也使得其内部的风险状况得到了改善。从发行人的角度来看,资产担保债券的风险由于其提供双重追索权而得以降低,对担保资产池的动态管理也能够使其保持较高的品质,债券收益率更是比国债及公共部门债券的收益率要高,所以它是一种低风险、高收益的投资产品。虽然资产担保债券在二级市场上的流动性不如国债和公共债券,但却高于资产支持证券市场,各类投资者都适合参与其中。从监管机构的角度来看,如果银行希望进行资产担保债券的发行,就需要达到其制定的规范标准,而且其做出担保的资产也要保留在发行人的资产负债表内,以便进行日常的监管;当中央银行要向金融体系中增加流动性时,往往要求金融机构向其提供高质量的担保资产,而资产担保债券正是欧洲中央银行允许进行担保的资产,因此它也能够促进中央银行货币政策的实施;资产担保债券因其具有较完备的监管框架,从而使得在金融系统发生资金短缺时,金融机构可以利用其有效地筹集中长期资金,这就是美国在爆发金融危机时,市场中的各个参与方(包括监管机构)都向资产担保债券市场求助的原因。

3. 担保债务凭证

担保债务凭证(CDO)作为一种新型的抵押支持债券,指的是在抵押债务信用的基础上,利用各类资产证券化技术对债券、贷款等资产的结构进行重组,对其投资回报与风险进行重新分割,来达到满足各类投资者需求这一目的的创新型衍生产品。可用于对担保债务凭证进行担保的资产有国债、银行贷款、新兴市场的企业债券、高收益债券以及抵押支持债券等。担保债务凭证源自美国对住房抵押贷款的证券化过程,某种意义上可算作资产证券化与信用违约互换相结合的产物。担保债务凭证先把一系列债权资产组合在一起,然后以其现金流为担保而发行。根据标的资产的不同,可将担保债务凭证分为现金流担保债务凭证、合成担保债务凭证以及市场价值担保债务凭证;根据发行原因及其资产池来源的不同,可将担保债务凭证分为资产负债担保债务凭证及套利担保债务凭证。现金流担保债务凭证作为一种典型的资产证券化产品,由银行等原始债权人对自身的资产进行筛选包装后向SPV出售,再由SPV将其分为各个信用等级,并依靠承销商向投资者发行对应的凭证。由于在现金流担保债务凭证中实现了对信用风险的重新划分及转移,故而其也属于信用衍生品,然而它更具有融资类产品的特征。

合成担保债务凭证是信用违约互换与资产证券化相结合的产物,也可看作由现金流担保债务凭证衍生而来。而合成担保债务凭证和现金流担保债务凭证间最主要的区别在于,前者并没有将债权资产真正卖给 SPV,而是以信用违约互换的方式将信用风险转移给投资者。发起人先将各个债权资产集中起来并打包,然后将资产包作为参照资产和 SPV 签订信用违约互换协议,接着由 SPV 向投资者发行各个信用等级的凭证并向其收取本金,最后 SPV 再用这些本金购买质量高、流动性强的债券作为担保品。这一过程中的投资者实际上是卖出信用违约互换的一方,它需要承担标的资产的信用风险并同时收取信用保护费用,所以其收益率要高于一般债券的收益率水平。合成担保债务凭证从这个角度上来讲就是一系列信用等级各异的信用联结票据所形成的组合。人们一般将摩根大通银行于 1997 年所发行的指数资产证券信托产品(broad index securitized trust offering,BISTRO)看作第一款合成担保债务凭证。

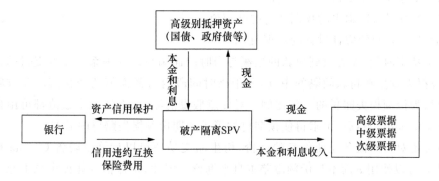

图 15-6　合成担保债务凭证的结构

资产负债担保债务凭证指的是为了把资产从发行人的资产负债表中移除,从而转移信用风险和利率风险,最终实现资本充足率的提高而发行的证券。它的来源大多为自身持有可证券化资产的机构,如银行等。套利担保债务凭证则大多由基金公司与投资银行所发行,其先从市场上购入高收益债券或结构型债务工具,并经过证券化处理,然后将资产包以较低的收益率卖出,从中获取买卖利差收益。

合成担保债务凭证定价

假设债券组合中所有债券的违约时间是相互独立的。定义 $Q(t)$ 为某一债券到 t 时刻违约的概率。变量 α_L、α_H 分别为附着点和分离点。基于单因子高斯 Copula 的违约时间模型是市场上对担保债务凭证份额进行定价的标准模型。

$$Q(t \mid F) = N\left\{\frac{N^{-1}[Q(t)] - \sqrt{\rho}F}{\sqrt{1-\rho}}\right\} \tag{15-1}$$

其中,$Q(t|F)$ 为基于因子 F,第 i 个实体到 t 时刻违约的条件概率。在计算 $Q(t|F)$ 时,通常假设风险为常数。假设风险率为 λ,则:

$$Q(t) = 1 - e^{-\lambda t} \tag{15-2}$$

根据二项分布的性质,基于因子 F,到 t 时刻,恰好有 k 个实体违约的条件概率为:

$$P(k, T \mid F) = \frac{n!}{(n-k)!k!}Q(t \mid F)^k[1 - Q(t \mid F)]^{n-k} \tag{15-3}$$

定义 $n_L = \dfrac{\alpha_L n}{1-R}$ 和 $n_H = \dfrac{\alpha_H n}{1-R}$。

其中，R 为回收率（假设为常数）。同时定义 $m(x)$ 为比 x 大的最小整数。此份额在违约个数 k 小于 $m(n_L)$ 时不受损失；在 k 大于或等于 $m(n_H)$ 时，全部损失；在其他情况下，份额在 t 时刻的面值占初始面值的比率为 $\dfrac{\alpha_H - k(1-R)/n}{\alpha_H - \alpha_L}$。

这一结果可以和前面的三个式子结合起来，计算基于因子 F 的任意时刻的份额面值的条件期望。然后，我们可以对 F 进行积分，以求得份额面值的期望。这一积分通常采用高斯积分法来完成。

通常，我们假设违约发生在两次付款时间间隔的中点上。同时，我们需要知道以下变量：

（1）A 方收到预期付款的贴现值；
（2）A 方对份额损失的预期偿付的贴现值；
（3）A 方收到的应计付款的贴现值。

在某特定时刻，A 方收到付款的数额与当时的面额呈线性关系。A 方支付的损失赔付（假设损失发生在付款间隔的中点）等于该时间段内份额面值的变化值。A 方收到的应计付款为份额损失赔付的一定比例。对任意假设的溢差，上述三个数值都可由份额面值的期望值求出。然后，可求得使预期付款等于预期份额损失赔付的溢差。

由市场对担保债务凭证份额的询价，衍生品交易商可以计算出隐含 Copula 相关系数 ρ，然后可以使用 ρ 而不是份额溢差本身来询价。因此，担保债务凭证市场上也存在相关性微笑现象，这类似于期权市场上的波动率微笑现象。

组建担保债务凭证通常分为两个步骤：首先，SPV 从银行那里取得含有现金流量的资产组合，组合内可包含企业贷款、商业不动产债券以及抵押支持债券等资产；然后，SPV 按照不同投资者的风险偏好，对这些资产进行重新分割与组合，并设计出不同档次风险收益特征的资产，最终通过私募或公开发行的方式将固定收益证券或受益凭证销售给投资者。二次抵押债务凭证是从初次证券化证券的现金流中获得收益的。

担保债务凭证的结构

较为典型的担保债务凭证一般包含 5—7 个层次，不同的担保债务层具有不同的本息偿付顺序及信用等级。本息偿付顺序第一的层级其评级往往为 AAA 级，称作高级层；而最后一层一般无评级，大多由发行人自行购回，起到了以该层的信用来支撑其他层级信用的作用，因其具有权益的性质，所以也称作权益性层。

一般情况下，商业银行和保险公司大多选择持有低风险的高级层及部分中间层，投资银行和对冲基金则会选择投资于高收益率的权益层及部分中间层。在普通的担保债务凭证中，高级层占 70%—80%，中间层占 5%—15%，权益层占 2%—15%。

练习题

一、选择题

1. 资产证券化的发起人进行资产证券化的理由不包括下列哪项？（　　）
   A. 融资多元化　　　　　　　　B. 收入来源
   C. 风险转移　　　　　　　　　D. 资产组合多样化

2. 下列哪项不是吸引投资人参与信用资产证券化交易的原因？（　　）
   A. 投资者获得大量高评级、高收益的投资机会
   B. 投资者为了优化其资产结构，分散风险
   C. 证券化产品的投资省掉其进行尽职调查的成本
   D. 投资监管部门或客户的投资要求

3. 资产证券化时需要考虑的主要因素不包括下列哪项？（　　）
   A. 资产池的资产结构　　　　　B. SPV与发起人的关系
   C. 投资人的风险承受能力　　　D. SPV的设置地区

4. 下列关于反向问询资产证券化机制错误的是哪项？（　　）
   A. 发起人和SPV的风险偏好很大程度上决定了证券化的结构
   B. 投资者决定了特定证券化产品的信用水平、利差等
   C. 设计出的证券化往往是合成证券化
   D. 分块更多，每个分块的真实风险水平更难以确定

5. 下列哪项关于担保债务凭证的说法是错位的？（　　）
   A. 担保债务凭证往往比资产担保债券更安全
   B. 它更容易满足投资者对投资收益的偏好需求
   C. 合成担保债务凭证需要基础资产原始所有人向SPV支付保险费用
   D. 银行发行资产负债担保债务凭证的目的主要是提高资本充足率

二、简述题

1. 2007—2008年金融危机前的证券化市场为何能够快速发展？
2. 简述资产证券化时设置SPV的重要性和目的。
3. 资产担保债券与抵押支持债券相比有哪些不同？
4. 组建担保债务凭证的步骤是怎样的？

第 16 章 资产证券化风险管理

16.1 识别证券化风险

本部分讨论证券化中的风险识别。我们将确定并区分与证券化相关的主要风险类型——信用风险、结构化风险和法律风险,并讨论各种风险在证券化产品的交易中与各方的关系。对风险的识别是下一部分中量化证券化产品风险的基础。与证券化相关的风险会因证券化结构的不同而表现出不同的特征,但仍然存在一般化的方法来对证券化产品的风险进行分析。

16.1.1 基本风险类型

在风险管理中,金融机构(例如银行)通常暴露于信用风险、市场风险和操作风险,而证券化产品交易面对的主要风险是信用风险,其他金融风险因证券化产品的结构不同而有不同的影响程度,我们将证券化产品中的市场风险、流动性风险和操作风险结合成结构化风险。除此之外,法律对证券化的影响非常重要,所以我们也关注法律风险。表 16-1 展示了与证券化产品构建和交易相关的关键风险。

表 16-1 证券化的关键风险总览

信用风险	结构化风险			法律风险
	市场风险	流动性风险	操作风险	
来源 　应收款资产池 　各交易参与方 缓释 　信用增信 风险分布 　分块	利率风险 再投资风险 基础风险 汇率风险	资产负债表流动性风险 预付风险 市场流动性风险 　一级市场 　二级市场	中介代理风险	通用处置 商业法 税法 监管法规 索取权的保护 公司法 破产法 民法 数据可获得性 数据保护 银行保密性

信用风险来自支付义务未完成或延误的风险。证券化交易中所有的支付都承受着信用风险,这可能来自债务人也可能来自发起人或资产托管机构。来自应收款债务人的信用风险可以分散到众多投资中,这也是证券化产品产生的一个原因,但这只是缓释而不是消除债务人的信用风险。

证券化中的结构化风险包括市场风险、流动性风险和操作风险。证券化中的基本市场风险包括利率风险和汇率风险。这些风险产生的原因可能是不同的支付利率安排,或者资产池应收款的收入度量货币与证券发行货币的不同。证券化交易的流动性风险涉及两个方面:一个是收入资金流和支出资金流在时间上的不匹配,这也叫资产负债表流动性风险,这一不匹配常常是由债务人的提前支付引起的;另一个是市场流动性风险,当证券在一级市场上发行和在二级市场上交易的时候会发生。最后,大多数证券化产品的参与方都会带来代理风险,这是一种操作风险。个体可能会利用其在整个交易过程中的优势来伤害投资人。

证券化的结构是复杂的,通常要求广泛、细致的协议条款。法律风险正是由于在证券化条款和个体索取权保障上的不确定性引起的。另外,与数据保护和银行隐私有关的问题也会带来法律风险。

16.1.2 信用风险

从风险管理的角度,信用风险来源的重要性不如信用增信和风险在投资人之间的分布,本部分将介绍信用风险的这三个相关问题。

1. 信用风险的来源

信用风险是因资产池应收款的债务人以及交易各方产生的。资产池应收款的债务人有可能无法按照债务合同准时支付利息或本金,甚至可能破产违约。结构化并转移资产池的信用风险是证券化交易的主要动机,所以资产池的信用风险通常是证券化交易风险管理的核心。然而证券化牵涉到大量的其他支付资金流,它们也会导致信用风险。这些支付资金流包括:支付中介到投资人,SPV 到服务商,服务商到支付中介和信用增信机构等。所有这些支付资金流都可能因为某一方未按合同实现而导致违约风险。但是这些信用风险都不如资产池的应收款信用风险显著。

2. 信用增信

在将风险分散给投资者之前,证券化中的信用风险一般会使用增信措施来降低风险。信用增信不一定来自资产池,也可以来自其他的增信提供者。资产池的信用增信有超额抵押(overcollateralization)、超额利差(excess spread)和回购协议(repurchase agreement)。超额抵押是指转移给 SPV 的资产名义价值高于卖给投资者的证券价值。超过的利息和本金支付收入可用来抵偿出现的信用违约。一旦交易完成,不需要的收入需退还给发起人。差额利差指在投资人和其他相关利益方的利益都得到满足之后剩下的部分。例如,由于分散化效应,债务支付的利息有可能会超过支付给投资人的总利息。如有必要,超额利差可以用于应对出现的信用风险。回购条款为发起人提供了一个限制资产池信用风险的方法。此类协议中,规定发起人可以按面值回购相关的应收账款,这可以抵消信用风险,成为证券化的增信措施。回购条款通常只针对资产池中的部分资产。

来自增信机构的增信措施一般包括通用担保(信用证等)、保证金(现金存款、金融抵押等)和信用保险(金融担保信用、资产池保险等)。这些增信也可以由发起人来提供。在一个通用担保中,信用增信补偿不超过一定量的信用风险损失额。与回购条款不同的是,通用担保一般不允许在证券化后替换资产池中的资产。保证金增信是通过担保协定为SPV提供现金存款或者其他金融抵押工具来降低信用风险的手段,当出现信用损失的时候可以用来进行补偿。保证金所使用的资产一般都具有较高的信用评级和较高的流动性。信用保险是缓释信用风险的一个成熟工具,它可以为资产池的所有资产提供保险,也可以为某个特别的分块提供保险。

3. 风险分布

信用风险在各个参与方之间的分布有两种方式:一种是通过交易证券化的基础资产,另一种是通过合成证券化的信用衍生品。后者与单独使用信用衍生品来处理信用风险的原理没有太大的不同,这里主要介绍第一种方式。通过分级原理来实现风险分布是将资产池分为至少两个分块,分别有不同的权限获得来自资产池的收入,优先级分块与次级分块相比享有优先索取权,在遭受信用损失时,次级分块的收入先拿来填补损失。显然,优先级的信用风险较低,因为它们直到次级分块无法填补损失时才会遭受信用风险损失。在证券化中,第一个承担信用风险损失的分块通常称为第一损失层(first-loss piece),它是一个特殊的层级,而且它不一定是次级分块,也可能是上述增信措施的提供者。第一损失层往往被发行人回购,这时对发行人的信用风险管理就需要考虑这一因素。

证券化的信用风险分布在时间上并不一定是一成不变的,可以表现出波动性。例如,一旦结清权(clear-up call)被同意,发行人就有选择在某些预先确定的条件下回购分块的权利。这一选择权使证券化产品在交易之后还有可能将信用风险转回发起人。

16.1.3 结构化风险

即便是债务人等证券化参与各方都遵守了他们的支付义务,结构化风险仍然可能导致证券化交易中的支付问题。这些问题可能源自市场风险、流动性风险和操作风险,它们是由证券化交易的结构问题引起的,所以叫结构化风险。

1. 市场风险

与市场相关的风险包括利率风险和汇率风险。SPV的一个收入来源是协议规定的由债务人支付的利息收入,与基本利率对照,它们可以是固定利率也可以是变动利率。同样的情况也出现在SPV向投资人支付利息时。与利率风险相关的情况有四类:① 基于固定利率的利息收入和支出。只要再融资在到期日上是匹配的,基础利率的变化就不会构成SPV的支付风险。当到期日不匹配时,再投资风险就会出现,风险的大小依赖于利率期限结构。② 利息收入是固定的,而利息支出是变动的。如果参考利率增加,有可能导致 SPV 的收入不足以用于利息支出。③ 利息收入是变动的,而利息支出是固定的。如果基础利率下降,则存在 SPV 的收入不足以支付利息支出的风险。④ 利息收入和利息支出都是变动的。如果利息收入和利息支出与不同的基准利率相关联,则存在不同变化方向引起的风险。外汇风险的情形与利率风险的第④项比较相像,当利息收入和利息支出与不同的货币关联时,汇率波动就可能给某方带来支付的不确定性。

这些市场风险可以使用利率和货币衍生品来进行对冲,所以证券化交易除了管理信用风险外,还需要关注市场风险的对冲。

2. 流动性风险

正如本章开始所述,证券化交易中的流动性风险中有些与资产负债表相关,有些与市场相关。当 SPV 的收入与支出在时间上不匹配时就会发生资产平衡表的流动性风险。这种风险可以通过在构建证券化产品时建立清晰的支付和收入安排得以避免。流动性风险也可能因市场或信用风险引起的支付延迟而产生。收入会承受提前支付风险、信用风险和市场风险。提前支付是指债务人利用既有协议的权利提前支付本金或利息,这可能减少 SPV 的利息收入,并导致其收入不足以支付支出。证券化收入也会因资产池结构的变化而导致与预期不一致的情况。这种风险依赖于具体的证券化结构,其测度包括事后应收款替换和资产池补充等。后者是循环债务池和商业票据支持证券经常出现的情况。

为了规避资产负债表的流动性风险,证券化的支付结构需要设置各种机制,因为循序支出是建立在收入的基础之上的。像信用风险一样,流动性风险也可以通过分散给投资者和其他参与者而得到限制。同时,也可以使支付资金流与投资者的特殊需要相一致。管理此类风险的方法较多而且在不断变化,但是大多具有相似的机制,例如,资金流的管理(直接转移还是支付转移),利息安排和支付协议(按比例、顺序支付,定向的、计划的、连续的或一次性支付等),提前摊销标准的定义,流动性便利工具的使用,等等。

在直接转移结构中,来自资产池的利率和本金直接传递给投资者,这使投资者可能面临提前支付的风险。在支付转移结构中,支付资金流的时间是被积极管理的,因而导致流动性风险被极大地降低了。支付转移可以建立在各种利率和本金支付协议的基础之上。在按比例支付安排中,收入现金流按比例分配给不同的分块,然而支付的顺序是先支付给优先分块,后支付给次级分块。分期支付依赖于资产池应收款的实际支付现金流(目标支付),而与计划支付没有关系。支付的方式涉及是连续的分期摊销还是在到期日一次性支付。

从投资者的角度避免流动性风险的另一个机制是使用提前支付规定。该机制下,约定标准(例如提前支付利息的提高或循环贷款的终结等)的完成情况促发证券的早期摊销,以便于保护投资人免于可预期的风险。提前摊销不限于流动性风险,也可以用于信用风险和市场风险。

短期应收款的流动性风险更大,例如商业票据支持证券,这时可以使用流动便利来确保投资人的收益。

市场流动性风险的产生是由市场问题而导致的,比如并不是所有的证券都可以在一级市场上交易,否则会使发行该证券的 SPV 出现流动性短缺。流动性便利工具可以用于冲销市场的干扰,以对冲这类风险。然而投资者面临的市场流动性风险可能是因为他们不能在一定的时间以期望的价格出售其证券,这种情况会迫使投资者转为购买并持有的投资策略。

3. 操作风险

证券化的一般化操作风险是指证券化交易中涉及的与多个参与方之间的大量协议相关的代理中介风险,以及各方之间由于信息不对称导致的中介风险。SPV雇用多个机构但是却无法直接监督其行为,这使得代理者有机会只顾自己的利益而伤害SPV和投资者的利益。如果中介掌握着特定信息(如服务者掌握着违约信息)并且不让委托方知晓,那么代理风险(中介风险)就会变得更加严重。潜在代理风险的产生可能有以下这些原因:① 发起人放弃选择应收款时所定的标准;② 服务者没能及时报告失败;③ 刻意为证券化购买保险,服务者缺乏准时收集应收款的动力;④ 对信托中介监控不充分,导致其违反支付安排;⑤ 试图对评级机构施加影响;⑥ 证券设计者和承销机构只顾最大化其收入而过度使用资金。在证券化构建和实施风险监控时都要注意避免代理风险。

16.1.4 法律风险

这里所讲的法律风险不是特定监管法规的风险,在现行的法律框架下,相关法律和监管措施都在过渡阶段,因而本部分所讲的法律风险是与法律和监管相关的一般风险。在证券化产品构建阶段,发起人需要解决大量法律问题以便确保其符合相关法律的要求。这些要求可能来自商业法、监管法和税法,另外民法和公司法也可能有些要求。如果债务人、发起人或其他某方在证券化交易期间申请破产,则有必要确保其他方行使债券强制执行的权力。此时,要解决大量与公司法、破产法,甚至民法相关的问题。尽量在证券交易的早期阶段将这些问题解决掉可以增加对未来潜在风险的认识。其他的法律风险还涉及银行隐私信息、数据保护和信息披露以及审计要求,因为信息的可获得性是确保有意义和有效的风险管理的基本要求,所以这些风险必须处理好。

在证券化交易中,有必要考察在现有法律和监管环境下所有这些潜在的法律风险。如果证券化交易是跨境的,相关的法律问题还需考虑进来,这对证券化产品的构建有更多的要求。

1. 一般处理办法

在决定证券化资产时,发起人旨在转移风险,且在真实销售应收款时,应收款的所有人是 SPV。这个目标的实现要靠对各个国家相关法规的了解。在一些国家的商法条款下,将应收款从资产平衡表里移除只有在发起人不会承担与应收款相关的经济风险时才被认可。这意味着在民法下应收款的所有人可以改变,但是在商法下,应收款仍然由发起人所有,SPV转移给发起人的资金作为贷款,而应收款作为担保物。通常,如果初步的或极高的折现率、回购条款、第一损失分块和结清购买权等让发起人暴露于大量的法律风险之下,那么它们也会损害证券化对风险的转移效果。如果一个发起人大量地购买自己的资产结构化证券,也应该受到严格审查。所以,在证券化的早期阶段就一定要向法律专家咨询，以得到解决法律问题的建议。

除了确保法律条款认可应收款移出发起人的资产平衡表，还有必要了解商法是否强令 SPV 购买的应收款还须计入发起人的资产，如果是，那么应收款的风险还是由发起人承担。商法强制合并使得通过证券化降低监管资本的目标无法实现，或者应收款还会被认为是发起人的资产，没有直接分配给投资人，当发起人破产时对投资人的支付就会停止。

从监管层的角度，如果信用资产的转移是被认可的，那么证券化交易会引起监管资本要求的降低。在某些监管法规下，信用风险的部分存留和发起人对资产的回购还会被考虑进来以确定监管资本的数量，这会降低发起人在进行资产证券化时所追求的监管资本降低的愿望。

证券化交易的税收条款方面，收益税、增值税和其他交易税都有重要影响。因为 SPV 经常建立在境外，证券化交易的税收问题非常复杂，所以首先有必要确定交易中各个参与方属于哪个国家，资产、债务、收入、支出和服务等分属于什么业务活动。SPV 的收入和支出通常在证券化构建时都不产生利润，不会交税。然而，如果支付延期，会产生间隔性的利润或延缓支付，这可能带来未预期的税收义务。当应收款出售时，发起人可能有浮盈或浮亏，这也会导致税收问题。

关于增值税相关法规对证券化交易的处理，有必要准确地确定各参与方提供了何种服务，是否应该缴纳增值税，以及增值税是如何计算的。如果发起人提供的服务收取了费用，根据 SPV 所在的地方法规，可能需要缴纳增值税。有些地方的法规认为 SPV 承担风险是对发起人的服务，这可能会使发起人产生增值税。另外，也需考虑发起人和 SPV 是否有权享有税收抵扣，是否可以减少增值税。在真实销售的证券化产品中，如果应收款的销售和相应的抵押物需要缴税，则可能要求缴纳额外的交易税费。

降低证券化交易中的税收风险，可以通过仔细地进行结构化设计以及（如果可能的话）尽早根据法律顾问和税收机构的意见最小化税收成本。

2. 索取权的保障

SPV 或发起人破产会对证券化交易各方的索取权的保障造成很大的风险。关于 SPV，应该采取适当的方法来避免破产，尽可能通过契约条款和选择合适的商业机构法规的模式（例如信托或合伙制）来保证经营的安全。一旦发起人破产，SPV 要能够在破产法和民法条款下及时完整地收集应收款和抵押物。为了避免 SPV 破产，其业务活动应该被限制在购买风险资产及风险资产证券化上。无索求条款可以用于确保仅有投资人可以申请 SPV 破产，或者至少在一定时间内可以这么做。其他保障可以通过无追索权条款来实现，要求其他所有 SPV 的合同方在交易完成前都放弃诉讼请求。而且，SPV 应该与发起人分离开来，实现破产隔离，以保证当发起人破产后 SPV 不受破产的影响。尽管采用了其他措施来完全对冲风险，SPV 仍然还有面临破产风险的可能。

在实务中，SPV 通常建立在第三方国家，人们认为将 SPV 建立在国外的原因有：商业机构破产法规的存在；较低的企业成立费和管理费；优惠的税收政策。除了发起人所在的区域，别的法律专属权是否相关也是证券化风险管理的问题。当应收款来自不同的国家时，我们还要关注：如果发起申请破产，发起人企业所在地的主管法院是否认可应收款的销售？在应收款产生的国家的法律体系中哪些法规是相关的？

在发起人破产的情况下，存在着已经转移给 SPV 的应收款和抵押物被拒绝支付的危险。无论是否要求 SPV 和发起人的资产负债表进行强制合并都存在这种风险。这种情况的发生将导致 SPV 和投资人只能收到部分资产或者延迟收到支付。这种资产被收回的风险往往是由于证券化受多个法律法规的影响。在有些国家，民法或商法并不允许应收款的转移，如果证券化时将应收款转移给 SPV，但当发生破产时商法却将应收款当作发起人的资产，那么一定会给 SPV 和投资人带来损失。其他债权人的索取权也可以导致对应收款转移的限制。

如果破产管理部门引起应收款和抵押物变卖的延迟或支付数额的减少，那么在时间和经济上就存在风险。例如，在相应的收费标准下，破产管理部门会对应收款和抵押物的收集进行扣费，在破产或拍卖过程中，通常没有法律要求监管者遵守一定的截止日期。也有可能出于某种原因还没有完全处置的应收款被破产管理部门提前结束，SPV 和投资者因而失去其期望的利息收入。如果管理部门接受冲销头寸，那么应收款的数量可能会变少。比如，债务人在银行持有储蓄存款和抵押贷款支持建造贷款时，就产生了冲销头寸。当银行破产时，为了保证债务人的索取权，抵押支持的应收款会因存款而减少。如果证券化交易时的支付资金流是以一个银行为支付中介，那么当该银行破产时，可能很难准确地界定哪些资金来自该证券，哪些资金来自其他基金。破产管理部门可能会将这些资金用于满足债权人的索取权，而没有将应得的资金交给 SPV。

有许多原因会导致投资人或 SPV 不能保证其索取权的实现，所以从风险管理的角度，了解法律和契约关系是非常重要的。

3. 信息的可获得性

为了确定证券化交易的应收款资产池，评估相应的风险，以及在债务人破产时获得抵押物，投资者和评级机构要求真实、详细的信息。但是由于信息保护条例，个人信息不能无限制地随意传播。如果发起人受银行业保密要求的限制，在证券化时就不得不遵守相关规定。通常此类风险的缓解办法是获得债务人的允许来使用相关数据。但银行对获得债务人的允许并不是没有顾虑，因为这样做有可能影响其与客户的关系。重要的是在发起人难以承担信息服务的职责时，如何保证信息的获得和传递。

为了使评级机构和投资者可以实时地对风险进行评估，基本的要求是保证相关方可获得充分的和最新的信息，以满足信息披露和审核的要求。在构建证券化产品时，各方必须在数据的交换量和时间等方面制定明确的条款。

16.2 风险测度

本部分我们讨论量化上文提到的各种风险的几种方法。有效的风险管理依赖于风险的量化评估，风险本身的定义和解释也建立在风险可以量化的程度等方面。量化信用风险的方法已经发展到相对复杂的水平，它们的发展也与信用风险组合模型的发展相联系。但是许多风险并不容易被量化。我们主要讨论结构风险和法律风险的量化方法,在讨论结构风险模型时,我们主要应用现金流模型,它可以使我们从整体的角度审视各种风险。由于与证券化相关风险的复杂性,风险管理不应该只局限于单一的量化方法,而是应该使用多种量化方法并适当地使用定性分析。

16.2.1 定义和量化风险

风险的量化通常建立在风险损失分布之上,我们也常用未来某个时间段的期望损失和非期望损失来测度风险。在对任一风险类型的各种量化方法中,风险建模往往关注大量不同的特定方面。信用风险建模集中于资产池的信用风险和这些风险在信用增信机构和不同分块之间的分布。虽然通常的信用风险组合模型可以用于量化资产组合池的风险,但它们并不是为信用风险在各个证券化分块之间的分布而创立的。结构风险建模集中于其他方面,例如风险在时间上的分布和基于不同未来压力场景下的现金流的稳健性。此类模型中最流行的是现金流模型,一定程度上法律风险也包含在其中了。

每个模型量化风险的价值取决于模型本身的准确性和数据的充分性。相对来说,用于建立资产池信用风险的数据较为充分,而法律风险和结构风险的数据更为稀少。风险发生的可能性虽然较小,但是造成的损失往往很大,因而可得的数据并不是很多,以至于会增加量化风险的不确定性。

16.2.2 量化信用风险的方法

本部分介绍量化信用风险的方法。量化信用风险首先需要量化资产池的风险,识别由其他参与方引起的信用风险,然后确定增信机构承担的风险。

1. 信用风险的来源

量化资产池的信用风险与量化一般的信用资产组合的方法没有根本的差异,我们可以借用资产组合信用风险度量技术,即先量化单个资产的信用风险,然后在资产池层面上进行整合。如本书前文所述,单资产的信用风险包含三个要素:违约概率(PD)、违约损失率(LGD)和违约暴露(EAD)。整合资产池的信用风险时,要分析资产之间的相关性,即资产池资产组合的风险分散程度。

资产池的损失分布可以通过解析或数值模拟方法得到。因为计算很复杂,所以在大多数情况下我们并不能求得一个显性分析结果。资产组合的参数(包括相关系数)等可以采用模拟方法来估计,建立在历史数据的基础上,参数可以通过市场导向的分析以及信用级别与历史级别的对比估算出来。可以用来获得损失分布的工具包括本书提及的实用信用资产组合模型——CreditMetrics、Credit Risk+等;模型选择的依据是资产池资产的特征。但是从整体上来看,量化资产池组合信用风险的工具需要不断完善。

由其他证券化参与方导致的信用风险通常没有包含在资产池损失分布的计算之中,

它们是另外单独计算的。许多情况下,各参与方的违约概率是用其企业信用评级来近似替代的,假设的损失率是100%。

2. 增信和分布

现在我们用一个例子来说明信用风险是如何分布到证券化产品的不同分块中的,并说明增信机构承担的信用风险是如何被管理的。

表16-2定义了一个简单证券化分块的分块厚度(tranche thickness),分块厚度反映了该分块内的基础资产占整个资金池名义价值的比例。还需决定当出现损失的时候不同分块承担损失的顺序,即分块的增信水平(credit enhancement level)。增信水平是指资产池里的部分资产,其索取权低于给定的分块。

表 16-2 证券化分块

分块	分块厚度	增信水平
优先级	80%	20%
次级	15%	5%
第一损失块	5%	—

根据每个分块的规模和增信水平,我们可以导出其损失分布。首先确定资产池的损失分布和某个分块损失之间的关系。这样就可以通过确定每个分块的损失价值的概率来计算分块的损失分布。通过分块的损失分布,就可以用期望损失和非期望损失来量化该证券化产品的风险。

上述计算单个分块的损失分布时并没有考虑增信的影响,下面简单讨论几种增信的情况。在过度抵押增信方式中,资产池的名义价值比发行证券的价值高的部分是信用风险减少的数量。证券化中的这两个价值都可以得到可靠的数值。关于额外利差,信用风险的减少量为从资金池得到的利息收入和支付给投资人的利息支出之间的差额。不过,额外利差受市场风险和流动性风险的影响,也与证券化结构的支付安排有关,所以检验额外利差的增信效果需要从多个方面进行考虑。在发起人签有回购条款的情况下,其承担的风险资产的数量应该被严格且清楚地注明。信用证、保证或信用保险等其他信用增信措施也应明确注明其承担的风险。

除了资产池里的信用风险,几乎没有商业工具来量化单个分块和信用增信的信用风险。现有计算模型通常刻画出证券化交易中所有其他资金流和信用风险分布,也会涉及一些结构风险和法律风险。现金流模型常常由参与方构建,适用于特定的个体交易活动。量化信用风险分布涉及关于分块规模和信用增信水平等特别的数据要求,因为这些在证券化过程中都是基本要素,所以通常是可以获得的。

16.2.3 结构风险的量化方法

根据结构风险被量化的能力进行划分,其形态多种多样。虽然市场风险和流动性被量化的难度较低,但度量操作风险却并不容易,很多时候只能进行定性分析。可量化的结构风险主要是用现金流模型来刻画,它使用确定的假设来仿真所有证券化交易期的现金流,包括现金流的结构。通过模拟各种情景,我们可以近似地刻画出损失分布以及整个结构风险。像利率和货币衍生品那样的信用增信措施可以被整合起来,将风险控制在即使极端情况下也不能显著地干扰支付的范围之内。

1. 市场风险

市场风险分为利率风险和货币风险。因为这些风险主要与银行的交易业务相关,超出了证券化的范畴,而且处理这两种风险的模型是现成的,所以我们在这里略过不谈。一般使用随机过程来为利率和汇率的变化过程建模,其结果是现金流模型的输入变量。

2. 流动性风险

对于资产负债表内的流动性风险,现金流模型必须考虑提前支付的问题,这时我们可以使用提前支付率。提前支付率受大量变量的影响。首先,要考虑利率的变化,因为利率的下降会导致债务重新安排的增加。在一定时间的低利率之后,应收款组合会变得对利率变化的敏感度降低,提前支付的比例降低。而且有证据显示,随着贷款期限的增加,提前还款的风险也增加了。债务人的信用级别对提前还款率的影响程度还没有定论。一方面,信用级别低的债务人会努力使贷款尽快具有更好的期限和条件;另一方面,信用评级良好的债务人总是会获得更好的贷款条款,并会有更多的提前还款的好处和动机。使用多变量模型,我们可以将提前还款率表示为这些因素的函数,最后将提前还款率带入现金流模型。

许多实践者对提前支付率做了进一步的简化,假设在某段时间为常数(constant prepayment rate),或者遵守提前确定的形态规则。BMA(bond market association)假设房地产贷款的提前还款率在第一年为0.2%,然后在30个月的期限内按线性增长到6%,更长时间的提前还款率假设为常数。

别的资产负债表流动性风险(例如由资产池结构变化引起的)的处理方式一般是使用不同的折现率来计算期望资金流,而折现率往往是依据历史经验计算得来的。

市场导向的流动性风险常常使用流动性便利工具来缓解。为了量化相关的流动性风险,有必要定义流动性便利工具使用的环境以及可以使用的数量和期限。这些信息有助于决定在现金流模型中预测便利工具使用的概率和使用量的多少。另外,这些信息还可以用来决定这些便利工具的违约概率(往往很低),提供了一个预期损失的指标。

3. 操作风险

现金流模型通常都不能将操作风险考虑进来。因为案例积累得很少,并且证券化产品是相对较新的工具,所以我们通常很难从过去的证券化交易中得到足够多的操作风险数据,无法得出统计学上显著的结果。同样的原因,即使对操作风险一直追溯到基础资产风险因素,产生的价值也非常有限。为了间接量化该类风险,有关证券化各参与方的风险报告,特别是来自外部信用评级机构的报告,可能是最适合的指标。但是严格来说,这些报告里主要是信用风险而不是操作风险,所以还有必要尽可能地从其他渠道获得操作风险的度量指标和数据。

16.2.4 法律风险的量化方法

大多数法律风险都很难被量化,因此对其进行管理需要在证券化设计时就尽量减少风险发生的可能性,尽量结合来自各个渠道的建议。仅有的可以被量化的法律风险是破产清算执行和其他结构中的税收条款。这些能够量化的部分可以纳入现金流模型中。

1. 一般处置办法

税收风险的量化是基于相应税收计算方法而进行的,因而必须为每种特定情况确定税基和税率等信息。例如增值税,服务商得到的服务费、SPV 因承担风险而得到的风险补偿有可能适用于增值税。假设服务费是名义规模的 1%,增值税是 20%,那么服务商的风险暴露就是 20 个基点。关于承担风险产生的税收,我们可以假设税基是由购买价格折价决定的,例如折价为 3%—9%,这可能导致增值税的风险暴露为 60—180 个基点。这种基本的方法也可以用于量化其他税收风险。

2. 索取权的保障

关于当证券化参与各方发生破产时的索取权保障,风险量化需要确定潜在损失的大小和损失出现的时间区间。破产过程常常会产生费用,这可以直接用于风险量化。例如,在按揭贷款证券化中,财产权注册的修改、应收款和抵押物的收集都会产生费用。其他类型的索取权风险就只能使用不太确定的方法或需要做更多的工作才能测量。在抵消风险中,由于债务人有存款在银行,因此其对银行的索取权有可能被抵消。当资产池的应收款数目较小时,如果发起人的数据充分,还比较容易计算抵消情况;当应收账款的数据较大时,就只能进行估算,例如我们可以考察债务人在发起人银行的所有存款与证券化资产池价值的比例。资金延迟风险可以根据两个数量来量化,即支付中介的平均现金流和资金支付延迟的平均时间。当然,这个计算还需要许多假设。

16.3 外部评级

证券化交易涉及大量的风险,这些风险必须用特定的量化方法来测度,因此,风险管理要求对基本风险进行相对高强度的风险评估和监控。本部分介绍外部评级的方式,解释评级的一般含义及其在证券化交易中的功能。评级的基本作用包括信用评估和证券化交易中对风险的实时监控。

16.3.1 外部评级的功能

对于投资者来说,外部评级是对发行人或债务工具信用风险的一种相对测度。从这个意义上讲,信用质量或信用排名指的是及时完整地完成利息和本金支付义务的能力。对证券化的评级通常不是建立在个体借款人或债券发行人信用排名的基础之上。一个特定的评估是项目评估,它通常用于评估商业票据支持证券的信用质量,对此,大多数评级机构采取了对商业票据的特短期评估来度量。

评级机构的评级本身并没有关于风险的数量含义,评级刻度通常提供的是相对而不是绝对的信用质量,这意味着两个评级之间的数量差异扩大为两倍时并不是两个资产之间的信用质量差异扩大为两倍。信用风险的数量表达往往是事后反映,是通过历史违约概率数据计算出的,没有额外的分析,我们不应该根据评级机构对证券化分块的评级来计算期望损失和非期望损失,就连评级机构自己也认为,它们的评级仅仅是使用定量和定性分析的方法给出的信用质量的意见。外部评级也会受到评级机构主观猜测的影响,即便在评级标准和过程完全透明以及信息完全披露的情况下,相同的条件也可产生不同的评级结果。同一个证券也会因不同的评级机构而被评为不同的评级级别。

证券化产品的外部评级与其他金融产品的外部评级在本质上没有什么不同。从投资者的角度,评级的主要功能是对金融产品的独立风险评估。另外,中介机构通过评级对金融产品进行实时的风险监控,有助于投资者进行风险管理。从发行人的角度,评级结果可能为其提供更好的融资条件,因为投资者可能更愿意购买一个评级较高的产品,即使它的利率较低。外部评级对于私下发行的证券产品并不是必需的,因为发行人不会认为评级能给他带来什么正效果。

16.3.2 首次评级

证券化产品的首次评级一般被分为四个步骤:初始阶段、定量分析、定性分析和级别确定。证券化产品的首次评级与其他金融产品评级的差别主要在于定量分析和定性分析。证券化产品的评级一般需要约 3 个月的时间,证券化发行需要考虑这个时间。

1. 初始阶段

证券化发起人或设计者向评级机构提供评级申请就标志着首次评级的开始。评级机构首先检查证券化发行的动机,确定发行人和服务商通常是可以履行其义务的。为此,评级机构也许会检查这些参与方的企业评级等。为了进行定性和定量分析,评级机构也会要求详细的应收款资料和各参与方的信息。初始阶段所需的时间受这些资料提供速度的影响。

2. 定量分析

一旦资产池的信用风险已经被量化,就可以配置证券化分块,它们的信用质量的稳健性需要根据不同的情形在现金流模型中进行反复检验。由于不同的评级机构使用不同的建模原理,同时因为评级的输入变量很多,因此不太可能对那些可能引起系统性差异的环境进行准确的评估。表 16-3 显示了三大评级机构对担保债务凭证进行评级的量化分析的基本结构。

表 16-3 三大评级机构担保债务凭证评级方法对比

	穆迪	惠誉	标普
评级主要对象	期望损失	违约概率	违约概率
资产组合模型	二叉树扩展技术	向量模型	担保债务凭证估值模型
建模角度	资产组合层面	个体应收款层面	个体应收款层面
假设的分布	二叉树分布(违约)	蒙特卡罗仿真(违约、损失)	蒙特卡罗(违约)
仿真期	—	多步	单步
相关性	多样化得分,离散值(静态)	因子模型,矩阵(动态)	历史估计,矩阵(静态)
相关系数值	0.00—0.38	0.06—0.55	0.00—0.30
回收率(美国)	30%—67%	24%—70%	15%—60%
压力测试	期望损失是否低于决定级别的下限	违约概率是否低于级别的下限	违约概率是否低于级别的下限

三大评级机构在担保债务凭证信用评级理念上有明显的不同。穆迪的评级观点是基于期望损失,其计算得分的过程本质上是需要高度分析性的。标普和惠誉将它们评级的基础建立在违约概率之上,而不对可能出现的损失进行明确的陈述。另外,后两者更多地使用仿真过程,用因子模型来计算相关系数,并采用多步仿真。所有模型都面临参数估计的困难,复杂性高,却并不一定产生更准确的风险估算结果。对资产组合资产相关性的微小误差会对证券化分块的形成以及分块风险水平产生很大的影响。

3. 定性分析

定性风险可以从两方面对定量分析进行补充:第一,这类分析应对的不是资产池应收款的信用风险,而是其他证券化参与方的风险;第二,定性分析会将潜在的法律风险等考虑进来。为了规避其他交易各方引起的信用风险,需要对这些风险进行全面的分析。其中,特别强调的是对发行人和服务商的分析,包括实地探访、管理层面谈、调查问卷等。在此过程中,评级机构可以弄清楚许多相关问题,例如企业的战略方向和管理经验、财务稳定性、员工发展的关键情况、相关信用流程等。

所以,定量分析基本上是个缩减的企业评级过程,主要用于重要参与方,即发起人和服务商的信用评级。如果有的话,外部评级可以用于代替其他参与方的信用水平。信用增信方和信托机构的信用水平通常至少要与最好的信用分块的信用评级相当,如果有个并不重要的参与方的信用被降级,证券化协议可以要求把它替换掉。

关于规避法律风险,信用评级机构一般会向法律咨询机构寻求大量意见,了解哪些法律问题在证券化中不能发生,或者如何避免这些问题的发生。如果法律顾问不能确定,例如因为不清楚法律方面的情况,就会对证券评级带来负面影响。如果有些法律风险是可以量化的,那么就可能为此准备风险准备金,而不是寻求法律建议。在某些情况下,该准备金可能超过应收款资金池的期望损失。不同的评级机构对法律风险的评估也许会有较大的差异,比如,按揭贷款抵押直到确定的信用质量恶化出现时才会转移,并不是所有的评级机构都认可按揭贷款抵押。

4. 评级确定和最终阶段

对不同分块的最终级别确定是由几个分析师组成的评级委员会做出的。决定必须充分考虑所收集的全部信息,对量化分析、定性分析做出评价。最终阶段通常在证券化结构完成前3周左右的时间决定,以便在确定证券价格的时候评级可以被考虑进来。然而,在证券化产品完全完成之前,任何证券化结构的变化都可能导致评级的变化。完成阶段还包括草拟所有必需的文件,特别是预售报告,因为它概述了重要的评级分析结果。在此报告中,评级机构试图给予投资者完整全面的风险描述。

16.3.3 实时评级监控

证券化交易的评级实时监控几乎与其他评级监控一样。通常,证券化交易要定期审查,如果有任何与现有评级发生偏离的信号出现,就要做出记录,如果必要的话还要重新进行评级。

为了进行实时监控,服务商和SPV管理者要求定期提供证券化交易发展的数据,然后将这些数据与开始时的评级依据进行对比,例如期望损失、期望违约概率、提前支付率等。另外,评级和其他参与方的行为也要受到监控。因为需要花时间和精力进行数据的收集和分析,监控通常每隔6—12个月执行一次。除了有规律的监控活动,事件促发的审查也是需要的。当一个大型企业申请破产时,评级机构常常会审查该事件在多大程度上影响了该证券的风险;当证券化中的重要参与方发生变化时,也可能促发非常规监控的发生。

如果不得不进行再评级,在首次评级时使用的模型和系统可以再次使用以便减少分析劳动量,新的评级也能更快地做出。

16.3.4 对不同应收款的数据要求

主要的数据要求是个体债务人违约概率和相应的相关关系。通常,我们有四种方法来达到此目的,方法本身决定了对数据的要求。在最简单的情况下,资产池的债务人已经有了外部评级,从该评级可以导出债务人的违约概率估计值。其作为补充的信息可以是:债务人的行业、国家、应收款规模、抵押物数量和评级、货币、利息支付和其他特定信息。具体的数据要求随着不同的评级机构而变化。然而对于零售市场的应收款(包括小型和中型企业),发起人常常有内部评级。此时,评级机构会尝试使用统计分析方法将内部评级转化为其自身的评级尺度,这时内部评级就会成为所要求数据的一部分。如果外部或内部评级都没有,那么评级机构通常会采用一个平均违约概率(特别是对一个有大量小型消费贷款的资产池),它们也会使用特定的模型来量化违约概率(例如,穆迪的KMV私人企业模型)。后来对数据的要求越来越多,这也显著延缓了证券化的进程。

除了要求量化的违约概率,评级机构也会要求对方提供包含支付安排、现金流分布、法律结构文件等信息的准确资料。另外,在监控阶段,及时提供评级跟踪所需的资料也至关重要。

评级机构对不同的应收款有不同的评级方法,也会要求不同的数据。举例来说,评级机构会对住宅和商业房屋按揭贷款支持证券要求诸如年龄、地区等与抵押资产有关的其他信息,或者应收款本身的补充信息,例如准确的支付机构等。评级机构的文件中一般都会有详细的介绍。

最后我们讨论一些关于评级使用的问题。从评级机构的角度来说,一个评级级别(例如 AA 级)应该表示同样的含义,无论评估对象是债务人还是金融工具,所以证券化产品的评级理论上是与企业评级可对比的。当然,证券化评级是发行(项目或工具)评级,而企业评级是发行人评级。评级级别是与违约损失率(LGD)密切相关的,但决定企业的 LGD 与证券化的 LGD 的因素非常不同。企业的 LGD 受抵押物的影响很大,而证券化的 LGD 受证券本身的结构因素(例如分块厚度)的影响更大。

证券化的一个显著的特征是,违约(尤其是评级较高的分块)通常发生在证券快到结束期的时候。然而实证发现企业贷款发生违约的时间大多在贷款发放之后不久。这些现实的情况显然在评级的时候应该予以考虑。如果我们对比证券化产品与企业评级的历史迁移率和违约概率,就会发现与同级别的企业评级相比,2007 年以前证券化评级更加稳定,违约概率较低。但是在市场上交易的一些低于投资级的分块比相对应的企业债券的利差要大很多。当然,以前证券化投资的策略往往是购买并持有,企业债券和证券化的迁移率也许不能直接对比,随着评级机构增加了跟踪评级,证券化的迁移率数据将会更多。

下面我们讨论银行使用外部评级来进行内部风险管理的问题。当银行自己量化证券化的风险时,需要了解其面临的风险的类别。由于证券化的复杂性,工作难度可想而知。关于外部评级的使用,在任何时候我们都需要采取措施限制其不确定性。这些措施有:基于历史数据(提前支付、违约分布、回收率、利率变化)对评级进行压力测试,实时地根据市场价格对头寸进行估值(证券化本身和应收款),使用评级调整和投资人报告来监控证券化交易,审查发起人和服务商的商业模式,审查发起人发行证券化产品的动机,分散证券化投资。

发起人和信用增信者经常有大量的资产头寸却没有外部评级,这时它们不得不建立内部分析和评估系统来评估证券化产品的风险。

16.4 风险管理

建立在上文的基础上,本部分介绍实务导向的证券化风险管理的主要内容。我们立足于证券化特有的风险管理,也关注其与一般信用风险管理的潜在关系。为了管理和控制证券化的风险,有必要确保在证券化操作之前进行充分的准备来最优化风险管理。前面已经介绍了这些准备的具体内容。一旦准备工作就绪,对发起人来说就可以辨识证券化中的风险,尽可能地降低风险;对于投资者来说,在进行投资决策时也应注意风险识别和控制。

证券化执行阶段结束,风险转移给投资者,风险管理集中到证券化交易的实时监控和信息披露上。

16.4.1 满足基本的前提条件

进行证券化交易基本的前提条件包括两个方面:首先,审查与债务人和投资者的关系,确定他们会对证券化和风险管理活动提供支持;其次,证券化的决定要确保与银行(发起人)在各方面的畅通,证券化必要的数据是可以得到的。这两个方面对发起人和投资者的影响有所不同,我们将分别进行讨论。

1. 发起人基本的前提条件

为了进行证券化,发起人要满足一些前提条件。证券化是建立在发起人以为客户服务为导向而产生的应收款基础之上的。风险管理要求在初始阶段确定这些应收款是可以被证券化的,避免在证券化过程中的潜在风险。

发起人需要检查与每种应收款交易相关的法律和结构化的监管政策,例如,是否没有禁止分配条款、是否可以转移抵押物,等等。虽然单个发起人很难对法律和经济环境产生影响,但是通过设计协议和产品,它可以使应收款更容易被证券化。

当评估应收款证券化的能力时,发起人需要考察经济指标,确保应收款资金池证券化交易的经济限制,例如资金池是否为信用风险提供充足的保证金。想要增加其信用资产组合证券化的银行通常将这些标准整合到它们传统的贷款过程中,这样能够检查与贷款人相关的提前还款风险。应收款是否可以证券化的状况会影响贷款的定价,因为可以被证券化的贷款会有较高的流动性前景,能够在资本市场上再融资时享有更多的优惠条件。这种成本优势也会传递给客户,例如可以通过价格计算决定贷款能否被证券化以及在贷款过程中考虑到该计算结果。

除了对实际贷款操作过程的影响,人们越来越认识到证券化对机构的业务政策和风险战略也有影响。在极端的情况下,新的商业交易可以通过证券化进行排他性的再融资,这会对特定资产、产品和消费者群体产生广泛的战略导向意义。

如果没有足够的购买者/投资者,发起人通过证券化实现转移风险和再融资的主要目标,特别是对于次级分块,其风险就会较高,因此需要有更多的投资者参与。投资者进行投资决策时应不受发起人的影响,考虑的是回报与应收款资产的风险。当然,证券化的复杂性和发起人在市场上的声誉也是重要的参考因素。为声誉良好的发起人进行简单的证券化比为声誉不好的发起人进行复杂的证券化显然要容易得多。

为了避免配置风险,应尽可能降低证券化的复杂程度。为此,有经验的发起人常常使用市场上既有的证券化形式。这些证券化形式既可能是特定发起人使用的,也可能是大量的发起人都在使用的。使用既有的证券化形式不仅可以使证券化交易更容易配置,还可以减少结构设计成本,能够使较小的资产组合证券化变得更便利。

发起人在投资市场上的声誉可以通过传统的方式得到提高,例如路演、发行出版物和投资者会议等。在这方面,一个重要的事情是考虑证券化市场上特定投资者的需求,特别是那些风险偏好较高的投资者,他们或许对低评级的分块有兴趣。这些投资者在传统资本市场中通常是被发起人的标准忽略的群体。发起人还需要决定接触投资者是为了一次性的证券化交易还是为了多次的。如果是多次的,则更好的方式是在一个较长的时间区间内设置多个较小的证券,以建立和维持在市场上的存在感。发起人也可以仅仅是发起一个初始证券化,而没有真正证券化的需求,这仅仅是为了使其名字出现在证券化市场上,这是以后的证券化交易所需要的。

证券化只有从总体资本的角度有意义才会被考虑,例如降低资本金或经济资本的要求,提供融资渠道,改善信用资产组合风险/收益关系,为客户提供额外的产品,更多地利用投资机会,等等。对于一个机构来说,不同的部门证券化的动机可能不同,整体的资本分配必须考虑和决定证券化什么时候要与组织的相关部门结合起来。在风险管理时,当一个机构不能很清楚地确定谁负责决定是否实施证券化交易时,麻烦就不远了。例如在一个银行中,缺乏责任明晰的决策者会引起如下一些问题:① 一个业务部门想进行证券化,但这只是对该部门来说是合适的,对整个银行的资产来说却不是必要的;② 一个应收款资产组合从风险/回报的角度来说应该被保留在银行中,但却被证券化交易出去了;③ 资产组合的管理者试图通过证券化降低贷给某个行业的贷款总额,以避免风险集中,但其他业务部门却不知道,而继续向该行业贷出资金。

在证券化时,立足于整个机构的明晰的职责和工作流程有助于解决以上问题。证券化风险管理通常在设计时就要考虑所有潜在方,征询他们的意见。可以采取正式的委员会的形式,也可以采取非正式的方式。这保证了证券化在一个最大可能透明的情况下进行,照顾了整个机构的利益。

没有详尽的数据和专业人才,证券化交易通常不可能完成。特别是当大量的应收款被证券化的时候,对应收款资产组合的计算存储和数据处理就非常关键。评级机构和投资者对数据的需要大大超出风险管理的要求。收集数据,尤其是那些本没有电子化的数据,需要大量的时间。虽然这增加了证券化的成本,但使得人们可以更好地估计应收款资产池的风险,降低再融资成本。需要的主要数据是内部评级和可以用于验证这些评级的违约统计数据。发起人应该为将来可能的证券化准备好数据,经验丰富的证券化市场参与者普遍认为,良好的数据可得性是快速和低成本地实现证券化的关键要素。

在操作实施和风险管理阶段,证券化的相关风险必须由合适的专业人员做详尽的评估。专业人才可以通过聘用专家或内部实践锻炼的方式获得。培训讲座也是很有意义的,因为它可以使员工的知识在快速发展的市场中保持更新。由于证券化的用途广泛,发起人机构应该寻找有效地培养和留住证券化相关人才的方法。当然,没有必要在每个方面都配置精深的自有专业人员,内部员工的知识水平只要能够识别一般的证券化问题和风险,并能够与外部专家进行探讨以及评价外部专家的工作质量就足够了。良好的专业人员配备不仅在结构化阶段要保证,实时监控和交易报告等过程中也必不可少。这经常是一个问题,具有专业知识的人员在结构化设计结束之后就离开了发起人,发起人机构就不再有可以面对证券化风险的人才了。这种情况的发生在那些只雇用外部顾问人员而自身并没有储备人才的发起人机构中更为普遍。

2. 投资者基本的前提条件

当投资于证券化产品时,投资者也应该满足一定的前提条件。如果一个投资者想要大量投资于某证券化产品,他必须确保该产品的市场是容易进入的。在公开交易所交易的证券化产品,投资者可以通过交易所或者大型投资银行。然而,对于非交易所交易的产品,投资者必须充分了解和掌握该市场的相关信息。

对于投资者来说,容易找到购买者可能比容易找到供应者更重要,否则他们就不会因找不到购买者而不得不长期持有,因为证券化的到期日通常较长,会在较长的时间内锁定投资者的资金。当证券化产品二级市场的流动性不强,不能以合理的价格及时卖出头寸时,投资者只能适当地控制证券化的持有。

根据可用资本,投资者需做出战略使用规划以及确定用于证券化的资金比率,另外,对其投资的证券化产品的风险水平要确定目标收益。投资者也需要数据和专业人才来管理证券化投资头寸。因为证券化产品的复杂性以及风险的隐蔽性,投资者如果只依赖于外部评级而不积累自身的专业知识,就很难在证券化投资上取得持续的成功。

16.4.2 执行阶段

在证券化执行阶段没能考虑到的风险会影响到证券化的效果,在整个交易过程中发起人和投资者都会对证券化产品缺乏稳定性预期。为此,发起人在证券化过程中不得不检验并尽可能地控制许多风险,也会请教大量的专家以获得意见。当做具体的投资决策时,投资者需要考虑由内部投资分析部门对证券化进行分析的成本收益,也要审查外部评级质量的可靠性,以决定其是否可以用于决策。

1. 结构化阶段

结构化通常是以一个单独的项目方式开展和实施的,为此发起人必须有专门的部门并确定清晰的职责。结构化团队包括接近市场的设计者和来自资产组合管理的信用专家,以获得组织管理决策层尽可能多的支持。对于银行来说,其他相关部门,例如业务、信息技术、会计、控制、法务等方面的员工对结构化至少都应该有一个基本的理解。如有必要,这些部门的代表都应该被包括进项目组中。项目管理应该建立在一个有详细时间和任务安排的项目计划的基础之上。项目计划确定的不仅包括投资者的配置内容,也包括相关过程的实施和之后控制所需的数据处理。在细化任务计划时,工作人员应该至少调查本章前面部分所提及的各类风险。

时间计划应该根据目标日期回溯确定。目标截止日期由证券化交易的动机所决定,例如,发起人必须因流动性需求而获得融资资金的日期,或者资本要求应该被降低的日期。结构化阶段所需的持续时间依赖于结构化的复杂程度、所需资料的可获得性、投资者的广泛性以及相关参与方的证券化经验。通常,结构化完成的时间为3—6个月。然而,如果证券化发起人是初次进行证券化,所需要的时间可能更长。使用现成的证券化结构可以显著地缩短结构化阶段的时间。

应收款的选择是结构化阶段特别重要的环节,因为应收款的类型将决定其所涉及的风险,影响结构化过程的复杂性和制定的时间。例如,在按揭贷款支持证券中,对按揭贷款进行转化所需要的时间比证券化未抵押贷款的时间要长。在选择应收款的过程中,结构化所需的时间和精力并没有被认为与证券化的优化目标一样重要。例如,比发起人的信用评级更高的应收款被选择的目的是产生再融资的优势,或者这类应收款在市场上可以寻求最高的价格。

为了避免操作风险,有必要清晰地定义应收款的选择标准,并监控是否按此标准进行。在实际售出资产的证券化中,这些通常在应收款卖给 SPV 前的结构化过程中就已经完成了。在合成证券化中,是否遵守标准是在确定的信用事件发生并导致投资者承担损失时才进行检讨的。

证券化阶段的复杂性也由寻求的专家数量决定。组织内有越多的专业人士,证券化就越有效率。然而,小型和中型(银行)机构并不储备结构化方面的专家,它们必须求助于外部的专家顾问。那么,发起人倾向于承担过程管理者的角色,仅仅保证与交易相关的风险被清晰地说明而没有量化和控制风险。所以建议机构在证券化时与外部组织达成合作协议,这些外部组织包括评级机构、法律权威部门,以便能够尽早解决相关问题。

2. 投资者的投资决定

投资者和增信机构使用投资于其他主要市场的标准和通用原则来决定支持还是反对投资于某个还未上市的证券化产品。首先产生的问题是,如果外部评级是存在的,投资者是否还会独立地对证券化产品相关的风险进行分析。正如上文所述,来自外部评级机构的量化风险测度是一种较为有效的解决不确定性问题的方法。这些不确定性对投资者自己来说也可能是无法躲避的。出于对效率的考虑,投资者需要在有较大风险暴露时进行必要的分析。但是对于信用增信者来说,他们往往需要自己进行风险分析。

与其他一级市场的投资不同,证券化常常只有有效流动性的二级市场,这使得纠正错误的投资变得更加困难。相应地,关于是否购买并持有的投资策略是需要审慎决定的,证券化交易应该受到严格的实时监控。

16.4.3 实时监控和信息披露

一旦证券化设计结束并卖给投资者和增信者,每个个体的风险暴露便需整合到实时的风险监控中。证券化的特征可以在单个风险中暴露出来,也可以在整体水平上表现出来。发起人和投资者为风险控制进行内部和外部的风险暴露披露。

1. 风险控制

就像一般的资产,证券化的风险控制也包括风险测度、监控和控制。证券化风险暴露的风险控制必须建立在那些从整个机构层面进行风险管理所用的方法和过程之上。例如,如果所用的方法是规模和效用限制,那么以 VaR 为基础的证券化暴露限制就很难被整合起来。如果银行使用计算信用衍生品价格的方式度量信用风险,那么它们应该用该方法来计算合成证券的风险。原则上,证券化债券的处理方法与企业债券的处理方法不应该有显著的不同。这是为了保证证券化风险暴露的风险管理可以与银行整体的信用资产组合管理整合在一起。

证券化风险暴露也要在日常监管之下,必须符合借贷和信用监控过程。这包括申请、批准、限额、实时和事件促发监控,以及任何强化的措施、不良贷款的重组和处置活动。由于需要证券化专业人士,这些活动往往都由专门设置的部门来完成。然而,仍然有必要确保对各方面的证券化暴露(投资者和发起人)的概略性披露。

风险控制不仅要掌握与个体证券化相关的风险,而且还要掌握不同证券化产品或机构范围内的信用资产组合内的相关关系。当检验相关性时,应更关注基础资产,而不是发起人或 SPV 在证券化中的头寸。例如,在一个 RMBS 证券中,债券的风险更多地取决于房地产和债务人的区域性分布,而不是 SPV 的分布。

2. 报告

由于有大量的参与方,因此很有必要对证券化暴露的发展和表现的最新及完整的信息进行披露。这主要是发起人和投资者所需要的内部和外部报告的信息。首先,发起人和投资者需要应收款资产池发展情况的信息,该信息需要定期或针对某些事件而提供。资产池发展状况的信息应该由发起人或设计者以投资报告的形式发布。

SPV 的业绩表现和整体的证券化交易信息也需报告。如果 SPV 在境外成立,那么信息延误或信息报告不全的情况将难以克服。为了解决该问题,在结构化阶段就要制定并提供关于信息报告的时间和范围的明确条例。

在发起人和投资者的内部报告程序中,证券化的风险头寸应该表述得越清楚越好。证券化报告可以与机构的普通风险报告流程一样处理,也可以采用其他的信用资产组合管理信用风险的方法。如有必要,发起人应该在他们的风险报告里增加一个部分,详尽地陈述新发行的或已发行的证券化产品的信息。

证券化风险暴露的外部报告是在决定监管资本要求和准备年度财务报告的过程中执行的。证券化风险报告机制应该保障信息的及时性、可获得性和服务于上述目标。

3. 发起人面临的特别问题

对于发起人来说,风险管理的特别挑战来自审查保留暴露和监控证券化应收款。保留暴露是指发起人自己购回而没有销售给投资者的分块,这部分资产的风险往往最高、级次往往最低。如果证券化协议规定发起人必须将发生的风险转回到自己身上,那么这样的情况往往会发生。例如,在证券化交易期,违约的应收款被替换,发起人就承担了这部分违约风险。另外,发起人还经常被迫保留第一损失分块,因为该分块的风险高,意味着它要求的价格低,或者不会有投资者愿意购买。

因为证券化的特殊复杂性,存留的次级暴露很难与其他的风险资产进行比较,所以这些暴露更需要严密的风险管理。一种有意义的办法或许是,用量化方法刻画整个资产或应收款资产池的结构,及时评估信用事件是如何影响存留资产的,并采取合适的限制性措施。通常来说,这些都可以通过在结构化设计中使用信用资产组合或者现金流模型予以解决。

为了规避代理(中介)风险,对保留暴露的风险管理进行实时监控时,应该确保实时监控不能由配置和执行结构化的同一组织单元来完成。这类似于通常的市场与前台分离的风险控制组织设计。

实时的证券化应收款监控是证券化交易期间最重要的活动。原则上，证券化和非证券化的实时监控并没有太大的不同。当资产池的债务人违约时，应收款和抵押物有可能按法律被强制取走，证券化应收款问题就可能产生。在真实售出资产的证券化中，应收款不是服务商的资产（无论是不是发起人），则取走资产就是为了 SPV 的利益，而不是为了服务商的利益。为了避免法律问题，有必要将应收款转回给服务商或发起人。

证券化交易的成果非常依赖于服务商在监控和利益实现过程中的成功。如果发起人进行服务商活动，同时保留次级暴露，则其就有强烈的动机为自己的利益而使证券化顺利完成。这可能促使发起人在出现损失时隐藏信息，或者为了保持信用评级而冲销损失。这可以被解释为隐性支持从而成为操作风险。

练习题

一、选择题

1. 下列选项中，资产证券化不常使用的信用增信措施是哪项？（　　）
   A. 超额抵押　　　B. 超额利差　　　C. 回购协议　　　D. 机构担保
2. 证券化交易面临多重风险，下列说法错误的是哪项？（　　）
   A. 证券化交易中，所有各方都承受着信用风险
   B. 资产池现金流的实际价值受利率的影响，使投资人承受着利率风险
   C. 如果 SPV 建立者离岸，则投资者有可能承受汇率风险
   D. 通过信用增信措施只能部分降低投资人承担的信用风险
3. 在资产证券化中，对于发起人来说，风险管理的特别挑战来自哪里？（　　）
   A. 审查保留暴露　　　　　　　B. 证券化资产的现金流
   C. 次级分块的风险　　　　　　D. 规避代理风险
4. 证券化的法律风险是由于法律无法保障资产和参与方的协议条款而出现的风险，不包括下列哪项？（　　）
   A. 在某些国家，并不允许风险资产从资产平衡表中移出去
   B. 法律强制发起人购买自己资产结构化的证券
   C. 不同法律体制下的税率差异
   D. 违约时协议规定的索取权顺序与破产法的规定不一致

二、简述题

1. 证券化产品交易中会面对哪些结构化风险？
2. 证券化产品的首次评级分为哪几个步骤？
3. 在使用外部评级时，可采取哪些措施限制其不确定性？

第5部分

案例应用

第 17 章 次贷危机

次贷危机也就是次级房贷危机,2006 年春在美国初现端倪,2007 年 2 月集中爆发。在这次危机中,房价大幅下跌引起大量房贷违约和相关证券贬值,并进一步导致次级抵押贷款机构破产、投资基金关闭、股市剧烈震荡。次贷危机带着巨大的破坏性迅速席卷美国、欧盟和日本等世界主要金融市场,使全球经济都出现了一定程度的衰退,因而深入全面地了解次贷危机也成了学术界和业界的重要任务。本章将详细地介绍次贷危机的发展过程,从各个角度分析次贷危机发生的原因,并从此次危机中找到值得我们借鉴的经验和教训。

17.1 次贷危机的产生过程

自 20 世纪 90 年代以来,信息技术革命推动了美国经济的高速增长,直到 2001 年互联网泡沫破灭,美国经济开始出现衰退。政府为刺激经济增长采取了扩张性的货币政策,在之后的 5 年内先后 17 次降息。政府对购买住房的鼓励、存款利率的下降等因素极大地刺激了房地产市场,使住房价格攀升。在逐年递减的利率使购房成本降低的同时,房价的上升也让投机者看到了获利的空间。人们购买住房的热情有增无减,银行顺势发行了大量住房抵押贷款,并不断放松贷款条件来增加贷款额,住房抵押债务急剧攀升并在后来失去了控制。

在住房抵押贷款中,信用风险较高的次级抵押贷款成为此次金融危机的重要风险源。所谓次级抵押贷款,是贷款银行或机构向信用条件和还款能力都相对较差的客户提供的贷款。次级贷款的发放是以房价的继续攀升而非借款人的还款能力为基础的。购房者坚信只要房价持续攀升,在当时的利率环境下,购房就是一笔很合适的投资;而贷款机构则认为即使借款人的还款能力再差,有房屋作为抵押,目前繁荣的住房市场也可让其通过变卖住房来回收本金。这样的循环又进一步推进了房价的持续上涨。

为了增加流动性,银行将住房抵押贷款资产证券化,出售抵押支持债券和担保债务凭证。投资银行和保险公司等金融机构为较高的收益率和贷款机构的信用水平所吸引,相继进入该市场。在该过程中,贷款机构通过包装捆绑来使已有的资产证券化,用购房人的月供和本金还款作为现金流支付卖出的抵押贷款证券和担保债务凭证。而抵押贷款证券和担保债务凭证卖出的收入则再次作为贷款提供给次级贷款人。银行流动性的增加在把风险分散给其他非贷款机构的同时,也进一步增加了住房市场的需求,房价进一步攀升。

自2004年中旬起,美联储结束了长达三年半的连续降息,开始了连续17次提息。随着利息率的升高,对次级贷款的购房者而言,通过再融资来支付之前的购房贷款变得越来越困难。然而投资者和购房者的热情并没有第一时间被抑制。直到2006年8月,随着新房价格中位数较年初下降了3个百分点,逐渐有媒体和经济学者发表声明表示房市的崩溃可能已经临近。Barron杂志更是预测在未来三年内,房价将下跌30%左右。

在美国的次级贷款中,大部分贷款合同同时含有固定利息和浮动利息,即在合同初期(两年左右)贷款者需按固定利息支付贷款利息;随后,贷款者需按市场利率支付房贷利息。在高利率的影响下,房价由于需求的降低而开始下跌。对贷款者而言,在房价下跌和利率上涨的双重压力下,次级贷款者还款能力差的风险逐渐显现出来。2007年,美国房地产泡沫破灭,住房价格暴跌导致次级住房抵押贷款的违约概率不断上升,房屋止赎率也不断提高,次贷危机由此发生。与此同时,市场上由次级贷款证券化所产生的证券的价值大幅下跌。来自全球的投资者也因此遭受严重的损失。随后,危机蔓延到优质贷款领域,整个住房抵押贷款市场出现大量违约,房地产价格进一步下跌。全球股市因为美国次级房屋信贷的危机而大幅波动,股票价格大幅下跌。金融领域的危机进一步影响到实体经济,造成了一场系统性的金融危机。

17.2 次贷危机的原因

产生次贷危机的原因错综复杂,为了更加清晰地讲述其产生的原因,本部分将分别从宏观环境、次级抵押贷款涉及的相关主体因素以及次级贷款相关评级和监管因素这三个方面进行论述。

17.2.1 宏观环境因素

从宏观环境因素的角度分析次贷危机产生的原因,涉及利率政策、政府政策、消费文化、投机者这四个方面。

1. 利率政策:危机的起点

为了应对IT泡沫破灭和"9·11"事件带来的经济低迷,美联储采取低利率政策刺激经济,联邦基金利率从2001年1月的6.5%降到2003年6月的仅1%,且低利率政策一直持续到2004年6月。时任美联储主席的格林斯潘也在2007年表示房价泡沫从根源上来讲是由长期实际利率的下降导致的。低利率条件下,居民消费不断增加,储蓄率随之下降,且由于借贷成本下降,借款人负担减轻,消费者的借款消费行为受到了极大的刺激。加上住房抵押贷款的初期偿付较低且银行发放贷款的标准被不断放松,2002—2004年间,次级贷款总量急剧膨胀,新增贷款的年增长率超过60%。

宽松的货币政策带来了较为严重的通货膨胀,2004年6月30日,在巨大的通货膨胀压力下,美联储开始上调利率以控制通货膨胀率,到2006年6月29日,利率上升到5.25%。在经过了三年的低利率政策后,美联储又紧锣密鼓地采取了加息政策,短短两年内,联邦基金利率上升了4.25%。

2002年发放的大量次级贷款在2004—2006年逐渐进入大额还款期,然而这两年内利率水平逐渐上升,住房抵押贷款的后续还款压力骤然增大,还款资质本就相对较差的次贷借款人面临着双重困境,利率上升、月供不断增加、无力偿还贷款的同时又很难将房屋出售出去或通过抵押获得融资,银行次贷违约概率上升,信用风险不断飙升。

2. 政府政策:鼓励房地产

克林顿总统上台后采取了一系列房地产金融政策来鼓励居民购买房产,想要以此实现"居者有其屋"的目标,让无力购买住房的消费者也能有房子住。1995年,企业开始接受政府赞助的奖金,用以购买住房抵押贷款证券,该证券中包括了次级抵押贷款。到了布什政府时期,增加居民拥有的房产数量依旧是政府的一项目标。有证据表明,联邦政府的政策有意地向住房抵押贷款倾斜,以此来降低借贷标准,增加房地产抵押贷款的数量,其中,在住房抵押贷款业中扮演重要角色的房利美和房地美都是政府赞助的企业。而且,美国住房及城市发展部采取的住房抵押贷款政策助长了风险贷款发放这一趋势。

次级抵押贷款发放率在1994—2003年间每年基本保持25%的增长,这造成了在短短9年间次级贷款总数近10倍的增加。到2008年,政府赞助的企业通过房屋抵押贷款汇集拥有的房贷总额大约为5.1兆美元,其中约一半是未清账款。而且,政府赞助的企业在利润的驱使下尽可能多地购买高风险的住房抵押贷款证券,其中包含众多高信用风险的次级抵押贷款,加上这些企业的高杠杆比率,其资产净值截至2008年6月30日只有1140亿美元。

政府政策对房地产市场的鼓励和对住房抵押贷款的倾斜一定程度上助长了房地产泡沫和住房抵押贷款的过度发放。在政府政策的支持,尤其是经济补助政策的支持下,贷款人的条件审核被大幅放宽。这使得贷款机构在获取短期利益的同时吸收了大量的风险。尤其是在次级贷款市场,次级贷款人借助不断上升的房价取得了大量贷款。而很多借款人也为高额的利率和对房市过高的预期所蒙蔽,忘记了次级贷款人偿付能力低的特点。政府的行为同时也给市场提供了不良的政策导向,加大了整个房地产市场的信用风险,并为后来的次贷危机埋下了隐患。

3. 消费文化:先买后付

美国的低储蓄率长期以来一直存在且仍在不断下降,与中国的高储蓄率相比,美国人民对未来较为乐观,因而一直热衷于提前消费。高消费、低储蓄不仅是美国的一种经济现象,更是美国人民特殊的社会文化特征。一方面,美国的经济发展迅速,GDP等各项经济发展指标增速较快,构成国民经济总产值之一的消费水平也相对较高;另一方面,美国的消费信贷发展水平较高,且美国人民对提前消费或"先买后付"的消费观较为认同,这种消费文化对美国信用体系的建设和完善也起到了很大的推动作用,但是也带来了普遍的低储蓄率。

在这样的社会消费环境下,大部分的美国人都通过在银行借入住房抵押贷款来购买房产,就算是经济状况相对较差、收入水平较低的低资质借款人,也会选择去银行申请住房抵押贷款。居民多采取借款消费而存款较少,一旦经济环境中出现使得偿付能力下降的负面因素,其就将面临剧增的还款压力,且没有较多的存款来为经济状况提供缓冲,这是次贷危机爆发的前提。

而且,这种消费文化也使得2001—2004年低利率政策的效果大打折扣,低利率刺激经济有了一定的增长,但是没有给投资带来足够的推动力,公众将贷款投向了房地产和负债消费上,膨胀的信贷消费和过热的房地产贷款给后来发生的次贷危机埋下了隐患。

4. 投机者:房地产投机

在任何一个市场中,供给和需求都对价格有重大影响。从投资者的角度看,狂热地投机住宅房地产早已被认为是次贷危机的一个促发因素。2006年间,以投资为目的的住房购买约为165万单位,占总住房购买量的22%,而度假用住宅的购买量达到14%,与2005年相比该比重上升了约40%。因此,这一轮房价上涨并不是由购房者的实际居住需求和物价上涨所支持的,而泡沫的出现也在很大程度上与投机者的参与有关;同时,大量真实需要住房的购房者也因房市的火热而购买超过自身经济实力所能支持的住房,房地产价格飙升。从2000年到2006年,美国房地产价格几近翻番,人们对房地产的投资也逐渐成为投机行为。2006年购买投资额下降的现象是预料之中的,美国全国房地产经纪人协会首席经济学家大卫·莱赫在当时指出:"投机者在2006年离开市场,造成投资销售下降,其速度远远超过了主要市场。"当投机的因素逐渐从市场抽离时,房屋的价格也逐渐回归真实价值。但房价下跌所引起的恐慌却让房价和相关证券的价格下跌愈演愈烈。

投机性借贷使得房地产价格虚高,而杠杆化的操作又让购房者凭借有限的经济能力获取了更多的贷款,这些都进一步增加了信用风险。房市的火热不断推动着这一过程,导致房地产抵押贷款市场信用风险逐渐累积,当房地产泡沫幻灭时,信用风险爆发,危机的影响也更加严重。

17.2.2 次级抵押贷款相关主体因素

从次级抵押贷款涉及的相关主体因素这一角度来分析次贷危机产生的原因时,我们主要从基础资产(住房抵押贷款)、抵押支持债券、担保债务凭证和抵押担保债券、信用违约互换这几类贷款来进行。

1. 基础资产——住房抵押贷款对次贷危机的影响

住房抵押贷款是借款人向银行或者其他贷款机构申请贷款时,以自己拥有的房屋作为抵押物,从而获得借款权的一种贷款形式。在该种贷款中,银行和贷款机构的利益保护来自抵押物。当借款方违约或无力偿还贷款时,银行和贷款机构有权取得该房屋的所有权。被抵押的房屋可以是借款人已经拥有的住房,也可以是借款后购买的住房。美国次贷危机的主要危机来源是次级房贷。次级房贷的全称为次级房屋抵押贷款(subprime mortgage loans,简称Subprime或者次贷),是美国金融机构对信用评分较低或信用记录缺失、无法提供或不愿意提供收入证明的群体发放的住房抵押贷款。

根据美国最通用的 FICO 信用评分系统,美国的房地产信贷市场可以根据客户的 FICO 信用分数分为三个级别:① 优质贷款市场(prime market),其贷款对象的信用评分在 660 分以上,此类客户的特点是收入可靠且稳定、债务负担合理,属于优良客户。② ALT-A 贷款市场(alternative A market),其贷款对象的信用评分在 620 分到 660 分之间,相比于优质贷款市场,其客户资质相对低了一些。它既包括信用分数在 620 分到 660 分之间的主流阶层,又包括分数高于 660 分的高信用度客户中的相当一部分人。③ 次级贷款市场(subprime market),其贷款对象的信用评分低于 620 分,此类客户的特点是收入证明缺失并且负债较多。

银行和贷款机构在接受次级贷款时会承受比优质贷款更高的风险,而作为风险的回报,次级贷款的利率相比于优质贷款高出了 2—3 个百分点。次级贷款客户的高风险给银行带来了高收益,加上政府对住房购买的鼓励,银行等贷款人开始逐渐放宽贷款标准,给众多远不符合贷款标准的客户发放了贷款,次贷的信用风险进一步加大。贷款人不仅在贷款业务中考虑高风险的借款人,而且不断提供风险越来越大的贷款选择和借款奖励。这些贷款选择有:①"不查收入、不查工作且不查资产"的抵押贷款;②"只付利息且利率浮动"的抵押贷款,要求业主在最初阶段仅支付利息(而非本金);③"选择性付款"的抵押贷款,这种方式让月付款金额有弹性,但是任何未支付的利息都将纳入本金计算。

按照利率结构,次级抵押贷款可以分为定息抵押次级贷款(简称定息抵押次贷)和调息抵押次级贷款(简称调息抵押次贷)。定息抵押次贷在整个贷款期内利率固定不变;调息抵押次贷的还款期分为初期和调息期两个阶段,初期可以分为 1 年、2 年、3 年、5 年、7 年和 10 年 6 种,采用固定利率,进入调息期后,每月支付额按照贷款合同中协议商定的调息指数加上一个差额,并且每 6 个月或者 12 个月进行一次调整。由于定息抵押次贷使用固定利率,因此其利率决定受长期利率的影响较大,短期利率的波动并不会影响到定息抵押次贷的利率水平。而调息抵押次贷在固定期内使用固定利率,其利率也和长期利率相关,但进入调息期后,其利率将会结合当时的利率水平和市场状况进行调整,受美联储短期利率的影响较大。

调息抵押次贷因其不合理的还款条件和浮动利率而成为次贷危机中信用风险的重要来源。借款资质较差的客户往往对金融市场和经济环境没有足够的认识,并且有着利率不断下降的预期。在他们看来,如果利率不断下降,在进入降息期后其还款成本将会进一步降低。然而事实并非如此。在还款的初期,每月的低额按揭付款额比较固定,到了调息期,还款利息却比普通房贷利息高出 2%—3%,这样的设计使得借款人的还款压力都集中在调息期,一旦利率违背借款人的预期,出现大幅度的上涨,则其将会面临巨大的还款压力。借款人并不了解影响贷款成本的实质因素,而被当前良好的房市和短期的低成本吸引,在购房的同时承担了购房成本在未来大幅上升的风险。

调息抵押次贷的初期只有 2—3 年,而调整期长达 27—28 年。如果是 2004 年购买的房产,经过 2 年的初期便进入 2006 年,而 2006 年时美联储已经大幅度上调利率,调息期内的利率也随之上浮。2004 年开始不断上浮的利率给借款人增加了负担。相比 2004 年初期的基础利率 1%,贷款在 2006 年以 5% 的基础利率进入调息期,对购房者而言,基础利息的付款额提高了4倍。当次贷的借款人越来越难以支撑按揭付款时,其信用风险剧增,次贷的违约概率随之大幅上升,从而使调息抵押次贷成为次贷危机中信用风险的重要来源。

与此同时,为鼓励居民贷款买房,调息抵押次贷中增加了"零首付""无抵押、无担保"的贷款,借款人违约给其自身带来的损失较小,却给银行和其他贷款机构带来了很大的潜在风险。在收益和政策的指引下,放贷机构为吸引更多借款人不断降低贷款门槛,信用风险大大上升。

推动次贷增加的另一个因素是美国的房地产营销经纪商。为赚取尽可能多的佣金或提成,房地产营销经纪商尽力使借款人能够通过贷款公司的审核,大量经纪商在促进次级抵押贷款业务蓬勃发展的同时,也为次级抵押贷款市场积聚了大量潜在风险。

住房抵押贷款是次贷危机中一系列资产证券化和结构化产品的基础资产,是金融衍生品信用风险最根本的来源。随着利率的上升、房价的下跌和信用风险的增大,贷款合同的违约概率不断上升,以其为标的物的证券化产品的价值也随之大幅度下跌。

2. 抵押支持债券对次贷危机的影响

前文提到银行和贷款机构通过贷款合同为购房者提供购房资金助长了房市的火热。但是在贷款储备金的约束下,有限的贷款额并不能支持源源不断的贷款申请。而证券化在为银行提供流动性的同时,也让更多的购房者获得了其所需要的资金。因此,MBS得到了长足的发展。关于MBS,我们在前面的章节已有详细的介绍,在此不再赘述。

资产证券化提高了银行和其他贷款机构资产的流动性,同时也意味着贷款人将信用风险转移给住房抵押支持证券的购买者,即投资者。对投资者来说,住房抵押支持证券是一种能够获得较高收益的证券产品,加上评级机构基于发行人给MBS较高的信用评级,MBS获得了市场的青睐。然而在包装过程中,市场呈现给投资者的是MBS的发行人,即银行和投资机构的信用水平,而非实际现金流的提供者,即购房人的信用水平。而且,因为发行人将信用风险完全转移给了投资者,不用承担任何信用风险,于是尽其所能鼓励降低承保标准来增加贷款数量,从而可以发放更多数量的证券化资产,以获取更多的利润。

2001年,MBS的余额已经达到4 125万亿美元,大约占当年美国市场债券总余额的22.25%,这个数值远远超过当年美国国债、市政债券、企业债以及联邦机构债券、货币市场工具和资产抵押债券(ABS)等单个债券的余额。如果将MBS和ABS的数额合并计算,这两种资产证券化后的可交易证券将会达到28%的占比。到了次贷危机发生之前,MBS的余额已经高达6万亿美元左右,与吉利美、房地美和房利美相关的部分约占70%。

尽管风险逐渐增大已经显而易见了,但是由于吉利美具有美国政府的显性信用支持、房地美和房利美具有美国政府的隐性信用支持,因而在所有的MBS中,得到AAA评级的大约占75%,得到AA评级的大约占10%。然而实际的状况是,2007年第一季度次级贷款的违约概率高达15.75%。2007年第三季度,债券化的次级按揭资产占债券化按揭贷款总资产的比重已经超过41.18%,引起金融危机的也正是这些较低质量的由次级贷款、良级贷款和无级贷款组成的MBS(见图17-1)。

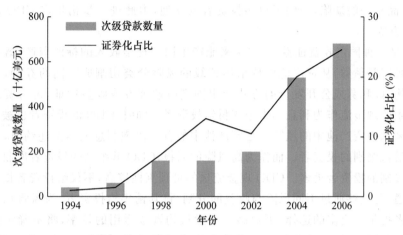

图 17-1　美国次级贷款的增长幅度和证券化占比

由于信用评级较好,在 2003 年之后,由吉利美、房地美和房利美发行的 MBS 和美国国债之间的利差已经由最初的 250 个基点下降到了不足 100 个基点,这引起了更多金融机构的追捧,其中,大量的政府公共基金和对冲基金成为 MBS 的主要投资者。

资产证券化创造出了住房抵押贷款的次级市场,发行住房抵押贷款者不再需要持有贷款至到期日,而可以将贷款在二级市场上自由买卖。但是另一方面,证券的每一次转手都让实际债务人的身份和该证券未来现金流的确定性更加模糊,在证券不断自由流通的过程中信用风险也在不断增加。

在资产证券化的过程中,投资银行往往采用结构性投资工具(structured investment vehicle,简称 SIV)或 SPV,通过它们发放或购入的住房抵押贷款证券,将证券移出银行或其他贷款机构自身的资产负债表项目之外,以此来规避资本要求,这样在增加利润的同时也增大了信用风险。这些融资工具确实达到了规避监管的目的,但是在危机来临时也失去了中央银行的援助,在没有正规金融机构资本要求规范的限制条件下,这些衍生品往往有着更高的杠杆率和更大的信用风险。

3. 信用衍生品——担保债务凭证(CDO)和抵押担保债券(CMO)对次贷危机的影响

信用衍生品自 20 世纪 90 年代以来获得了巨大的发展,它们将信用风险从基础资产的持有者手中分离出来,在市场上通过合理定价后,将风险转移给愿意购买风险并获取收益的投资者,从而发挥风险管理的作用。相比于 MBS,CDO 背后的支撑多来自债务工具,比如高收益的债券(high-yield bonds)、新兴市场企业债或国债,同时还有传统的 ABS、住宅抵押贷款证券化及商用不动产抵押贷款证券化等资产证券化商品。但是,信用衍生品在对冲和分散风险的同时,也是风险的制造者,能够引发和助长更大的风险。在基础资产甚至衍生品被包装后,其特征和现金流的确定性也逐渐被掩盖,使得信息逐渐不透明。

CDO 的出现最早是为了集合高风险企业债的风险,并将其分散给其他投资者。21 世纪初期,CDO 的基础资产仍处于多元化的分散状态,但在 2006 年年末 CDO 市场成长到 1 000 亿美元的同时,其基础资产也被住房抵押贷款占据。与之相似的产品即为 CMO,其基础资产仅为住房抵押贷款。基于次级贷款的 CDO 克服了传统 MBS 的相关性风险、产品单一的缺陷,受到了更多投资者的欢迎,由此进一步衍生出 CDO 的平方和 CDO 的立方等。

CDO 是一种固定收益证券,它将未来能产生固定现金收入的标的资产(既可以是信贷资产也可以是债券)从资产池中依信用评级的风险分类切割成不同的券种,再转给特别目的机构,以私募或公开发行的方式卖出固定收益证券或收益凭证,再将资产池中的资产所产生的现金流作为利息和本金支付给投资者。同时,CDO 的投资者也被分化为不同的等级来承担资产池中的风险。当资产池中的资产出现利息或本金违约时,最先承受损失的是最低级别的投资者。而作为高风险的回报,CDO 低级别的投资者所收到的利息也会比高级别的投资者更多。CDO 现金流量的可预测性较高,不仅给投资者提供了多元的投资渠道,还能够通过不同风险与收益的分割,将其销售给投资者,为风险承受能力不同的投资者提供了更多的选择,更提高了金融机构资金运用的效率,将不确定性风险转移出去。与此同时,层层覆盖的金融产品也让投资者看不到实际的现金流来源,无法取得充足有效的信息来判断自己的投资决定。

在次贷危机中,由于基础资产次级贷款的信用风险爆发,次级贷款违约概率的上升会导致以住房抵押贷款为支撑的 CDO 的偿付能力出现巨大的问题。信用衍生品的杠杆化经营使得 CDO 市场将贷款规模成倍扩大,同时也伴随着信用风险的成倍增长,一旦次贷违约概率上升,连锁反应下 CDO 的价格将会出现大幅下跌,这也会波及整个金融行业。

资产证券化打包将基础资产的信用风险包裹得严严实实,投资者只能看到各种各样的金融工具及其收益率等表面信息,却无法通过有限的信息和技术分辨出里面包含的信用风险。在信息不对称的条件下,贷款需求的增加和次贷资产证券化的发展催生了大量的信用创造,在虚假繁荣的背后,信用风险随着金融创新被不断放大。

4. 信用衍生品——信用违约互换(CDS)对次贷危机的影响

CDS 实质上是一种贷款违约保险,是一种价格浮动的可交易的保单,对贷款风险予以担保。当 CDS 的购买人所持有的信用产品出现违约导致信用产品的持有人无法收回利息或本金时,CDS 的发行人会对其进行赔偿。CDS 与保险的不同之处在于,该合同可以像其他证券一样进行交易,进行风险的再次转移。CDS 的出现解决了信用风险的流动性问题,使信用风险可以像市场风险一样进行交易,从而转移了担保方的风险,同时也降低了企业发行债券的难度和成本。

CDS 不仅可以用来对冲风险,也能用来投机获利。在整个市场被信用衍生品充斥而过度资产证券化时,市场主体面临着越来越大的不确定性,CDS 买卖双方的理性决策变得越来越难,很多选择更类似于赌博。当基础资产次级贷款的违约概率上升时,贷款价值缩水,购房者提供的还款不足以支持 CDO、CMO 的利息和本金支付,CDO 和 CMO 的违约概率不断上升,CDS 的价值不断下跌,CDS 的呆账数量自 1998 年至 2008 年增加了 100 倍,其涉及的债务总额据估计为 33 兆美元到 47 兆美元。

CDS 的监管较为宽松,其义务的履行和违约没有明确的职能部门进行监管,且其信息披露与其涉及的风险相比远远不够。CDS 市场上存在较大的交易对手风险。一旦交易对手违约或者信用被降级,信用衍生品市场的价格和流动性将会出现急剧的下降,导致流动性溢价提高而价格进一步下跌,由此陷入恶性循环。CDS 市场一般实行保证金交易,一旦其价格下跌,市值缩水,在杠杆作用下,协议的追加保证金要求会使 CDS 的持有者产生灾难性的损失。而且,众多金融机构既是信用风险的买入者又是其卖出者,市场主体之间有着错综复杂的关联,金融机构彼此之间的相关性较强,当市场出现波动时往往无法独善其身。在违约概率大幅上升时,过高的赔付额会导致 CDS 的发行人无力偿付。在这种极端情况下,CDS 的发行人会因大额赔付而承受损失,同时,也会因赔付总额超过其承受能力而使 CDS 的投资者遭受损失。

在巨大的信用风险暴露和不确定性的状况下,CDS 市场在次贷危机爆发后也开始出现危机,并迅速席卷所有参与者,和 MBS、CDO 市场一起将信用风险进一步放大,并使危机的范围进一步蔓延,由此带来整个金融系统危机的大爆发。

17.2.3 次级贷款相关评级和监管因素

从次级贷款相关评级和监管这一角度来分析次贷危机产生的原因时,我们主要从信用评级机构和金融监管这两个方面来进行。

1. 信用评级机构

如前所述,在住房抵押贷款的基础上,银行和投资银行等金融机构通过资产证券化构造出 MBS 等证券产品,再进一步衍生出如 CDO、CDS 等各种金融衍生品,因此,信用关系变得高度复杂,信用风险也被层层放大。对众多中小投资者和部分机构投资者而言,各类金融产品之间的关系和它们的风险与收益都变得难以判断,再加上随着虚拟化链条的延伸,信息化也变得越来越不对称,金融产品的风险衡量和定价更加依赖于信用评级机构。

抵押贷款证券的设计过程十分复杂,在投资者难以区分金融产品的本质和真实风险时,信用评级机构的评级成为投资者进行投资的决策依据和基础,并且在次贷危机中扮演着不可或缺的推动者角色。然而在这些衍生品的发行中,评级机构亦参与其中,而非以独立客观的第三方的形式存在。在危机爆发之前,MBS 的出现为银行提供流动性的同时也将风险转移给了投资者。而评级机构则根据支持 MBS 的次级贷款的风险程度给出了 MBS 的风险评级,为投资者提供了风险和预期收益的权衡选择。同时,一部分信用评级更低的产品被再次包装为 CDO 二次销售。为了增加证券产品和衍生品的销售量并提高收益,信用评级机构给予次级贷款相关证券和衍生品较高的信用评级,使得这些证券在市场上广受投资者的追捧。以房地产抵押贷款为基础的证券需求量的提升使得评级机构更有动力去维持或提升对这些证券的评级,即便这些证券中有相当大比重的次级贷款。随着政府上调利率、房地产市场降温、违约概率剧增,人们纷纷抛售这些证券,由此带来其价值的大幅缩水,在危机爆发后,评级机构也不得不迅速调低这些证券的评级。

随着债券评级被大幅下调,投资者原先的评级依据被推翻,对评级机构的信任程度也迅速降低,随之而来的是信用评级机构自身的信用趋于崩溃,失去了权威性和信用基础的信用评级机构就等于失去了市场。

在本次危机中,评级机构并没能在投资者蒙受损失之前提供有效的关于潜在风险的建议和评级信息,只是在危机发生后才调低评级。在信用评级体系的信用崩溃,投资者对这些金融创新工具的风险与收益又缺乏了解,并且信息具有极大的不对称性的情况下,市场的不确定性增大,投资者开始增加对风险的厌恶,产生了退出市场的消极情绪,纷纷抛售手中的债券和衍生品,造成价格更大幅度的下跌,由此产生了进一步的恶性循环。

对于投资者而言,当下由发行人出资的评级业务商业模式无疑使评级机构有可能存在道德风险,降低了其信用评估的真实性和准确性。一方面,评级机构为客户提供与金融产品信用风险评级相关的咨询,并对每笔业务收取咨询手续费,如大约 7 个基点的信用风险评估费用,业务量越大其收益越高。另一方面,信用评级机构还参与这一结构性融资产品的构建过程,对这一产品的信用评级起到不可或缺的作用,发行人会征求信用评级机构的建议,或运用信用评级机构的评级模型进行预构建(pre—structure),并向信用评级机构支付相应的评级费用,而这部分费用构成了评级机构大部分的收入来源。这就对信用评级机构的独立性和客观性构成了很大的挑战,在为投资者提供与决策相关的信用风险咨询和评估的同时,又对金融产品进行信用评级,这样会存在很大的利益冲突。

为金融产品提供科学客观的评级是信用评级机构维持其信用的基础,正是因为其客观性和中立性,投资者在做出投资决策时才会以评级机构的信用评级为依据,这也是信用评级机构存在的前提。但是,在利润的驱使下,信用评级机构很可能将天平向金融机构倾斜,在参与信用评级时可能会给金融产品更高的信用评级,从而有利于金融产品的销售,评级机构自身也将获得更高的收入。

从次贷危机的爆发情况来看,评级机构对与次贷相关债券和衍生品过高的评级使得市场过度乐观,在基础资产信息难以获得和分析的情况下,投资者为过高的信用评级所误导。这都造成了投资者投资决策的失误。比如,信用评级机构利用复杂的数理统计模型,将原本高风险、高收益的次级住房抵押贷款证券转换成了大量低风险、高收益的 AAA 级 CDO 和少量股权证券,将证券的信用风险掩盖在层层的包装之中,使投资者无法分辨。而且,评级机构对这些衍生信贷产品的评级模型和标准存在重大的偏差,对于同一个产品,不同的评级机构的评级结果差异明显,甚至同一个评级机构内部的不同部门给出的评级也有很大的差别。评级机构赖以生存的评级模型、评级标准的客观性和科学性遭到了极大的挑战,同时也带来了其权威性的丧失,信用体系面临崩溃。可以说评级机构在这次危机中起到了很大的负面作用。

市场逐渐失去了对信用评级机构权威性的认可,信用体系标准遭到破坏,债券定价体系出现了严重的混乱,信用风险变得更大而且更无法预知。总的来说,由于利益冲突带来的信用评级机构的独立性和客观性的缺失给次贷危机的爆发埋下了风险隐患,因而当危机爆发后,与次贷相关的债券的信用评级降低,带来信用评级机构信用体系的崩溃,这加快了市场信用风险的传播速度,使得其影响范围扩大,次贷市场乃至整个金融市场陷入一场重大的灾难中。

2. 金融监管

对金融市场的外部监管主要由金融监管当局执行,同时,学术界也为金融监管提供了理论支持,并且保证了法律法规的制定与执行。次贷危机爆发前,在层出不穷的金融创新和金融行业虚拟化发展的过程中,相关监管部门并没有行使好其监管职能,更多地采取了无所作为甚至纵容和鼓励的态度。

随着虚拟化的深入发展,金融市场乃至金融体系的信用风险紧密联结在一起,次贷的风险迅速在各个市场和金融中介中传递,信用风险在传递过程中被逐渐放大。每个市场主体都在追求自身利益的最大化,而忽略了整个系统信用风险的累加,他们利用信息不对称不断地增加自己的收益并将风险不断转移给其他的市场主体。风险在转移过程中因为得不到有效的制约和监控而有增无减,每个环节都可能成为风险爆发的起始点。

金融监管在次贷危机中暴露出很多问题,一方面体现为对金融衍生品设计和交易的监管不足,另一方面也体现为对相关金融机构的监管存在漏洞,这些机构主要有房贷机构、评级机构、对冲基金、投资银行、银行表外投资实体等。下面我们详细介绍一下金融监管存在的这些问题。

第一,对金融衍生产品的监管存在真空。2000年年初,包括CDS在内的各种金融衍生品的法律监管由于《商品期货现代化法案》的通过得到了解除。与此同时,对金融衍生品的风险监控责任也完全落在了投资银行等金融机构内部。政府将金融衍生品的交易交由市场,在采取这一举动的同时,政府假设参与衍生品交易的双方都对衍生品的结构和风险有充分的理解及认知,并不加大对衍生品杠杆率的限制。而实际上,很多投资者并不理解产品的原理和结构,致使在过度的衍生化过程中信用风险被不断放大。CDO和CDS等衍生品的交易主要通过场外交易市场进行。场内交易受到交易所的严格监管,而场外衍生品交易缺乏标准性和透明性,其受到的监管较小,基本上游离于监管体系之外,在没有交易所辅助的情况下,既不能消除交易对手风险,也很难在短期之内实现价格发现,致使流动性较低。此外,金融衍生品属于银行的表外业务,监管当局无法得到金融机构投资金融衍生品的充分而准确的信息,因此无法进行及时准确的监管和补救。由于缺乏统一的金融衍生品清算系统,衍生品交易缺乏透明度,政府对各种衍生品的交易规模和头寸分布缺乏准确的认知,一旦危机爆发,政府在很长的时间内都无法准确地估计危机的严重程度及波及范围。

第二,对银行和贷款机构的监管不足导致了次级贷款的发放失控。随着银行和贷款机构从抵押贷款中获得的利益不断增加,众多贷款机构纷纷降低住房抵押贷款的准入标准并放松资信审查,发放了大量的次级抵押贷款,这也是次贷危机的主要风险来源。在这一过程中,大量的次贷发放机构如住房贷款经纪商等都不在联邦银行监管机构的监管范围之内,监管当局的缺位甚至是纵容使得放贷的标准一再降低并失控,其对信息披露的要求往往为贷款机构所忽略,究其根本原因还是在于相关法律法规的缺失和监管力度不够。

第三,对投资银行在极端条件下的偿付能力缺乏约束。对投资银行的流动性和资本金缺乏约束。在独立投资银行模式下,投资银行的唯一监管机构是证监会。证监会对投资银行的监管只限于与证券交易相关的活动,在审慎性和投资风险监管方面存在很大的漏洞,由此导致了美国投资银行高杠杆、高盈利、自由扩张的发展模式。数据显示,自2003年以来,如高盛和美林等美国投资银行的杠杆率都高达三十倍左右,远高于商业银行十几倍的杠杆率。高杠杆率带来丰厚收益的同时也伴随着巨大的风险,更高的杠杆率不仅意味着投资银行的盈利能力有更大的波动性,同时也表明其大大提升了银行在极端条件下的偿付能力,更容易出现流动性危机和破产。而且投资银行不是美联储的成员,在危机时无法得到美联储的援助,这更增加了投资银行的运营风险。

第四,缺乏对银行资产负债表表外项目的监管。投资银行广泛通过表外实体来包装资产从而提高信用评级,这一行为引发了投资者对投资银行的信心危机。当进行融资活动时,商业银行或其他金融机构可以成立一个特别目的机构,该实体与发起人隔离开来,并且不需要大额资本金,而是以其母体注入的高等级债券为资产,通过评级、增信等手段获得在资本市场上发行债券的资格。银行表外投资实体是由银行发起和设立的并由银行提供债务担保的一种证券套利安排。次贷危机爆发后,表外投资实体由于其监管的缺失给机构带来很大的信用风险暴露。以结构性投资工具为例,银行投资于和次贷相关的证券以获得更高的收益,次贷危机的爆发使得众多银行损失巨大,不得不按照相关的会计准则将其纳入资产负债表中,从而将巨额亏损显示在账面上,这也引起了投资者的信心危机。

第五,对评级机构的监管缺乏力度。如前文所述,评级机构的独立性和客观性在利润面前受到了挑战,评级方法的科学性有待证明,评级方法的透明度也远达不到投资者的要求。2006年9月,美国国会通过了《信用评级机构改革法案》,起到了完善美国信用评级业监管体制的作用,但是依旧存在众多无法解决的根本性问题。首先,《信用评级机构改革法案》及其实施规则明令禁止的利益冲突情形只有四种:评级机构最近财政年度内10%以上的评级收入来自某一发行人,评级机构或其评级分析师和评级审核人员直接拥有某一发行人的证券或所有者权益,评级机构不得参与对与其有关联的发行人的评级,评级机构的评级分析师和评级审核人员担任某一发行人的董事或管理人员。而评级机构对结构性融资产品构建的直接参与基本不受该法案的限制。其次,监管部门并没有权利也无法对评级机构的模型及方法进行实质性的审查,也无法对数据来源进行监管,评级的准确性得不到保障,监管部门的约束作用十分有限。最后,评级机构提供的只是其自身对次贷产品信用风险的看法和评价,即使投资者受到误导,评级机构流失的也仅仅是一部分客户的信心而不用承担相应的法律责任。

总的来说,在证券和衍生品交易中,政府在金融机构及其金融产品上的监管缺位导致信用风险得不到有效的防范和控制,政府的放任自流甚至助长了金融机构为更高的收益选择更高风险的行为,以至于信用风险在缺乏监管的情况下不断累加。

17.3 次贷危机对信用风险管理的借鉴意义

次贷危机的爆发引起了美国金融体系的全面崩溃,而占主要地位的信用风险成为此次危机的重中之重。在分析了次贷危机的信用风险来源及其原因之后,我们可以从中吸取相应的经验和教训,并在以后的实践中不断完善信用风险管理,防患于未然,同时也为中国的金融改革和创新提供参考。

第一,政府审慎地制定货币政策,加强对市场的正确引导,在市场失灵时发挥政府的积极调控作用。次贷危机的爆发有很大一部分原因在于政府过度的降息举措和随之而来的上调利率的举措。政府过于频繁地通过利率调控经济,再加上对房地产市场发展的政策鼓励,助长了金融机构过度发放次贷和一系列的证券化与衍生化行为。由此,政府需要在制定货币政策时将眼光放得更加长远一些,并对市场趋势有更为精确和及时的认知,从而给市场更加合适的指导,及时调控市场失灵,不至于等到危机爆发时才被动地实施市场救助举措。

第二,完善金融机构的内部控制制度和信用风险管理体系。根据巴塞尔委员会1998年公布的内部控制制度的评估框架,董事会和管理层需要建立一系列相互制约的程序,减少经营活动中的错误和虚假行为,避免信贷操作风险和信用风险。次贷危机中的信用风险需要部分归因于金融机构内部控制制度的不健全和信用风险管理体系的不完善。金融体系内部也没有及时进行有效的风险管理,只是不断地转移风险并试图将信用风险转移到投资者身上,却往往忽略了市场中的系统性风险和风险在该过程中的叠加。制定合理的内部控制制度并完善信用风险管理体系有助于金融机构在追求利润的同时,有效地控制其信用风险,实现事前、事中和事后的全过程监控,并在完善的责任追究制度下保证执行的有效性。

第三,完善信用评估体系,增强信用评估体系的独立性、科学性和客观性。首先,建立合理的信用评级机构的市场准入制度,通过市场和政府两方面的认可来提升评级机构的资质。其次,可以适当打破信用评级的行业垄断格局,完善信用评级的定位与功能,增加区域内信用评级的话语权。同时,制定统一的评级标准和规则,避免非市场因素干扰其公正性和独立性,并通过统一的标准与规则提升其信用评级的权威性,使其更有助于监管部门的有效监管。最后,完善监管框架,扩展金融监管在信用评级领域的覆盖范围,增加对场外交易的监管,加大对信用评级机构信息披露的监管强度和力度,并建立相应的法律法规来使信用评级体系制度化。

第四,强化对金融机构及金融衍生品的信用风险监管,使其跟上金融创新的步伐。金融创新在适应新环境的同时也改变了市场环境,金融产品的创新在改变金融市场信用风险的同时,也使不同机构之间的联系更加紧密,任何一个环节的信用风险失控都会迅速波及整个市场,将局部风险扩展为整体风险。因此,需要不断强化监管的与时俱进,使其能够跟上金融创新的步伐,从而在新的信用风险环境中进行合理的监管以控制风险。在内部控制动力不足的情况下,还要强化外部监管和市场约束,为信用风险管理提供进一步的保障。美国金融市场的监管规则很多,因为金融市场的参与者和监管者都偏好于"边界明确的规则",这样的结果是市场上出现越来越多的规则。但是,一方面,市场的变化速度是很快的,所以任何规则都会有越来越不完善的地方;另一方面,规则太多会导致各个规则之间出现重合和矛盾。人们会利用规则的漏洞进行套利活动,市场也会发展出一些产品和服务以避税或逃避规则约束。因此,我们要有一套清晰的指导原则来应对快速变化的情形。

 **练习题**

一、选择题

1. 引发2007年次贷危机的宏观环境因素不包括下列哪项？（　　）
   A. 经济低迷　　　B. 投机者过多　　　C. 政府政策　　　D. 利率政策
2. 下面哪项不是次贷危机的直接原因？（　　）
   A. 利率波动和利率预期　　　　　　B. 零首付、无抵押和无担保
   B. 大量次级债务及其衍生品的产生　D. 结构化产品的流动性太低
3. 次贷危机中评级机构不能发挥其职能的原因不包括下列哪项？（　　）
   A. 评级机构没能充分利用市场提供的信息进行风险评估
   B. 评级机构没能准确地刻画众多结构化产品的模型
   C. 层层打包的结构化产品使得信用关系太过复杂
   D. 评级机构在追求收入的驱动下，对自己没有能力评估的产品进行评级

二、简述题

1. 次级抵押贷款涉及的相关主体因素有哪些？
2. 金融监管在次贷危机中存在哪些问题？
3. 分析次贷危机的信用风险来源及其原因之后，我们可以从中吸取什么经验和教训？

第18章　欧债危机中的主权信用

2008年,冰岛所爆发的主权债务危机还并未引起欧洲的广泛注意,而到了2009年年底,希腊发生的主权债务危机就开始严重影响整个欧洲。希腊政府于2009年10月突然宣布,其政府财政赤字占国家GDP的比重将高达12.7%,而公共债务也将占国家GDP的113%,这两个比例远远超过《马斯特里赫特公约》以及《稳定增长公约》中所规定的3%及60%的上限比例。标普、穆迪及惠誉三大评级机构都对希腊的主权债务评级进行了下调,希腊的主权债务危机正式引起世界的关注。希腊政府由于受到主权信用评级降低的影响,借贷成本大幅提升。不仅是希腊,欧洲受到债务负担严重影响的西班牙和葡萄牙等国家的财政状况也令人担忧,此外,意大利和比利时等国家的主权信用也受到人们的质疑。欧债危机的爆发不仅对欧元区的经济产生了冲击,而且拖慢了整个世界经济复苏的步伐。下面在对欧债危机进行简述的基础上,对其爆发的原因进行分析,并总结其所带来的启示。

18.1　欧债危机简述

欧债危机可大致分为如下五个发展阶段:

第一阶段,冰岛爆发主权债务危机是欧债危机的开端。由于遭到美国金融危机的冲击,2008年10月,冰岛的三大银行因面临资不抵债的境况而被政府接管,这使得银行债务升级为主权债务,进而令冰岛走向"破产"的边缘。冰岛在那时对外的负债规模已经有800亿美元之多,大约是其GDP的3倍,平均每人要承担1.8万美元的外债。随后,IMF对冰岛做出了救援,使得此次危机得以缓解,避免了主权债务问题扩散到国际上而产生更严重的金融动荡。

第二阶段,中东欧国家产生主权债务问题。东欧一些国家的负债水平因为转轨改革过程的需要,一直处于较高的水平,又由于受到金融危机的影响,其财政赤字进一步增加。穆迪在2009年年初降低了对乌克兰的主权信用评级,而且对东欧形势逐渐恶化的现状做出了警示,进而引发了中东欧国家的主权债务问题。然而,一些西欧强国随后开展了对东欧的资产救助行动,避免了中东欧债务问题继续恶化而引发系统性问题。

第三阶段,希腊、西班牙、葡萄牙等国引起全球债务危机的爆发。2009年5月,希腊由于其财政赤字问题没有得到改善而受到市场的质疑。到了2009年12月,惠誉便调低了希腊的主权信用评级,由原来的"A−"降到"BBB+",并将其公共财政状况的前景展望改为"负面"。同年12月9日,标准普尔把西班牙的主权信用等级由"稳定"调低至"负面",并对其做出面临长期经济增长不景气的警告,同时把葡萄牙的评级前景调低至"负面"。与此同时,欧洲央行也对立陶宛、拉脱维亚及爱沙尼亚三个波罗的海国家做出警告:如果它们不能对财政赤字进行有效的削减,则很有可能陷入又一次的债务危机中。

第四阶段,偿债能力产生更大的变数。葡萄牙在2010年2月宣布降低国债发行量,西班牙则声称未来三年的财政赤字将会超出预期,这令广大投资者对欧债危机问题产生了更大的忧虑。希腊财政部长在2010年召开的达沃斯论坛上声明,希腊会在2010年4月至5月产生200亿欧元的到期债务,这一时期的希腊将面临较大的困难。从当时的利率状况来看,希腊政府要支付巨额的债务利息是对自身的灾难性打击。

第五阶段,爱尔兰从2010年11月开始形势突然变得紧张。爱尔兰10年期国债的年化收益率达到近9%,是1999年欧元诞生以来的最高水平,体现出爱尔兰政府的融资成本已经高到难以承受的地步。爱尔兰的政府预算赤字规模达到144亿欧元,占其GDP的12%,公债规模也将占GDP的100%,并且其银行系统中存在的坏账费用也达到32%。标准普尔因此决定将爱尔兰的长期主权信用评级由"AA−"降至"A",短期主权信用评级由"A−1+"降至"A−1"。爱尔兰这次所遭受的危机使市场对欧元的信心也开始动摇,并且葡萄牙和西班牙也有陷入类似危机的可能性。

18.2 欧债危机爆发的原因

18.2.1 外部原因

1. 金融危机中政府加杠杆化使得债务负担过重

在2008年国际金融危机爆发以后,欧元区各国政府相继出台了一系列刺激经济的计划,主要有对处于破产边缘、处境困难的银行提供资金支持,推出财政刺激的方案等,以支持经济的增长。这些计划实质上是将银行债务转换成政府部门的债务。通过政府部门资产负债的膨胀和杠杆化支持银行资产负债表的改善和去杠杆化。这些措施在一定程度上维持了欧元区金融市场的稳定,有利于欧元区的经济复苏,但是与此同时也导致了欧元区各国资产负债表的严重恶化。如希腊,政府出资解困了银行,自身却陷入高负债的泥潭中,最终资不抵债导致了其经济的崩溃。欧洲国家对财政赤字的态度实际上是尤为谨慎的,这一传统一直到今天都有所体现。在同意使用欧元的欧盟成员国(最初为16国)之间,于1997年达成了《稳定与增长法案》,这一法案约定欧元区成员国的财政赤字占GDP的比重不能超过3%,而债务余额占GDP的比重不能超过60%。欧盟也寄望于利用《稳定与增长公约》来规范各成员国的财政秩序。然而,欧元区核心主导国德国和法国财政早在2002年就曾经以无责罚的方式突破了公约的规定。鉴于德、法的前车之鉴,希腊等国便可以无视《稳定与增长公约》,实施高强度的赤字财政政策以维持经济的增长。从2009年的情况来看,许多欧元区成员国都已经大大超过了这一底线,即使是经济状况较好的德国,财政赤字占GDP的比重也已经达到3.30%,而债务余额占GDP的比重则已经达到76.70%(见图18-1、图18-2)。

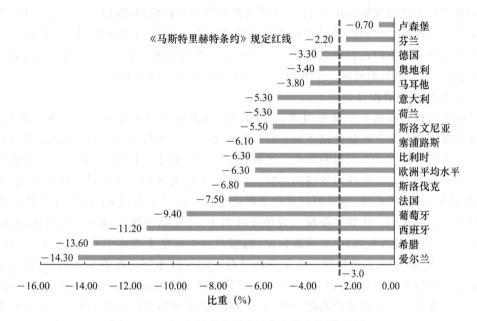

图 18-1 2009年欧洲各国公开赤字占GDP的比重

资料来源:www.statista.com。

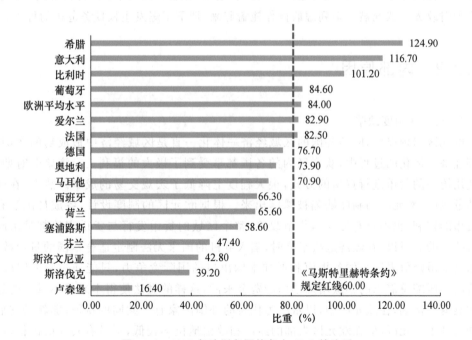

图 18-2 2009年欧洲各国债务占GDP的比重

资料来源:www.statista.com。

2. 评级机构落井下石，助推危机蔓延

全球三大评级机构接连不断地下调主权债务评级，助推欧债危机的蔓延。2011年7月末，标准普尔已经将对希腊主权评级的等级由2009年的A－下调到CC级（垃圾级），其对意大利的评级展望也在2011年5月底被调低到负面级别，随后的9月、10月标准普尔又再次下调了意大利的主权债务评级，对意大利的主权信用评级从"A＋"下调至"A"。评级等级的不断下调在客观上加剧了金融市场上恐慌情绪的蔓延，对此次危机起到了推波助澜的负面作用，而且进一步导致了欧元区主权债务危机的爆发。

3. 国际投机者推波助澜

欧债危机爆发的一个重要因素就是国际投机者运用流动资本助长了事态的发展。国际金融投机资本在国际金融市场上存在的量很大。在国际市场中，它是通过设计和创新金融衍生品的方式来获得利润的。这种逐利的投机资本运用股票、债券及金融衍生工具等进行套利活动以求获得较高的利润。国际游资依靠金融衍生工具的杠杆效应，来数倍放大国际投机资本量，这样便使其在金融衍生品市场乃至国际金融市场中发挥出更大的影响与控制作用。比如在希腊主权债务危机中，当希腊刚加入欧元区的时候，还没有达到《马斯特里赫特条约》中的两条标准：国家的预算赤字不得高于GDP的3%，负债率要低于GDP的60%。希腊政府为了掩饰其存在的财政赤字及政府债务问题，便与多个国际投资银行签订了相应的互换协议。尤其是在高盛为希腊所设计的金融衍生工具中，以货币互换为主要方式为希腊政府掩饰了近10亿欧元的政府债务，令其达到了该条约所规定的账面标准，进而使希腊能够加入欧盟，高盛也从中获得希腊政府将近3亿欧元的佣金。在欧盟中，采取类似做法的国家还有很多，比如西班牙、意大利和德国等。它们真实的财政赤字状况被一系列虚假操作掩盖起来，埋下了爆发主权债务危机的种子。

18.2.2 内部原因

1. 欧元区制度缺陷

欧元区出现以后，欧洲各国的区域经济一体化一直是区域经济中最成功的案例，在欧洲经济一体化的过程中，欧元区内的各国都享受到了极大的福利。经济繁荣时期，这种使用统一的货币进行贸易的方式，很大程度上降低了宏观交易的成本。然而，在此次欧债危机中，欧元区的制度缺陷被暴露出来。根据欧元区的制度设计，各成员国没有发行货币的权利，也不具有独立的货币政策，整个区域的货币发行与货币实施都是由欧洲央行执行的。所以，在经济危机来临时，陷入危机的国家无法制定适合本国的货币政策，以通过本币贬值来缩小债务规模和增加本国出口的国际竞争力，只能通过紧缩财政、提高税收等压缩总需求的办法增加偿债的资金来源，这样的做法使得本来就不景气的经济更加衰退。例如，在欧元区中，以希腊为代表的外围国家有个共同的特征，那就是它们尽管加入到了欧元区，但在欧元区内部的经济和政治地位却较低，不具有实际话语权，而在制定货币政策等方面有绝对发言权的则是德国、法国等经济大国。因此，这些欧元区的外围国家在某种程度上是牺牲了制定货币及汇率政策的自主权才换来了加入欧洲货币联盟的资格。到了2008年,美国次贷危机的爆发影响到欧元区国家时,希腊等国家由于这一原因便不能采取扩张性的货币政策对投资和消费进行刺激,同时也不能以降低汇率的方式来刺激出口进而发展经济。冰岛能从破产的边缘起死回生,一定程度上是政府和央行通过货币贬值的方式缓解了危机,而英国政府不加入欧元区的原因也是不想放弃自主的货币权利。

2. 经济结构不平衡

欧元区的设立是在假定欧元区成员国的经济发展水平基本一致的条件下,各国通过统一的货币一体化来实现经济的高速发展。然而这样的假设条件并不成立,欧元区各成员国的经济结构存在明显的区别,特别是在欧债危机中冲击比较大的葡萄牙、意大利、爱尔兰、希腊、西班牙的产业结构就比较特殊(见图18-3)。首先,这五个国家缺少支柱产业,特别是制造业,对外部经济环境的依赖程度过高。其次,这五个国家的经济实力弱于其他核心国家,其制造业缺乏国际竞争优势,经济增长缓慢,部分国家甚至长期接受外部救援。最后,欧元区国家的工资水平相对较高,与本国的经济水平不匹配,再加上劳动生产率偏低,经济结构的不均衡问题日益严重。

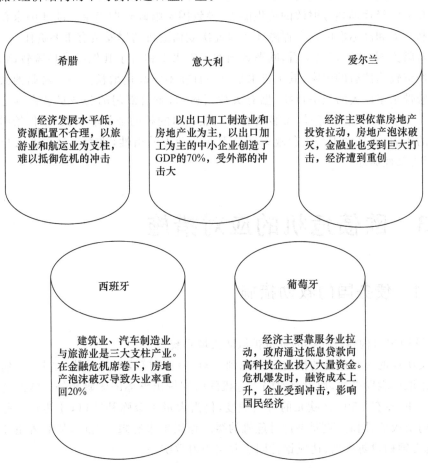

图18-3 希腊、意大利、爱尔兰、西班牙、葡萄牙五国主权债务危机爆发的原因

3. 人口结构的老龄化

欧债危机的爆发受到了人口老龄化的较大影响。由于希腊等欧洲国家所存在的人口增长下降与老龄化问题日益严重,造成了其经济社会的两大失衡现象愈演愈烈。其一是在供给层面上,资本储备与劳动力供给急剧减少,造成国家的劳动生产率和经济竞争率随之降低。其二是国家财政用于老龄化保障方面的支出急剧增加,可此时国家经济并没有生产性的增长作为依靠,政府就不得不举债来弥补这一缺口,致使政府支出负担越来越重,最终令其发生债务危机。

弗莱堡大学研究机构的相关报告显示,上述国家的养老金债务总量早在 2009 年就已达 39.3 万亿美元之多,约合 30 万亿欧元。在欧洲,年龄大于 60 岁的人口所占的比例是世界上最高的,2009 年这一比例为 22%,预计到 2050 年就会上升至 35%。由此看来,这种沉重的债务负担消耗了政府巨额的财政资源,使其很难达到有效削减债务的目的。

4. 刚性的社会福利

从 20 世纪 70 年代起,欧洲就基本建立了高福利的社会保障制度。欧元区各国建立了包括养老保险、失业救济、高水平的劳动报酬等保障公民权利的福利政策。但是,这样的福利政策已经远远超过财政的负担能力,导致国家财政长期赤字。欧洲国家普遍推行的高福利政策和高标准的社会保障体系对此次欧债危机的爆发负有重要责任。

以希腊为例,从工资水平看,欧洲各国的工资水平相对于其他国家显著较高,就连希腊这样经济较为落后的国家,其工资水平也一直在不断高速增长。并且希腊的大量公务员给政府带来了巨大的经济负担,据有关数据显示,政府部门的公务员就占到全国劳动人口的 10%。从失业救济看,希腊政府给失业人口的补助金额非常大,不仅给财政带来了巨大的压力,而且由于高福利政策还会引起劳动力的惰性,进而导致失业人口进一步增加,形成恶性循环。

18.3 欧债危机的应对措施

18.3.1 债务国的救助措施

1. 欧盟努力构建较完善的危机扩散防火墙系统

上文所述的应对危机的措施只考虑到了对经济规模较小的希腊、爱尔兰、葡萄牙三个国家采取的救助办法,而没有对陷入危机的欧洲做出整体的改善规划。欧洲金融稳定基金(EFSF)只有 1500 亿欧元的可用额度,仍需大量资金弥补缺口,才能建立起切断危机扩散的防火墙,同时,欧洲央行对危机的缓解作用也很有限。所以,从欧盟整体的角度考虑,就必须构建防火墙、达成银行同盟并实现财政统一。

2. 欧元区成员国推进紧缩并保证经济增长

欧元区的各个国家为了使自身拥有一定的债务偿还能力,不得不共同解决紧缩与增长难题。获得金融救济与国债买入的前提条件为较大程度地实施紧缩,因此,这些国家不得不去达成这一严苛的条件。同时,它们还需要以降低劳动成本与调整经济结构的方式来实现经济的持续增长。由于这次欧债危机的直接原因是过度举债及财政赤字的居高不下,因此,处于危机中的国家处理债务危机最简单直接的方法就是减少财政赤字并健全财政政策,从根本上减少危机发生的可能性。自此,各个面临危机的国家便陆续出台紧缩财政和减少赤字的方案,以便使财政支出与赤字得到严格的削减。可是因为财政紧缩可能会使经济复苏乏力、失业率升高,所以有很多学者反对财政紧缩的做法,并且各国的部分民众也同样产生了抗议的情绪。从长远的角度来看,这些国家在紧缩财政的同时更需要重视的是制订出能够全面改革国民经济的根本治理方案,以使得财政紧缩、就业及经济增长这三个目标处于平衡状态。

希腊、爱尔兰、葡萄牙这三个主要的需要接受金融救济国家,以及意大利和西班牙等欧元区经济大国,都对推进紧缩与增长做出了努力,但各自的成果却有所不同。希腊的债务危机是欧债危机爆发的导火索,其过度举债,财政赤字居高不下。为降低财政赤字,提高政府的健全性和可持续性,希腊政府开始采取措施缓解债务危机。到2011年年底为止,希腊政府分别于2009年12月、2010年2月2日、2010年3月3日、2010年5月6日、2010年12月23日、2011年6月29日、2011年10月20日多次向议会递交财政紧缩预算草案并获得通过,这些方案涉及的紧缩措施以裁员、减薪、增税、国有企业私有化为主要内容。爱尔兰在继希腊之后也同样陷入债务危机,并于2010年年底推出总额近150亿欧元的多项救助计划,在四年内实现财政赤字的削减。2012年正式调高增值税税率来增加财政收入,目标是在2014年以前将财政赤字的GDP占比降低到3%以下。同时,以缩减政府公共部门公务员的规模、降低人员薪资水平等方式来恢复本国经济的正常运行和发展。爱尔兰和希腊接受欧盟政府和IMF外来援助的前提条件一样,都需要在国内采取财政紧缩的经济政策,但爱尔兰与欧盟签订的风险分担协议可以保证该国在解决债务危机的同时不会严重影响经济的增长,从而减轻紧缩计划对经济的破坏。并且,在《国家复苏计划》中,爱尔兰表示减少财政预算赤字本身并不会起到克服经济困难的作用,必须以提高竞争力来使出口增长,以保证重要的基础设施及教育投资来提高生产力、消除就业阻碍、促进就业并最终实现经济的发展。因此,《国家复苏计划》中确定了爱尔兰的主要改革方案,以求国家经济恢复至中期可持续增长的路径中。葡萄牙(2010年3月7日和2011年10月15日)、意大利(2010年5月25日和2011年12月4日)、西班牙(2010年5月12日和2011年12月30日)、法国(2010年5月20日)和德国(2010年6月7日)也分别采取了一系列财政紧缩措施。这些措施在一些国家取得了一定的成效。

3. 欧元区企业竭力探寻生存和发展的新突破口

处于欧债危机中的国家的一些企业充分发挥了自身的经营及管理能力。这些欧元区的企业由于欧债危机的冲击而不得不面临长期以来最差的经营环境;经济的萧条令人们的消费需求减少;并且企业的业绩降低使其在国际市场上的竞争力遭到破坏。比如,在《福布斯》500强企业中欧元区企业的数量也由2008年的173家减少到2012年的121

家。欧元区企业在市场萎靡的同时还要面对资金的困难,因而导致破产企业的数量不断增加。为了在如此艰难的境况中生存下去,这些企业不仅要努力完善内部体制,也要加速进行市场扩张;为了使企业竞争力提高,不仅要以降低成本、调整结构等方式进行"瘦身",还要有效牵制本国的竞争对手;为了使发展不局限于国内狭小的市场中,还要着眼于海外市场的扩张。

18.3.2 国际援助措施

欧洲债务危机的爆发始于个别国家,但是其波及范围和影响程度却超过单个国家的控制范围。这些国家虽然出台了一系列救助措施,但救助方案的效果并不理想,导致市场信心难以恢复。而希腊债务危机已经开始动摇货币的存在基础,欧元陷入了一次严重的存在危机,债务危机的继续扩散更会影响整个欧盟地区在金融危机之后的恢复进程。因此,欧盟及其他国际金融组织针对债务危机较为严重的希腊和爱尔兰等国推出了相应的援助计划。

1. 欧洲金融稳定基金的援助

欧洲金融稳定基金(EFSF)是在希腊危机爆发后,欧盟于2010年5月9日成立的,该机构成立的目的在于向发生债务危机的欧元区成员国提供紧急贷款。EFSF是在欧洲危机期间的临时性安排,整个计划在2013年6月到期。但在2011年6月24日,欧洲理事会又宣布成立永久性危机救助机制欧洲稳定机制(ESM),其成立的目的在于接替EFSF继续履行稳定欧洲金融系统的职能,该机制于2012年7月生效。ESM是EFSF的升级版,其运营方式主要是通过向陷入危机的成员国提供相对低成本的融资贷款进行救助,并且在必要时可以直接购买债务危机国的国债。

EFSF/ESM作为欧元区内部协调建立的紧急救助机制,为发生债务危机的国家提供资金援助,有效地避免了债务危机的进一步恶化,有助于重振市场信心,使经济有望复苏。

2. 欧洲央行的援助

欧洲央行作为欧元区统一的货币当局,在欧债危机处于萌芽状态时并未积极介入管理,当时其主要目标仍然是控制通货膨胀。但随着债务危机的不断恶化,欧洲央行不得不改变它原来的政策姿态,在危机管理中显示出了较高的积极性和主动性。

欧洲央行为了应对在2008年夏天出现的金融危机,连续降低主导利率水平,2009年5月已经使其降至1%的水平,这一水平一直维持到2011年第一季度。2011年4月13日及7月13日,欧洲央行为了减轻物价上涨的压力,两次进行利率的上调,其流动性需求主要依靠相关的非常规货币政策金融机构来满足。由于欧债危机的加深,2011年年底欧元区主导利率又降回至1%。欧债危机在2012年继续恶化,当年7月5日,欧元主导利率又降至0.75%,边际贷便利利率、存款便利利率分别降到1.5%和0。0.75%这一欧元主导利率是其历史上的最低水平。欧洲央行与此同时也下调了最低存款准备金率,以此来增加金融机构的流动性。如在2011年12月8日,将最低存款准备金率由2%降至1%。并且还通过运用常规的公开市场操作来注入流动性。比如,2010年5月至2012年5月,欧洲央行进行了固定利率全额分配招标,以3个月长期再融资操作共增加流动资金13 238.9亿欧元。

在援助各国的债务危机上,欧洲央行通过大幅降低利率、大规模证券市场计划、扩大向银行系统提供信贷的担保品资产范围和对欧元区银行系统提供超市场预期的信贷等手段实施了许多非常规货币政策。欧洲央行的一系列救援措施产生了一定的效果,这些措施不仅提高了债务国债券的流动性,也向欧洲金融体系注入了新的流动性,既保持了货币政策传导机制的畅通,又维系了欧元区金融市场的稳定,有效配合了危机管理中各国的财政紧缩政策。

3. IMF的援助

(1) 提供援助贷款及协调资金筹集。IMF的重要职能之一就是当其成员国的国际收支出现严重问题时为它提供资金的紧急援助,令问题能够得到及时的补救并避免向国际上蔓延。当然,援助资金的额度在不断地变化,并且这些资金主要依靠众多国家来筹集,以增大其信贷资金池的规模。欧盟财长在2010年5月与IMF协议达成7 500亿欧元的救助计划。救助计划包括:第一,通过金融市场融资4 400亿欧元并由欧元区国家根据相互间的协议提供担保,为期三年;第二,以《里斯本条约》为基础,由欧盟委员会从金融市场上筹集600亿欧元;第三,IMF提供2 500亿欧元,同时欧洲央行重启发生危机国家国债的购买计划。此次大规模的资金救助计划旨在防止危机的扩散和传导,恢复市场对欧洲经济和货币的信心。2011年9月末,IMF又重新激活了一个拥有5 710亿美元的资金池,以此来保证其能够协助欧洲各国处理日益严重的主权债务危机。早在当年4月,它就已经将六个月期限的"新借款安排"激活了。之后,又将新借款安排的期限延长了六个月。于2012年4月进行的20国集团财长及央行行长会议又做出了向IMF增资4 300亿美元计划的决定。在欧债危机中,IMF所起的作用不仅是对危机中的国家提供直接的资金援助,更要向世界各国广泛地筹集资金。这样,因为其资金的来源遍布世界多个国家,如何使用便不会受到单一国家立法机关的批准或限制,所以就避免了一国国内强烈抵制情况的发生。IMF的援助对处于债务危机中的国家非常重要。IMF在2012年3月批准了对希腊360亿美元的又一次贷款,上一次的贷款额度为260亿美元。而截止到2012年10月,IMF对葡萄牙发放的贷款总额约为280亿美元。可是,少数国家却对IMF提供的资金援助进行了抵制,如意大利就对此予以拒绝,并打算凭借自身的财政紧缩政策进行自救。这是由于意大利政府担心其财政的自由会受到束缚,从而影响其经济的发展。

(2) 对欧债危机提出适当建议及应对方案。IMF为了避免欧债危机引发严重的全球性经济衰退所做出的应对举措,除了主张对EFSF进行规模上的扩大以外,还提议自身在二级债券市场中购买国债的行为应该得到允许,同时还讨论了进行债券回购的可行性。IMF对一些国家所实施的资金援助,往往伴随着对其提出的严格改进条件,要求国家必须遵循这些条件。例如,IMF曾对希腊提出增税并减少财政开支,甚至取消从事社会工作人员的两个月奖金的要求。2013年1月,IMF对葡萄牙的紧缩政策所取得的成效给予了肯定,并进一步要求其对财政开支进行削减,同时提高退休年龄并减少公务员的数量。IMF提出的解决措施有时会和欧盟产生分歧。例如，2012年11月，一方面，欧盟声称应对希腊的改革期限加以延长，将其债务与GDP的比率降至120%的目标延至2022年完成；而另一方面，IMF对此却持反对意见，认为希腊仍应执行原计划——在2020年完成该目标。该不该接受IMF所提出的严格建议，是处于债务危机中的国家所面临的痛苦抉择。例如，2013年3月，塞浦路斯在获得IMF与欧元区援助的100亿欧元资金的同时，不得不接受在其国内征收存款税的条件，因此激起了强烈的民愤。而这是其权衡利弊后不得不做出的选择，因为只有在接受这一条件下获得资金援助，才能避免国家银行业完全崩溃的命运。IMF不仅会向危机国家提出建议，还会将自身的理念向地区机构推广。例如，2012年8月，IMF曾向欧元区提出减轻希腊偿还贷款负担的建议，同时还提出了可行的方案，如降低希腊从欧元区贷款的利率等。2013年2月，IMF指出欧盟应尽快对欧洲银行业联盟的建设做出时间安排，并努力使救助资金参与银行业重组尽早得到允许。2013年3月，IMF出于改善欧洲经济萎靡不振态势的考虑，向欧洲央行提议进一步调低欧元区基准利率，以维持宽松的货币政策，而欧洲央行却并未对此做出积极回应。IMF在对政策提出规划及建议方面，存在逐渐被"边缘化"的趋势，欧盟与欧洲央行的行动方式及其政策主张仍和IMF存在一定的分歧，并且"欧洲机构治理欧洲"这一理念也在一定程度上限制了IMF的影响。

(3) 监督各国财政紧缩计划及金融治理状况。IMF有权对国家是否开展财政紧缩计划及金融治理措施进行监督。例如，2011年，20国集团峰会做出决定，由IMF对拥有2万多亿美元财政赤字的意大利做出相关评估，来了解意大利对800多亿美元规模的财政紧缩计划的执行状况。20国集团主张由IMF来监督意大利是出于提高国际公信度的考虑，这样的评估结果使人更加信服，能够减少市场的忧虑。2012年7月，IMF与西班牙签订了监督西班牙金融体系并提出其银行业重组建议的协议，这一协议与欧盟对西班牙银行业所做出的资金援助有关。例如，IMF代表团在2013年1月对西班牙的监督评估决定了其银行业能否得到欧盟400亿欧元的援助资金。这种监督的职责使得IMF走在应对危机的一线上，对国家内部所做的深入调查及评估使其能够了解到详细且及时的信息。并且IMF也经常会与欧盟委员会及欧洲央行的专家进行合作，组成专家小组来监督和评估危机中的国家。

18.4 欧债危机的影响和启示

18.4.1 欧债危机的影响

1. 欧洲政治、经济和社会危机

在欧债危机的影响下，欧元区的经济增长缓慢，政治动荡。被欧债危机困扰的主权国家共有2.47万亿欧元的国债,然而欧洲银行业对这部分国债的持有超过了2万亿欧元,这就使得欧洲银行业面临巨大的违约风险,市场也因此对欧洲银行业的信心大打折扣,抬高了欧洲银行业的融资成本。银行的信用风险不断增加导致实体经济压力也随之增加,再加上政府为尽快获取外部救援、减少财政赤字而实施的财政紧缩措施,二者造成经济活动缺少流动性支持,导致实体经济融资成本高、生产的产品成本增加,在市场竞争中没有价格优势,竞争力弱,最终导致经济萎靡,失业率升高。

2011年5月,葡萄牙政府与欧盟、欧洲央行和IMF签订援助协议,达成了780亿欧元(约合1014亿美元)的援助金。葡萄牙政府随后按照援助协议的要求,在国内实施紧缩的财政政策来减少财政赤字。但据葡萄牙统计局发布的数据显示,2012年第四季度葡萄牙的失业率创纪录,高达16.9%。数据还显示,2012年葡萄牙GDP萎缩了3.2%,超过政府预期的3%,这一降幅是该国30年来的最大数字。2013年2月16日,由葡萄牙劳动者总工会组织的数千名葡萄牙民众在其首都里斯本市中心举行游行示威活动,强烈抗议经济紧缩政策造成葡萄牙失业率居高不下,教育投入、养老金和医疗保险减少,以及房租和水电费等基本生活开支增长等情况。

2. 国际贸易受挫

欧债危机不仅通过金融途径影响全球的金融稳定,而且还通过国际贸易途径影响世界经济复苏的进程。在经济全球化的今天,国际贸易已成为世界各国实现经济增长的重要途径。欧盟在国际贸易中扮演着重要角色,是世界经济发展的重要引擎,是美国、中国等贸易大国的第一大贸易伙伴,欧盟的贸易政策关乎全球贸易的稳定与发展。因为欧债危机的影响,各国政府都努力减少财政赤字,加大了贸易保护主义倾向,减少进口,增加出口,从而影响到与欧盟合作的国家的经济。比如,欧元区国家的经济不振大幅削减了英国的贸易出口额,导致英国经济收缩0.3%。2012年7月,美国对欧盟的出口锐减11.7%,导致美国贸易逆差扩大至420亿美元。2012年,中欧双边贸易总值5460.4亿美元,下降3.7%,占中国外贸总值的14.1%。其中,中国对欧盟出口3339.9亿美元,下降6.2%;自欧盟进口2120.5亿美元,增长0.4%。鉴于欧元区一体化改革的长期性,欧盟经济可能长期处于低迷状态,世界各国对欧贸易形势都不容乐观。

3. 对中国经济的影响

作为世界第二大经济体的中国,在欧债危机中不可能独善其身。欧洲的主权债务危机对中国的影响也是深远的,既有积极的一面也有消极的一面。可以说,欧债危机对于中国既是机遇又是挑战。

(1) 欧债危机对中国的消极影响表现在以下三个方面:

第一,直接影响中国对欧洲的商品出口。欧盟是中国的第一大贸易伙伴,与欧盟贸易的波动直接影响中国的经济发展。有研究显示,欧美经济每下跌1%,中国的出口增长就要下跌6%,出口增长减缓,经济增长必然减缓。在极端情况下,如果欧元崩溃,那么中国政府和民众手中握有的欧元资产就会血本无归。此次欧债危机对中国出口企业产生了很大冲击,并且对中国近年来对外贸易的发展也产生了影响。有关资料表明,从2010年第二季度开始,中国对欧盟的贸易增长就开始变缓。而且西方经济的不景气激起了欧盟国家的贸易保护主义,增加了中国贸易出口的难度。2011年前8个月,中国对欧盟的出口同比增长18.5%,低于2000年以来23.9%的平均增速。2011年8月,中国对欧盟的出口增速同比持平,环比仅下降2.6%,低于2000年以来增长5%的平均水平。

第二,导致人民币汇率的大幅波动。随着欧债危机的持续恶化,欧元兑世界主要货币的汇率也在不断下降,欧元兑人民币的汇率下降幅度更大。2009年9月到2010年6月,欧元兑人民币的汇率下跌幅度达到20%左右。欧元的贬值加大了中国出口的难度,统计数据表明,因为欧元的贬值,中国出口欧盟的纺织类产品的平均价格上升了7.3%,化工原料类产品的平均价格上涨了4%左右,其他出口大类的平均价格也均有不同幅度的上涨。危机造成中国出口商品在欧洲难以生存,价格上没有竞争优势,从而造成出口企业的利润亏损等。

第三,加大中国对欧投资风险,加剧中国金融市场动荡。在欧债危机的影响下,中国企业对欧投资面临较大的财务风险。因为欧债危机,欧洲各国经济萧条,中国企业在欧投资后经营比较困难,民众的消费动力不足。同时,由于欧洲各国的债务危机还可能带来违约风险、汇率风险,等等,在经济全球化背景下,中国的资本市场、金融市场很难独善其身。欧洲的主权债务危机持续恶化,世界金融市场动荡,这些不利因素以各种方式传导给中国。欧债危机对中国金融市场最主要的影响是在大宗商品市场。中国的大宗商品期货市场与国际接轨,交易基本与国际同步,所以在欧洲发生债务危机、全球大宗商品市场剧烈波动的情况下,中国的大宗商品市场也受到了影响,市场宽幅震荡,风险增加。

(2) 欧债危机对中国的积极影响表现在以下两个方面:

第一,有利于中国大规模海外投资。自欧债危机爆发后,欧盟各国政府纷纷表态,欢迎中国来欧盟投资。中国现在拥有4万亿美元的外汇储备,也拥有一批实力强大的企业,而且中国政府多年来一直鼓励中国企业"走出去"。受危机的影响,欧洲出现资金短缺,大量的市场正在待价而沽,对于中国投资欧洲是一个大好时机。

第二,有利于提升中国的国际地位,改善中国的国际环境。欧债危机爆发后,中国政府一直在积极努力地为欧洲各国提供力所能及的支持与帮助。中国领导人多次表示"不减持欧元债券,支持欧元保持稳定"和"提供力所能及的帮助"的基本方针。这样的做法,一方面是经济层面的考虑,另一方面是出于国际政治博弈的需要。欧元的壮大给美元造成了威胁,在欧洲处于危难之际,美国并不希望中国出手援助欧洲。然而中国冒着风险援助欧洲可以使中欧之间的关系更加紧密,使两者在更多方面加强联合,有助于改善中国的国际政治和经济环境。

18.4.2 欧债危机对世界各国的启示

欧债危机的爆发显著地反映了在新的全球化发展阶段,区域一体化的活力以及欧洲的比较优势都在减弱的事实。欧债危机和其中显现出的欧洲一体化政治危机各自反映出了国际组织与区域一体化在新的全球化发展阶段所面临的普遍问题。欧盟所面对的问题有其特殊性,也存在一般性,不能因其面临困境而否定它的未来。可是由于欧盟长期都在推广"去工业化"的理念,使得全球产业链发生快速转移,想通过重塑工业来改变产业结构的措施已经不再那么容易。解决欧债危机的根本途径是提高"造血"功能,"止血"与"输血"只能是权宜之计。

第一,欧盟要汲取债务危机中所获得的经验教训,提高预防和监测措施以避免债务危机的再次发生。此次危机显现出欧元区国家内部缺少相应的协调处理机构,也反映出危机救助机制很不完善,在对希腊采取救助措施时,欧元区国家产生了严重的分歧与矛盾,每个国家都拒绝帮助其他国家减轻债务负担,暴露了其应对危机的能力不足。因此,欧盟便采取行动,其主要成员国的财政部长及内部官员成立专门的小组对欧债危机进行研究,提出了改善欧盟内部经济治理的四个重点目标:加强财政纪律,缩少成员国竞争力的差距,加强对经济政策的协调,构建起长期的危机应对机制。

第二,要加速对金融监管政策进行改革的进程,提高自身的国际信用评级。信用评级机构作为参与金融市场的重要角色,拥有评估金融产品存在的投资风险的职能,其做出的评级结论对投资者的信心及投资决策有着重要的影响。很多国际评级机构都会高估发达国家的主权信用评级,并未注意到希腊等国家存在的长期性债务问题。随着债务危机越来越严重,国际社会中提出了对评级机构加强监管的建议,借此来使评级机构的评估对金融市场产生的负面影响得以消除。欧盟的各个成员国之间已就加强对评级机构的监管达成协议,对评级机构实施统一登记注册的制度,以此来确保机构评估的公开与公正。

第三,扩大内需,促进与发展中国家进行的贸易往来,以保证全球经济的平衡增长。2010年6月所召开的G20峰会在其日程大纲的声明中表示,在全球金融市场中所产生的动荡告诉世人,全球经济复苏的道路上仍然存在巨大的阻碍,为了促进全球经济的发展,加强各成员国间的合作协调是至关重要的。

第四,实现公共财政的可持续发展,增加银行资本的储备。各个国家都需要努力使公共财政运行到可持续发展的轨道上,制定出可靠并有效的具体措施,使公共财政政策具有可持续性,这样将使投资者的信心有所增加,实现经济的持续增长。G20峰会的日程大纲声明也表示,G20成员国必须要制定出可靠并有效促进经济增长的措施,来使国家财政在可持续性上得到增强,在此基础上进一步实施适合各自特殊经济环境的刺激方案。与此同时,还要注意增加银行资本的储备,并制定出足够严格的相应的资本流动性规则,以避免一些金融机构参与过高风险的投资活动,进而使金融机构抵御未来系统性风险的能力得到增强。

18.4.3 欧债危机对中国经济发展的启示

第一,转变经济增长方式,扩大内需,提高国家竞争力,推动出口、投资和消费"三驾马车"良性互动。长期以来,中国国内消费不振,经济发展也过度依赖投资和出口,尤其是在本轮全球性金融危机爆发后,面对出口倍受打击、消费市场萎靡不振的情况,中国增加固定资产投资屡试不爽。而且近些年来,国际经济环境日益复杂,在次贷危机、欧债危机的影响下,欧美进口需求下降,为复苏本国经济,欧洲各国加大了国际贸易保护主义倾向,中国对外出口也因此受到严重影响。2012年,中国全年外贸进出口未达到10%的预期目标增速,实际仅为6.2%,同年,中国向欧盟的出口额为3 339.9亿美元,降低了6.2%。所以在未来的经济发展中,中国要努力推进与东盟及其他新兴市场国家间的贸易往来,以此来分散市场风险,努力提高对外贸易质量,增加对外贸易效益,并改善对外贸易结构。与此同时,也要注意适当降低经济发展对投资与出口的依赖程度,也就是要减少资本形成与净出口对经济增长的贡献度,并且提高最终消费对经济增长的贡献比例,这是中国经济转型的重点内容。此外,应适当压缩对基础设施建设的投资规模,同时增加居民收入、提升居民消费倾向。最后,还要加大对科技创新及发展的资金投入量与政策支持力度,促进国家优势产业的持续做强,进而使中国经济进一步增长,国家竞争力得到增强。

第二,保持福利制度循序渐进地推进,兼顾公平分配及总量增长,从而不会重蹈欧洲福利国家的老路。欧洲很多国家采取的高福利政策导致其财政面临高压,并逐渐发展为对欧洲社会稳定产生严重影响的深层次问题,并且仍会持续较长时间。目前,中国社会的老龄化现象日益严峻,相关的各项法律法规正在逐渐完善,社会保障的覆盖范围不断扩大,保障水平也有了很大的提高。中国财政支出中用于社会保障的支出迅速增加,根据统计数据,早在2006年,用于社会保障方面的支出占财政总支出的比率就首次超过10%,并且还有逐年递增的趋势。可是,由欧洲福利制度的发展过程可以看出,尽管福利制度影响到民生,却仍不能一味地求多求全,而是要以量入为出、可持续发展为原则。所以,中国在改进和发展社会保障制度的过程中,要注意坚持循序渐进的方针。在改革城乡二元结构的过程中,努力使保障的覆盖面得到扩大,加强转移支付,以此来有效地减小城乡及地区间的差异,消除保障水平与标准的不公。此外,还要与经济发展的实际情况相结合,稳步提升社会保险的统筹层次,适当提高社会保障水平,保证社会保障制度的可持续发展。

第三,要高度重视政府债务问题。虽然中国与欧洲主权债务市场的距离较远,近期主权债务危机也不会产生,可中国仍存在产生债务危机的因素,例如地方债务问题。特别是在金融危机爆发之后,中国的各级地方政府为了保持经济的快速增长,纷纷采取增加财政支出的方式来实现其目标,这就加深了地方政府的债务问题,如果这一问题变得严重则会对中国的经济发展和社会稳定造成非常不利的影响。国际金融危机及欧债危机的爆发,使我们真切地看出了金融风险的恐怖,我们要认真对待中国的信用风险问题。政府应强化自身支出的约束机制,保证负债规模的适度及风险的可控。同时,也可尝试以财政政策与货币政策相协调的方式来使地方政府债务得到消化。如赋予地方政府尤其是省级政府适度的发债权,令其能够在资本市场上进行直接融资,政府的财政状况则由市场做出评估。最后,还要加大财政政策中的转移支付力度,以此来平衡各个地区的财政收支,使经济落后地区的政府债务负担得到缓解。

18.5 欧债危机引发的主权信用问题

主权信用是一个主权实体现在可以获得而以主权为担保在未来支付的商品、服务和资金等的价值总和。一个国家以其主权为担保进行融资，便会形成主权债务。希腊在 2009 年年底所爆发的主权债务危机，迅速蔓延到全部欧元区，其中的西班牙、法国、意大利等国都受到严重的影响，欧元区是否能够存续受到人们的质疑。依靠大举借债来满足财政支出的无底洞会使国家信用透支，主权债务危机之所以爆发正是这些国家主权信用不断透支的结果。

18.5.1 欧债危机对主权信用的影响

欧债危机的产生会通过各种途径对国家信用造成负面影响，具体有以下几个方面：

（1）国外投资者做出撤资行为。主权债务危机会引起国外投资者对债务国的偿债能力产生怀疑，对其经济状况的态度变得悲观，最终会引起外资的撤离，导致经济状况的恶化，并可能进入恶性循环。

（2）减弱国内民众对政府的信任度。由于受到外力对国内的压迫，政府不得不以换届的方式予以缓解。然而欧债危机的根本在于国家信用的危机问题，对政府的更换只是治标不治本的行为。如果新政府反倒为达到选举的某种目的而不敢对关键问题做出改革决策，那么其很可能会再次面临政策的失效，这会使国家的信用受到更深的损害。

（3）向国际投机者提供加剧国家信用危机的机会。债务危机向某些国际游资炒作者提供了做空欧元的机会。面对巨大利益的吸引，他们会不择手段地令境况向其所期望的那样发展，这会加大欧元区国家信用的损失。

（4）政治与经济向来都是相互联系的，一些国家甚至会为了取得自身的利益，而借助债务危机这一契机对威胁到它的国家的信用扩张进行打压。进入 21 世纪以来，新诞生的欧元经过快速成长逐渐显现出强盛的态势，成为能与美元相抗衡的货币。而在经历了美国次贷危机以及欧债危机的不断冲击后，欧元的地位逐渐下降，欧元区内的各个国家也陆续陷入了经济持续衰退的困境，反观美元，却又走到了世界的前沿，这值得人们深思。

18.5.2 主权信用危机所引发的经济后果

在欧债危机中，大量欧元区成员国如法国等的主权信用评级被不同程度地下调，而此次危机的发源国希腊则一度被惠誉及穆迪两家评级机构调至 C 级这一最低等级。主

权信用危机对欧元区所造成的不利影响,大致体现为如下几点:

1. 导致希腊及西班牙等国的国债利率急剧升高

自美国金融危机爆发以来,世界范围的经济都已陷入衰退,欧盟为应对此次危机而实施了欧洲经济恢复计划,而该计划所需的资金需要各国政府进行大规模的借贷才能满足。希腊在债务危机爆发前夕,其国债总额就已经高过GDP的110%,远远超出国际上60%的警戒水平。此后,在政府被迫继续进行借债时,其国债利率水平便一路上涨。

2. 引起政府违约风险的提高,各个国家的银行系统严重缺乏流动性

由于各国发行的国债大多数都由商业银行与基金等机构投资者所持有,因此一旦政府违约就会使其产生大量的呆坏账损失,一些银行被迫减少营业网点甚至面临破产。银行为了降低政府违约风险,就会采取减少信贷的措施来提高资本充足率,这一举动会造成企业融资渠道减少、融资难度加大,一些中小企业不得不面临破产,进而使得失业率增加。2013年第一季度,希腊与西班牙两国的失业率都曾高于25%。金融危机的爆发,使得大量资产泡沫发生破裂,这引起了银行信贷抵押物价值的大幅缩水,对银行产生了严重的危害。这不仅会对银行系统及整个金融体系造成损失,还会对实体经济产生不良影响。

3. 造成欧元汇率大幅下跌,损害到其国际货币的地位

当欧债危机并未爆发时,人们曾认为欧元是市场上最能与美元相抗衡的对手,是美元霸权地位最有力的竞争者。然而,欧债危机的爆发引起欧元的严重贬值,使欧元在国际上的货币地位明显下降,也动摇了人们对欧元的信心。

4. 阻碍了欧洲一体化进程的发展

这次危机,令欧元区各国间的复杂矛盾得以显现,并让其感受到欧元区货币一体化中存在的严重缺陷。没有相应的财政纪律对其中的各个国家进行约束,是产生欧债危机的重要因素。想要达到真正意义上的经济及政治一体化,就要抓住危机中的机遇,推动财政的一体化发展。这对于存在较大文化及发展差异的欧洲国家来讲,仍是一个需要长期考虑的问题。

5. 严重阻碍了世界经济的发展

欧洲央行和英格兰银行之所以维持实际负利率的水平,就是要依靠通货膨胀来使自身的债务有所减轻。欧洲和美国都采取货币宽松政策,两者的作用叠加在一起,对整个世界造成通货膨胀的压力,不少地区及新兴市场的经济发展都受到了其不利的影响。

18.5.3 欧债危机对主权信用管理的启示

1. 国内层面上的主权信用管理

(1) 对债务占GDP的比重进行严格控制,以优化资产负债结构。人们应从此次欧债危机中汲取教训,以认真的态度来审视政府债务问题。依照国际上的审慎管理原则,要把债务比例严格控制在《马斯特里赫特条约》规定的警戒线之下。在我国,尽管近几年的财政赤字由趋近3%这一国际警戒线逐渐降低至约2%,其占GDP的比重也要远低于国

际上的风险临界标准,可是我国自金融危机爆发以来出现的地方债务快速扩张现象背后所隐藏的问题仍需加以重视。需要对此做好风险防范工作,尤其要注意和加强对潜在风险的防范,优化地方政府融资平台中对债务的管理,以实现财政的可持续发展。

(2) 强化对国内金融业的监管。加大对国内金融业特别是对外开放度较高的金融业的监管力度,以此来保证国家的主权信用。外资的自由流入增加了国内金融行业的风险,主要体现在提高本国经济的泡沫化程度和使外部失衡情况更易发生两方面。由此看来,在国家层面上对主权信用进行管理,有必要重视对国内金融系统的监管,稳定外部平衡,控制外债规模,使其处于正常区间之内。

(3) 做好国家主权信用的经营管理,使国内外投资者对其有良好的预期。由于信心对经济的发展非常重要,在人们对一国信用保持乐观态度时,国家经济更能够维持向上发展的势头,并避免经济危机的发生。例如,美国和日本这两个发达国家的负债规模已经超过其 GDP 的水平,比希腊等国还要高,但它们却并没有爆发债务危机。由此可见,一个国家是否会产生主权信用危机,信心是非常重要的一个因素,维护信心是国家决策者经营和管理本国信用的关键。

(4) 政府在开源节流方面要做好工作。在开源方面,政府要促进技术创新,优化产业结构,发掘更多经济增长点,使得经济保持稳定发展的态势,进而使其能够获取更多的财政收入。在节流方面,可以对国家行政开支中存在的费用庞大以及不透明的状况进行整治,以此来拓宽政府施行财政政策的空间。

2. 国际层面上的主权信用管理

(1) 对评级机构加强监管。在金融危机爆发之后,国际信用评级机构的透明性与独立性逐渐引起人们的质疑。并无证据表明这些评级机构所拥有的信息多于其他市场参与者,也不能证明其构建的模型对未来能够做出更精准的预测。在此次欧债危机中,标准普尔、穆迪及惠誉三大评级机构均深刻暴露出权责失衡、透明度不高、利益冲突的介入过深等问题。所以,在危机过后,各国政府出于维护自身主权信用的目的,需要动用相关权力令评级机构对问责机制做出改良,并制定出更加严格的法规要求其遵守,以实现评级过程的公正透明及评级结果的真实有效。

(2) 加快国际信用评级体系的改革。此次危机中发生的希腊主权评级降级事件引发了世界范围的市场动荡,这是当今社会对评级机构过度依赖的表现,也显示出评级的强大影响力及国际评级话语权的重要价值。因此,要加快对国际信用评级体系的改革,以树立其独立、公正及令人信服的形象。因此,首先要改变信用评级市场的垄断现状,以增加评级机构数量的方式来增强信用评级体系的竞争性;其次要在世界范围内构建起一套统一的监管协调机制。在我国,一方面应提高评级业务的水平,降低对国外评级机构的依赖,树立起具有一定权威性的评级机构品牌;另一方面,要抓住机会,积极促进国际信用评级体系改革的发展,努力提高自身在国际资本市场中的地位。

(3) 合理、正确地处理好国际关系。在世界上,国家之间的交往是彼此之间不断进行博弈与制衡的过程,在这个过程中往往会产生利益冲突,这时国家的主要领导人就应做出及时、理性并符合国家利益的决策。例如,我国在人民币汇率不断被美国施压的情况下,不能完全按照美方的要求做,而是要顾及各方的利益,使其达到平衡,循序渐进地对人民币汇率制度做出改革。若不这样做,就可能会使人民币汇率问题危及我国的主权信用。

(4) 对货币一体化合作的参与持谨慎态度。最优货币区理论的研究表明,只有在成员国的资本及要素流动性、经济开放程度、经济互补性、市场一体化程度、文化基础、政治制度等各方面都相适宜的前提下,参加共同货币区才会取得最大的利益,而在不具备这些条件时就决定参加,可能会弊大于利。比如,亚洲各个国家的经济发展水平、制度、结构都存在显著差异,不同于欧元区各国本来就拥有良好且相近的经济条件,况且此次欧债危机还暴露出了各国分散的财政政策与欧元区统一的货币政策间难以协调的问题。这些都说明如今还不能建立"亚元"货币体系,我国在世界上有一定的影响力,更需对开展区域货币一体化的行动具有客观正确的认识。

(5) 国际经济组织也可对各国政府的信用监管采取一定的措施。在对国际金融风险的监管上,一些国际经济组织做出了突出的贡献,如《巴塞尔协议》中对银行资本充足率做出了各项要求,能够在一定程度上避免债务危机的发生。世界银行及 IMF 等国际经济组织可以更多地加强对各个国家的主权信用监管,维护世界经济的稳定。

练习题

简述题

1. 欧债危机爆发的外部原因和内部原因分别是什么?
2. 在欧债危机中,债务国以及国际上分别实施了哪些救助措施?其效果如何?应如何评价?
3. 欧债危机对中国产生了哪些消极影响?
4. 欧债危机的爆发对世界各国有哪些启示?
5. 欧债危机的产生会通过哪些途径对国家信用造成负面影响?
6. 欧债危机对主权信用管理的启示有哪些?

第19章 雷曼兄弟破产案例分析

2008年,次贷危机在美国愈演愈烈,9月15日,美国第四大投资银行雷曼兄弟向美国联邦破产法庭递交了破产保护申请,这家创立于1850年,经历了158年风风雨雨,创造过无数传奇的投资银行最终告别了历史舞台。从资产规模上看,这是美国金融业有史以来最大的破产案。雷曼兄弟的破产不仅对当时的金融界造成了深远的影响,也给后人带来许多反思。在本章中,我们将深入介绍雷曼兄弟破产的背景、过程及影响,探讨其破产的原因并寻求该事件带给我们的启示。

19.1 雷曼兄弟概况及事件背景

从棉花贸易起家发展为美国举足轻重的投资银行,雷曼兄弟在其走过的158年中,同美国经济一起经历了1929年开始的大萧条、20世纪70年代的能源危机、"9·11"恐怖袭击等重大变故,始终屹立不倒,获得了"有19条命的猫"的美誉。雷曼兄弟的业务遍及证券、投资、资产管理等各个领域,其发展历程一直与美国的经济形势密切相关。2007年夏天开始的次贷危机却是此次雷曼兄弟破产的大背景,然而,这次雷曼兄弟却没能挺过去。

20世纪90年代开始,美国的金融机构开始进行大量的金融创新以谋求更高额的利润。在房地产市场蓬勃发展的时期,雷曼兄弟和其他许多金融机构一样,大量涉足资产抵押债券、担保债务凭证、定期存单等金融衍生品。当房地产市场萎缩、次级抵押资产价格下降、次贷危机爆发时,雷曼兄弟终究没能承受住巨额损失,最终破产。

那么,雷曼兄弟究竟是一家什么样的公司?在破产前,它的业务情况和财务状况又是怎么样的呢?本节将对这些问题进行讨论。

19.1.1 雷曼兄弟概况

雷曼兄弟是一家全方位、多元化、综合性的投资银行,是全球最有实力的股票、债券承销和交易商之一,长期为世界各地的企业、机构、政府和投资者提供金融服务。同时,雷曼兄弟还担任多个跨国公司和政府的金融顾问,拥有许多国际公认的资深分析师。雷曼兄弟的客户包括美国在线时代华纳、IBM、英特尔、戴尔、富士、强生、摩托罗拉、NEC、百事、壳牌石油、沃尔玛等众多世界著名企业。

雷曼兄弟一直致力于产品和融资方式的创新,以自身实力在业界获得了良好的声誉。2000年,《商业周刊》将其评为最佳投资银行。2002年,《国际融资评论》亦将其评为最佳投资银行。2007年,雷曼兄弟在世界500强企业中排在第132位;同年,它被《财富》杂志评为年度"最受尊重的证券公司"。雷曼兄弟的总部设在纽约,并且在伦敦、东京、香港设有区域总部,全球48个城市的办事处紧密联系,24小时参与资本市场运作。

雷曼兄弟的历史可以追溯到19世纪40年代。1844年,23岁的亨利·雷曼(Henry Lehman)从德国移民到美国,定居在阿拉巴马州的蒙哥马利,并在那里创立了名为H.Lehman的干货商店,这是雷曼家族在美国最早的产业。在生意步入正轨之后,他把两个弟弟——艾曼纽尔和梅耶接到美国。当时的阿拉巴马州盛产棉花,而当地的农夫在光顾他们的干货店时,有时并没有现金支付,于是就以棉花作为替代物来支付,慢慢地,雷曼兄弟主要从事的业务就变成了"倒卖棉花"。1950年,他们创建了雷曼兄弟公司,当然,那时公司的业务以经营棉花为主,和投资银行搭不上边。作为当时重要的商品贸易商,雷曼兄弟参与创立了许多商品交易所,包括棉花交易所和咖啡交易所。在这个阶段,雷曼兄弟公司从事的商品贸易积累了一定的财富,为其进入金融行业奠定了基础。

随着工业革命的进行,美国经济高速发展,新兴行业不断涌现,大量公司上市融资,为证券承销和资产重组的发展提供了新的机遇。雷曼兄弟也抓住机遇,发展自身业务。这段时间,雷曼兄弟与高盛保持着紧密的合作关系,完成了包括史都贝克公司、通用雪茄公司、西尔斯连锁百货公司等在内的近百家企业的上市融资。随着时间的推移,雷曼家族的第二代在商号中发挥了越来越重要的作用,他们把目光主要投向金融业,家族生意中与商品有关的业务越来越少,到20世纪初艾曼纽尔去世之后,雷曼兄弟正式由一个商品贸易商转型为一家证券发行公司。

后来,在雷曼家族第三代领导人罗伯特·雷曼的带领下,公司成功渡过了1929年经济大萧条的难关,投资短波通信和电视技术,并为石油开采提供融资服务。第二次世界大战之后,雷曼兄弟又抓住新的机遇,为消费服务业、汽车制造业、航运业等多个行业的众多企业提供财务顾问和融资服务,并大力发展海外业务,成为一家国际性的投资银行。

1969年,罗伯特·雷曼去世,雷曼家族对公司120年的统治宣告终结。此后,公司陷入了权力真空和经济衰退的严重困境,几近停业。直到1973年,雷曼兄弟才请来了原贝尔豪威尔公司主席和首席执行官皮特·彼得森接管公司,公司状况得以好转。然而,好景不长,公司内部权力斗争越来越激烈,投资银行家与交易员之间的矛盾变得难以调和,最终,皮特·彼得森被迫离职,由前经纪人路易斯出任公司首席执行官,此时的雷曼兄弟已处于风雨飘摇之中。终于,1984年,雷曼兄弟被美国运通公司收购。

并入美国运通之后,雷曼兄弟一直业绩不佳。1993年,运通公司剥离非核心业务,雷曼兄弟也从美国运通中独立出来。这一次,雷曼兄弟又陷入了资金短缺的危机。交易员出身的迪克·福尔德临危受命,当机立断,拯救了公司,成为公司的超级英雄。1994年,雷曼兄弟在纽约交易所挂牌,成为一家上市公司。在迪克·福尔德的领导下,雷曼兄弟经受住了俄罗斯倒债风暴、长期资本公司倒闭和"9·11"恐怖袭击等事件的冲击,重新回到了顶尖投资银行的行列。同时,雷曼兄弟积极扩展业务,寻找新的利润增长点,大量涉足金融衍生品市场。迪克·福尔德本人也养成了独断专行、刚愎自用的习惯,这些都为雷曼兄弟的破产埋下了伏笔。

19.1.2 经营业务转型背景

投资银行的传统业务包括证券发行与承销、交易、企业重组、兼并与收购、投资分析、风险投资、项目融资等业务。雷曼兄弟作为一家投资银行,渐渐脱离了投资银行的传统业务,大规模地进行新业务的扩张,甚至深入涉足次贷市场。这与当时的经济形势和时代背景密不可分,金融市场的自由化和证券化的发展为雷曼兄弟的业务转型提供了条件。

1. 金融市场自由化

美国的投资银行产生于19世纪初,资本主义的兴起对融资方式产生了新的需求,铁路、钢铁和自来水系统的建设需要大量的资金支持。为了规范化新股票的发行并将股票推销出去,投资银行不断扩展自身业务并发展壮大起来。早期投资银行的业务类型简单,与商业银行没有明确的界限。雷曼兄弟通过商品贸易起家,逐步成为同时办理商业银行和投资银行业务的金融组织。1927年的《麦克法顿法案》为商业银行承销股票打开了法律通道,许多金融机构为证券的投机性交易提供贷款,造成了股市泡沫。1929年股市崩盘,开始了长达四年的经济大萧条。于是,在罗斯福总统新政期间,一系列加强金融监管的法案纷纷出台。1933年颁布的《格拉斯-斯蒂格尔法案》把投资银行与商业银行的业务明确区别开,确立了分业经营的模式,雷曼兄弟也在这个时期转型成专业化的独立投资银行。20世纪六七十年代,严格的政府管制制约了银行业利润的扩张,金融机构纷纷进行金融创新并规避政府管制,投资银行与商业银行又一次相互渗透,二者之间的区别日益模糊。1999年,美国通过了《金融服务现代化法案》,从法律上废除了分业经营制度,在这之后,金融业进入自由化、混业经营的时代。金融自由化适应了经济的发展,也为雷曼兄弟从事高风险的综合性业务提供了制度条件。

2. 金融市场证券化

20世纪80年代以来,金融创新层出不穷,美国金融市场的另一个重要趋势和特征就是证券化。一些资产缺乏流动性但能够产生稳定的、可以预见的现金流,那么这些资产就可以被转化成可出售和流通的证券。资产证券化增加了资产的流动性,能够以较低的成本进行融资,同时,资产证券化还减少了银行的风险资产,有助于银行满足行业内规定的指标。不仅如此,通过资产证券化,还能够解决银行资产和负债期限不匹配的问题,使得财务管理模式更为灵活。但是,资产证券化又是极其复杂的过程,经过资产证券化之后,投资者很难确定投资对象的风险大小,其所面临的风险增大,中间环节一旦出现问题,就会造成重大损失。资产证券化为雷曼兄弟涉足次贷市场提供了金融工具上的支持,雷曼兄弟大量持有住房抵押贷款支持证券等资产证券化产品,然而这些资产在次贷危机爆发时却成了有毒的资产。

19.1.3 雷曼兄弟与次贷市场

讨论雷曼兄弟与次贷市场的关系就不得不提到美国房地产市场的兴衰。2000年5月，美国纳斯达克指数暴跌，经济陷入疲软状态。为了刺激经济，美联储在2001年到2003年期间13次下调联邦基准利率，降低借贷成本，带来了房地产市场的繁荣景象。美国银行的贷款对象也从以企业客户为主转向以居民客户为主。2006年，居民贷款在银行贷款的比重为70%。对未来房价的乐观预期使得金融机构极力向信用等级很低的借款人推销住房贷款。2006年年末，次级住房抵押贷款市场开始发出疲软信号，次级贷款的逾期债款率从2004年和2005年的不超过10%上升到2006年年底的超过13%，住房价格从2006年年中开始下降。到2007年年初，已有几家主要从事次级贷款业务的公司破产或被收购。

次贷危机之前，华尔街金融机构为迅速拓展业务经营了大量的高杠杆金融产品，这些产品层层打包、错综复杂，其价格难以准确评估。买卖链条的延长，导致终端的投资者和最初的借款人彼此毫不知情，投资者对借款人的信用状况也不了解，这大大提高了整个体系的风险。雷曼兄弟一直以冒险创新著称，在前几次经济危机到来时都以自己的方式平安度过并实现了业务扩张，这一次，雷曼兄弟同样希望反周期增长，利用危机战胜竞争对手。显然，雷曼兄弟对这次危机的认识是不足的。2007年上半年，雷曼兄弟开始有意识地削减次级住房抵押贷款相关业务的规模，却扩张信用级别稍高的次优级房贷，并持续增大杠杆贷款、商业不动产和主要投资业务的规模。事实上，雷曼兄弟在2007年的业绩不断下滑，到第三季度就已经出现亏损和减值，亏损和减值主要来自杠杆贷款担保和住房按揭的相关业务。到2008年第一季度，风险损失达70亿美元，生存危机由此产生。

此时，雷曼兄弟的巨额亏损主要来自其持有的巨额住房抵押资产和商业地产抵押资产。2007年，雷曼兄弟在上述两项资产中的减值损失达到61亿美元，占总资产减值损失的近90%。2007年到2008年第三季度，住房抵押资产减值总额为154亿美元，商业地产抵押资产减值总额为54亿美元。这段时间，由于市场环境不断恶化、流动性缺乏、交易对手信心不足等原因，雷曼兄弟的损失进一步扩大。

19.2 雷曼兄弟破产的过程及影响

前面介绍了雷曼兄弟的基本概况和雷曼兄弟破产这一事件的背景，下面将详细地介绍雷曼兄弟破产的过程以及这一事件所带来的影响。

19.2.1 雷曼兄弟破产过程

2007年起,市场开始关注投资银行杠杆率过高的问题,雷曼兄弟却仍在扩张杠杆贷款的规模。雷曼兄弟清楚,公司的杠杆率如果高于行业平均水平,将丧失股权再融资的机会。迫于这种压力,雷曼兄弟从2007年起大量采用回购105(Repo 105)的方法粉饰财务报表。这种方法就是将自身所拥有的资产或者证券作为抵押物,向其他的机构借入资金,并承诺在规定的时间内对所抵押的资产或者证券进行赎回。根据回购105的做法,所抵押资产或者证券的价值不能低于所借资金的105%。然而,这种短期内获得资金同时减少资产负债表内资产和负债的做法成本较为高昂。

SFAS140会计准则规定"在资产转移过程中,如果出让方还收到了除受益权以外的对价,并且出让方放弃了对金融资产的控制权,该交易可作为出售处理"。正是这条有关"出售"处理的会计准则,让雷曼兄弟钻了空子。公司在发布定期公告的前几天,都会使用回购105,大量出售资产,并用融得的现金偿还负债,使得资产与负债同时减少,待下一季度开始,又借入资金回购之前卖出的资产并支付利息。数据显示,从2001年回购105计划开始实施到2007年年初,雷曼兄弟的回购105交易额始终控制在200亿到250亿美元之间。从2007年年中开始,这个数据显著上升。2007年第四季度、2008年第一季度和2008年第二季度的回购105交易额达到386亿美元、491亿美元和504亿美元,这使得公司的杠杆率在这三个季度末分别为16.1、15.4和12.1。如果没有回购105交易,杠杆率将分别为17.8、17.3和13.9,差别显而易见。

雷曼兄弟通过回购105骗过了穆迪、标准普尔等信用评级机构,使得这些评级机构没有对雷曼兄弟的信用评级及时做出负面的调整。回购105的成本比普通回购高得多,这实际上增加了雷曼兄弟的流动性负担。到2008年6月,雷曼兄弟财务报表的问题终于还是显现了出来。

受次贷危机的影响,雷曼兄弟的大量房地产信贷资产被迫减记,不得不在2008年第二季度的财务报表中公布公司亏损28.7亿美元,这是雷曼兄弟1994年上市以来首次出现亏损。2008年第三季度的财务报表显示,雷曼兄弟亏损39亿美元,出现生存危机。与此同时,雷曼兄弟的股价也从2008年年初的60多美元一路下跌至7.79美元。短短9个月的时间里,股价跌了近90%,已经跌破净资产,市值仅剩下约60亿美元。

雷曼兄弟一直希望找到资金雄厚的买家对其进行收购,包括韩国产业银行、美国银行、巴克莱银行在内的金融机构都与雷曼兄弟有过收购谈判,但是出于种种原因,谈判均未达成一致意见。雷曼兄弟的首席执行官迪克·福尔德要价很高,而且一直希望公司被整体收购,不做拆分。他始终认为雷曼兄弟能够凭自己的实力度过危机,而且即使找不到买家,政府也会出面救助。出于这些原因,福尔德在谈判过程中表现得十分傲慢,似乎在拒绝出售公司。但是,美国财政部和美联储坚持不动用纳税人的钱为收购雷曼兄弟提供资金支持,态度与对待贝尔斯登和"两房"截然不同。美国政府之所以袖手旁观主要是出于两方面的考虑:一方面,政府认为,雷曼兄弟的破产不会对金融系统造成持续的大规模冲击,在救助贝尔斯登之后,市场已经有足够的时间和流动性对冲雷曼兄弟的风险敞口;另一方面,当时美国汽车工业的代表正在国会游说,要求政府提供低息贷款救助汽车工业,政府认为一再救助金融企业会为其他企业申请救助提供先例。除此之外,当时有能力收购雷曼兄弟的机构并不多,华尔街的许多金融机构在当时都陷入次贷危机之中,自顾不暇,即使有愿意收购的,也只对雷曼兄弟旗下的纽伯格伯曼有限责任公司、雷曼兄弟资产管理公司等质量较好的资产感兴趣,对于整体收购雷曼兄弟并没有特别大的意愿。

最终,雷曼兄弟于2008年9月15日申请破产保护。随后,英国的巴克莱银行宣布以17.5亿美元收购雷曼兄弟纽约总部、两个数据中心和部分交易资产;日本的野村控股证券公司收购了雷曼兄弟在亚太、欧洲和中东地区的大部分业务。雷曼兄弟旗下的许多子公司和其他业务也被拆分收购,一个金融帝国就这样土崩瓦解了。

19.2.2 雷曼兄弟破产的影响

针对雷曼兄弟的破产,美联储前主席格林斯潘指出,美国正在遭遇"百年一遇"的金融危机。同时,全球最大的债券基金公司太平洋投资管理公司总监格罗斯也指出,雷曼兄弟的破产有可能引发全球性的金融海啸。的确,身负6 130亿美元巨额债务的雷曼兄弟破产后,对金融市场产生的影响超乎一般人的预想。雷曼兄弟的破产给股票市场和抵押贷款市场带来了巨大震荡。在股票市场上,当雷曼兄弟宣布破产时,全球股市开盘一片狼藉。亚太股票大幅下跌,其中,日本、中国香港、中国台湾和韩国股价的跌幅都超过5%,澳大利亚股市收市也跌了1.5%,欧洲特别是法国和英国股市也出现不同程度的下跌。道琼斯指数以"9·11"恐怖袭击以来的最大单日跌幅收盘,在破产两天之后再次大幅下跌,下跌了449.36点,跌幅为4.06%,报收10 609.66点,创自2005年11月9日以来的新低。道琼斯指数一周内共下跌了800多点,跌幅为7%。对于持有雷曼兄弟股票的24 000名员工,在雷曼兄弟宣布破产时,他们共遭受了高达100亿美元的经济损失。在抵押贷款市场上,作为美国抵押贷款证券的最大承销商,雷曼兄弟在其破产后给抵押贷款市场带来了巨大的不确定性。因为市场上的抵押贷款证券多为雷曼兄弟发行,一旦其倒闭,就需要清除掉其剩余抵押贷款的相关资产仓位,而这一做法很可能阻碍美国政府救助"两房"举措效用的发挥。更糟糕的是,雷曼兄弟还持有100亿美元的杠杆贷款头寸。雷曼兄弟的破产,很可能导致这部分杠杆贷款头寸被解除。这样一来,美国的杠杆贷款市场受到全面的冲击,投资市场充斥着混乱和恐慌。雷曼兄弟的破产使债券投资人的利益受到严重损害,从长远来看,它进一步挫伤了投资人对市场和未来的信心。

从投资银行等金融机构的角度看,雷曼兄弟破产对与其具有债权关系的金融机构造成了严重的损失。资料显示,雷曼兄弟大概持有1 380亿美元的优先债权债务和170亿美元的后偿债券和次级债券。雷曼兄弟破产之后,能收回的资金大约只占其总投资的40%,甚至更少。这无疑会给雷曼兄弟的重要无抵押债权人,包括花旗银行、纽约梅隆银行、先锋集团、富兰克林咨询等,带来约860亿美元的巨额损失。此外,雷曼兄弟在其破产前持有大量涉及房地产的不良资产,这些资产同时被包含在其他投资银行的投资组合里,这些资产在雷曼兄弟破产清算的过程中很容易被过低标价。在此情况下,其他投资银行因为所涉及的相关业务估值减少而蒙受了巨额损失。从影响金融世界权力结构改变的角度分析,在美国五大老牌的投资银行中,贝尔斯登、美林相继销声匿迹之后,雷曼兄弟的破产使得美国投资银行界只剩下高盛和摩根士丹利两家。而这仅剩的两家,也因此次危机遭受了极大的损失,在努力自保。此时,收购了美林证券的美国银行和收购了贝尔斯登的摩根大通等大型财团在华尔街获得了更多的主导权。

雷曼兄弟的破产给全球经济带来了通货紧缩的压力。在次贷危机以前,各国往往关注通货膨胀的风险,但随着次贷危机的发生和雷曼兄弟破产产生的重大影响,债务违约和资产价格不断下滑,各国经济进入恶性循环。这一系列的问题造成银行经营困难,企业很难获得贷款进行融资,企业发展困难,纷纷开始裁员,最终导致全球经济进入通货紧缩时期,在一定程度上给各国的经济决策带来了压力。一方面,各国经济在次贷之前长期保持发展过热的状况,对通货膨胀仍不能掉以轻心;另一方面,由于雷曼兄弟破产导致的全球性通货紧缩的危机,各国在采取利率等财政货币政策方面进退两难。

雷曼兄弟的破产,从某种程度上还刺激了国际上的金融互助。为了遏止雷曼兄弟破产造成的不利影响,全球央行纷纷采取相应的举措。先是美联储联合花旗、瑞士信贷等十多家银行筹建了一个高达70亿美元的资金池,同时,美联储还向银行系统注资500亿美元作为临时贮备金,尽量防止雷曼兄弟破产危及全球金融体系。另外,其他主要发达国家的央行积极配合,使得"救市"行动得到了迅速展开,例如,欧洲央行向隔夜拆借市场紧急注资300亿欧元,英国央行向金融市场拍卖50亿英镑贷款,澳大利亚央行通过回购向市场注资21亿澳元,日本央行向短期金融市场注资1.5亿日元。在控制雷曼兄弟破产产生的不利影响和次贷危机不断恶化的过程中,国际间的金融互助显得尤其重要。

同时,雷曼兄弟的破产对投资银行业的恢复产生了深远的影响。在雷曼兄弟宣布破产的两年后,投资银行中除了高盛和摩根大通银行的股价与雷曼兄弟宣布破产前的水平一致之外,其他银行都遭受了不同程度的下跌。截止到2010年,花旗银行股价下跌78%,美国银行股价下跌59%,银行的整体股价平均下跌约23%,跌幅是同期标准普尔500指数的两倍。很多专家解读说,银行业的每一个业务环节基本上都被破坏了,很难再达到雷曼兄弟破产前的水平。另外,雷曼兄弟的倒闭使得一系列限制银行活动的规则出现,要求银行自身要持有充足的资本和流动性资产。全球金融监管部门开始对投资银行进行大规模的监管和改革,把自20世纪70年代以来的"以效率为先"的经营思路逐步转向"以安全为先"的方向,对全球投资银行的经营和发展产生了重大影响。另外,雷曼兄弟的破产在很大程度上减轻了美国金融产能过剩的压力,缓解了固定收益证券产能过剩的问题。虽然在短期内雷曼兄弟的破产使美国的次贷危机进一步恶化,但从长远来看,它为美国次贷危机的结束和投资银行发展环境的改善提供了希望。

雷曼兄弟的破产对中国经济的发展也产生了剧烈的影响。虽然中国不是雷曼兄弟的主要债权人,但其破产仍然严重影响了中国经济的发展。雷曼兄弟的破产使得中国股民对于银行市场产生了恐慌,打击了投资信心,造成中国股市的大幅下跌。雷曼兄弟宣布破产时,沪深两市的银行板块全线暴跌,其中8家银行股跌停。同时,雷曼兄弟的破产也严重损害了其债券持有者的利益。数据显示,中国多家金融机构持有雷曼兄弟债券,如中国建设银行持有的雷曼兄弟的债券金额为1.914亿美元,中国工商银行持有的债券金额为1.518亿美元。招商银行、兴业银行、中国银行等其他6家银行也持有不同数量的雷曼兄弟债券,总数大概为6亿美元。雷曼兄弟的破产,使其股票、债券价值大幅度缩水,持有雷曼兄弟股票或债券的中国金融机构或者其他参与者都遭受了巨大损失。另外,雷曼兄弟的破产进一步恶化了中国的进出口环境,美国经济受到进一步的破坏,降低了美国民众的消费力。作为美国重要的贸易伙伴,中国的进出口环境也受到严重影响。

19.3 雷曼兄弟破产的原因

雷曼兄弟在短期内由盛到衰的原因是多方面的。归结起来可主要从雷曼兄弟的业务结构、不良资产、内部控制、风险管理和外部原因五个方面来分析其破产的原因。

19.3.1 业务结构

作为投资银行,雷曼兄弟之前的业务重心主要在传统的投资银行业务,主要包括证券发行承销和兼并收购顾问,但进入20世纪90年代,随着金融衍生品和固定收益产品的流行与发展,雷曼兄弟转变业务重心,成为华尔街的"债券之王"。2000年以后,随着房地产和信贷等非传统业务的发展,雷曼兄弟又开始涉足此类业务,并使其得到飞速发展,成为住宅抵押债券与商业地产债券业务的顶级承销商和账簿管理人。在这个过程中,雷曼兄弟追求高风险、高利润的发展,使得自身业务过于集中,且多集中在不熟悉的业务上,缺乏多元化的收入来源来帮助其分散风险。对比之下,同样处于困境下的美林证券在经济危机到来时能够在短期内迅速将其投资的彭博和黑岩公司的股权脱手以换取急需的资金。

雷曼兄弟的业务涉及商业银行、保险、资产管理、地产投资等多个领域,但在实行多元化战略的过程中,其在业务上实际形成资本市场、投资银行和投资管理三大部分。其中,资本市场业务主要包括固定收益和股票,投资银行业务主要包括全球债务融资、全球性股票融资和咨询服务,投资管理业务主要包括资产管理和私人投资管理。三大业务部门的盈利能力差别很大,其中,资本市场分部是雷曼兄弟收入的主要来源。2003—2006年,抵押证券业务得到飞速发展,雷曼兄弟的市场业务收入占总收入的68%,其固定收益部门每年的净收入占资本市场分部的74%,也就是说,雷曼兄弟收入的一半左右都来自固定收益这一个部门。在2007年的次贷危机发生之后,固定收益部门的收入下降了29%。虽然投资银行分部和投资管理分部的收入在增加,但由于它们一直以来都不是雷曼兄弟的主要收入来源,因此这些部门的增长也缓解不了固定收益业务收益下降的冲击。雷曼兄弟的结构金融、私募基金和杠杆借贷等新型业务受到重创的同时,还暴露出兼并收购、股票交易业务不够完善和缺乏应急手段等问题,最终在次贷危机中受到严重冲击。

19.3.2 不良资产

雷曼兄弟持有大量的房地产抵押债券,这些抵押债券很大一部分都属于第三级资产,难以在市场上销售。作为华尔街房地产抵押证券的主要承销商和账簿管理人,雷曼兄弟将这些难以出售的债券都留在了自己的资产表上,占其总资产的30%—40%。此类债券评级高(大部分是AAA级),利率相对较低,不受投资者的青睐,很难在市场上流通。不同于流通的债券,这些难以流通的债券的价值很难按市场公允价值来判断其损益,因此雷曼兄弟只能通过参考市场上类似产品的交易或者运用它自身特有的模型来计算这些证券的损益。由于产品的复杂性和模型估值的不确定性较大,估计的损益往往缺乏准确性。此外,对于雷曼兄弟的员工而言,为了获得年底奖金,他们往往有高估证券的动机,这给雷曼兄弟的资产评估带来了很大的风险。

2008年第二季度末,雷曼兄弟持有第三级资产413亿美元,其中,房地产抵押和资产抵押证券在减值22亿美元后还有206亿美元。此外,雷曼兄弟三个级别的资产抵押高达725亿美元,其中,次贷部分约有2.8亿美元。在2.8亿美元的次贷中,住宅房产抵押占45%,商业房产抵押占55%。由于美国的次贷危机开始于住宅房产领域,之后蔓延到商业房产领域,因此雷曼兄弟持有的巨额住房抵押资产和商业地产抵押资产在次贷危机中使其产生了严重的亏损。2007年,雷曼兄弟的这两项资产的减值损失高达61亿美元,占其资产减值总损失的89.71%;在2008年的三个财季中,该比例分别为87.23%、91.67%和109.38%。在2007财年至2008年第三财季中,住房抵押资产减值总额达154亿美元,商业地产抵押资产减值总额达54亿美元。在对冲后,住房抵押资产减值总额为90亿美元,而商业地产抵押资产减值总额仍高达48亿美元。特别地,在商业不动产方面,雷曼兄弟旗下的全球不动产集团在2007年进行了一系列大规模的不动产收购计划。2008年第一季度,全球不动产集团的资产负债表限制为605亿美元,比2007年第一季度的365亿美元增长了66%。尽管如此,在2007年到2008年间,全球不动产集团还是持续超过资产负债表的限制进行运作。2007年,雷曼兄弟以222亿美元的高价收购了Archstone信托公司,该公司旗下有360座豪华公寓大楼,多为最高级的房地产。成交后不久,与Archstone类似的不动产信托的价格下降了20%—30%。对于雷曼兄弟来说,住房抵押资产和商业地产抵押资产两项资产的减值损失是其破产的直接原因。

19.3.3 内部控制

良好的激励制度是保障企业内部控制正常运行的关键,然而,在雷曼兄弟内部,股权激励制度却刺激了其内部控制效力的丧失。主要是因为雷曼兄弟采用股权激励的方式对员工加以奖励,鼓励员工持股,在雷曼兄弟内部,有很大一部分的员工报酬是以公司股票和期权的方式支付的。2006年,雷曼兄弟内部员工持股比例达到30%,持股市值超过1 000万美元以上的员工有200多人。尽管股权激励有利于鼓励员工的积极性,但其副作用也同样不容忽视。巨大的财富激励极大地刺激了雷曼兄弟员工的冒险行为。只有不断进行高风险的业务,才有带来高盈利的可能,进而推动股价的升高,职业经理人们才能从高股价中获得更多的收益。即使在美国房地产泡沫的高峰期,雷曼兄弟仍然未减少其在房地产开发方面的投资。在股权激励的诱惑下,雷曼兄弟的经理层自身忽视了风险意识和监控的重要性,使得公司风险不断累积。

此外,雷曼兄弟曾以其良好的内部控制自居,可见它不缺少技术手段对其自身进行风险评估,但投资银行的奖励制度助长了管理层的道德风险和利润第一的企业价值观。管理层为了追求高额的物质报酬,盲目扩大业务,无视风险控制,未能积极主动地开展风险评估,内部控制逐渐失效。同时,雷曼兄弟的企业文化高度重视"个人英雄主义"。特别是福尔德自1993年任首席执行官以来,带领雷曼兄弟成为华尔街的顶级投资银行,这样的辉煌业绩增强了雷曼兄弟内部员工和管理层对他的信心。"个人英雄主义"的文化在雷曼兄弟内部蔓延。内部控制制度已经不能制衡福尔德,内部预算、审计等硬性的控制工具渐渐失去其内部控制的效力。公司内部严重缺乏权力的制约与平衡,董事会变成了橡皮图章。但无论是公司股东还是其他利益相关者,都不愿意去改变这种既有模式,因为一旦改变,他们的既得利益就将会受到损害。也正是这种依赖使得雷曼兄弟的内部控制无法适应控制环境的改变,使其在次贷危机到来之时损失惨重。

19.3.4 风险管理

高杠杆率给雷曼兄弟的风险管理带来挑战。杠杆效应的特点是,用较少的自有资本和大量的借贷来维持运营的资金需求。在盈利的时候,收益会随着杠杆率而被放大;相反,当出现亏损时,损失也是根据杠杆率被扩大。所以,杠杆效应是把双刃剑。特别是对于雷曼兄弟来说,由于自有资本较少,为了正常运营,只好依赖债券市场和银行间的拆借市场来满足其资金需求,运用高杠杆发展和进行投资,最终使得雷曼兄弟的杠杆率达到危险的程度。雷曼兄弟的资产负债表显示,其杠杆率一直维持在较高的水平。2007年年中,次贷危机逐步升级,借贷成本不断上升,但对于雷曼兄弟来说,它的并购交易仍然没有停止。同年5月,雷曼兄弟又宣布收购了一家地产投资信托公司,2008年年初,抵押信贷市场发展缓慢,雷曼兄弟却开始增加Alt-A贷款的持有量。Alt-A贷款是一种向优质客户之外的贷款人发放的抵押贷款,雷曼兄弟对它的持有量增加了近数十亿美元。在2008年第二季度末,雷曼兄弟的总资产为6 394亿美元,但负债为6 132亿美元,净资产只有263亿美元,杠杆率为24.3,而且在2008年年初雷曼兄弟的杠杆率曾高达32。高杠杆率的经营特点在雷曼兄弟出现亏损时,必然对其经营造成巨大的冲击。

减值准备的计提过于乐观,低估了风险的严重性。与其他投资银行相比,雷曼兄弟在该时期的减值准备计提较少,这主要是由于雷曼兄弟不合理的公允价值计量方式。美国财务会计准则第157号规定,公允价值的计量按照优先程度可分为三个级次。第一级次参照的是市场信息,它依照的是在计量日,相同资产或者负债在市场上的报价;第二级次参照的信息是指不包括在第一级次中、对于资产或负债可观察的、直接或者间接的市场信息;第三级次参考的信息是一些不可观察的资产或者负债信息,一般要使用模型进行估值,而且要考虑模型的内含风险。而雷曼兄弟在计提减值准备时,一般根据级次标准,在这种状况下模型估值和公允价值的判断往往具有很大的主观性。由于雷曼兄弟对模型内含风险的考虑严重不足,计提减值的数目很少,因此在危机发生时,其股东权益根本无法弥补资产贬值的损失,最终导致破产。

19.3.5 外部原因

美国联邦政府以及金融监管机构缺乏对雷曼兄弟的监管。由于过度信赖市场的作用,政府及其监管部门往往忽视了对市场的督管。在2008年金融危机发生前,在美国,每个监管机构都有自身的监管范围,缺少宏观的监管。没有相关的监管部门同时拥有债务和金融工具的权限来防控金融体系的整体风险。对于雷曼兄弟大量的第三级次资产和次级债券过高的估值,没有相关的监管部门及时提出质疑,放任雷曼兄弟的风险不断累积。同时,雷曼兄弟为了经营高风险、高盈利的业务,不惜冒险运用高杠杆率进行投资经营,特别是在杠杆率达到30左右时,仍然增加贷款额和对外收购,却仍没有引起相关监管部门的注意。伴随着各种金融衍生品的泛滥,再加上投机套利没有受到监管部门的及时监管,到次贷危机来临时,雷曼兄弟的相关业务已累积了大量的风险,面临破产的危机。

雷曼兄弟破产的另一个外部原因是其破产前特殊的市场情况。一方面,市场产生恐慌,对手终止和雷曼兄弟的业务,由于次贷危机,投资者对漩涡中心的雷曼兄弟产生信用危机。顾客纷纷逃离或转移资金形成挤兑现象,造成雷曼兄弟的资金出现流动性危机,最后评级机构不断地调低其信用等级,其融资成本进一步上升,最终无力维持以致宣布破产。另一方面,在雷曼兄弟破产前的两个星期里,市场上做空雷曼兄弟的交易增加了41%,大量的做空导致雷曼兄弟的股票大跌,进一步加重了金融市场上投资者的恐慌情绪。

最后,雷曼兄弟试图寻求战略合作者的计划以失败告终。2008年3月底,雷曼兄弟向巴菲特表达想成为其战略合作者的意向,巴菲特提出每股40美元的收购价格,但被福尔德以每股56美元的价格否决,双方在股价上的分歧使得这次合作以失败告终。2008年5月末,雷曼兄弟与韩国金融财团Hana展开对话时,由于雷曼兄弟不愿意将亚洲总部由日本迁到首尔,Hana最终退出了合作谈判。随后,雷曼兄弟与韩国银行、美国大都会人寿保险公司、迪拜投资公司、美国银行和巴克莱银行等都进行了一系列的合作谈判,但因为其自身要求高以及美国联邦政府和联邦储蓄部在用纳税人的钱救济贝尔斯登和"两房"之后应接不暇,其寻求外部支持以失败告终。最终,在绝对亏损的状况下,雷曼兄弟不得不宣布破产保护。

19.4 雷曼兄弟破产的启示

从 2008 年开始,由于次贷危机,雷曼兄弟这个拥有 158 年历史、伴随着华尔街成长起来的公司陷入苦苦的挣扎之中,最终还是走到了破产的境地。雷曼兄弟的破产具有其独特性,同时,作为投资银行,它的破产也有着这个行业的共性之处,给当今的投资银行及企业带来许多启示,值得中国金融投资行业借鉴。雷曼兄弟破产的启示体现在:一方面,从企业自身的角度,要加强内部风险控制、内部制度管理和科学决策;另一方面,从外部的宏观环境角度,需要政府及其监管部门不断提高监管水平。

19.4.1 加强内部风险控制

加强内部风险控制是雷曼兄弟破产对投资银行的一条重要启示,特别是在优化资本结构和提高资产质量方面。首先,投资银行应将投资杠杆比例控制在合理范围内。杠杆的特点是在赚钱的时候,利润因高杠杆率被放大;但发生亏损时,其损失也因高杠杆率而被放大。高杠杆的财政策略使得债务股权比高出合理水平,资本所占比率低,杠杆率高。一旦投资机构的总资产出现下跌,该机构的所有股本都可能会被耗尽,最终破产。所以,投资银行应重视自身的杠杆比例,使其控制在合理范围内,降低破产风险。其次,投资银行应降低对短期债券融资的依赖。利率的变动具有不稳定性,低利率虽然在一定程度上降低了融资成本,但却增加了银行挤兑的风险,进一步刺激高杠杆比例给投资银行带来的不稳定性。另外,从资产质量的角度来讲,投资银行应对持有资产的性质进行谨慎评估,减少不良资产的持有数量。例如,雷曼兄弟在房地产繁荣时持有大量房贷资产化的证券,在这些证券中有很多低评级甚至无评级的证券,在金融风暴来临时,这些资产就会急剧贬值。最后,投资银行应谨慎评估自身持有的未在市场上销售的债券。部分债券评级高、利率低,因未出售只能参考市场上同类产品的价值,运用数学模型计算损益,而复杂的模型估值往往会造成资产价值的高估。

投资银行还应正确看待金融创新,合理安排业务结构。虽然金融衍生品有利于增加资产的流动性,促进资本市场的繁荣,但金融衍生品的过度滥用会给金融市场带来毁灭性的风险。这主要是因为衍生工具一般建立在复杂抽象的数学模型的基础之上,模型中出现的概率在现实生活中根本不可模拟,因此,如果过度依赖数学模型,就很容易忽视真实状况,给金融市场带来极大的风险。此外,在正确认识金融创新两面性的基础上,投资银行应合理安排其业务结构。合理的业务结构是投资银行安全盈利的保障。面对高风险、创新性的投资业务,采用多元化投资方式,对风险不同、优势不同的业务进行组合,有利于降低投资风险。如果把发展重心只集中于高风险、高回报的单一业务上,一旦该业务出现问题,就可能会导致整个组织都陷入危机。因此,由于市场的不确定性,任何机构投资者都应该明白分散业务投资的必要性。

19.4.2 完善内部管理

一是建立合理的薪酬激励制度,加强内部制度与环境的管理。建立合理的薪酬激励制度对一个企业的健康发展有重要意义。投资银行内部普遍运用的股权激励制度有其正面作用,如有利于使管理层与股东的利益达成一致,减少委托-代理的成本,并且可以吸引并且稳住高层次的管理人才,矫正管理者的短期行为。但是由于股权激励制度的刺激,经营者一味地追求股价的高速增长,过度投资高风险、高回报的业务,最后造成投资机构的系统性风险不断增加。所以,投资机构应建立股权激励与其他激励方式相结合的多元化激励体制,才能促进自身长久、健康地发展。

二是树立风险意识,建立良好的内部环境。首先,企业文化是内部环境控制的基础,良好的文化环境对企业的健康发展有着重要意义,特别是在高风险的投资行业。个人英雄主义、盲目乐观地追求风险的文化严重影响了投资决策的准确度。投资者应当树立风险意识,防止盲目乐观的情况出现,要谨慎对待潜在的风险,对于可能的风险和已检测到的风险要及时做出应对。其次,应促进董事会内部以及企业其他机构的权力相互制衡和监督,防止个人权力的过分膨胀。由于时任雷曼兄弟首席执行官的福尔德在公司中的权力过分膨胀,盲目乐观、自信并且很少受董事会及其他部门的监督,最终使雷曼兄弟丧失了将部分股份卖给其他机构的机会,不得不宣布破产。因此,对于投资银行来说,只有积极发挥董事会的监管职能,促进权力的相互制衡,才能更好地进行科学的决策、规避风险。

三是加强内部审计机构的独立性。在企业发展的过程中,内部审计机构往往会变成财务部门的从属机构。在雷曼兄弟内部,由于长期以来的企业文化和福尔德的独断专行,其内控部门大多隶属于公司的财务部门,审计部门在许多行为上都不能独立发挥作用,最终导致雷曼兄弟风险的不断累积,直至破产。所以,企业应该完善内部审计机构的设置,保证内部审计机构的独立性,以及审计人员在行为和精神上的独立性。在管理过程中,要及时监督和调整财务部门与内部审计部门的关系,确保两者相互独立,加强内部审计部门对财务部门的及时监督等。

四是抓住机遇、科学决策,积极寻求外部合作。雷曼兄弟曾尝试多种方式寻求与外界合作,但都以失败告终。在雷曼兄弟破产之前,巴菲特、韩国金融财团 Hana、韩国银行、美国大都会人寿保险公司、迪拜投资公司、美国银行和巴克莱银行等都试图收购其部分业务。但由于雷曼兄弟当时还对市场回转抱有最后的希望,对自身风险和价值估计过高,首席执行官福尔德对股票要价过高等原因,谈判最终失败。雷曼兄弟也未能积极参加美国联邦政府召集救市的会议,最后联邦政府放弃救助雷曼兄弟之时,之前试图与其合作的美国银行、巴克莱银行等也都拒绝和其进行谈判。最后,当福尔德真正想要寻找合作伙伴时,市场的严峻形势已使其孤立无援,雷曼兄弟最终破产。这一教训说明,对于面临破产的投资银行来说,应对自身进行科学的评估,及时寻求外部合作,抓住合作的机遇；否则，可能带来破产的最坏结果。

19.4.3 监管部门履行职责

一是政府和监管机构应谨慎对待金融创新产品的交易，特别是资产证券化的交易。资产证券化作为金融衍生品的一种，虽然能够分散和转移银行的信贷风险，但也会把按揭的风险扩散到证券市场和股票市场等领域，最终把局部的风险扩展为全局性的风险。雷曼兄弟正是由于自身持有的大量房地产抵押债券和商业抵押债券的巨额贬值，最终资不抵债，宣布破产，进而引发了一场巨大的金融海啸。所以，金融监管机构要认清金融衍生品双刃剑的特征，一旦出现风险，这种风险就可能通过杠杆演变成全局性的风险，因此，需要在金融活动中慎重评估和监督。此外，由于金融衍生品工具是运用复杂的数理模型来计算定价的，随着现实经济状况的变化和次级CDO、CDS等产品的大量发行，评级机构很难判断和评估其价值，因此，在创新产品的交易中，监管部门应注意宏观环境，如利率、汇率、财政政策等的变化，合理引导次级ABS、CDO、CDS等产品的发行。

二是监管部门应控制财务杠杆的比率和投资比例，提高对企业信息透明度的要求。由于过分依赖市场，政府和其他监管机构缺乏对金融机构的监管，最终导致雷曼兄弟不惜冒着高杠杆比例的风险追求高收益。自身存在缺陷的市场需要政府监管部门的干预才能顺利地运行。为了经济和金融市场的稳定，政府和相关金融监管部门应该采取相应的措施，特别是控制财务杠杆的比率和对投资比例进行监管，使其控制在一定的范围内。此外，监管部门应提高对企业信息透明度的要求，如表外业务的信息公开。相对表内信息，表外业务极其缺乏信息的透明度，可能由于存在很多隐蔽的风险而难以预测和评估。金融衍生交易类型的业务虽然有助于规避风险，但在被投机滥用时，由于其自身的杠杆效应，这些隐蔽的风险会成倍地放大，给经济发展带来致命性的破坏。为了降低表外业务给金融业带来的风险危害，监管部门应加强信息的披露，逐步要求投资银行建立表外业务报表，并且对从事表外业务的投资银行提出资本要求和资信等级的限制。

三是金融监管机构应关注房地产信贷风险。房地产的泡沫引发的次贷危机是雷曼兄弟破产的重要原因。对于我国房地产信贷而言，由于房地产贷款在银行的比例很大，因此在房地产价格下跌，甚至出现房产的价格低于贷款人应付的贷款数量时，贷款人很可能会选择违约，产生巨大的影响。随着违约人数的增加，银行只能收回房产，致使银行房产供过于求，房产价格进一步下跌，产生一个恶性的降价循环，将会严重影响我国银行体系的正常运行。所以，雷曼兄弟在次贷危机中破产的案例提醒我国金融监管机构，越是在经济繁荣时期，越是要加强房地产信贷风险的监管和控制，避免次贷危机的发生。

练习题

简述题

1. 简述雷曼兄弟破产的过程,分析其破产的原因是如何逐渐积累并最终无法解决的?
2. 雷曼兄弟有机会避免破产吗?你如何看?
3. 雷曼兄弟与其他投资银行在业务结构上有明显的区别吗?

参 考 文 献

1. Altman E I. Default Risk, Mortality Rates, and the Performance of Corporate Bonds [J]. CFA Institute 1989.

2. Altman E I. Financial Ratios, Discriminant Analysis and the Prediction of Corporate Bankruptcy [J]. *The Journal of Finance*, 1968, 23(4): 589—609.

3. Altman E I, Haldeman R G, Narayanan P. ZETATM Analysis A New Model to Identify Bankruptcy Risk of Corporations [J]. *Journal of Banking & Finance*, 1977, 1(1): 29—54.

4. Altman E I, Marco G, Varetto F. Corporate Distress Diagnosis: Comparisons Using Linear Discriminant Analysis and Neural Networks (the Italian experience) [J]. *Journal of Banking & Finance*, 1994, 18(3): 505—529.

5. Altman E I, Suggitt H J. Mortality Rates on Large Syndicated Corporate Bank Loans [R]. New York: New York University Salomon Center, S-97-39, 1997.

6. Asquith P, Mullins D W, Wolff E D. Original Issue High Yield Bonds: Aging Analyses of Defaults, Exchanges, and Calls [J]. *The Journal of Finance*, 1989, 44(4): 923—952.

7. Bartram S M, Brown G W, Conrad J. The Effects of Derivatives on Firm Risk and Value [J]. *Journal of Financial and Quantitative Analysis*, 2011, 46(04): 967—999.

8. Black F, Scholes M. The Pricing of Options and Corporate Liabilities [J]. *Journal of Political Economy*, 1973, 81(3): 637—654.

9. Bucay N, Rosen D. Applying Portfolio Credit Risk Models to Retail Portfolios. *The Journal of Risk Finance*, 2001, 2(3): 35—61.

10. Coats P K, Fant L F. Recognizing Financial Distress Patterns Using a Neural Network Tool [J]. *Financial Management*, 1993, 22(8): 142—155.

11. Duffee G R. Estimating the Price of Default Risk [J]. *Review of Financial Studies*, 1999, 12(1): 197—226.

12. Duffie D, Singleton K J. Modeling Term Structures of Defaultable Bonds [J]. *Review of Financial Studies*, 1999, 12(4): 687—720.

13. Duffie D. Innovations in Credit Risk Transfer: Implications for Financial Stability, Working Paper, 2008.

14. de Bandt O, Dumontaux N, Martin V, et al. Stress-testing Banks' Corporate Credit Portfolio [R]. Banque de France, 2013.

15. Ebnöther S, Vanini P. Credit Portfolios: What Defines Risk Horizons and Risk Measurement? [J]. *Journal of Banking & Finance*, 2007, 31(12): 3663—3679.

16. Gibson, Michael S. Credit Derivatives and Risk Management, Working Paper, 2007.

17. Giesecke, Kay. An Overview of Credit Derivatives, Working Paper, 2009.

18. Jarrow R A, Turnbull S M. Pricing Derivatives on Financial Securities Subject to Credit Risk

[J]. *The Journal of Finance*, 1995, 50(1): 53—85.

19. Kiff J, Elliott M J A, Kazarian E G, et al. Credit Derivatives: Systemic Risks and Policy Options? [M]. International Monetary Fund, 2009.

20. Kiff J, Michaud F L, Mitchell J. An Analytical Review of Credit Risk Transfer Instruments [J]. *Financial Stability Review*, 2003, 2: 106—131.

21. Kaastra I, Boyd M. Designing a Neural Network for Forecasting Financial and Economic Time Series [J]. *Neurocomputing*, 1996, 10(3): 215—236.

22. Li D X. On Default Correlation: A Copula Function Approach [J]. *The Journal of Fixed Income*, 2000, 9(4): 43—54.

23. Markowitz H. Portfolio Selection [J]. *The Journal of Finance*, 1952, 7(1): 77—91.

24. Merton R C. On the Pricing of Corporate Debt: The Risk Structure of Interest Rates [J]. *The Journal of Finance*, 1974, 29(2): 449—470.

25. Modigliani F, Miller M H. The Cost of Capital, Corporation Finance and the Theory of Investment [J]. *The American Economic Review*, 1958, 48: 261—297.

26. Sharpe W F. Capital Asset Prices: A Theory of Market Equilibrium Under Conditions of Risk [J]. *The Journal of Finance*, 1964, 19(3): 425—442.